Altmann · Buchführung

W0190242

Steuer-Seminar

Buchführung

100 praktische Fälle

von

Andreas Altmann

Dipl.-Finanzwirt
Oberamtsrat

8. Auflage
2015

efi ERICH FLEISCHER VERLAG · ACHIM

Bibliografische Information Der Deutschen Bibliothek

Die Deutsche Bibliothek verzeichnet diese Publikation in der Deutschen Nationalbibliografie; detaillierte bibliografische Daten sind im Internet über http://dnb.ddb.de abrufbar.

ISBN 978-3-8168-3118-1

© 2015 Erich Fleischer Verlag, Achim

Das Werk einschließlich aller seiner Teile ist urheberrechtlich geschützt. Jede Verwertung außerhalb der engen Grenzen des Urheberrechtsgesetzes ist ohne schriftliche Zustimmung des Verlages unzulässig und strafbar. Das gilt insbesondere für die Vervielfältigung, Übersetzung, Mikroverfilmung und die Einspeicherung und Verarbeitung in elektronischen Systemen.

Gesamtherstellung: Gieseking Print- und Verlagsservices GmbH, Bielefeld

Vorwort zur 8. Auflage

Die im ERICH FLEISCHER VERLAG monatlich erscheinende Fachzeitschrift „Steuer-Seminar" enthält praktische Fälle aus den verschiedenen Steuerrechtsgebieten mit unterschiedlichen Schwierigkeitsgraden.

In Ergänzung dieses Angebots werden in einer besonderen Fachbuchreihe systematische Fallsammlungen aus einzelnen Rechtsgebieten veröffentlicht. Der vorliegende Band „Buchführung" enthält 100 praktische Fälle. Diese sind wie ein Lehrbuch systematisch so aufgebaut, dass zunächst dem Leser die erforderlichen Grundkenntnisse der Buchführung vermittelt werden, bevor schwierigere Fälle mit Bezug zum Bilanzsteuerrecht angesprochen werden.

Das Buch richtet sich an Anfänger genauso wie an interessierte Leser mit Vorkenntnissen und soll zur Vertiefung des Wissens über das System der Buchführung, aber auch zur gezielten Vorbereitung auf Prüfungen dienen.

Gerade mit den praktischen Beispielen soll die komplizierte Materie anschaulich erläutert werden. Es wurden vor allem solche Fälle ausgewählt, die nach langjähriger Erfahrung in der Lehrtätigkeit geeignet sind, die Systematik der Buchführung und Grundzüge des Bilanzsteuerrechts verständlich zu machen.

Auch dieses Rechtsgebiet unterliegt permanenten Veränderungen, wodurch eine Neuauflage wieder einmal erforderlich wurde.

Ich hoffe, dass Studierende und Auszubildende genauso wie Praktiker mit diesem Buch eine brauchbare Hilfe in der Hand haben werden.

Für Anregungen und Kritik bin ich jederzeit dankbar.

An dieser Stelle möchte ich meinem Vater Helmut Altmann, der diese Fallsammlung begründet und über viele Jahre fortgeführt hat, für seinen unermüdlichen Einsatz danken.

Rotenburg a. d. Fulda, im Juni 2015   Andreas Altmann

Rechtsgrundlagen:

AO	i. d. F. vom 01.10.2002 – mit späteren Änderungen
EStG	i. d. F. vom 08.10.2009 – mit späteren Änderungen
EStDV	i. d. F. vom 10.05.2000 – mit späteren Änderungen
EStR 2012	i. d. F. vom 25.03.2013 unter Berücksichtigung der Hinweise aus dem amtlichen Einkommensteuer-Handbuch 2014 (EStH 2014) des Bundesministeriums der Finanzen (BMF)
GewStG	i. d. F. vom 15.10.2002 – mit späteren Änderungen
HGB	i. d. F. vom 10.05.1897 – mit späteren Änderungen
PublG	i. d. F. vom 15.08.1969 – mit späteren Änderungen
UStG	i. d. F. vom 21.02.2005 – mit späteren Änderungen
UStDV	i. d. F. vom 21.02.2005 – mit späteren Änderungen
USt-Anwendungserlass	vom 01.10.2010 – mit späteren Änderungen

Inhaltsübersicht

Bilanzierungsgrundsätze: Aktivierung – Passivierung/ Betriebsvermögen

Zugänge beim Anlagevermögen und Umlaufvermögen

Bilanzierungsgrundsätze: Zugehörigkeit von Grundstücken zum Betriebsvermögen

9

10

Fall 1

Inventur und Inventar

Sachverhalt

Adam Alter hat ab 01.01.01 einen Möbeleinzelhandel übernommen. Am Beginn seines Handelsgewerbes hat er folgende Vermögenswerte und Schulden ermittelt (in Euro):

Warenvorräte: 20 Schlafzimmer zu je 2.000; 30 Schränke zu je 900; 40 Polstergarnituren zu je 600; Guthaben bei der Sparkasse 14.900; Schulden an folgende Lieferanten: Wohnmöbel Bach GmbH 19.800 und Möbel-Werke AG 20.000; Geschäftsausstattung: 3 Schreibtische zu je 300; 5 Aktenschränke zu je 200; 2 Schreibmaschinen zu je 600; 1 Personalcomputer (PC) zu 1.600; übernommene Umsatzsteuerschuld 2.100; übernommene Forderungen gegenüber Kunden: F. Baum 5.500 und F. Grün 3.850; Bargeld 1.200; 1 PKW Volvo 8.000; unbebautes Grundstück 10.000; Darlehensschulden 12.000.

Frage

1. Was bedeuten die Begriffe „Inventur" und „Inventar"?

2. Wie sieht das ordnungsgemäß aufgestellte Inventar des Möbeleinzelhändlers Alter aus?

Antwort und Begründung

1. Inventur ist die art-, mengen- und wertmäßige Erfassung aller Vermögensgegenstände und Schulden eines Unternehmens zu einem bestimmten Zeitpunkt; die Inventur (auch als körperliche Bestandsaufnahme bezeichnet) erfolgt im Allgemeinen durch Zählen, Messen oder Wiegen (H 5.3 – Inventur – EStH).

Eine solche Bestandsaufnahme hat der Kaufmann grundsätzlich zu folgenden Zeitpunkten aufzustellen:

- bei der Gründung (Übernahme)
- am Schluss eines jeden Geschäftsjahres
- bei Auflösung (Veräußerung)

Inventar ist das Bestands-Verzeichnis, in das die im Rahmen der Inventur ermittelten Vermögens- und Schuldposten nach Art, Menge und Wert aufgenommen werden und in dem das Betriebsvermögen errechnet wird (vgl. § 240 Abs. 1 und 2 HGB und R 5.4 EStR).

2.

Inventar

des Möbeleinzelhändlers A. Alter (in €) für den 01.01.01

Vermögensgegenstände

A. Anlagevermögen

Sachanlagen:

Unbebautes Grundstück		10.000
Kraftfahrzeuge – 1 PKW Volvo		8.000
Geschäftsausstattung:		
3 Schreibtische zu je 300	900	
5 Aktenschränke zu je 200	1.000	
2 Schreibmaschinen zu je 600	1.200	
1 PC	1.600	4.700

B. Umlaufvermögen

Vorräte – Waren:			
20 Schlafzimmer zu je 2.000		40.000	
30 Schränke zu je 900		27.000	
40 Polstergarnituren zu je 600		24.000	91.000
Forderungen aus Lieferungen und Leistungen:			
Fa. Baum		5.500	
Fa. Grün		3.850	9.350
Flüssige Mittel:			
Kassenbestand		1.200	
Guthaben bei der Sparkasse		14.900	16.100
	Summe der Vermögensgegenstände		139.150

Schulden

Verbindlichkeiten:		
Gegenüber Kreditinstituten		12.000
Aus Lieferungen und Leistungen:		
Wohnmöbel Bach GmbH	19.800	
Möbel-Werke AG	20.000	39.800
Sonstige Verbindlichkeiten		
(Umsatzsteuerschuld)		2.100
Summe der Schulden		53.900

Betriebsvermögen

Summe der Vermögensgegenstände	139.150
Summe der Schulden	53.900
Eigenkapital	85.250

Fall 2

Bilanz

Sachverhalt

Der Lebensmitteleinzelhändler Bert Brecht in Bochum hat zum Zeitpunkt der Geschäftsübernahme (01.01.01) folgende Vermögenswerte und Schulden ermittelt (in Euro):

> Bankguthaben 20.000; Kasse 180; Darlehensschulden 80.400; Geschäftsausstattung 8.200; Hypothekenschulden 20.100; Warenbestände 46.750; Grund und Boden 10.000; Gebäude 45.000; Lieferantenschulden 34.900; Postbankguthaben 1.430.

Frage

1. Worin besteht der Unterschied zwischen dem „Inventar" und der „Bilanz"?
2. Nach welchen Gesichtspunkten werden die Aktivseite und die Passivseite der Bilanz gegliedert?
3. Wie sieht die ordnungsgemäß erstellte Bilanz des Lebensmittel-Einzelhändlers Brecht aus?

Antwort und Begründung

1. Das **Inventar** enthält eine genaue Zusammenstellung aller einzelnen Vermögenswerte und Schulden. Die Darstellung der Vermögenswerte und Schulden und die Berechnung des Betriebsvermögens erfolgen untereinander (in Staffelform), wobei das Bestandsverzeichnis enthalten muss:

1. genaue Bezeichnung des Gegenstands
2. und seinen Bilanzwert am Bilanzstichtag (§ 240 Abs. 1 und 2 HGB, R 5.4 Abs. 1 EStR).

In der **Bilanz** dagegen wird auf eine mengenmäßige Darstellung der einzelnen Vermögenswerte und Schulden verzichtet; sie enthält regelmäßig nur zusammengefasste Werte gleichartiger Posten. Außerdem werden die Vermögensgegenstände und Schulden und das Kapital (= Betriebsvermögen) in der Form eines Kontos – also nebeneinander – dargestellt (vgl. § 266 Abs. 1 Satz 1 HGB).

2. Die Aktivseite der Bilanz wird in folgende Gruppen gegliedert:

> Anlagevermögen
> Umlaufvermögen
> Rechnungsabgrenzungsposten

Innerhalb dieser Gruppen werden die Vermögensgegenstände nach ihrer Verfügbarkeit (= Flüssigkeit bzw. zunehmende Liquidität) geordnet.

Die Passivseite der Bilanz wird in folgende Gruppen gegliedert:

Rückstellungen
Verbindlichkeiten
Rechnungsabgrenzungsposten

Die Verbindlichkeiten werden dabei im Prinzip nach der Dringlichkeit der Zahlung geordnet (= zunehmende Fälligkeit).

Auf der Passivseite der Bilanz ist zusätzlich das Eigenkapital auszuweisen, und zwar vor der Position „Rückstellungen"; dies ist jedoch nur dann der Fall, wenn das Eigenkapital positiv ist, d. h., dass die Summe aller Aktivposten größer ist als die Summe aller Positionen der Passivseite.

Schematische Darstellung über Form und Inhalt der Bilanz:

Bilanz zum . . .

Aktiva		€	Passiva		€
A. Anlagevermögen			A. Eigenkapital		
. . .			. . .		
. . .			. . .		
B. Umlaufvermögen			B. Rückstellungen		
. . .			. . .		
. . .			. . .		
C. Rechnungsabgrenzungs-posten			C. Verbindlichkeiten		
			. . .		
			. . .		
			D. Rechnungsabgrenzungs-posten		

↓	↓
Die Aktivseite zeigt die Vermögens**formen**.	Die Passivseite zeigt die Vermögens**quellen**.
↓	↓
Wie (in welchen Werten) ist das Kapital angelegt)?	**Woher** stammt das Kapital (Herkunft der finanziellen Mittel)?

Die Bilanz ist somit eine kurz gefasste Gegenüberstellung von:

– Vermögens**formen**	und	Vermögens**quellen**
– Mittel**verwendung**	und	Mittel**herkunft**
– **Investierung**	und	**Finanzierung**

Ist ausnahmsweise die Summe aller Positionen der Passivseite größer als die Summe aller Aktivposten, muss das Eigenkapital (zur Erreichung der Bilanzgleichung) zwangsläufig auf der Aktivseite erscheinen (vgl. hierzu die nachfolgende Bilanz).

3.

Aktiva

Bilanz des Lebensmitteleinzelhändlers
Bert Brecht, Bochum zum 01.01.01

Passiva

	€	€			€	€
A. Anlagevermögen			A. Eigenkapital			–
I. Immaterielle Vermögens-gegenstände		0	B. Rückstellungen			0
II. Sachanlagen			C. Verbindlichkeiten			
1. Grundstücke, grundstücks-gleiche Rechte und Bauten	55.000		1. Verbindlich-keiten gegen-über Kredit-instituten		100.500	
2. Technische Anlagen und Maschinen	0		2. Verbindlich-keiten aus Lieferungen und Leistungen		34.900	
3. Andere An-lagen, Betriebs- und Geschäfts-ausstattung	8.200		3. Erhaltene Anzahlungen		0	
4. Geleistete Anzahlungen und Anlagen im Bau	0	63.200	4. Verbindlich-keiten aus der Annahme gezogener und der Ausstellung eigener Wechsel		0	
III. Finanzanlagen			5. Verbindlich-keiten gegen-über Gesell-schaftern		0	
1. Beteiligungen	0					
2. Wertpapiere, Ausleihungen und sonstige Finanzanlagen	0	0	6. Sonstige Ver-bindlichkeiten		0	135.400
B. Umlaufvermögen			D. Rechnungs-abgrenzungsposten			0
I. Vorräte	0					
1. Roh-, Hilfs- und Betriebsstoffe	0					
2. Unfertige Erzeugnisse	0					
3. Fertige Erzeug-nisse und Waren	46.750					
4. Geleistete Anzahlungen	0	46.750				
II. Forderungen						
1. Forderungen aus Lieferungen und Leistungen	0					
2. Forderungen an Gesellschafter	0	0				
3. Sonstige Forderungen	0	0				
III. Wertpapiere		0				
IV. Flüssige Mittel						
1. Kassenbestand und Schecks	180					
2. Bundesbank- und Postbankguthaben	1.430					
3. Guthaben bei Kreditinstituten	20.000	21.610				
C. Rechnungs-abgrenzungsposten		0				
Eigenkapital		3.840				
		135.400				135.400

Bochum, den 15.02.01

Unterschrift: Bert Brecht

Anmerkungen zur Bilanz:

Nach § 246 Abs. 1 HGB hat der Jahresabschluss u. a. sämtliche Vermögensgegenstände, Schulden und Rechnungsabgrenzungsposten zu enthalten; § 247 HGB zählt zum Inhalt der Bilanz die Hauptgruppen auf, nämlich das Anlage- und Umlaufvermögen, die Schulden, die Rechnungsabgrenzungsposten und den Ausweis des Eigenkapitals, und verlangt dazu eine hinreichende Aufgliederung. Bereits bei Erstellung des Inventars (vgl. § 240 HGB) war der Kaufmann verpflichtet, seine Vermögenswerte und seine Schulden genau zu verzeichnen.

Selbstverständlich sind nicht wirklich alle seine Vermögenswerte und Schulden zu verzeichnen und in die Bilanz aufzunehmen, sondern lediglich diejenigen, die Vermögen oder Schulden des Betriebs darstellen, nicht dagegen seine privaten Vermögenswerte und Schulden.

§ 5 Abs. 4 PublG regelt (klarstellend zu § 246 HGB) hierzu, dass bei Unternehmen von Personenhandelsgesellschaften oder von Einzelkaufleuten das sonstige Vermögen des Einzelkaufmanns und der Gesellschafter (also das nicht zum Betrieb gehörende Privatvermögen) nicht in die Bilanz aufgenommen werden darf.

Die ausführliche Bilanzgliederung nach § 266 HGB ist nur für Kapitalgesellschaften und bestimmte Personenhandelsgesellschaften vorgeschrieben, nicht dagegen z. B. für Einzelkaufleute.

Diese Bilanzgliederung wird jedoch auch für andere Unternehmensformen sinngemäß angewandt, zumal diese Unternehmen ihre Bilanzen ebenfalls hinreichend aufgliedern müssen (vgl. § 247 Abs. 1 HGB), damit sie dem Grundsatz der Klarheit und Übersichtlichkeit i. S. von § 243 Abs. 2 HGB entsprechen.

Gemäß § 265 Abs. 8 HGB brauchen in einer Bilanz eines Unternehmens solche Positionen nicht aufgenommen zu werden, für die kein Wert auszuweisen ist. Um jedoch ein Gesamt-Gliederungsschema einer Bilanz für ein Personenunternehmen zu zeigen, sind in diesem Beispiel ausnahmsweise alle möglichen Positionen aufgeführt.

Die Bilanz (als Teil des Jahresabschlusses) ist nach § 245 HGB vom Kaufmann unter Angabe des Datums zu unterzeichnen. Hinsichtlich des Bankguthabens und der Darlehensschulden sei noch angemerkt, dass insoweit ein Verrechnungsverbot besteht (vgl. § 246 Abs. 2 HGB); auch wenn die Forderungen und Schulden gegenüber dem gleichen Kreditinstitut bestehen, müssen sie getrennt auf der Aktivseite bzw. der Passivseite ausgewiesen werden.

Grundsätzlich ist dabei jedes Unternehmen verpflichtet, eine Handelsbilanz zu erstellen, die sich ausschließlich an den Vorschriften des Handelsrechts orientiert (HGB und auch AktG, GmbHG, PublG usw.).

Aus dieser Handelsbilanz wird regelmäßig – unter Beachtung der ertragsteuerlichen Vorschriften des Einkommensteuergesetzes – die Steuerbilanz abgeleitet (Grundsatz der Maßgeblichkeit der Handelsbilanz für die Steuerbilanz); hierbei sind die handelsrechtlichen Bilanzansätze immer dann zu ändern, wenn steuerlich ein anderer Ansatz möglich oder geboten ist.

Um eine doppelte Aufstellung zu vermeiden, sind Unternehmen häufig bestrebt, die Bilanzansätze so zu wählen, dass sie sowohl den handelsrechtlichen als auch den steuerrechtlichen Vorschriften entsprechen; in diesen Fällen handelt es sich dann um eine (zusammengefasste) Handels- und Steuerbilanz.

Darüber hinaus sind größere Unternehmen (insbesondere Kapitalgesellschaften) unter bestimmten Voraussetzungen verpflichtet, ihre Handelsbilanz – in z. T. gekürzter Form – zu veröffentlichen; man spricht dann von der Offenlegungsbilanz.

Fall 3

Wertbewegungen (Veränderungen) in der Bilanz durch Geschäftsvorfälle

Sachverhalt

Der Großhändler Benno Baum (B) weist in seiner Eröffnungsbilanz zum 01.01.01 folgende Werte (in Euro) aus:

Aktiva	Eröffnungsbilanz zum 01.01.01		Passiva
	€		€
Grundstück	20.000	Eigenkapital	27.200
Geschäftsausstattung	1.700	Bankschulden	5.000
Fuhrpark	4.200	Lieferantenschulden	4.800
Vorräte – Waren	4.565		
Forderungen	4.000		
Kasse	2.535		
	37.000		37.000

Am 02.01.01 werden folgende Geschäftsvorfälle festgestellt (alle Werte in Euro); Umsatzsteuer ist hier noch nicht zu berücksichtigen:

1. eine Büroausstattung wird eingekauft und bar bezahlt – für 2.000;
2. ein Kunde bezahlt seine Schuld von 400 bar;
3. eine Lieferantenschuld wird durch Überweisung vom betrieblichen Bankkonto bezahlt – 1.400;
4. Miete für einen vermieteten Geschäftsraum im Geschäftsgebäude geht mit 200 bar ein;
5. für die Bankschulden wurden dem Bankkonto 300 Zinsen belastet;
6. auf dem Bankkonto werden Zinsen von 1.000 gutgeschrieben;
7. B hat der Geschäftskasse 800 für den Lebensunterhalt entnommen;
8. es wird ein gebrauchter PKW für 3.000 gekauft und vom betrieblichen Bankkonto bezahlt;
9. B hat im Lotto gewonnen; den Gewinn von 2.000 lässt er auf seinem betrieblichen Bankkonto gutschreiben.

Frage

1. Wie unterteilt man Geschäftsvorfälle hinsichtlich ihrer Auswirkung auf das Betriebsvermögen?
2. Was bedeutet „Bilanzgleichung"?
3. Welches sind die vier Möglichkeiten der Wertänderung einer Bilanz in Fällen von Umschichtungen des Betriebsvermögens?
4. Was bedeutet eine „Betriebsvermögensänderung"?
5. Welche Arten von Geschäftsvorfällen haben sich am 02.01.01 ereignet?

6. Wie ändert sich das im Sachverhalt vorgegebene Bilanzbild nach jedem Geschäftsvorfall?

Dazu ist eine Übersicht nach dem folgenden Schema vorzubereiten und nach jedem Geschäftsvorfall die Bilanz fortzuschreiben:

A	Eröffnungs-bilanz	P	Vorgang . . .	A	. . . fortgeschrie-bene Bilanz	P
			+			
			∕.			

Antwort und Begründung

1. Geschäftsvorfälle gliedert man in zwei Gruppen: Betriebsvermögensumschichtungen – Betriebsvermögensänderungen.

2. Bilanzgleichung bedeutet, dass die Summe der Aktivseite und die Summe der Passivseite der Bilanz immer übereinstimmen; Aktivseite und Passivseite halten sich die Waage.

3. a) Aktivtausch – hierbei verändern sich nur Werte auf der Aktivseite der Bilanz, ohne dass das Kapital verändert wird; die Bilanzsumme bleibt unverändert.

b) Passivtausch – ein entsprechender Geschäftsvorfall wirkt sich nur auf der Passivseite der Bilanz aus, ohne das Kapital zu verändern; die Bilanzsumme bleibt unverändert.

c) Aktiv-Passiv-Mehrung – ein solcher Geschäftsvorfall berührt die Aktivseite und die Passivseite der Bilanz, wobei sich beide Seiten (Bilanzsummen) um den gleichen Betrag erhöhen; das Kapital wird dabei nicht berührt.

d) Aktiv-Passiv-Minderung – ein solcher Geschäftsvorfall berührt ebenfalls die Aktivseite und die Passivseite der Bilanz, wobei sich beide Seiten (Bilanzsummen) um den gleichen Betrag vermindern; das Kapital wird auch hierbei nicht berührt.

4. Bei Betriebsvermögensänderungen tritt, bedingt durch einen Geschäftsvorfall, eine Änderung des Bilanzbildes ein, bei der neben anderen Bilanzpositionen auch das Eigenkapital verändert wird.

Dabei ist zu unterscheiden, ob eine solche Betriebsvermögensänderung (Minderung oder Mehrung) aufgrund eines betrieblichen Vorgangs oder aufgrund eines privaten Vorgangs verursacht wurde; diese Unterscheidung ist notwendig, weil die Auswirkung auf den Erfolg unterschiedlich zu beurteilen ist.

5. Arten von Geschäftsvorfällen:

Geschäftsvorfall 1 = Aktivtausch

Geschäftsvorfall 2 = Aktivtausch

Geschäftsvorfall 3 = Passivtausch

Geschäftsvorfall 4 = betriebliche Betriebsvermögensmehrung

Geschäftsvorfall 5 = betriebliche Betriebsvermögensminderung

Geschäftsvorfall 6 = betriebliche Betriebsvermögensmehrung

Geschäftsvorfall 7 = private Betriebsvermögensminderung

Geschäftsvorfall 8 = Aktiv-Passiv-Mehrung

Geschäftsvorfall 9 = private Betriebsvermögensmehrung

6. Darstellung der Bilanzen nach den einzelnen Geschäftsvorfällen:

	Eröffnungsbilanz		Vorg. 1	1. fortgeschr.		Vorg. 2	2. fortgeschr.	
	A 01.01.01	P		A Bilanz	P		A Bilanz	P
Grundstück	20.000			20.000			20.000	
Geschäftsausst.	1.700		+ 2.000	3.700			3.700	
Fuhrpark	4.200			4.200			4.200	
Vorräte – Waren	4.565			4.565			4.565	
Forderungen	4.000			4.000		∕. 400	3.600	
Kasse	2.535		∕. 2.000	535		+ 400	935	
Bankschulden		5.000			5.000			5.000
Lief.-Schulden		4.800			4.800			4.800
Eigenkapital		27.200			27.200			27.200
	37.000	37.000		37.000	37.000		37.000	37.000

	Vorg. 3	3. fortgeschr.		Vorg. 4	4. fortgeschr.		Vorg. 5
		A Bilanz	P		A Bilanz	P	
Grundstück		20.000			20.000		
Geschäftsausst.		3.700			3.700		
Fuhrpark		4.200			4.200		
Vorräte – Waren		4.565			4.565		
Forderungen		3.600			3.600		
Kasse		935		+ 200	1.135		
Bankschulden	+ 1.400		6.400			6.400	+ 300
Lief.-Schulden	∕. 1.400		3.400			3.400	
Eigenkapital			27.200	+ 200		27.400	∕. 300
		37.000	37.000		37.200	37.200	

| | 5. fortgeschr. Bilanz | | Vorg. 6 | 6. fortgeschr. Bilanz | | Vorg. 7 | 7. fortgeschr. Bilanz | |
	A	P		A	P		A	P
Grundstück	20.000			20.000			20.000	
Geschäftsausst.	3.700			3.700			3.700	
Fuhrpark	4.200			4.200			4.200	
Vorräte – Waren	4.565			4.565			4.565	
Forderungen	3.600			3.600			3.600	
Kasse	1.135			1.135		./. 800	335	
Bankschulden		6.700	./. 1.000		5.700			5.700
Lief.-Schulden		3.400			3.400			3.400
Eigenkapital		27.100	+ 1.000		28.100	./. 800		27.300
	37.200	37.200		37.200	37.200		36.400	36.400

| | Vorg. 8 | 8. fortgeschr. Bilanz | | Vorg. 9 | 9. fortgeschr. Bilanz | |
		A	P		A	P
Grundstück		20.000			20.000	
Geschäftsausst.		3.700			3.700	
Fuhrpark	+ 3.000	7.200			7.200	
Vorräte – Waren		4.565			4.565	
Forderungen		3.600			3.600	
Kasse		335			335	
Bankschulden	+ 3.000		8.700	./. 2.000		6.700
Lief.-Schulden			3.400			3.400
Eigenkapital			27.300	+ 2.000		29.300
		39.400	39.400		39.400	39.400

Fall 4

Berechnung der Vermögensänderungen

Sachverhalt

– gleicher Sachverhalt wie Fall 3 –

Frage

1. Wie errechnet sich die gesamte Betriebsvermögensänderung aufgrund des im Fall 3 vorgegebenen Sachverhalts?

   Dazu sind alle Vermögenserhöhungen und Vermögensminderungen nach folgendem Schema zusammenzustellen:

| | Vermögenserhöhung | | Vermögensminderung | |
	betrieblich	privat	betrieblich	privat
Vorgang 1	....	....	....	....
Vorgang 2	....	....	....	....
usw.	....	....	....	....

2. Wie berechnet sich der Gewinn (Erfolg) unter Berücksichtigung der Gewinnermittlungsvorschrift von § 4 Abs. 1 Satz 1 EStG?

Antwort

1. Berechnung der Vermögensänderungen (alle Werte in Euro):

	Vermögenserhöhung		Vermögensminderung	
	betrieblich	privat	betrieblich	privat
Vorgang 1	—	—	—	—
Vorgang 2	—	—	—	—
Vorgang 3	—	—	—	—
Vorgang 4	200	—	—	—
Vorgang 5	—	—	300	—
Vorgang 6	1.000	—	—	—
Vorgang 7	—	—	—	800
Vorgang 8	—	—	—	—
Vorgang 9	—	2.000	—	—
	1.200	2.000	300	800
	⎣→	1.200	⎣→	300
		3.200		1.100

Summe der gesamten Vermögenserhöhungen	3.200
∕. Summe der gesamten Vermögensminderungen	1.100
Vermögensänderung insgesamt (= Erhöhung)	2.100

2. Berechnung des Erfolgs nach § 4 Abs. 1 Satz 1 EStG:

Eigenkapital lt. 9. fortgeschriebener Bilanz	29.300
Eigenkapital lt. Eröffnungsbilanz	27.200
Unterschiedsbetrag (= Mehrvermögen; vgl. auch Vermögens- erhöhung insgesamt lt. obiger Berechnung)	2.100
+ Privatentnahmen (Vorgang 7)	800
	2.900
∕. Privateinlagen (Vorgang 9)	2.000
Gewinn	900

Begründung

Bei der Berechnung der Vermögensänderungen (Antwort 1) wurden sowohl die betrieblich bedingten als auch die privaten Vermögensänderungen erfasst. Bei der Berechnung des Gewinns nach § 4 Abs. 1 Satz 1 EStG wird nur das betriebsbedingte Ergebnis festgestellt; die durch private Vorgänge verursachten Veränderungen des Betriebsvermögens wurden dabei wieder neutralisiert (vgl. Antwort 2).

	€
Die Vermögensänderungen (insgesamt) betrugen:	2.100
Kürzt man hiervon die privat veranlassten Vermögenserhöhungen	∕. 2.000
	100

und rechnet die privat veranlassten Vermögensminderungen
wieder hinzu   + 800

dann findet man zu dem Ergebnis der Antwort 2 =   900

In dem Betrag von 900 Euro drückt sich der Erfolg des Betriebs (hier ein Gewinn von 900 Euro) aus.

Das Eigenkapital kann demnach grundsätzlich durch folgende vier Vorgänge verändert werden:

Minderung des Eigenkapitals durch:
a) betriebliche Veranlassung
  = Aufwendungen
b) private Veranlassung
  = Privatentnahmen

Erhöhung des Eigenkapitals durch:
a) betriebliche Veranlassung
  = Erträge
b) private Veranlassung
  = Privateinlagen

Fall 5

Auflösen einer Bilanz

Sachverhalt

Der Kaufmann Cornelius Clemens in Castrop-Rauxel hat folgende Anfangsbestände zum 01.01.01 ermittelt (in Euro):

Unbebautes Grundstück 18.000; Warenbestand 24.500; Lieferantenschulden 12.400; Kundenforderungen 4.100; Geschäftsausstattung 2.900; Kassenbestand 830; Bankschulden 5.000; Fuhrpark 4.600.

Frage

1. Was ist ein „Konto"?
2. Warum werden die laufenden Geschäftsvorfälle auf Konten gebucht und nicht in der Bilanz erfasst?
3. Welche Arten von Bestandskonten unterscheidet man?
4. Wie sind die Konten des vorgegebenen Sachverhalts einzurichten?

Es ist zunächst eine ordnungsgemäße Eröffnungsbilanz zu erstellen, anschließend sind durch Übertragen der Anfangsbestände (AB) die erforderlichen Konten einzurichten.

Antwort und Begründung

1. Ein Konto ist eine zweiseitig geführte Rechnung, bei der die Zugänge getrennt von den Abgängen aufgezeichnet werden.

2. Wenn Geschäftsvorfälle in der Bilanz erfasst werden sollten, müsste nach jedem Geschäftsvorfall eine neue Bilanz erstellt werden, um die Übersicht zu behalten. Das ist in der Praxis nicht möglich. Auch vom Gesetz her ist dies hier nicht erforderlich; nach § 242 HGB ist der Kaufmann lediglich verpflichtet, zu Beginn seines Handelsgewerbes und nachfolgend jeweils für den Schluss eines jeden Geschäftsjahres eine Bilanz aufzustellen. Deshalb löst man die Bilanz in Konten auf und erfasst hier die laufenden Geschäftsvorfälle.

3. Bei den Bestandskonten unterscheidet man zwischen:
   - **aktiven** Bestandskonten; sie werden durch Auflösen der Aktiv- bzw. Vermögensseite der Bilanz gebildet,
   - **passiven** Bestandskonten; sie werden durch Auflösen der Passiv- bzw. Kapitalseite der Bilanz gebildet.

4.

Aktiva		Eröffnungsbilanz (Clemens) 01.01.01		Passiva
		€		€
Grundstück	18.000	Eigenkapital		37.530
Geschäftsausstattung	2.900	Bankschulden		5.000
Fuhrpark	4.600	Lieferantenschulden		12.400
Waren	24.500			
Kundenforderungen	4.100			
Kasse	830			
	54.930			54.930

Aktive Bestandskonten:

S	Grundstück	H
AB	18.000	

S	Geschäftsausstattung	H
AB	2.900	

S	Fuhrpark	H
AB	4.600	

S	Waren	H
AB	24.500	

S	Kundenforderungen	H
AB	4.100	

S	Kasse	H
AB	830	

Passive Bestandskonten:

S	Eigenkapital	H
	AB	37.530

S	Bankschulden	H
	AB	5.000

S	Lieferantenschulden	H
	AB	12.400

Im Gegensatz zur Bilanz werden bei den Konten die beiden Kontenseiten anders bezeichnet:
- die linke Kontenseite statt Aktiva = „Soll" (S)
- die rechte Kontenseite statt Passiva = „Haben" (H)

Fall 6

Auflösen der Bilanz mit einem Eröffnungsbilanzkonto

Sachverhalt

– gleicher Sachverhalt wie Fall 5 –

Frage

1. Welche Bedeutung hat ein „Eröffnungsbilanzkonto"?
2. Wie sieht das Eröffnungsbilanzkonto aus, wenn mit Hilfe dieses Kontos die Anfangsbestände der Eröffnungsbilanz auf die Konten vorgetragen werden?

Antwort und Begründung

1. Bei der doppelten Buchführung besteht der Grundsatz, dass zu jeder Buchung eine Gegenbuchung gehört. Dies gilt auch für die Eröffnungsbuchungen, d. h., für jede Bilanzposition muss demzufolge ein Buchungssatz gebildet werden; so lautet z. B. der Buchungssatz, mit dem der Anfangsbestand bei der Bilanzposition Kassenbestand auf das Konto „Kasse" zu übertragen ist:

Kasse **an** Eröffnungsbilanzkonto.

Damit wird deutlich, dass das Eröffnungsbilanzkonto zur Wahrung dieses Prinzips der doppelten Buchführung bei der Buchung der Anfangsbestände notwendig ist.

Das Eröffnungsbilanzkonto ist demzufolge das Spiegelbild der Eröffnungsbilanz. Dieses Eröffnungsbilanzkonto ist zwar formell notwendig, in der Praxis werden aber die Bestände regelmäßig ohne Einrichtung dieses Zwischenkontos unmittelbar auf die einzelnen Konten vorgetragen.

2.

S	Eröffnungsbilanzkonto			H
	€			€
Eigenkapital	37.530	Grundstück		18.000
Bankschulden	5.000	Geschäftsausstattung		2.900
Lieferantenschulden	12.400	Fuhrpark		4.600
		Waren		24.500
		Kundenforderungen		4.100
		Kasse		830
	54.930			54.930

Fall 7

Bilden von Buchungssätzen und Buchen auf Bestandskonten

Sachverhalt

Beim Kaufmann Carlo Colbe wurden die folgenden Geschäftsvorfälle festgestellt (alle Werte in Euro); Umsatzsteuer ist hier noch nicht zu berücksichtigen:

1. zur Kassenverstärkung wurden 1.450 vom Postbankkonto abgehoben und in die Geschäftskasse eingelegt;
2. festverzinsliche Wertpapiere für 4.600 wurden angekauft und vom Bankkonto bezahlt;
3. ein Kunde bezahlte seine Rechnung von 48 durch Postbank-Giroüberweisung;
4. aus der Geschäftskasse wurden 1.000 auf das betriebliche Bankkonto eingezahlt;
5. ein beantragtes Darlehen von 10.000 wurde auf dem betrieblichen Bankkonto gutgeschrieben;
6. Kauf eines Lagergrundstücks gegen Übernahme der Darlehensschuld von 8.000;
7. eine Lieferantenschuld von 20.000 wird in eine Darlehensschuld umgewandelt;
8. von dem Darlehen (Tz. 5) werden die ersten 1.000 durch Banküberweisung zurückgezahlt;
9. es wurde ein neuer PKW für 20.000 gekauft; die Rechnung wurde bisher noch nicht bezahlt;
10. aufgrund eines geringen Lackschadens am neu erworbenen PKW (Tz. 9) erhielt Colbe eine Gutschrift über 250;
11. ein Kunde bezahlte seine Warenschulden wie folgt:
    200 durch Banküberweisung,
    400 durch Postbank-Giroüberweisung;
12. eine noch bestehende Lieferantenschuld wird wie folgt beglichen:
    1.000 durch Postbank-Giroüberweisung,
    500 durch Barzahlung.

Frage

1. Auf welcher Seite werden die Anfangsbestände, die Zugänge und die Abgänge bei aktiven und passiven Bestandskonten gebucht?
2. Was ist ein „Buchungssatz"?
3. Welche schrittweisen Überlegungen sind für die Bildung von Buchungssätzen notwendig?
4. Wie lauten die zu bildenden Buchungssätze?

Für die Geschäftsvorfälle sind die Buchungssätze nach folgendem Schema (Buchungsliste) zu bilden:

Lfd. Nr.	Buchungssatz	Soll	Haben
		€	€

5. Wie sind die gebildeten Buchungssätze auf Konten darzustellen?
Es sind die erforderlichen Konten einzurichten und die Geschäftsvorfälle auf den Konten zu buchen.

Antwort und Begründung

1.

S	Aktive Bestandskonten	H	S	Passive Bestandskonten	H
Anfangsbestand + Zugänge (= Mehrungen)	∕. Abgänge (= Minde- rungen)		∕. Abgänge (= Minde- rungen)	Anfangsbestand + Zugänge (= Mehrungen)	

2. „Buchungssatz" ist ein besonderer Begriff der Buchführungssprache; er bezeichnet diejenigen Konten, die durch einen Geschäftsvorfall berührt werden.

Die Kennzeichnung erfolgt in der Weise, dass zuerst die Konten bezeichnet werden, auf denen auf der Sollseite gebucht wird; dann folgen die Konten, auf denen auf der Habenseite gebucht wird. Zur Unterscheidung wird das Wörtchen „**an**" dazwischengesetzt.

3. Vor jeder Buchung sind folgende Überlegungen anzustellen:

– Welche Konten werden berührt?

– Welchen Charakter haben die einzelnen Konten (Aktivkonten oder Passivkonten)?

– Liegt bei dem jeweiligen Konto ein Zugang oder Abgang vor?

– Auf welcher Seite des jeweiligen Kontos ist demzufolge zu buchen?

4.

Lfd. Nr.	Buchungssätze	Soll €	Haben €
1.	Kasse **an** Postbank	1.450	 1.450
2.	Wertpapiere **an** Bank	4.600	 4.600
3.	Postbank **an** Forderungen	48	 48
4.	Bank **an** Kasse	1.000	 1.000
5.	Bank **an** Darlehensschulden	10.000	 10.000
6.	Grund und Boden **an** Darlehensschulden	8.000	 8.000
7.	Lieferantenschulden **an** Darlehensschulden	20.000	 20.000
8.	Darlehensschulden **an** Bank	1.000	 1.000

Lfd. Nr.	Buchungssätze	Soll €	Haben €
9.	Fuhrpark	20.000	
	an Sonstige Verbindlichkeiten		20.000
10.	Sonstige Verbindlichkeiten	250	
	an Fuhrpark		250
11.	Bank	200	
	Postbank	400	
	an Forderungen		600
12.	Lieferantenschulden	1.500	
	an Postbank		1.000
	Kasse		500

Erläuterung zum Buchungssatz (Geschäftsvorfall 5):
Nach dem Gliederungsschema der Bilanz (vgl. Fall 2) werden die Verbindlichkeiten gegenüber Kreditinstituten in der Bilanz zusammengefasst ausgewiesen. Häufig werden sich derartige Verbindlichkeiten aber auf unterschiedliche Schulden beziehen – z. B. kurzfristige Schulden (= regelmäßig ein Girokonto) oder langfristige Schulden in Form eines Darlehenskontos. Innerhalb der Buchführung wird der Kaufmann daher für jedes einzelne (Schulden-)Konto bei dem Kreditinstitut auch je ein getrenntes Konto im Rahmen der Buchführung ausweisen und entsprechend bezeichnen.

Ist also – wie in diesem Beispiel – ein Darlehen aufgenommen worden, so wird dafür ein eigenes Konto unter der Bezeichnung „Darlehensschulden" eingerichtet.

Anmerkung zu den Buchungssätzen 11 und 12:
Werden mit einem Buchungssatz mehr als zwei Konten angesprochen (= zusammengesetzter Buchungssatz), dann muss die Summe aller Soll-Buchungen gleich hoch sein wie die Summe aller Haben-Buchungen.

5.

S	Kasse		H	S	Wertpapiere		H
	. . . . .		. . . . .		. . . . .		. . . . .
1.	1.450	2.	4.600	2.	4.600		. . . . .
7.	4.000	4.	1.000	6.	8.000		. . . . .
10.	250	12.	500		. . . . .		. . . . .
	. . . . .		. . . . .				

S	Postbank		H	S	Forderungen		H
	. . . . .		. . . . .		. . . . .		. . . . .
3.	48	1.	1.450		. . . . .	3.	48
11.	400	12.	1.000		. . . . .	11.	600
	. . . . .		. . . . .		. . . . .		. . . . .

S	Bank		H	S	Darlehensschulden		H
	. . . . .	2.	4.600		. . . . .	5.	10.000
4.	1.000	8.	1.000	8.	1.000	6.	8.000
5.	10.000		. . . . .		. . . . .	7.	20.000
11.	200		. . . . .		. . . . .		. . . . .
	. . . . .		. . . . .				

S	Grund und Boden		H		S	Lieferantenschulden		H
	. . . . .		. . . . .		7.	20.000		. . . . .
6.	8.000		. . . . .		12.	1.500		. . . . .
	. . . . .		. . . . .			. . . . .		. . . . .

S	Sonstige Verbindlichkeiten		H		S	Fuhrpark		H
	. . . . .		. . . . .			. . . . .		. . . . .
10.	250	9.	20.000		9.	20.000	10.	250
	. . . . .		. . . . .			. . . . .		. . . . .

Fall 8

Abschließen von Bestandskonten

Sachverhalt

Das Konto „Kasse" weist folgende Buchungen aus:

S		Kasse		H
		€		€
Anfangsbestand	630	Auszahlung	400
Einzahlung	1.000	Auszahlung	350
Einzahlung	270	Auszahlung	135
		Auszahlung	80
		Auszahlung	75

Frage

1. Wie erfolgt das Abschließen von Bestandskonten?
2. Wie ist das im Sachverhalt angegebene Kasse-Konto abzuschließen?

Antwort und Begründung

1. Beim Abschließen der Bestandskonten wird jeweils zuerst der Saldo auf dem einzelnen Konto ermittelt; dieser Saldo, der gleichzeitig dem Endbestand entspricht, wird zum Ausgleich dieses Kontos auf der Seite eingetragen, auf der die geringere Summe der Werte steht. Diese Eintragung des Saldos entspricht damit dem einen Teil der Buchung; die Gegenbuchung erfolgt auf dem Schlussbilanzkonto (bzw. unmittelbar auf der Schlussbilanz, wenn ein Schlussbilanzkonto nicht eingerichtet ist). Ist ein Schlussbilanzkonto eingerichtet worden, so stellt die Schlussbilanz eine Abschrift des Schlussbilanzkontos dar (hier also nicht das Spiegelbild des Schlussbilanzkontos, so wie es beim Eröffnungsbilanzkonto der Fall ist).

2.

S		Kasse		H
	€			€
Anfangsbestand	630	Auszahlung		400
Einzahlung	1.000	Auszahlung		350
Einzahlung	270	Auszahlung		135
		Auszahlung		80
		Auszahlung		75
		Endbestand (Saldo)		**860**
	1.900			1.900

Buchungssatz: Schlussbilanz(konto) 860 €
              an Kasse 860 €

Fall 9

Buchen auf Bestandskonten mit Konteneröffnung und Erstellung der Schlussbilanz

Sachverhalt

Der Kaufmann Willi Wacker (W) hat folgende Eröffnungsbilanz erstellt:

Aktiva		Eröffnungsbilanz zum 01.01.01		Passiva
	€			€
A. Anlagevermögen		A. Eigenkapital		195.000
1. Grundstücke:		B. Rückstellungen		0
Grund und Boden	20.000	C. Verbindlichkeiten:		
Gebäude	100.000	1. Gegenüber Kredit-		
2. Fuhrpark	35.200	instituten:		
3. Geschäftsausst.	17.400	Hypothekenschuld		55.900
B. Umlaufvermögen		laufendes Girokonto		
1. Vorräte – Waren	98.700	Sparkasse		21.800
2. Forderungen aus		2. Aus Lieferungen		
Lieferungen und		und Leistungen		48.700
Leistungen	23.600			
3. Flüssige Mittel:				
Kasssenbestand	2.500			
Bankguthaben	24.000			
	321.400			321.400

Nach Eröffnung des Handelsbetriebs sind bei dem Kaufmann W folgende Geschäftsvorfälle eingetreten; Umsatzsteuer ist hier noch nicht zu berücksichtigen:

		€
1.	Kauf eines Schreibtisches für den Betrieb – Barzahlung	1.270
2.	Kauf von Wertpapieren per Banküberweisung	1.500
3.	Überweisung einer noch nicht bezahlten Lieferantenschuld vom Bankkonto	2.450

	€
4. Kauf einer Computeranlage; die Rechnung über 5.400 wurde noch nicht bezahlt	5.400
5. Ein Kunde überweist auf das Konto der Sparkasse und bezahlt damit seine noch bestehenden Schulden aus einer Warenlieferung	1.800
6. Barabhebung von der Bank und Einzahlung in die Geschäftskasse	2.000
7. Kauf eines neuen PKW; die Bezahlung erfolgte durch Überweisung vom Bankkonto	20.000
8. Teilweise Rückzahlung der bestehenden Hypothekenschuld durch Überweisung vom Bankkonto	5.000
9. Kauf eines weiteren Grundstücks (ohne aufstehendes Gebäude); der Kaufpreis wurde noch nicht bezahlt	35.000
10. Zur Finanzierung des Grundstücks-Kaufpreises hat der Kaufmann W ein langfristiges Darlehen bei der Bank aufgenommen; das Darlehen wurde auf dem Bankkonto gutgeschrieben	30.000
11. Vom Bankkonto wurden auf das Konto der Sparkasse überwiesen	5.000

Frage

Wie errechnet sich die Schlussbilanz unter Berücksichtigung der angefallenen Geschäftsvorfälle?

Die Lösung ist wie folgt zu entwickeln:

a) Die Buchungssätze sind in einer Buchungsliste zusammenzustellen.

b) Anhand der Eröffnungsbilanz sind die Konten zu eröffnen.

c) Die Buchungssätze sind auf die Konten zu übertragen; dabei ist jeweils die laufende Nummer des Buchungssatzes anzugeben.

d) Die Konten sind abzuschließen und die Schlussbilanz zum 31.12.01 ist zu erstellen.

Antwort und Begründung

Buchungsliste:

Lfd. Nr.	Buchungssätze	Soll €	Haben €
1.	Geschäftsausstattung	1.270	
	an Kasse		1.270
2.	Wertpapiere	1.500	
	an Bank		1.500
3.	Verbindlichkeiten aus		
	Lieferungen und Leistungen	2.450	
	an Bank		2.450
4.	Geschäftsausstattung	5.400	
	an Sonstige Verbindlichkeiten		5.400

Lfd. Nr.	Buchungssätze	Soll €	Haben €
5.	Sparkasse	1.800	
	an Forderungen aus Lieferungen und Leistungen		1.800
6.	Kasse	2.000	
	an Bank		2.000
7.	Fuhrpark	20.000	
	an Bank		20.000
8.	Hypothekenschulden	5.000	
	an Bank		5.000
9.	Grund und Boden	35.000	
	an Sonstige Verbindlichkeiten		35.000
10.	Bank	30.000	
	an Darlehensschulden		30.000
11.	Sparkasse	5.000	
	an Bank		5.000

Buchungen auf T-Konten:

S Grund und Boden H

AB	20.000	S-Bilanz	55.000
9.	35.000		
	55.000		55.000

S Gebäude H

| AB | 100.000 | S-Bilanz | 100.000 |
| | 100.000 | | 100.000 |

S Fuhrpark H

AB	35.200	S-Bilanz	55.200
7.	20.000		
	55.200		55.200

S Geschäftsausstattung H

AB	17.400	S-Bilanz	24.070
1.	1.270		
4.	5.400		
	24.070		24.070

S Vorräte – Waren H

| AB | 98.700 | S-Bilanz | 98.700 |
| | 98.700 | | 98.700 |

S Forderungen aus Lieferungen und Leistungen H

AB	23.600	5.	1.800
		S-Bilanz	21.800
	23.600		23.600

S Bank H

AB	24.000	2.	1.500
10.	30.000	3.	2.450
		6.	2.000
		7.	20.000
		8.	5.000
		11.	5.000
		S-Bilanz	18.050
	54.000		54.000

S Kasse H

AB	2.500	1.	1.270
6.	2.000	S-Bilanz	3.230
	4.500		4.500

S	Eigenkapital		H
S-Bilanz	195.000	AB	195.000
	195.000		195.000

S	Hypothekenschulden		H
8.	5.000	AB	55.900
S-Bilanz	50.900		
	55.900		55.900

S	Verbindlichkeiten aus Lieferungen und Leistungen		H
3.	2.450	AB	48.700
S-Bilanz	46.250		
	48.700		48.700

S	Sparkasse		H
5.	1.800	AB	21.800
11.	5.000		
S-Bilanz	15.000		
	21.800		21.800

S	Wertpapiere		H
2.	1.500	S-Bilanz	1.500
	1.500		1.500

S	Sonstige Verbindlichkeiten		H
S-Bilanz	40.400	4.	5.400
		9.	35.000
	40.400		40.400

S	Darlehensschulden		H
S-Bilanz	30.000	10.	30.000
	30.000		30.000

Die Bezeichnung „T-Konto" wird deshalb verwendet, weil bei dieser Darstellung das Konto die Form des Buchstaben „T" hat.

Schlussbilanz:

Aktiva	Schlussbilanz zum 31.12.01		Passiva
	€		€
A. Anlagevermögen		A. Eigenkapital	195.000
1. Grundstücke:		B. Rückstellungen	0
Grund und Boden	55.000	C. Verbindlichkeiten:	
Gebäude	100.000	1. Gegenüber Kredit-	
2. Fuhrpark	55.200	instituten:	
3. Geschäftsausst.	24.070	Hypothekenschuld	50.900
4. Wertpapiere	1.500	Darlehensschulden	30.000
B. Umlaufvermögen		laufendes Girokonto	
1. Vorräte – Waren	98.700	Sparkasse	15.000
2. Forderungen aus		2. Aus Lieferungen	
Lieferungen und		und Leistungen	46.250
Leistungen	21.800	3. Sonstige Verbind-	
3. Flüssige Mittel:		lichkeiten	40.400
Kassenbestand	3.230		
Bankguthaben	18.050		
	377.550		377.550

Fall 10

Bilden von Buchungssätzen bei Erfolgskonten

Sachverhalt

Folgende Geschäftsvorfälle wurden festgestellt (alle Werte in Euro);
Umsatzsteuer ist hier noch nicht zu berücksichtigen:

1. Lohnzahlung an Arbeitnehmer – bar 2.000;
2. die Miete für zwei vermietete Büroräume wurde auf dem Bankkonto mit 800 gutgeschrieben;
3. die Telefongebühren von 240 wurden vom Postbank-Konto überwiesen;
4. Büromaterial (allgemeine Verwaltungskosten) wurde eingekauft und bar bezahlt – 85;
5. die Bank belastete das Bankkonto mit 120 Soll-Zinsen;
6. die Zinszahlung i. H. von 540 für ein gewährtes Darlehen wurde vom Postbank-Konto überwiesen;
7. für eine ausgeführte Vermittlungsleistung wurde eine Vermittlungsprovision von 2.000 auf dem Postbank-Konto gutgeschrieben;
8. die fällige Kfz-Steuer wurde mit 420 vom Bankkonto überwiesen;
9. für die Reparaturarbeiten an dem LKW wurden 500 bar bezahlt;
10. der Jahresbeitrag für die Industrie- und Handelskammer wurde mit 150 vom Bankkonto überwiesen;
11. für die Werbeanzeige in einer Tageszeitung wurden 400 bar bezahlt.

Frage

1. Warum werden Aufwendungen und Erträge nicht unmittelbar auf dem Kapitalkonto gebucht?
2. Wie lässt sich das Verhältnis der Erfolgskonten zum Kapitalkonto schematisch darstellen?
3. Nach welchen Buchungsregeln wird auf den Erfolgskonten gebucht?
4. Wie lauten die Buchungssätze zu den im Sachverhalt angegebenen Geschäftsvorfällen?

Antwort und Begründung

1. Der Fall 4 hatte gezeigt, dass sich das Eigenkapital in verschiedenen Formen ändern kann. Würde unmittelbar auf dem Kapitalkonto gebucht, so hätte dies eine Reihe von Nachteilen:

– das Kapitalkonto würde unübersichtlich werden;
– die Höhe der einzelnen Aufwendungen und Erträge könnte beim Kapitalkonto nur schwer festgestellt werden;
– es wäre schwierig festzustellen, durch welche Geschäftsvorfälle die Kapitalveränderungen eingetreten sind.

Diese Gründe lassen es zweckmäßig erscheinen, die Aufwands- und Ertragsbuchungen (also die betrieblich veranlassten Kapitaländerungen) auf einzelnen Erfolgskonten zu erfassen.

2. Erfolgskonten sind Unterkonten des Kapitalkontos; um insgesamt einen Überblick über die Summe der einzelnen Aufwendungen und Erträge zu erhalten, werden diese zum Schluss des Geschäftsjahres zunächst auf dem dazwischengeschalteten Gewinn-und-Verlust-Konto (GuV-Konto) gesammelt. Das GuV-Konto ist damit unmittelbar ein Unterkonto des Kapitalkontos.

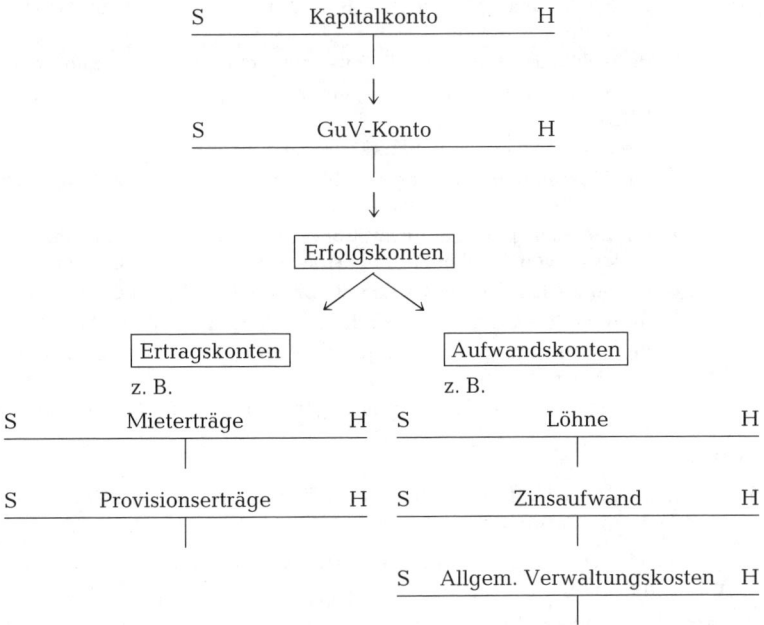

3. Das Kapitalkonto gilt als ein passives Bestandskonto; Änderungen beim Kapitalkonto sind daher nach den Buchungsregeln für passive Bestandskonten zu erfassen. Jedoch ist zu beachten, dass im Laufe des Geschäftsjahres auf dem Kapitalkonto aber nicht gebucht wird, sondern nur auf den Unterkonten des Kapitalkontos.

Erfolgskonten (= Aufwandskonten und Ertragskonten) sind mittelbar Unterkonten des Kapitalkontos; deshalb gelten bei diesen Konten die gleichen Regeln wie bei passiven Bestandskonten:

S	Erfolgskonten	H
Aufwendungen (= betriebliche Kapitalminderungen bzw. Abgänge)		Erträge (= betriebliche Kapitalerhöhungen bzw. Zugänge)

4. Die Buchungssätze lauten:

Lfd. Nr.	Buchungssätze	Soll €	Haben €
1.	Lohnaufwendungen	2.000	
	an Kasse		2.000
2.	Bank	800	
	an Mieterträge		800
3.	Telefongebühren	240	
	an Postbank		240
4.	Allg. Verwaltungskosten	85	
	an Kasse		85
5.	Zinsaufwand	120	
	an Bank		120
6.	Zinsaufwand	540	
	an Postbank		540
7.	Postbank	2.000	
	an Provisionsertrag		2.000
8.	Kfz-Steuer	420	
	an Bank		420
9.	Reparaturkosten	500	
	an Kasse		500
10.	IHK-Beiträge	150	
	an Bank		150
11.	Werbekosten	400	
	an Kasse		400

Fall 11

Buchen auf Erfolgskonten mit Konteneröffnung und Erstellung der Schlussbilanz

Sachverhalt

Doris Doller (D) betreibt eine Boutique. In ihrer Eröffnungsbilanz zum 01.01.01 weist sie folgende Werte (in Euro) aus:

Forderungen aus Lieferungen und Leistungen 820; Vorräte – Waren 38.400; Verbindlichkeiten aus Lieferungen und Leistungen 8.000; Geschäftsausstattung 8.000; Bankguthaben 4.200; Darlehensschulden 14.000; Kassenbestand 430.

Folgende Geschäftsvorfälle wurden festgestellt; Umsatzsteuer ist hier noch nicht zu berücksichtigen:

		€
1.	Gehaltszahlung an eine Angestellte durch Banküberweisung	840
2.	Stromkosten für Licht und Heizung wurden bar bezahlt	200
3.	Für eine ausgeführte Vermittlungstätigkeit wurde Provision auf dem Bankkonto gutgeschrieben	2.000
4.	Auf dem betrieblichen Bankkonto wurden Zinsen gutgeschrieben	1.260
5.	Allgemeine Verwaltungskosten wurden bar bezahlt	100
6.	Kosten für eine Geschäftsreise wurden bar bezahlt	70
7.	Ein Kunde bezahlte eine Rechnung bar	240
8.	Lieferantenschulden wurden durch Banküberweisung bezahlt	4.000
9.	Für das gewährte Darlehen wurden 600 durch Banküberweisung bezahlt; davon entfallen 500 auf Tilgung und 100 auf Zinsen	600

Frage

1. Welche Bedeutung hat das Gewinn-und-Verlust-Konto (GuV-Konto) und wie unterscheidet es sich von der Gewinn-und-Verlust-Rechnung (GuV-Rechnung)?

2. Wie errechnet sich die Schlussbilanz unter Berücksichtigung der angefallenen Geschäftsvorfälle?

   Die Lösung ist wie folgt zu entwickeln:

   a) Erstellen der Eröffnungsbilanz

   b) Eröffnen der Konten durch Übernahme der Anfangsbestände

   c) Buchung der Geschäftsvorfälle

   d) Ermittlung der Salden und Übertragung der Salden mit Erstellung der Schlussbilanz zum 31.12.01

3. Wie lautet der Differenzbetrag beim Kapitalkonto zwischen dem Anfangsbestand und dem Endbestand, und was stellt der ermittelte Differenzbetrag dar?

Antwort und Begründung

1. Das GuV-Konto (auch „Erfolgskonto") hat die Bedeutung eines Sammelkontos. Im Laufe des Geschäftsjahres wird auf diesem Konto nicht gebucht; vielmehr werden die Aufwendungen und Erträge auf gesondert dafür eingerichteten Aufwands- und Ertragskonten gebucht. Erst im Rahmen der vorbereitenden Abschlussbuchungen werden die Salden aller Aufwandskonten und Ertragskonten auf das GuV-Konto übertragen (= Abschließen von Erfolgskonten). Der Saldo des GuV-Kontos ergibt den Reingewinn oder Reinverlust, der dem Eigenkapital zugeführt wird.

Die GuV-Rechnung ist lediglich eine Abschrift des GuV-Kontos, jedoch mit dem Unterschied, dass sie in Staffelform erstellt wird (vgl. § 275 HGB). Die GuV-Rechnung bildet zusammen mit der zu erstellenden Bilanz den „Jahresabschluss" (vgl. § 242 Abs. 3 HGB).

Nach § 60 Abs. 1 EStDV sind sowohl die Bilanz als auch die GuV-Rechnung als Anlagen der Steuererklärung beizufügen.

Mit diesen Anlagen ist es dem Finanzamt möglich, in gewissem Umfang die Schlüssigkeit und Richtigkeit der erklärten Gewinne bzw. Verluste nachzuprüfen und erforderlichenfalls zusätzliche Nachforschungen anzustellen.

2.

Aktiva	Eröffnungsbilanz – D. Doller – zum 01.01.01		Passiva
	€		€
A. Anlagevermögen		A. Eigenkapital	29.850
Geschäftsausstattung	8.000	B. Rückstellungen	0
B. Umlaufvermögen		C. Verbindlichkeiten	
1. Vorräte – Waren	38.400	1. Gegenüber Kredit-	
2. Forderungen aus		instituten (Darlehen)	14.000
Lieferungen und		2. Aus Lieferungen	
Leistungen	820	und Leistungen	8.000
3. Flüssige Mittel:			
Kassenbestand	430		
Bankguthaben	4.200		
	51.850		51.850

S	Geschäftsausstattung		H	S	Vorräte – Waren		H
AB	8.000	S-Bilanz	8.000	AB	38.400	S-Bilanz	38.400
	8.000		8.000		38.400		38.400

	Forderungen aus						
S	Lieferungen und Leistungen		H	S	Bank		H
AB	820	7.	240	AB	4.200	1.	840
		S-Bilanz	580	3.	2.000	8.	4.000
	820		820	4.	1.260	9.	600
						S-Bilanz	2.020
					7.460		7.460

S	Kasse		H	S	Darlehensschulden		H
AB	430	2.	200	9.	500	AB	14.000
7.	240	5.	100	S-Bilanz	13.500		
		6.	70		14.000		14.000
		S-Bilanz	300				
	670		670				

S	Verbindlichkeiten aus Lieferungen und Leistungen	H		S	Eigenkapital	H
8.	4.000	AB 8.000		S-Bilanz 31.800	AB	29.850
S-Bilanz	4.000				GuV	1.950
	8.000	8.000		31.800		31.800

S	Löhne und Gehälter	H		S	Stromkosten	H
1.	840	GuV 840		2.	200	GuV 200
	840	840			200	200

S	Zinserträge	H		S	Provisionserträge	H
GuV	1.260	4. 1.260		GuV	2.000	3. 2.000
	1.260	1.260			2.000	2.000

S	Allg. Verwaltungskosten	H		S	Reisekosten	H
5.	100	GuV 100		6.	70	GuV 70
	100	100			70	70

S	Zinsaufwand	H		S	GuV-Konto	H
9.	100	GuV 100		Löhne/		Zins-
	100	100		Gehälter 840		erträge 1.260
				Stromk. 200		Provisions-
				Allg. VK 100		erträge 2.000
				Reisekosten 70		
				Zinsaufwand 100		
				Kapital 1.950		
				3.260		3.260

Aktiva	Schlussbilanz – D. Doller – zum 31.12.01	Passiva

	€		€
A. Anlagevermögen		A. Eigenkapital	31.800
Geschäftsausstattung	8.000	B. Rückstellungen	0
B. Umlaufvermögen		C. Verbindlichkeiten	
1. Vorräte – Waren	38.400	1. Gegenüber Kredit-	
2. Forderungen aus		instituten (Darlehen)	13.500
Lieferungen und		2. Aus Lieferungen	
Leistungen	580	und Leistungen	4.000
3. Flüssige Mittel:			
Kassenbestand	300		
Bankguthaben	2.020		
	49.300		49.300

3. Der Unterschiedsbetrag zwischen Anfangsbestand und Endbestand beim Kapitalkonto errechnet sich wie folgt:

	€
Eigenkapital lt. Schlussbilanz	31.800
Eigenkapital lt. Eröffnungsbilanz	29.850
Differenzbetrag (Betriebsergebnis)	1.950

Der Unterschiedsbetrag bedeutet hier eine Kapitalmehrung und damit einen Gewinn, da die Summe der Erträge größer ist als die Summe der Aufwendungen; diese Erhöhung ist durch betriebliche Vorgänge entstanden und setzt sich aus den Werten zusammen, die im GuV-Konto enthalten sind.

Fall 12

Buchen auf Privatkonten und Erfolgskonten mit Abschluss bis zum Kapitalkonto

Sachverhalt

Emil Enders (E) ist Kfz-Händler. Das Eigenkapital in seiner Eröffnungsbilanz weist 10.000 Euro aus. Folgende Geschäftsvorfälle haben sich ereignet (alle Werte in Euro); Umsatzsteuer ist hier noch nicht zu berücksichtigen:

1. Wassergeld für die betrieblichen Räume wurde bar bezahlt – 150;
2. E hat der Geschäftskasse 500 für private Zwecke entnommen;
3. für eine ausgeführte Vermittlungstätigkeit erhielt E eine Provision von 2.000 auf seinem betrieblichen Bankkonto gutgeschrieben;
4. für eine Geschäftsreise wurden 250 Reisekosten bar bezahlt;
5. Löhne wurden mit 1.200 bar ausbezahlt;
6. die Rechnung über einen Pelzmantel von 2.400, den E seiner Ehefrau geschenkt hatte, wurde durch Überweisung vom betrieblichen Bankkonto beglichen;
7. E hat beim Pferderennen gewonnen; den Gewinn von 1.250 hat er bar in die Geschäftskasse eingelegt;
8. allgemeine Verwaltungskosten wurden durch Überweisung vom betrieblichen Bankkonto mit 150 bezahlt;
9. Portogebühren wurden mit 40 bar bezahlt;
10. die Miete für einen vermieteten Raum im Geschäftsgebäude wurde auf dem Bankkonto mit 350 gutgeschrieben.

Frage

1. Welche Regeln (Buchungsregeln) gelten für Buchungen auf Privatkonten?
2. Warum dürfen privat verursachte Vorgänge nicht auf Erfolgskonten gebucht werden?

3. Wie errechnet sich das Eigenkapital, nachdem die genannten Geschäftsvorfälle gebucht sind?

Bei der Lösung ist nach folgendem Schema vorzugehen:

a) Es sind für alle Geschäftsvorfälle die Buchungssätze zu bilden.

b) Anschließend sind die erforderlichen Buchungen vorzunehmen, jedoch – eingeschränkt – nur auf den folgenden Konten:

Raumkosten (Wassergeld), Provisionen, Privatentnahmen, Reisekosten, Lohnkosten, Privateinlagen, Allgemeine Verwaltungskosten, Portokosten, Mieterträge.

c) Die Erfolgskonten sind über das GuV-Konto abzuschließen.

d) Das GuV-Konto und die Privatkonten sind über das Kapitalkonto abzuschließen.

4. Wie errechnet sich das Gesamtergebnis (Überschuss oder Fehlbetrag)?

Antwort und Begründung

1. Privatkonten sind Unterkonten des Kapitalkontos. Für das Kapitalkonto gelten die Regeln für passive Bestandskonten; folglich müssen diese Regeln auch für die Privatkonten gelten.

Infolgedessen sind folgende Buchungsregeln festzuhalten:

– Privatentnahmen vermindern das Eigenkapital und sind auf der Soll-Seite des Privatkontos zu buchen;

– Privateinlagen erhöhen das Eigenkapital und sind auf der Haben-Seite des Privatkontos zu buchen.

2. Kapitalveränderungen können aufgrund betrieblicher und auch aufgrund privater Vorgänge eintreten. Der Erfolg eines Betriebs innerhalb eines bestimmten Zeitraums (Jahresüberschuss oder Jahresfehlbetrag – vgl. § 275 HGB) kann jedoch nur an den betrieblich bedingten Änderungen (Geschäftsvorfällen) festgestellt werden. Um diese Trennung zu erreichen, werden alle betrieblichen Kapitaländerungen auf Erfolgskonten und alle privaten Kapitaländerungen auf Privatkonten gebucht.

3. Buchungssätze:

Lfd. Nr.	Buchungssätze	Soll €	Haben €
1.	Raumkosten	150	
	an Kasse		150
2.	Privatentnahmen	500	
	an Kasse		500
3.	Bank	2.000	
	an Provisionserträge		2.000
4.	Reisekosten	250	
	an Kasse		250
5.	Löhne	1.200	
	an Kasse		1.200

Lfd. Nr.	Buchungssätze	Soll €	Haben €
6.	Privatentnahmen	2.400	
	an Bank		2.400
7.	Kasse	1.250	
	an Privateinlagen		1.250
8.	Allg. Verwaltungskosten	150	
	an Bank		150
9.	Portogebühren	40	
	an Kasse		40
10.	Bank	350	
	an Mieterträge		350

Buchungen und Abschluss der Konten:

S	Raumkosten		H
1.	150	GuV	150
	150		150

S	Privatentnahmen		H
2.	500	Kapital	2.900
6.	2.400		
	2.900		2.900

S	Provisionserträge		H
GuV	2.000	3.	2.000
	2.000		2.000

S	Reisekosten		H
4.	250	GuV	250
	250		250

S	Löhne		H
5.	1.200	GuV	1.200
	1.200		1.200

S	Privateinlagen		H
Kapital	1.250	7.	1.250
	1.250		1.250

S	Allg. Verwaltungskosten		H
8.	150	GuV	150
	150		150

S	Portokosten		H
9.	40	GuV	40
	40		40

S	Mieterträge		H
GuV	350	10.	350
	350		350

S	Kapital		H
Privatent-		AB	10.000
nahmen	2.900	GuV	560
S-Bilanz	8.910	Privat-	
		einlagen	1.250
	11.810		11.810

S	GuV-Konto		H
Raumkosten	150	Provisions-	
Reisekosten	250	erträge	2.000
Löhne	1.200	Mietertrag	350
Allg. Ver-waltungsk.	150		
Portokosten	40		
Kapital	560		
	2.350		2.350

4. Berechnung des Gesamtergebnisses: €

Kapital-Endbestand	8.910
Kapital-Anfangsbestand	10.000
Unterschiedsbetrag (= Verminderung des Kapitals)	./. 1.090
+ Privatentnahmen	2.900
	1.810
./. Privateinlagen	1.250
Überschuss = Gewinn (= Betriebsergebnis)	560

Dieses errechnete Gesamtergebnis stimmt mit dem Saldo auf dem GuV-Konto überein, weil dort auch nur die betrieblichen Kapitaländerungen erfasst wurden, während die privat bedingten Kapitaländerungen auf den Privatkonten gebucht wurden.

Fall 13

Berechnung des Gesamtergebnisses nach dem Betriebsvermögensvergleich

Sachverhalt

Das Kapitalkonto des Baustoffgroßhändlers Fritz Fimmel (F) weist zu den folgenden Bilanzstichtagen die nachstehenden Werte (in Euro) aus:

Bilanzstichtag 31.12.01	./. 6.000
Bilanzstichtag 31.12.02	0
Bilanzstichtag 31.12.03	18.000
Bilanzstichtag 31.12.04	./. 20.000

Privatentnahmen und Privateinlagen hat F in den betreffenden Jahren in folgender Höhe getätigt:

	Privatentnahmen	Privateinlagen
Wirtschaftsjahr 02	6.000	2.000
Wirtschaftsjahr 03	22.000	0
Wirtschaftsjahr 04	5.000	40.000

Alle Privatentnahmen und Privateinlagen wurden buchungsmäßig richtig erfasst.

Frage

1. Was bedeutet der Begriff „Betriebsvermögensvergleich"?

2. Wie errechnen sich die Gesamtergebnisse für die Jahre 02 bis 04?

Antwort und Begründung

1. Der Gewinn eines Betriebs ist gleichzeitig eine Bemessungsgrundlage für die Besteuerung. Was Gewinn im einkommensteuerrechtlichen Sinn ist, regelt § 4 Abs. 1 Satz 1 EStG; hiernach lässt sich für die Berechnung des Gewinns folgende Formel aufstellen:

> **Betriebsvermögen am Ende des Wirtschaftsjahrs (Wj.)**
> **⁒ Betriebsvermögen am Ende des vorangegangenen Wj.**
>
> = **Betriebsvermögensveränderung (Zunahme/Abnahme)**
> + **Entnahmen**
> **⁒ Einlagen**
>
> = **Gewinn/Verlust (= Betriebsergebnis)**

2. Berechnung der Gesamtergebnisse für die Jahre 02 bis 04:

	02	03	04
Kapital-Endbestand	0	18.000	⁒ 20.000
Kapital-Anfangsbestand	⁒ 6.000	0	18.000
Unterschiedsbetrag	6.000	18.000	⁒ 38.000
+ Privatentnahmen	6.000	22.000	5.000
	12.000	40.000	⁒ 33.000
⁒ Privateinlagen	2.000	0	40.000
Gesamtergebnis	10.000	40.000	⁒ 73.000
	Gewinn	Gewinn	Verlust

Fall 14

Buchung der Umsatzsteuer und Vorsteuer mit Abschluss der Konten

Sachverhalt

Bei dem Unternehmer Gregor Groß (G) sind folgende Geschäftsvorfälle eingetreten (in Euro):

1. Benzinkosten für den ausschließlich betrieblich genutzten PKW wurden bar bezahlt.

	60,00
+ USt	11,40
	71,40

2. G hat nicht benötigte Lagerräume an einen anderen Unternehmer umsatzsteuerpflichtig verpachtet und erhält die Pacht in bar.

	400,00
+ USt	76,00
	476,00

3. Büromaterial wurde eingekauft; die Rechnung wurde sofort durch Banküberweisung bezahlt.

	35,00
+ USt	6,65
	41,65

4. Für eine Vermittlung hatte G einem anderen Unternehmer folgende Rechnung ausgestellt: Provision

	800,00
+ USt	152,00
	952,00

Der Gesamtbetrag wurde auf dem betrieblichen Bankkonto gutgeschrieben.

5. Für die EDV-Buchhaltung kaufte G ein neues Anwenderhandbuch. Auf dem Kassenzettel der Buchhandlung ist vermerkt, dass in dem quittierten Betrag USt mit 7 % enthalten ist; der Betrag wurde bar bezahlt.

	14,98

6. Von einem Handwerker wurden Reparaturarbeiten an der Wasserleitung im Geschäftsgebäude ausgeführt. Der Rechnungsbetrag wurde ebenfalls sofort bar bezahlt.

	120,00
+ USt	22,80
	142,80

7. Die Rechnung der Stadtwerke über die betrieblichen Stromkosten wurde vom betrieblichen Bankkonto bezahlt.

	160,00
+ USt	30,40
	190,40

8. Für sein Freizeit-Hobby hat sich G eine neue Taucherausrüstung gekauft; die Rechnung wurde vom betrieblichen Postbank-Giro-Konto bezahlt.

	280,00
+ USt	53,20
	333,20

Umsatzsteuerrechtlich unterliegen die Umsätze des Unternehmers G dem Steuersatz von 19 %; er ist zum vollen Vorsteuerabzug berechtigt.

Frage

1. Was versteht man unter dem Begriff „Steuersatz" bei der Umsatzsteuer?

2. Warum wird die Umsatzsteuer auch als „Mehrwertsteuer" bezeichnet?

3. Welchen Charakter haben die beiden Umsatzsteuerkonten:

   a) Vorsteuer?

   b) Umsatzsteuer?

4. Worin liegt der Unterschied zwischen den Begriffen „Steuerlast (Traglast)" und „Zahllast"?

5. Mit welchem Wert ist bei dem vorgegebenen Sachverhalt das Umsatzsteuerkonto in der Schlussbilanz abzuschließen?

Bei der Lösung ist nach folgendem Schema vorzugehen:

a) Für die vorstehenden Geschäftsvorfälle sind die Buchungssätze zu bilden (Buchungsliste).

b) Die Umsatzsteuerzahllast ist rechnerisch zu ermitteln.

c) Zur kontenmäßigen Darstellung sind folgende Konten einzurichten:

   – Vorsteuer

   – Umsatzsteuer

   – Schlussbilanzkonto

d) Soweit aufgrund der vorgegebenen Geschäftsvorfälle die Umsatzsteuerkonten berührt werden, sind die entsprechenden Buchungen vorzunehmen. Anschließend sind diese Konten abzuschließen – bis hin zum Schlussbilanzkonto.

Antwort und Begründung

1. Für die Berechnung der Umsatzsteuer benötigt man zunächst die sog. Bemessungsgrundlage; diese Bemessungsgrundlage ist i. d. R. das Entgelt für eine vom Unternehmer erbrachte Lieferung oder sonstige Leistung.

Von dieser Bemessungsgrundlage wird die Umsatzsteuer berechnet, und zwar durch Anwendung eines Steuersatzes.

Nach § 12 UStG bestehen für die Besteuerung nach den allgemeinen Vorschriften zwei Steuersätze:

a) allgemeiner Steuersatz = 19 % (ab 01.01.2007)

b) ermäßigter Steuersatz = 7 %

Diese Steuersätze wurden in der Vergangenheit immer wieder angepasst; sie betrugen z. B. für die Zeit vom:

	allgemeiner Steuersatz	ermäßigter Steuersatz
01.04.1998 – 31.12.2006	16 %	7 %
01.01.1993 – 31.03.1998	15 %	7 %
01.07.1983 – 31.12.1992	14 %	7 %

2. Die Umsatzsteuer wird auf jeder Handelsstufe nur vom sog. Mehrwert (bzw. der Wertschöpfung) erhoben. Rechnerisch wird dies dadurch erreicht, dass der jeweilige Unternehmer seinem Kunden zwar die volle Umsatzsteuer auf den Waren-Nettowert (bzw. auf den Wert der erbrachten Leistung) berechnet, gegenüber dem Finanzamt aber diejenige Umsatzsteuer, die er selbst als Vorsteuer an seinen Lieferanten bezahlt hat, von seiner eigenen Umsatzsteuerschuld abziehen kann.

Dies soll an folgendem Schaubild nochmals deutlich gemacht werden (alle Werte in Euro):

Stufe	jeweilige Wertschöpfung = ▶	Netto-preis	USt je 19 %	Brutto-preis	Vor-steuer	Zahl-last
Rohstoffab-bau-Betrieb	Abbau der Rohstoffe ▶100,00					
	Verkauf 100,00	100,00	19,00	119,00	—	19,00
Fertigungs-bzw. Industrie-Betrieb	Einkauf 100,00 (netto) + Herstellg. u. Verarbeit. ▶200,00					
	Verkauf 300,00	300,00	57,00	357,00	19,00	38,00
Groß-handels-Betrieb	Einkauf 300,00 + Handels-leistung ▶ 80,00					
	Verkauf 380,00	380,00	72,20	452,20	57,00	15,20
Einzel-handels-Betrieb	Einkauf 380,00 + Handels-leistung ▶120,00					
	Verkauf 500,00	500,00	95,00	595,00	72,20	22,80

Endverbraucher kauft diesen Gegenstand für: 500,00
+ 19 % USt 95,00
Rechnungsbetrag 595,00

Hier ist **kein** Vorsteuerabzug mehr möglich!

Trotzdem bleibt festzuhalten, dass die Bezeichnung „Umsatzsteuer" die eigentlich richtige Bezeichnung ist, denn Besteuerungsgegenstand ist der „Umsatz", während der sogenannte Mehrwert eben nur eine Art Berechnungsgrundlage ist.

3. a) Das Konto „Vorsteuer" weist die (anrechenbare) Vorsteuer aus und stellt damit eine Art Forderungs-Konto (Forderungen an das Finanzamt) dar; es ist ein aktives Bestandskonto.

3. b) Das Konto „Umsatzsteuer" weist, nachdem der Saldo vom Konto Vorsteuer übertragen ist, die Zahllast gegenüber dem Finanzamt aus. Diese Zahllast stellt eine Verbindlichkeit an das Finanzamt dar; damit ist dieses Konto ein passives Bestandskonto.

4. Ein Unternehmer liefert Gegenstände oder erbringt Leistungen gegenüber seinen Abnehmern (Kunden). In seinen Ausgangsrechnungen berechnet er daraufhin Umsatzsteuerbeträge, sofern nach den Regelungen des Umsatzsteuergesetzes diese Lieferungen oder Leistungen umsatzsteuerpflichtig sind. Diese berechnete Umsatzsteuer schuldet er dem Finanzamt – es ist also die Steuerlast bzw. Traglast.

Von dieser Steuerlast kann der Unternehmer jedoch – von Besonderheiten abgesehen – alle Umsatzsteuerbeträge, die ihm auf Eingangsrechnungen berechnet wurden, abziehen; insoweit handelt es sich bei ihm um seine sog. anrechenbare Vorsteuer (= an den Vor-Unternehmer gezahlte Umsatzsteuer).

Der Differenzbetrag, der dann verbleibt, ist vom Unternehmer an das Finanzamt abzuführen; dies ist seine Zahllast.

Das Ergebnis kann mit folgender Formel dargestellt werden:

$$\begin{array}{r} \text{Steuerlast} \\ \diagup\ \text{Vorsteuer} \\ \hline = \ \text{Zahllast} \end{array}$$

5. Buchungssätze:

Lfd. Nr.	Buchungssätze	Soll €	Haben €
1.	Kfz-Kosten	60,00	
	Vorsteuer (VoSt)	11,40	
	an Kasse		71,40
2.	Kasse	476,00	
	an Geschäftsausstattung		400,00
	Umsatzsteuer (USt)		76,00
3.	Büromaterial	35,00	
	Vorsteuer	6,65	
	an Bank		41,65
4.	Forderungen	952,00	
	an Provisionserträge		800,00
	Umsatzsteuer		152,00
5.	Büromaterial	14,00	
	Vorsteuer	0,98	
	an Kasse		14,98
	Anmerkung: Unter bestimmten Voraussetzungen (vgl. §§ 31–35 UStDV) ist es zulässig, bei sog. Kleinbetragsrechnungen (= Rechnungen bis 150 € – § 33 UStDV) oder Fahrausweisen nicht alle in § 14 UStG genannten Angaben aufzunehmen. So reicht es z. B. aus, wenn Entgelt und Steuerbetrag in einer Summe ausgewiesen sind, sofern der Steuersatz angegeben ist. In diesen Fällen ist die USt aus dem Gesamtbetrag herauszurechnen (§ 35 UStDV).		
6.	Reparaturaufwand	120,00	
	Vorsteuer	22,80	
	an Kasse		142,80

Lfd. Nr.	Buchungssätze	Soll €	Haben €
7.	Stromkosten Vorsteuer **an** Bank	160,00 30,40	 190,40
8.	Privatentnahmen **an** Postbank Giro **Anmerkung:** Hier darf die in der Rechnung ausgewiesene USt nicht als Vorsteuer gebucht werden, weil die Lieferung nicht an den G als Unternehmer erfolgte, sondern an ihn als Privatmann. Der gesamte Betrag ist als Privatentnahme zu erfassen.	333,20	 333,20

Berechnung der Umsatzsteuerzahllast:

	USt €	VoSt €
1. Buchungssatz	—	11,40
2. Buchungssatz	76,00	—
3. Buchungssatz	—	6,65
4. Buchungssatz	152,00	—
5. Buchungssatz	—	0,98
6. Buchungssatz	—	22,80
7. Buchungssatz	—	30,40
8. Buchungssatz	—	—
	228,00	72,23
USt (Steuerlast)		228,00
∕ Vorsteuer		72,23
Zahllast		155,77

Kontenmäßige Darstellung:

S	USt		H	S	Vorsteuer		H
VoSt	72,23	2.	76,00	1.	11,40	USt	72,23
S-Bilanz-		4.	152,00	3.	6,65		
Konto	155,77			5.	0,98		
	228,00		228,00	6.	22,80		
				7.	30,40		
					72,23		72,23

Aktiva	Schlussbilanzkonto		Passiva
. . . .	. . . .	. . . .	. . . .
. . . .	. . . .	. . . .	. . . .
. . . .	. . . .	. . . .	. . . .
. . . .	. . . .	USt-Schuld	155,77
. . . .	. . . .	. . . .	. . . .
. . . .	. . . .	. . . .	. . . .
. . . .	. . . .	. . . .	. . . .

Anmerkung: In der zu erstellenden Bilanz wird die Position „USt-Schuld"
innerhalb der Bilanzposten „Sonstige Verbindlichkeiten" erfasst.

Fall 15

Berechnung der Umsatzsteuer bei der sog. Bruttobuchung

Sachverhalt

Beim Einzelhändler Felix Felder (F), der seinen Betrieb am 20.12.01 eröffnet
hat, wurden die folgenden Barverkäufe von Waren mit folgenden Euro-
Werten festgestellt:

1.	20.12.01	4.582,00
2.	21.12.01	4.002,00
3.	23.12.01	3.074,00
4.	24.12.01	2.053,20
5.	27.12.01	2.273,60
6.	28.12.01	3.647,04
7.	30.12.01	5.015,84
8.	31.12.01	5.709,52

Bei den angegebenen Werten handelt es sich um Brutto-Verkaufserlöse; die
anteilige Umsatzsteuer ist jeweils mit 19 % darin enthalten.

Frage

1. Worin unterscheiden sich „Nettobuchung" und „Bruttobuchung" der
   Umsatzsteuer?
2. Wie sind die im Sachverhalt angegebenen Verkäufe buchungsmäßig
   darzustellen, wenn hinsichtlich der Umsatzsteuer die Form der Bruttobuchung gewählt wird?
3. Wie errechnet sich die in dem Bruttobetrag enthaltene Umsatzsteuer?
4. Wie erfolgt die Umbuchung der Umsatzsteuer?

Antwort und Begründung

1. Nettobuchung der Umsatzsteuer bedeutet, dass die Erlöse für Lieferungen und Leistungen mit den Nettowerten – also ohne anteilige Umsatzsteuer – gebucht werden.

Bei der Bruttobuchung wird zunächst der gesamte Verkaufserlös – einschließlich der Umsatzsteuer – auf dem Konto „Umsatzerlöse" gebucht (nähere Erläuterungen zum Stichwort „Umsatzerlöse" – siehe nachfolgenden Fall 17). Erst am Ende des Umsatzsteuer-Voranmeldungszeitraums wird dann die Umsatzsteuer aus dem Brutto-Verkaufspreis herausgerechnet und auf das Umsatzsteuerkonto gebucht. Diese Form der Bruttobuchung der Umsatzsteuer findet regelmäßig dort Anwendung, wo die Tageserlöse mit Hilfe von Registrierkassen ermittelt werden.

2.

S	Kasse	H	S	Umsatzerlöse	H
	€				€
1.	4.582,00		1.		4.582,00
2.	4.002,00		2.		4.002,00
3.	3.074,00		3.		3.074,00
4.	2.053,20		4.		2.053,20
5.	2.273,60		5.		2.273,60
6.	3.647,04		6.		3.647,04
7.	5.015,84		7.		5.015,84
8.	5.709,52		8.		5.709,52
					30.357,20

3. Die Summe der (Brutto-)Verkaufserlöse beträgt 30.357,20 Euro. In diesem Wert ist die Umsatzsteuer mit 19 % enthalten. Die buchungsmäßige Erfassung der Bruttobeträge – allerdings getrennt nach Steuersätzen – ist grundsätzlich zulässig (vgl. § 63 Abs. 5 UStDV); in diesen Fällen sind spätestens zum Ende eines Voranmeldungszeitraums die Bruttobeträge in die Summen der Entgelte und die Summen der Steuerbeträge aufzuteilen und aufzuzeichnen. Das Herausrechnen der Umsatzsteuer kann durch folgende Berechnungsmöglichkeiten erfolgen:

Divisor-Methode (USt)

Mit einem Divisor kann zunächst das auf den (Brutto-)Rechnungsbetrag entfallende Entgelt berechnet werden; im zweiten Schritt wird dann nach Abzug des errechneten Entgelts vom Rechnungsbetrag der als Differenzbetrag verbleibende Umsatzsteuerbetrag ermittelt. Der anzuwendende Divisor errechnet sich wie folgt:

- bei einem Steuersatz von 19 % $= \dfrac{119}{100} =$ <u>Divisor 1,19</u>

- bei einem Steuersatz von 7 % $= \dfrac{107}{100} =$ <u>Divisor 1,07</u>

Fallbezogene Berechnung:

		€
Bruttoverkaufserlöse		30.357,20
∕ errechnetes Entgelt		
(30.357,20 : 1,19)	=	25.510,25
= Differenz = anteilige USt		4.846,95

Faktor-(Multiplikator-)Methode (Umsatzsteuer)

Die Umrechnung von Bruttobeträgen in Entgelt und Steuerbetrag kann auch mit Hilfe eines Prozentsatzes (= Faktor) erfolgen; bei einem Steuersatz von 19 % beträgt dieser Prozentsatz:

$$\left(\frac{100 \times 19}{119}\right) = \text{Faktor } \underline{\underline{15,966386}}$$

Der entsprechende Faktor bei einem Steuersatz von 7 % beträgt danach = $\underline{\underline{6,542056}}$.

Fallbezogene Berechnung $\left(\dfrac{30.357,20 \times 15,966386}{100}\right) = \underline{\underline{4.846,95}}$

Bei Rechnungen i. S. der §§ 33 und 34 UStDV (= Rechnungen über Kleinbeträge – gemäß § 35 UStDV bis zu einem Gesamtbetrag von 150 Euro und Rechnungen von Fahrausweisen und Belege im Reisegepäckverkehr), die dem allgemeinen Steuersatz unterliegen, kann die Umsatzsteuer mit dem auf zwei Stellen gerundeten Prozentsatz von **15,97** von den Rechnungsbeträgen errechnet werden.

Für den ermäßigten Umsatzsteuersatz von 7 % gilt bei einer Steuerberechnung dementsprechend der gerundete Prozentsatz von **6,54 %**.

Vergleiche hierzu Abschn. 15.4 UStAE.

4. Buchungssatz:
Umsatzerlöse   4.846,95 €
   an USt   4.846,95 €

Fall 16

Deuten von Buchungssätzen

Sachverhalt

Der Gewerbetreibende Sixtus Schnell (S) hat einige Geschäftsvorfälle wie folgt gebucht:

Lfd. Nr.	Buchungssätze	Soll €	Haben €
1.	Kasse	500	
	an Bank		500
2.	Bank	3.000	
	an Forderungen aus		
	Lieferungen und Leistungen		3.000
3.	Verbindlichkeiten aus		
	Lieferungen und Leistungen	5.000	
	an Bank		5.000
4.	Bank	50.000	
	an Hypothekenschulden		50.000
5.	Fuhrpark	20.000	
	Vorsteuer	3.800	
	an Privateinlage		6.000
	Sonstige Verbindlichkeiten		17.800
6.	Sonstige Verbindlichkeiten	17.800	
	an Bank		16.848
	Fuhrpark		800
	Vorsteuer		152
7.	Darlehen	4.000	
	Zinsen	1.500	
	an Bank		5.500
8.	Mieten	400	
	an Bank		400
9.	Reparaturen	1.200	
	Vorsteuer	228	
	an Sonstige Verbindlichkeiten		1.428
10.	Sonstige Verbindlichkeiten	1.428	
	an Privateinlage		1.428
11.	Privatentnahme	600	
	an Kasse		600
12.	Steuerberatungskosten	1.000	
	Vorsteuer	190	
	Privatentnahme	595	
	an Bank		1.785
13.	Fachliteratur	200	
	Vorsteuer	14	
	an Kasse		214
14.	Sonstige Forderungen	595	
	an Provisionen		500
	Umsatzsteuer		95
15.	Umsatzsteuer	2.179	
	an Bank		2.179

Frage

Welche Arten von Geschäftsvorfällen liegen diesen Buchungen zugrunde?

Antwort und Begründung (alle Werte in Euro)

1. Von dem Bankkonto hat S 500 in die Geschäftskasse eingezahlt.

2. Ein Kunde hat seine Rechnung über 3.000 durch Banküberweisung bezahlt.

3. S hat eine bereits gebuchte Rechnung über gekaufte Ware i. H. von 5.000 per Banküberweisung bezahlt.

4. S hat ein Hypothekendarlehen i. H. von 50.000 aufgenommen; der Betrag wurde auf dem Bankkonto gutgeschrieben.

5. S hat ein Fahrzeug für 20.000 zzgl. 3.800 Umsatzsteuer gekauft. Die Bezahlung erfolgte aus privaten Mitteln (6.000) und der Rest auf Rechnung (17.800).

6. S hat den aus Geschäftsvorfall 5. noch offenen Restbetrag (17.800) nach Abzug von 4 % Skonto (800 netto und 152 Vorsteuer-Berichtigung) durch Überweisung i. H. von 16.848 vom Bankkonto bezahlt.

7. S hat 4.000 Darlehenstilgung und 1.500 Darlehenszinsen vom Bankkonto überwiesen.

8. S hat 400 Mietaufwand (ohne Umsatzsteuer) per Banküberweisung bezahlt.

9. Eine Reparaturrechnung über 1.200 zzgl. 228 Umsatzsteuer ist bei S eingegangen.

10. S hat die Rechnung aus Geschäftsvorfall 9. mit privaten Mitteln bezahlt.

11. S hat 600 Euro aus der Kasse für private Zwecke entnommen.

12. S hat an einen Steuerberater insgesamt 1.785 vom Bankkonto überwiesen. Davon entfallen 1.000 zzgl. 190 Umsatzsteuer auf Beratungsleistungen für den Betrieb und 595 (inkl. 19 % Umsatzsteuer) auf Beratungsleistungen für seinen Privatbereich.

13. S hat für 200 zzgl. 14 Euro Umsatzsteuer (7 %) Fachliteratur gekauft und bar aus der Kasse bezahlt.

14. S hat einem Kunden eine erbrachte Provisionsleistung mit 500 zzgl. 95 Umsatzsteuer in Rechnung gestellt.

15. S hat eine Umsatzsteuer-Vorauszahlung i. H. von 2.179 vom Bankkonto an das Finanzamt überwiesen.

Fall 17

Buchungen von Wareneinkäufen und Warenverkäufen einschließlich Nebenkosten bei Anwendung des Zwei-Konten-Modells

Sachverhalt

Der Kaufmann Heinz Hase (H) weist in seiner Eröffnungsbilanz einen Warenbestand von 36.250 Euro aus. Folgende Geschäftsvorfälle (alle Werte in Euro) wurden festgestellt:

1. Warenlieferung lt. folgender Eingangsrechnung:

Warenwert	4.200,00
+ Verpackung	200,00
	4.400,00
+ USt	836,00
	5.236,00

2. Für die Warenlieferung (Tz. 1) sind Eingangsfrachten von 17,00 € + 3,23 € USt bar bezahlt worden

3. Warenverkäufe gegen Barzahlung für 6.300 € + 1.197 € USt

4. Ein Posten Ware aus dem Ausland wurde angeliefert; die Rechnung lautet:

Warenwert	11.400,00
+ Einfuhrzoll	1.140,00
	12.540,00
+ Einfuhr-USt	2.382,60
	14.922,60

5. Warenverkauf auf Ziel – lt. Ausgangsrechnungen:

Warenwert	16.700,00
+ USt	3.173,00
	19.873,00

6. Eine Eingangsrechnung über eine Warenlieferung wurde durch Banküberweisung sofort bezahlt:

Warenwert	2.400,00
+ USt	456,00
	2.856,00

Frage

1. Wie sind die Geschäftsvorfälle beim Zwei-Konten-Modell buchungsmäßig zu erfassen?

Diese Vorgänge sind nur auf folgenden Konten zu buchen:

Wareneinkauf	Eingangsfrachten
Warenverkauf	Vorsteuer
Zölle	Umsatzsteuer

Die übrigen Konten (Gegenkonten) können aus Vereinfachungsgründen weggelassen werden.

2. Warum werden die Warenvorgänge auf getrennten Warenkonten (Wareneinkaufskonto und Warenverkaufskonto) gebucht und nicht auf einem einheitlichen Warenkonto?

3. Welche Vorgänge werden auf dem Konto „Wareneinkauf" erfasst? Die Vorgänge sind auf einem Konto schematisch darzustellen.

4. Welche Vorgänge werden auf dem Konto „Warenverkauf" erfasst? Die Vorgänge sind auf einem Konto schematisch darzustellen.

Antwort und Begründung

1.

S	Wareneinkauf	H	S	Warenverkauf	H
AB	36.250			3.	6.300
1.	4.400			5.	16.700
4.	11.400				
6.	2.400				

S	Zölle	H	S	Eingangsfrachten	H
4.	1.140		2.	17	

S	Vorsteuer	H	S	USt	H
1.	836,00			3.	1.197
2.	3,23			5.	3.173
4.	2.382,60				
6.	456,00				

2. Durch die verschiedenartigen Buchungen im Warenverkehr würde ein einheitliches Warenkonto sehr schnell unübersichtlich (z. B. durch Preisnachlässe, Warenrücksendungen usw.). Außerdem müsste auf diesem einheitlichen Warenkonto mit verschiedenen Werten gebucht werden: Wareneinkäufe mit den Einkaufspreisen und Warenverkäufe mit den Verkaufspreisen.

Bedingt durch diese verschiedenartigen Buchungen würde ein einheitliches Warenkonto an Übersichtlichkeit verlieren; deshalb wird regelmäßig auf getrennten Warenkonten gebucht; wegen der Aufteilung auf zwei Warenkonten spricht man auch vom „Zwei-Konten-Modell".

Im Übrigen wird diese Form der buchungsmäßigen Darstellung auch durch das Handelsgesetzbuch gefordert. § 238 HGB verpflichtet den Kaufmann, die Handelsgeschäfte nach den Grundsätzen ordnungsmäßiger Buchführung ersichtlich zu machen. Damit werden auch die ergänzenden Vorschriften des 2. Abschnitts (3. Buch des HGB), die zwar nur für Kapitalgesellschaften gelten, sinngemäß auch für Personenunternehmen anzuwenden sein.

Nach § 275 HGB ist die GuV-Rechnung so zu gliedern, dass einerseits Umsatzerlöse (und damit die Warenverkäufe) und andererseits die Aufwendungen für bezogene Waren bzw. die Herstellungskosten der zur Erzielung der Umsatzerlöse erbrachten Leistungen (hier = Wareneinkäufe) getrennt auszuweisen sind.

Ergänzend verlangt § 277 Abs. 1 HGB, dass die Umsatzerlöse nach Abzug von Erlösschmälerungen und der Umsatzsteuer auszuweisen sind.

3. Auf dem Wareneinkaufskonto werden alle Vorgänge grundsätzlich mit den Netto-Einkaufspreisen erfasst; das Wareneinkaufskonto wird im Laufe des Jahres als „Bestandskonto" geführt; zum Schluss des Jahres wird dann der durch die Inventur festgestellte Waren-Endbestand eingebucht und nach der Erfassung der übrigen Minderungen (wie z. B. Rücksendungen, Preisnachlässe usw.) verbleibt der sogenannte „Wareneinsatz" – im Ergebnis der Einkaufspreis aller verkauften Waren. Dieser so ermittelte Wareneinsatz wird schließlich als Aufwand über das GuV-Konto erfasst.

Da das Wareneinkaufskonto in dieser Form sowohl einen Bestands- wie auch einen Erfolgsteil hat, wird es auch als „gemischtes Wareneinkaufskonto" bezeichnet.

S	Wareneinkauf	H
• Anfangsbestand • Wareneingänge	• Rücksendungen an Lieferanten • Preisnachlässe von Lieferanten • privater Verbrauch • innerbetrieblicher Verbrauch • Waren-Endbestand (laut Inventur) ↓ Es verbleibt als Differenzbetrag der Wert der verkauften Waren zum Einkaufspreis = **Wareneinsatz**	

4. Auf dem Warenverkaufskonto werden alle Vorgänge grundsätzlich mit den Netto-Verkaufspreisen erfasst; das Warenverkaufskonto wird als „Erfolgskonto" geführt.

S	Warenverkauf	H
• Preisnachlässe • Rücksendungen von Kunden ↓ Als Differenzbetrag verbleibt der Verkaufserlös zu Verkaufspreisen = **Warenerlöse**	• Warenverkäufe	

58

Fall 18

Berechnung der Umsatzsteuerzahllast bei der Buchung von Warenvorgängen unter Berücksichtigung von Zahlungsabzügen

Sachverhalt

Isidor Immer (I) betreibt einen Baustoffgroßhandel. Folgende Geschäftsvorfälle wurden festgestellt (alle Werte in Euro); soweit Umsatzsteuer in Betracht kommt, ist jeweils von dem Steuersatz von 19 % auszugehen:

1. Wareneinkauf auf Ziel – Warenwert 98.000 + 18.620 USt;

2. Warenverkäufe auf Ziel – Warenwert 146.000 + 27.740 USt;

3. Wegen festgestellter Schäden wurde ein gesamter Warenposten an einen Lieferanten zurückgeschickt:

   Warenwert 880 + 167,20 USt

   Die entsprechende Eingangsrechnung war bisher noch nicht bezahlt worden

4. Eine Rechnung eines Lieferanten wird durch Banküberweisung bezahlt; dabei wird der Rechnungsbetrag um 2 % Skonto gekürzt

Brutto-Rechnungsbetrag	33.320,00
./. 2 % Skonto	666,40
überwiesener Betrag	32.653,60

5. Ein Kunde hat sich wegen geringfügiger Schäden an gelieferten Waren beschwert; daraufhin wird ihm ein Nachlass von 150 gewährt;

6. Ein weiterer Kunde bezahlt seine Rechnung durch Banküberweisung, kürzt den Rechnungsbetrag aber um 3 % Skonto:

Brutto-Rechnungsbetrag	10.234,00
./. 3 % Skonto	307,02
Gutschrift lt. Bankauszug	9.926,98

7. Infolge guter Geschäftsentwicklung gewährte ein Lieferant nachträglich einen Preisnachlass für die letzte Warenlieferung i. H. von 1.428;

8. Ein Kunde schickt einen gesamten Warenposten zurück, weil er hinsichtlich der Qualität nicht seinen Vorstellungen entsprach; da der Rechnungsbetrag von 380 + 72,20 USt bereits gebucht, aber noch nicht bezahlt worden war, wurde dem Kunden dieser Betrag wieder gutgeschrieben;

9. Verschiedene Warenverkäufe gegen Barzahlung; bei allen Verkäufen wurde 1 % Skonto gewährt. Die Addition der einzelnen Beträge ergab folgende Werte:

Warenwert (einschließlich USt)	15.113,00
./. 1 % Skonto	151,13
	14.961,87

Frage

1. Wie errechnet sich die Umsatzsteuerzahllast aufgrund der vorliegenden Geschäftsvorfälle?

Die Lösung ist wie folgt zu entwickeln:
a) Für die Geschäftsvorfälle sind zunächst die Buchungssätze zu bilden.
b) Die Konten „Vorsteuer" und „Umsatzsteuer" sind einzurichten und die entsprechenden Umsatzsteuerbuchungen nur auf diesen Konten vorzunehmen.
c) Die verbleibende Zahllast an das Finanzamt ist zu berechnen.
2. Warum muss bei einem nachträglich gewährten Preisnachlass (z. B. Skonto) die Umsatzsteuer berichtigt werden?
3. Was bedeuten die folgenden Begriffe, die als Kaufpreisberichtigungen insbesondere im Wareneinkauf und Warenverkauf eine wichtige Rolle spielen:
a) Rabatt,
b) Skonto,
c) Bonus?
4. Was ist der Unterschied zwischen „Kunden-Skonti" und „Lieferanten-Skonti"?
5. Was versteht man unter dem Begriff der „Nettobuchung" bei Skonti und Boni?

Antwort und Begründung

1. Buchungssätze:

Lfd. Nr.	Buchungssätze	Soll €	Haben €
1.	Wareneinkauf	98.000,00	
	Vorsteuer (VoSt)	18.620,00	
	an Lieferantenschulden*		116.620,00
2.	Kundenforderungen*	173.740,00	
	an Warenverkauf		146.000,00
	Umsatzsteuer (USt)		27.740,00
3.	Lieferantenschulden*	1.047,20	
	an Wareneinkauf		880,00
	Vorsteuer		167,20
4.	Lieferantenschulden	33.320,00	
	an Bank		32.653,60
	Skontierträge		560,00
	Vorsteuer		106,40
5.	Warenverkauf		
	(oder Vorkonto „Nachlässe")	126,05	
	USt	23,95	
	an Kundenforderungen		150,00
6.	Bank	9.926,98	
	Skontiaufwand	258,00	
	USt	49,02	
	an Kundenforderungen		10.234,00
7.	Lieferantenschulden	1.428,00	
	an Wareneinkauf (oder Vorkonto „Lieferanten-Preisnachlässe")		1.200,00
	Vorsteuer		228,00

Lfd. Nr.	Buchungssätze	Soll €	Haben €
8.	Warenverkauf	380,00	
	USt	72,20	
	an Kundenforderungen		452,20
9.	Kasse	14.961,87	
	Skontiaufwand	127,00	
	an Warenverkauf		12.700,00
	USt**		2.388,87

* Bei Geschäftsvorfällen, die zu Veränderungen beim Bestand an Forderungen oder Verbindlichkeiten aus Lieferungen und Leistungen führten, wurden bisher jeweils die Konten so bezeichnet, wie sie sich aus der Gliederung der Bilanz ergeben. Da im Laufe des Geschäftsjahres aber auf diesen Konten nicht direkt gebucht wird, sondern regelmäßig auf einzelnen Unterkonten (den sogenannten Personenkonten), werden künftig anstelle der bisherigen Kontenbezeichnungen auch folgende andere Kontenbezeichnungen gewählt:
  – für das Konto „Forderungen aus Lieferungen und Leistungen"
    = Kundenforderungen,
  – für das Konto „Verbindlichkeiten aus Lieferungen und Leistungen"
    = Lieferantenschulden.
** In dem (noch ungekürzten) Bruttowert der Warenverkäufe von 15.113 € ist USt anteilig mit 2.413 € enthalten (= 15.113 € × 15,966386 % geteilt durch 100); folglich teilt sich der Kürzungsbetrag von 151,13 € ebenfalls anteilig auf den Warenwert (= 1 % von 12.700 €) = 127 € und auf die USt (= 1 % von 2.413 €) = 24,13 € auf, sodass als endgültige USt ein Betrag von 2.388,87 € (= 2.413 € ∕. 24,13 €) zu buchen ist.

Darstellung der Konten „Vorsteuer" und „USt":

S	Vorsteuer		H	S		USt			H
1.	18.620	3.	167,20	5.	23,95	2.		27.740,00	
		4.	106,40	6.	49,02	9.		2.388,87	
		7.	228,00	8.	72,20				
		USt	18.118,40	VoSt	18.118,40				
	18.620		18.620,00	Saldo	11.865,30				
					30.128,87			30.128,87	

Berechnung der Zahllast:

Die Zahllast lässt sich hier aus den zusammengestellten Werten auf dem Vorsteuerkonto und dem Umsatzsteuerkonto berechnen.

USt		30.128,87 €
∕. zurückgebuchte Beträge		
(23,95 € + 49,02 € + 72,20 €)		145,17 €
		29.983,70 €
abzgl. der Vorsteuer:		
gebuchte Vorsteuerbeträge	18.620,00 €	
∕. zurückgebuchte Beträge:		
(167,20 € + 106,40 € + 228,00 €)	501,60 €	18.118,40 €
Zahllast		= 11.865,30 €

Diese berechnete Zahllast entspricht dem Saldo auf dem Umsatzsteuerkonto!

2. Ein nachträglicher Preisnachlass führt zu einer Minderung der Bemessungsgrundlage für die Umsatzsteuer; wenn sich die Bemessungsgrundlage nachträglich ändert, so ist gemäß § 17 Abs. 1 UStG die Umsatzsteuer entsprechend zu berichtigen.

Folge: Einkaufsbereich = Minderung der Vorsteuer
           Verkaufsbereich = Minderung der Umsatzsteuer

3. Rabatt: ein i. d. R. in Prozenten ausgedrückter Preisnachlass auf den reinen Warenpreis, den der Lieferant gewährt und der – regelmäßig von vornherein feststehend – sofort vom Netto-Rechnungsbetrag abgesetzt wird (z. B. Mengenrabatt, Treuerabatt, Naturalrabatt usw.).

Skonto (Skonti): ein regelmäßig in Prozenten ausgedrückter Preisnachlass, der dann (vom Kaufpreis) gewährt wird, wenn die Zahlung vor Fälligkeit erfolgt; i. d. R. wird der Skontoabzug nachträglich vorgenommen. Da Skonto-Abzug erst beim Zahlungseingang vorgenommen wird, ist der Rechnungsbetrag zunächst immer voll zu buchen.

Bonus (Boni): eine meist in Prozenten ausgedrückte Vergütung des Lieferanten an den Abnehmer; solche Boni sind an die Erfüllung bestimmter Bedingungen geknüpft (z. B. bestimmter Umsatz); sie werden deshalb erst nachträglich gewährt.

4. Kunden-Skonti sind solche Zahlungsabzüge, die von Kunden vorgenommen werden. Kunden-Skonti mindern den Ertrag und sind nach § 277 Abs. 1 HGB als Erlösschmälerungen unmittelbar bei den Umsatzerlösen abzuziehen. Buchungsmäßig werden derartige Abzüge i. d. R. auf gesonderten Konten gebucht, die als „Kunden-Skonti" oder „Skontoaufwendungen" bezeichnet werden.

Lieferanten-Skonti sind Zahlungsabzüge, die der Kaufmann bei den Eingangsrechnungen seiner Lieferanten vornimmt. Solche Zahlungsabzüge stellen Anschaffungspreisminderungen dar, die gem. § 255 Abs. 1 HGB von den jeweiligen Anschaffungskosten abzusetzen sind. Buchungsmäßig werden auch diese Abzüge i. d. R. auf gesonderten Konten gebucht, die als „Lieferantenskonti" oder „Skonti-Erträge" bezeichnet werden.

5. Bei der Nettobuchung von Skonti und Boni wird der entsprechende anteilige Steuerbetrag jeweils sofort auf dem Umsatzsteuerkonto oder dem Vorsteuerkonto berichtigt.

Bei der Bruttobuchung dagegen wird der volle Betrag zunächst auf dem Skonti- bzw. Boni-Konto erfasst, und erst am Ende der jeweiligen Abrechnungsperiode (Umsatzsteuer-Voranmeldungszeitraum) wird die Umsatzsteuer bzw. Vorsteuer entsprechend herausgerechnet und berichtigt.

Fall 19

Buchungen auf Warenkonten mit Kontenabschluss (Drei-Konten-Modell und Abschluss nach der Bruttomethode)

Sachverhalt

Justus Jolle (J) ist Elektrogroßhändler; umsatzsteuerrechtlich unterliegen seine Umsätze dem Steuersatz von 19 %, und er ist zum vollen Vorsteuerabzug berechtigt. J hat folgende Anfangsbestände ermittelt (alle Werte in Euro):

Bargeld	1.480
Geschäftsausstattung	16.200
Bankguthaben	12.400
Vorräte – Waren	18.200
Postbank Giro-Guthaben	1.340
Forderungen aus Lieferungen und Leistungen	7.215
Lieferantenschulden	12.432

Folgende Geschäftsvorfälle wurden festgestellt:

€

1.	Wareneinkauf auf Ziel lt. Warenein-gangsrechnungen	Waren	4.000,00
		∕. Rabatt	200,00
			3.800,00
		+ USt	722,00
			4.522,00
2.	Für die Anlieferung der Ware (Tz. 1) wurde an eine Spedition Rollgeld bar bezahlt	+ USt	12,50
			2,38
			14,88
3.	Warenverkäufe – lt. Ausgangs-rechnungen		6.200,00
		+ USt	1.178,00
			7.378,00
4.	Ein Kunde bezahlt seine Rechnung durch Banküberweisung; er hat dabei 2 % Skonto abgezogen	Brutto-rechnungsbetrag	2.499,00
		∕. 2 % Skonto	49,98
		Bankgutschrift	2.449,02

5. Wareneinkauf lt. Eingangsrechnung; der Rechnungsbetrag wurde sofort unter Abzug von 1 % Skonto bar bezahlt

Warenwert	730,00
+ Verp.-Kosten	30,00
	760,00
+ 19 % USt	144,40
	904,40
∕ 1 % Skonto	9,04
bar bezahlt	895,36

6. Verbindlichkeiten gegenüber einem Lieferanten wurden durch Postbanküberweisung bezahlt

1.140,00

7. Büromaterial wurde eingekauft und bar bezahlt

	180,00
+ USt	34,20
	214,20

8. Ein Kunde hat mangelhafte Waren, die noch nicht bezahlt wurden, zurückgeschickt

Warenwert	200,00
+ USt	38,00
	238,00

9. Ein Teil der in Rechnung gestellten Verpackungskosten wurde an den Lieferanten zurückgeschickt; daraufhin erteilte der Lieferant folgende Gutschrift

	20,00
+ USt	3,80
	23,80

10. Zur besseren Ausstattung der vorhandenen Geschäftseinrichtung wurde ein elektronischer Kleinrechner angeschafft; die Rechnung wurde bisher noch nicht bezahlt

Listenpreis	1.800,00
∕ Rabatt	360,00
	1.440,00
+ USt	273,60
	1.713,60

11. Ein Lieferant hat für zurückgeschickte Waren, die bisher noch nicht bezahlt wurden, eine Gutschrift erteilt

	400,00
+ USt	76,00
	476,00

			€
12.	Bezahlung der USt durch Überweisung vom betriebl. Bankkonto		200,00
13.	Barverkäufe (einschließlich der darin enthaltenen USt)		2.380,00
14.	Frachtkosten für die Zulieferung der verkauften Waren (Tz. 13) wurden bar aus der Geschäftskasse bezahlt		15,00
		+ USt	2,85
			17,85
15.	Warenverkäufe auf Ziel lt. Ausgangs- rechnungen		2.700,00
		+ USt	513,00
			3.213,00

Der durch die Inventur ermittelte Warenendbestand beträgt 17.900 Euro.

Frage

1. Wie unterscheiden sich „Bruttoabschluss" und „Nettoabschluss" beim Abschließen der Warenkonten?

2. Welche der beiden Möglichkeiten (Bruttoabschluss oder Nettoabschluss) hat einen größeren Informationswert?

3. Was versteht man unter „Warenbezugskosten", und wie werden diese Kosten buchungsmäßig erfasst?

4. Wie werden die Konten „Lieferanten-Skonti" (bzw. Skonti-Erträge) und „Kunden-Skonti" (bzw. Skonti-Aufwendungen) abgeschlossen?

5. Welche grundsätzlichen Darstellungsmöglichkeiten gibt es für den Abschluss der Konten des Wareneinkaufsbereichs?

6. Wie errechnet sich die Schlussbilanz, nachdem die genannten Geschäfts- vorfälle gebucht sind?

   Die Lösung ist wie folgt zu entwickeln:

   a) Alle erforderlichen Konten sind einzurichten und die Anfangsbestände sind vorzutragen.

   b) Die genannten Geschäftsvorfälle sind zu buchen.

   c) Die Konten sind abzuschließen und die Schlussbilanz ist zu erstellen. Die Wareneinkaufskonten sind dabei nach der „Bruttomethode" abzuschließen.

Antwort und Begründung

1. a) Bruttoabschluss: Beim Bruttoabschlussverfahren werden der Saldo des Wareneinkaufskontos (= Aufwendungen für bezogene Waren = „Warenein- satz") und der Saldo des Warenverkaufskontos (= Umsatzerlöse) getrennt über das GuV-Konto abgeschlossen.

Diese Form entspricht handelsrechtlichen Vorschriften, wonach Aufwendungen nicht mit Erträgen verrechnet werden dürfen (§ 246 Abs. 2 HGB). Außerdem wird erst hierdurch eine Verprobung von Umsatz und Wareneinsatz möglich. Daher ist diese Form auch in der Praxis üblich.

1. b) Nettoabschluss: § 276 HGB ermöglicht es kleinen und mittelgroßen Kapitalgesellschaften, bestimmte Posten der GuV-Rechnung unter der Bezeichnung „Rohergebnis" zusammenzufassen; wenn diese Erleichterungen, die eine Abweichung vom allgemeinen Saldierungsverbot i. S. von § 246 Abs. 2 HGB darstellen, für bestimmte Kapitalgesellschaften gelten, dürften sie zweifellos auch für Personenunternehmen zulässig sein.

Beim Nettoabschlussverfahren werden die Salden derjenigen Konten (und der dazugehörigen Unterkonten), die zum „Rohergebnis" zusammengefasst werden können, auf ein zwischengeschaltetes Konto übertragen; dieses Konto wird dementsprechend als „Rohergebnis-Konto" bezeichnet. Der Saldo dieses Kontos wird anschließend auf das GuV-Konto übertragen.

2. Die GuV-Rechnung soll nicht nur Aufschluss geben über die Höhe des Erfolgs der unternehmerischen Betätigung, sondern sie soll vielmehr auch Aussagen zulassen, wie im Einzelnen dieser Erfolg zustande gekommen ist.

Da beim Bruttoabschlussverfahren die Aufwendungen und Erträge auch des Warenbereichs einzeln – d. h. unsaldiert – ausgewiesen werden, ist dieser Form des Abschlusses in jedem Fall der Vorzug zu geben.

3. Beim Einkauf von Waren fallen regelmäßig neben dem eigentlichen (Waren-)Kaufpreis noch verschiedene Kosten des Bezugs bzw. der Anlieferung an – wie z. B.: Verpackungskosten, Eingangsfrachten, Zölle, Rollgelder, Lagergebühren, Transportversicherungen u. a. mehr; diese Warenbezugskosten erhöhen (als Nebenkosten – vgl. § 255 Abs. 1 HGB) den Einkaufspreis der Ware, sodass sich demzufolge der Einstandspreis wie folgt zusammensetzt:

>   Nettorechnungsbetrag
> \+ Bezugskosten (Nebenkosten)
>
> = Einstandspreis

Wegen der Übersichtlichkeit werden Bezugskosten regelmäßig auf getrennten Konten gebucht; die Salden der einzelnen (Unter-)Konten sind beim Abschluss auf das Konto „Aufwendungen für bezogene Waren" (= Wareneinkaufskonto) zu übertragen.

4. Skontoaufwendungen und Skontoerträge werden zunächst auf getrennten Konten gebucht, wobei auch jeweils mehrere Konten einzurichten sind, wenn Waren mit verschiedenen Steuersätzen hinsichtlich der Umsatzsteuer eingekauft und verkauft werden; damit wird erreicht, dass dem Unternehmer für die Rechnungsperiode eine Übersicht ermöglicht wird, in welchem Umfang die Umsatzerlöse skontobehaftet sind und in welchem Umfang Warenbezahlungen unter Ausschöpfung von Skontoabzügen gemindert werden konnten.

Die einzelnen Konten sind dann wie folgt abzuschließen:

Skontoaufwendungen:	Die Salden dieser Konten werden auf das Konto „Umsatzerlöse" übertragen (vgl. § 277 Abs. 1 HGB).
Skontoerträge:	Skontoerträge mindern die Anschaffungskosten der Waren (vgl. § 255 Abs. 1 HGB); infolgedessen sind die Salden der Konten „Skontoerträge" auf das Konto „Aufwendungen für bezogene Waren" (= Wareneinkaufskonto) zu übertragen.

5. Aufwendungen für bezogene Waren können nur insoweit bei der Ermittlung des Erfolgs für das entsprechende Wirtschaftsjahr berücksichtigt werden, soweit Waren auch verkauft wurden.

Für die Darstellung des Abschlusses der Wareneinkaufskonten bieten sich grundsätzlich folgende Möglichkeiten an:

a) Gemischte Darstellung (gemischtes Wareneinkaufskonto):

Hier wird im Rahmen des Zwei-Konten-Modells ein einheitliches Wareneinkaufskonto eingerichtet, auf dem sowohl Anfangs- und Endbestand erfasst werden als auch sämtliche Vorgänge, die den Wareneinkauf betreffen:

S	Waren	H

Anfangsbestand
Einkäufe
Warenbezugskosten
	Rücksendungen
	Skonti-Erträge
	Endbestand
	  Saldo (= Aufwendungen
	  für bezogene Waren)	

S	GuV-Konto	H
Aufwendungen für bezogene Waren		

b) Getrennte Darstellung (getrennte Konten für „Warenbestand" und „Aufwendungen für bezogene Waren"):

Bei diesem Verfahren werden im Rahmen des „Drei-Konten-Modells" auf dem Konto „Warenbestand" lediglich der Anfangsbestand und der (im Rahmen der Inventur festgestellte) Endbestand ausgewiesen; auf dem Konto „Aufwendungen für bezogene Waren" werden dagegen alle übrigen Vorgänge des Wareneinkaufs erfasst. Hinsichtlich des Abschlusses dieser beiden Konten gibt es dann wiederum zwei Möglichkeiten:

Bruttoabschluss
der Wareneinkaufskonten:
Hierbei werden die Salden des Kontos „Warenbestand" (= Bestandsveränderungen) und des Kontos „Aufwendungen für bezogene Waren" jeweils getrennt auf das GuV-Konto übertragen.

Nettoabschluss
der Wareneinkaufskonten:
Hierbei wird zunächst der Saldo des Warenbestandskontos (= Bestandsveränderungen) auf das Konto „Aufwendungen für bezogene Waren" übertragen; dann wird dieses Konto abgeschlossen und dieser verbleibende Saldo dann auf dem GuV-Konto gegengebucht.

Weitere Einzelheiten zum Drei-Konten-Modell sind im Fall 22 dargestellt.

6.

Aktiva		Eröffnungsbilanz		Passiva
		€		€
Geschäftsausstattung	16.200	Eigenkapital		44.403
Waren	18.200	Lieferantenschulden		12.432
Forderungen aus				
Lieferungen und				
Leistungen	7.215			
Bank	12.400			
Postbank	1.340			
Kasse	1.480			
	56.835			56.835

S	Warenbestand		H
AB	18.200	EB	17.900
		GuV	300
	18.200		18.200

S	Aufwendungen für bezogene Waren		H
1.	3.800,00	9.	20,00
5.	760,00	11.	400,00
Rollgeld	12,50	L-Skonti	7,60
		GuV	4.144,90
	4.572,50		4.572,50

S	Geschäftsausstattung		H
AB	16.200	S-B	17.640
10.	1.440		
	17.640		17.640

S	Bank		H
AB	12.400,00	12.	200,00
4.	2.449,02	S-B	14.649,02
	14.849,02		14.849,02

S	Forderungen aus Lieferungen und Leistungen		H
AB	7.215	4.	2.499
3.	7.378	8.	238
15.	3.213	S-B	15.069
	17.806		17.806

S	Postbank		H
AB	1.340	6.	1.140
		S-B	200
	1.340		1.340

S	Kasse		H
AB	1.480	2.	14,88
13.	2.380	5.	895,36
		7.	214,20
		14.	17,85
		S-B	2.717,71
	3.860		3.860,00

S	Lieferantenschulden		H
6.	1.140,00	AB	12.432
9.	23,80	1.	4.522
11.	476,00		
S-B	15.314,20		
	16.954,00		16.954

S	Kapital		H
S-B	50.421,10	AB	44.403,00
		GuV	6.018,10
	50.421,10		50.421,10

S	Rollgeld		H
2.	12,50	Aufw. f. bezog.	
		Waren	12,50
	12,50		12,50

S	Vorsteuer		H
1.	722,00	9.	3,80
2.	2,38	11.	76,00
5.	142,96	USt	1.098,19
7.	34,20		
10.	273,60		
14.	2,85		
	1.177,99		1.177,99

S	USt		H
4.	7,98	3.	1.178
8.	38,00	13.	380
12.	200,00	15.	513
VoSt	1.098,19		
S-B	726,83		
	2.071,00		2.071

S	Umsatzerlöse		H
8.	200	3.	6.200
K-Skonti	42	13.	2.000
GuV	10.658	15.	2.700
	10.900		10.900

S	Kunden-Skonti		H
4.	42	Umsatz-	
		erlöse	42
	42		42

S	Ausgangsfrachten		H
14.	15	GuV	15
	15		15

S	Lieferanten-Skonti		H
Aufw. f. bezog.		5.	7,60
Waren	7,60		
	7,60		7,60

S	Sonstige Verbindlichkeiten		H
S-B	1.713,60	10.	1.713,60
	1.713,60		1.713,60

S	Büromaterial		H
7.	180	GuV	180
	180		180

S	GuV-Konto		H
	€		€
Waren-Bestands-veränderung (Minder.)	300,00	Umsatzerlöse	10.658,00
Aufwendungen für be-zogene Waren	4.144,90		
Ausgangsfrachten	15,00		
Büromaterial	180,00		
Kapital (= Gewinn)	6.018,10		
	10.658,00		10.658,00

Aktiva	Schlussbilanz		Passiva
	€		€
Geschäftsausstattung	17.640,00	Kapital	50.421,10
Waren	17.900,00	Lieferantenschulden	15.314,20
Forderungen aus		USt	726,83
Lieferungen und		Sonstige Verbindlich-	
Leistungen	15.069,00	keiten	1.713,60
Bank	14.649,02		
Postbank Giro	200,00		
Kasse	2.717,71		
	68.175,73		68.175,73

Fall 20

Buchungen auf Warenkonten mit Kontenabschluss (Zwei-Konten-Modell)

Sachverhalt

Jörg Jünger (J) ist Baustoffgroßhändler. Umsatzsteuerrechtlich unterliegen seine Umsätze dem Steuersatz von 19 %; er ist zum vollen Vorsteuerabzug berechtigt.

J hat folgende Anfangsbestände ermittelt (alle Werte in Euro): Bargeld 1.760; Lieferantenschulden 33.078; Geschäftsausstattung 18.980; Kundenforderungen 8.325; Bankschulden 7.930; Postbank-Guthaben 870; Warenbestand 20.920.

Folgende Geschäftsvorfälle wurden festgestellt:

			€
1.	Wareneinkauf auf Ziel lt. Wareneingangsrechnungen	Waren	5.000,00
		∕ Rabatt	250,00
			4.750,00
		+ USt	902,50
			5.652,50

<table>
<tr><td></td><td></td><td></td><td>€</td></tr>
</table>

2. Für die Anlieferung der Ware (Tz. 1) wurde an eine Spedition Rollgeld bar bezahlt   + USt

	€
	18,00
	3,42
	21,42

3. Warenverkäufe – lt. Ausgangsrechnung   + USt

	€
	4.700,00
	893,00
	5.593,00

4. Ein Kunde bezahlt seine Rechnung durch Banküberweisung; er hat dabei 2 % Skonto abgezogen

	€
Bruttorechnungsbetrag	2.261,00
∕. 2 % Skonto	45,22
Bankgutschrift	2.215,78

5. Wareneinkauf lt. Eingangsrechnung; der Rechnungsbetrag wurde sofort unter Abzug von 1 % Skonto bar bezahlt

	€
Warenwert	650,00
+ Verp.-Kosten	40,00
	690,00
+ 19 % USt	131,10
	821,10
∕. 1 % Skonto	8,21
bar bezahlt	812,89

6. Verbindlichkeiten gegenüber einem Lieferanten wurden durch Postbank-Giro-Überweisung bezahlt

	€
	678,00

7. Büromaterial wurde eingekauft und bar bezahlt   + USt

	€
	240,00
	45,60
	285,60

8. Ein Kunde hat mangelhafte Ware, die noch nicht bezahlt wurde, zurückgeschickt

	€
Warenwert	100,00
+ USt	19,00
	119,00

9. Ein Teil der in Rechnung gestellten Verpackungskosten wurde an den Lieferanten zurückgeschickt; daraufhin erteilte der Lieferant folgende Gutschrift   + USt

	€
	15,00
	2,85
	17,85

		€
10. Zur besseren Ausstattung der vorhandenen Geschäftseinrichtung wurde ein Personalcomputer angeschafft; die Rechnung wurde bisher noch nicht bezahlt	Listenpreis	1.900,00
	./. Rabatt	380,00
		1.520,00
	+ USt	288,80
		1.808,80
11. Ein Lieferant hat für zurückgeschickte Waren, die bisher noch nicht bezahlt wurden, eine Gutschrift erteilt		200,00
	+ USt	38,00
		238,00
12. Bezahlung der USt durch Überweisung vom betrieblichen Bankkonto		100,00
13. Barverkäufe (einschließlich der darin enthaltenen USt)		1.190,00
14. Frachtkosten für die Zulieferung der verkauften Waren (Tz. 13) wurden bar aus der Geschäftskasse bezahlt		19,00
	+ USt	3,61
		22,61
15. Warenverkäufe auf Ziel lt. Ausgangsrechnungen		1.300,00
	+ USt	247,00
		1.547,00

Der durch die Inventur ermittelte Warenendbestand beträgt 19.400 Euro.

Frage

Wie errechnet sich die Schlussbilanz, nachdem die genannten Geschäftsvorfälle gebucht sind? Die Lösung ist wie folgt zu entwickeln:

a) Die Eröffnungsbilanz ist zu erstellen.

b) Alle erforderlichen Konten sind einzurichten und die Anfangsbestände vorzutragen.

c) Die genannten Geschäftsvorfälle sind zu buchen.

d) Die Konten sind abzuschließen und die Schlussbilanz ist zu erstellen. Das Wareneinkaufskonto ist dabei als gemischtes Warenkonto im Rahmen des Zwei-Konten-Modells zu führen.

Antwort und Begründung

Aktiva		Eröffnungsbilanz		Passiva
		€		€
Geschäftsausstattung	18.980	Eigenkapital		9.847
Waren	20.920	Bank		7.930
Forderungen aus		Lieferantenschulden		33.078
Lieferungen und				
Leistungen	8.325			
Postbank	870			
Kasse	1.760			
	50.855			50.855

S	Geschäftsausstattung		H
AB	18.980	S-B	20.500
10.	1.520		
	20.500		20.500

S	Aufwendungen für bezogene Waren (Wareneinkaufskonto)		H
AB	20.920	9.	15,00
1.	4.750	11.	200,00
5.	690	EB	19.400,00
Rollgeld	18	L-Skonti	6,90
		GuV	6.756,10
	26.378		26.378,00

S	Forderungen aus Lieferungen und Leistungen		H
AB	8.325	4.	2.261
3.	5.593	8.	119
15.	1.547	S-B	13.085
	15.465		15.465

S	Postbank		H
AB	870	6.	678
		S-B	192
	870		870

S	Kasse		H
AB	1.760	2.	21,42
13.	1.190	5.	812,89
		7.	285,60
		14.	22,61
		S-B	1.807,48
	2.950		2.950,00

S	Bank		H
4.	2.215,78	AB	7.930
S-B	5.814,22	12.	100
	8.030,00		8.030

S	Lieferantenschulden			H
6.	678,00	AB	33.078,00	
9.	17,85	1.	5.652,50	
11.	238,00			
S-B	37.796,65			
	38.730,50		38.730,50	

S	Eigenkapital			H
GuV	153,10	AB	9.847	
S-B	9.693,90			
	9.847,00		9.847	

S	USt			H
4.	7,22	3.	893,00	
8.	19,00	13.	190,00	
12.	100,00	15.	247,00	
VoSt	1.332,87	S-B	129,09	
	1.459,09		1.459,09	

S	Vorsteuer			H
1.	902,50	9.	2,85	
2.	3,42	11.	38,00	
5.	129,79	USt	1.332,87	
7.	45,60			
10.	288,80			
14.	3,61			
	1.373,72		1.373,72	

S	Rollgeld			H
2.	18	Aufw. für bezog.		
		Waren	18	
	18		18	

S	Umsatzerlöse (Warenverkaufskonto)			H
8.	100	3.	4.700	
K-Skonti	38	13.	1.000	
GuV	6.862	15.	1.300	
	7.000		7.000	

S	Büromaterial			H
7.	240	GuV	240	
	240		240	

S	Ausgangsfrachten			H
14.	19	GuV	19	
	19		19	

S	Kunden-Skonti			H
4.	38	Umsatz-		
		erlöse	38	
	38		38	

S	Lieferanten-Skonti			H
Aufw. für bezog.		5.	6,90	
Waren	6,90			
	6,90		6,90	

S	Sonstige Verbindlichkeiten			H
S-B	1.808,80	10.	1.808,80	
	1.808,80		1.808,80	

S		GuV-Konto		H
	€			€
Büromaterial	240,00	Umsatzerlöse		6.862,00
Ausgangsfrachten	19,00	Kapital (= Erfolg =		
Aufwendungen für		hier Verlust)		153,10
bezogene Waren	6.756,10			
	7.015,10			7.015,10

Aktiva		Schlussbilanz		Passiva
	€			€
Geschäftsausstattung	20.500,00	Eigenkapital		9.693,90
Waren	19.400,00	Bankschulden		5.814,22
Forderungen aus		Lieferantenschulden		37.796,65
Lieferungen und		Sonstige Verbindlich-		
Leistungen	13.085,00	keiten		1.808,80
Postbank	192,00			
Kasse	1.807,48			
USt-Guthaben	129,09			
	55.113,57			55.113,57

Fall 21

Bilden von Buchungssätzen zu Geschäftsvorfällen im Warenbereich (Zwei-Konten-Modell) – mit Feststellung der Kapital- und Erfolgsauswirkung

Sachverhalt

Karl Knopf (K) betreibt ein Textileinzelhandelsgeschäft. Er ermittelt seinen Gewinn durch Betriebsvermögensvergleich gem. § 5 EStG. Umsatzsteuerrechtlich ist er zum vollen Vorsteuerabzug berechtigt. Das Wareneinkaufskonto führt er im Rahmen des Zwei-Konten-Modells als gemischtes Warenkonto.

Die folgenden Geschäftsvorfälle sind angefallen (alle Werte in Euro):

1. Beim Stpfl. geht eine Warenrechnung über 8.200 + 1.558 USt ein.
2. Frachtkosten für die Anlieferung dieser Ware sind i. H. von 119 (einschließlich 19 gesondert ausgewiesener USt) bar bezahlt worden.
3. Mehrere Ausgangsrechnungen über Warenlieferungen an verschiedene Kunden wurden verschickt; Wert: netto 6.500 + 1.235 USt (Wert der Waren zum Einkaufspreis = 4.200 + 798 USt).

4. Büromaterial wurde bar gekauft für brutto 53,55. Darin ist USt mit 8,55 enthalten und gesondert ausgewiesen.

5. Mehrere Kunden haben ihre Rechnungen durch Banküberweisung bezahlt – brutto 1.190.

6. Ein Kunde sendet mangelhafte Ware zurück; ihm wird der Betrag gutgeschrieben, zumal der Kunde die Rechnung bisher noch nicht bezahlt hatte – brutto 238, davon 38 USt (Einkaufspreis der Ware 130 + 24,70 USt).

7. Der Stpfl. kauft einen Einrichtungsgegenstand für das Geschäftsbüro. Die Rechnung über 2.000 + 380 USt wird durch Überweisung vom betrieblichen Postbank-Konto sofort bezahlt.

8. Die Miete für die Geschäftsräume i. H. von 500 (ohne USt) wird bar bezahlt.

9. An einen Lieferanten wird ein Teil einer Warensendung zurückgeschickt – Warenwert 150 – zusätzlich darauf entfallender USt i. H. von 28,50. Der Lieferant stellt eine Gutschrift aus.

10. Der Stpfl. zahlt aus der Geschäftskasse 2.000 auf das betriebliche Bankkonto ein.

11. Der PC im Büro des Stpfl. musste repariert werden; die angefallenen Kosten i. H. von 70 zusätzlich 13,30 USt wurden bar bezahlt.

12. Der Stpfl. hat der Geschäftskasse 500 für private Zwecke entnommen.

13. Die fällige USt für den abgelaufenen Monat i. H. von 1.420 wurde vom betrieblichen Bankkonto überwiesen.

14. Vor zwei Jahren musste der Stpfl. ein Darlehen i. H. von 10.000 aufnehmen. Dieses Darlehen wird durch vertraglich festgelegte Tilgungsraten zurückgezahlt. Von seinem betrieblichen Bankkonto hat der Stpfl. 980 überwiesen; von diesem Betrag entfallen auf Darlehenstilgung 900 und auf Darlehenszinsen 80.

15. Einen Lottogewinn i. H. von 2.400 hat der Stpfl. in die Geschäftskasse eingelegt.

16. Überweisung der betrieblichen Grundsteuer vom betrieblichen Bankkonto an die Stadtkasse i. H. von 420.

17. Überweisung vom betrieblichen Bankkonto an die städtischen Werke für angefallene Stromkosten 120 + 22,80 USt.

18. Die Kfz-Versicherung für den betrieblichen PKW i. H. von 250 wurde vom betrieblichen Postbank-Konto überwiesen.

19. Der Stpfl. bezahlte die fällige Einkommensteuer-Vorauszahlung i. H. von 800; diesen Betrag hatte er der Geschäftskasse entnommen.

20. Die Forderung gegen den Kunden Kurz wird i. H. von 500 mit einer Verbindlichkeit an ihn i. H. von 500 verrechnet.

21. Warenschulden werden unter Abzug von 2 % Skonto durch Banküberweisung bezahlt; die Wareneingangsrechnung lautete: Waren 5.000 + 950 USt.

22. Wareneinkauf i. H. von 3.808 (einschließlich 608 USt); davon wurden 1.680 bar bezahlt, die restlichen Waren wurden auf Ziel eingekauft.

23. Am Jahresende wird dem besten Kunden ein Bonus von 476 (ein-schließlich 76 USt) gutgeschrieben.

24. Beim Erstellen des Jahresabschlusses wird der Saldo des Wareneinkaufskontos (= Wareneinsatz) mit 9.500 ermittelt.

Frage

Wie lauten die Buchungssätze für diese Geschäftsvorfälle, und wie wirken sich die Vorgänge auf das Kapital und den Erfolg aus? Bei der Lösung ist nach folgendem Schema vorzugehen:

Nr.	Buchungssatz	Soll	Haben	Kapital-auswirkung + bzw. ∕	Gewinn-auswirkung + bzw. ∕
		€	€	€	€

Antwort und Begründung

Nr.	Buchungssatz	Soll	Haben	Kapital-auswirkung + bzw. ∕	Gewinn-auswirkung + bzw. ∕
		€	€	€	€
1	Aufw. für bezog. Waren Vorsteuer **an** Lieferantenschulden	8.200,00 1.558,00	9.758,00	–	–
2	Aufw. für bezog. Waren Vorsteuer **an** Kasse	100,00 19,00	119,00	–	–
3	Forderungen **an** Umsatzerlöse USt	7.735,00	6.500,00 1.235,00	+ 6.500,00	+ 6.500,00
4	Allg. Verw.-Kosten Vorsteuer **an** Kasse	45,00 8,55	53,55	∕ 45,00	∕ 45,00
5	Bank **an** Forderungen	1.190,00	1.190,00	–	–
6	Umsatzerlöse USt **an** Forderungen	200,00 38,00	238,00	∕ 200,00	∕ 200,00
7	Geschäftsausstattung Vorsteuer **an** Postbank	2.000,00 380,00	2.380,00	–	–
8	Mietaufwand **an** Kasse	500,00	500,00	∕ 500,00	∕ 500,00
9	Lieferantenschulden **an** Aufw. f. bezog. Waren Vorsteuer	178,50	150,00 28,50	–	–

Nr.	Buchungssatz	Soll €	Haben €	Kapital- auswirkung + bzw. ./. €	Gewinn- auswirkung + bzw. ./. €
10	Bank	2.000,00			
	an Kasse		2.000,00	–	–
11	Reparaturkosten	70,00			
	Vorsteuer	13,30			
	an Kasse		83,30	./. 70,00	./. 70,00
12	Privatentnahmen	500,00			
	an Kasse		500,00	./. 500,00	–
13	USt	1.420,00			
	an Bank		1.420,00	–	–
14	Darlehensschulden	900,00			
	Zinsaufwand	80,00			
	an Bank		980,00	./. 80,00	./. 80,00
15	Kasse	2.400,00			
	an Privateinlage		2.400,00	+ 2.400,00	–
16	Grundsteuer	420,00			
	an Bank		420,00	./. 420,00	./. 420,00
17	Stromkosten	120,00			
	Vorsteuer	22,80			
	an Bank		142,80	./. 120,00	./. 120,00
18	Kfz-Versicherung	250,00			
	an Postbank		250,00	./. 250,00	./. 250,00
19	Privatentnahme	800,00			
	an Kasse		800,00	./. 800,00	–
20	Verbindlichkeiten	500,00			
	an Forderungen		500,00	–	–
21	Lieferantenschulden	5.950,00			
	an Bank		5.831,00		
	Lieferanten-Skonti		100,00		
	Vorsteuer		19,00	–	–
22	Aufw. für bezog. Waren	3.200,00			
	Vorsteuer	608,00			
	an Lieferantenschulden		2.128,00		
	Kasse		1.680,00	–	–
23	Kunden-Boni	400,00			
	USt	76,00			
	an Kundenforderungen		476,00	./. 400,00	./. 400,00
24	GuV-Konto	9.500,00			
	an Aufwendungen für bezogene Waren		9.500,00	./. 9.500,00	./. 9.500,00

Anmerkung zu der Kapital- und Gewinnauswirkung:

Zu den Geschäftsvorfällen 1, 2, 9, 21, 22 und 24:

Bei dem Zwei-Konten-Modell wird das Konto „Aufwendungen für bezogene Waren" (= Wareneinkaufskonto) als Bestandskonto geführt, deshalb ergibt sich bei Buchungen auf diesem Konto und auf dazugehörigen Unterkonten (z. B. Lieferanten-Boni und -Skonti) zunächst keine Kapital- und Gewinnauswirkung (Erfolgsauswirkung).

Erst beim Abschluss des Kontos am Jahresende wird der Saldo (= Wareneinsatz) ermittelt und mit Erfolgsauswirkung auf das GuV-Konto abgeschlossen; dadurch werden die Anschaffungskosten für die im gesamten Jahr verkauften Waren zum Aufwand.

Zu den Geschäftsvorfällen 3, 6 und 23:

Da das Konto „Umsatzerlöse" (= Warenverkaufskonto) als Erfolgskonto geführt wird, erfolgt jede Buchung auf diesem Konto und den dazugehörigen Unterkonten (z. B. Kunden-Boni) mit voller Erfolgsauswirkung.

Fall 22

Bilden von Buchungssätzen zu Geschäftsvorfällen im Warenbereich bei Anwendung des Drei-Konten-Modells – mit Feststellung der Kapital- und Erfolgsauswirkung

Sachverhalt

Kaufmann Linus Lauch (L) betreibt ein Obst- und Gemüse-Einzelhandelsgeschäft; den Gewinn ermittelt er nach § 5 EStG. Umsatzsteuerrechtlich ist er zum vollen Vorsteuerabzug berechtigt.

Die folgenden Geschäftsvorfälle sind angefallen (alle Werte in Euro):

1. Warenanfangsbestand zu Beginn des Wirtschaftsjahres: 35.000.
2. Wareneinkauf auf Ziel: 30.000 + 2.100 USt.
3. Warenverkauf gegen Barzahlung: 50.000 + 3.500 USt.
4. Mangelhafte Waren (Gv. 2) werden zurückgesandt: 500 + 35 USt.
5. Obst aus dem Warenbestand im Wert von 1.000 + 70 USt ist verdorben.
6. Warenbestand lt. Inventur am Bilanzstichtag: 40.000.

Frage

1. Worin unterscheidet sich das getrennte Wareneinkaufskonto (beim Drei-Konten-Modell) vom gemischten Wareneinkaufskonto (beim Zwei-Konten-Modell)?
2. Welche Buchungsvorgänge sind beim Drei-Konten-Modell auf dem Warenbestandskonto vorzunehmen?

3. Wie sind beim Drei-Konten-Modell das Wareneinkaufskonto und das Warenbestandskonto abzuschließen?

4. Wie lauten die Buchungssätze für die genannten Geschäftsvorfälle und wie wirken sie sich beim Drei-Konten-Modell auf das Kapital und den Erfolg aus?
Bei der Lösung ist nach dem gleichen Schema vorzugehen wie im vorhergehenden Fall.

5. Wie sind aufgrund der Geschäftsvorfälle die drei Warenkonten abzuschließen?

Antwort und Begründung

1. Beim Drei-Konten-Modell wird der Warenanfangs- und Warenendbestand statt auf dem gemischten Wareneinkaufskonto auf dem eigenständigen Konto Warenbestand erfasst. Da das Wareneinkaufskonto damit keine Bestände mehr aufweist, ist es als reines Erfolgskonto zu behandeln, d. h., Buchungen auf dem Wareneinkaufskonto (und seinen Unterkonten) haben – im Gegensatz zum Zwei-Konten-Modell – Kapital- und Erfolgsauswirkung. Am Jahresende werden beide Konten i. d. R. getrennt über das Gewinn-und-Verlust-Konto abgeschlossen.

2. Auf dem Konto Warenbestand werden nur drei Buchungen durchgeführt:

a) Einbuchung des Anfangsbestandes von der Eröffnungsbilanz
b) Buchung des Endbestandes an die Schlussbilanz
c) Buchung der Bestandsveränderung in das GuV-Konto

3. Abschluss bei Bestands**erhöhung:**

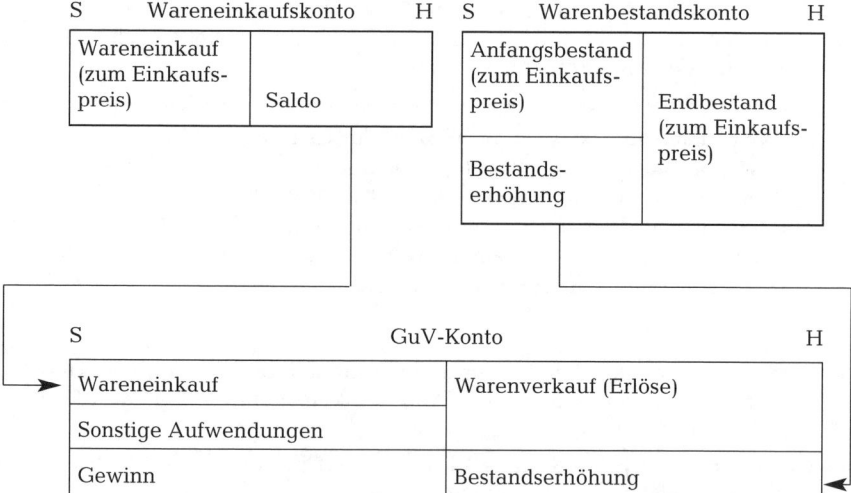

80

Abschluss bei Bestands**minderung**:

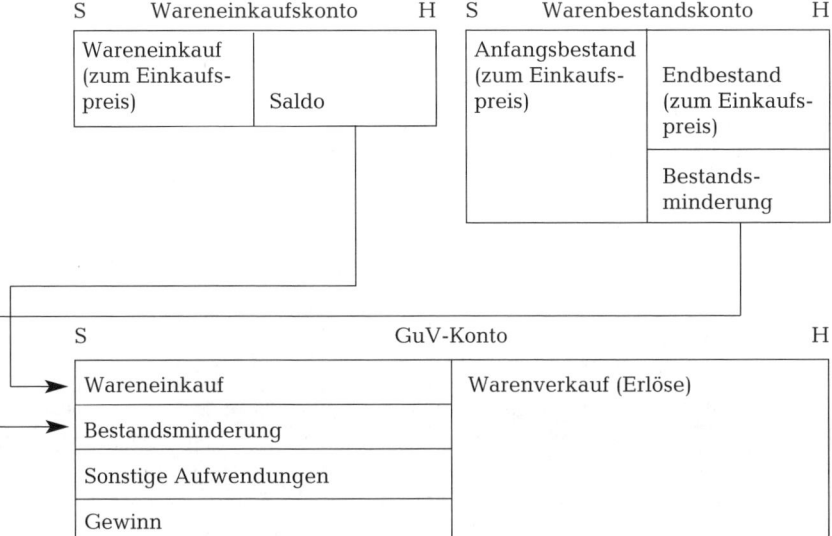

S	Wareneinkaufskonto	H
Wareneinkauf (zum Einkaufspreis)	Saldo	

S	Warenbestandskonto	H
Anfangsbestand (zum Einkaufspreis)	Endbestand (zum Einkaufspreis)
	Bestandsminderung

S	GuV-Konto	H
Wareneinkauf	Warenverkauf (Erlöse)
Bestandsminderung	
Sonstige Aufwendungen	
Gewinn	

4. Die Buchungssätze lauten:

Lfd. Nr.	Buchungssätze	Soll €	Haben €	Auswirkung auf Kapital €	Gewinn €
1.	Warenbestandskonto **an** Eröffnungsbilanzkonto	35.000	35.000	—	—
2.	Wareneinkauf Vorsteuer **an** Lieferantenschulden	30.000 2.100	32.100	./. 30.000	./. 30.000
3.	Kasse **an** Warenverkauf USt	53.500	50.000 3.500	+ 50.000	+ 50.000
4.	Lieferantenschulden **an** Wareneinkauf Vorsteuer	535	500 35	+ 500	+ 500
5.	Außerordentlicher Aufwand **an** Wareneinkauf	1.000	1.000	./. 1.000 + 1.000	./. 1.000 + 1.000
6.	Schlussbilanzkonto **an** Warenbestandskonto	40.000	40.000	—	—

5. Der Abschluss der Warenkonten lässt sich schematisch wie folgt darstellen (alle Werte in Euro):

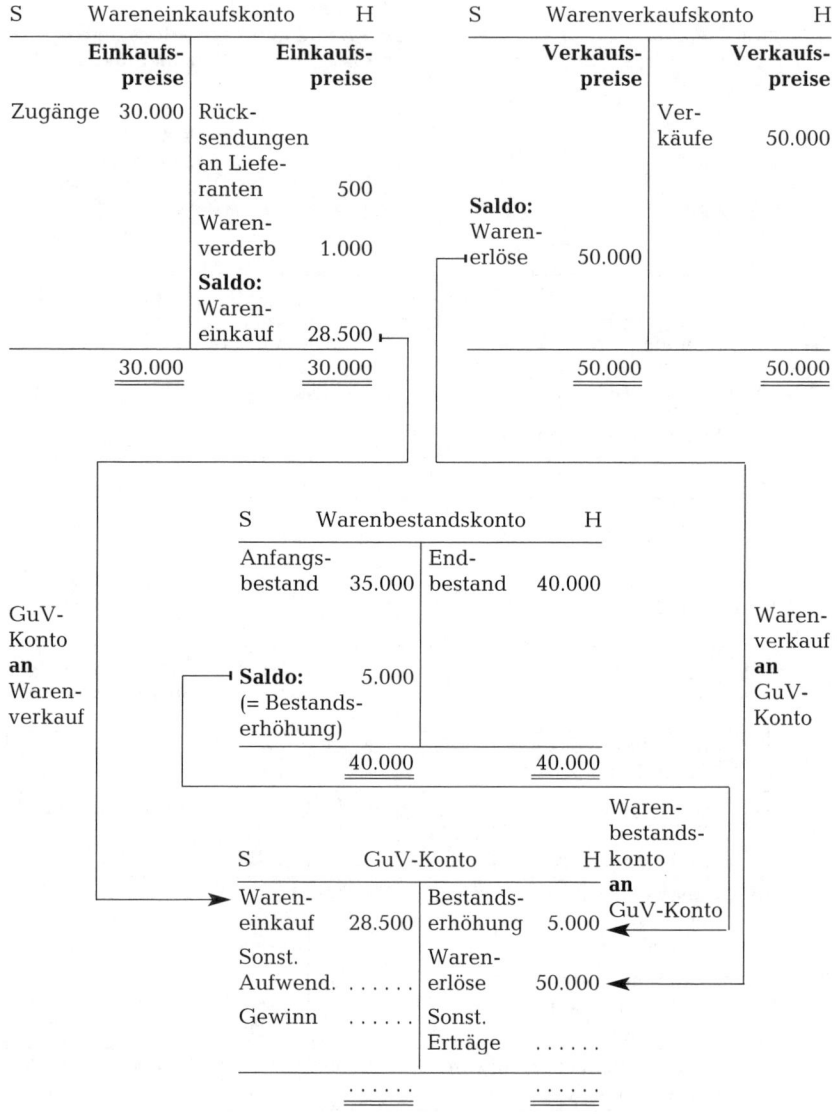

Fall 23

Buchungen auf Warenkonten (Drei-Konten-Modell)

Sachverhalt

Der Kaufmann Markus Müller (M) hat zum 01.01.01 folgende Anfangsbestände festgestellt (alle Werte in Euro):

Waren 15.400; USt-Schuld 2.100; Bankguthaben 6.800; Sparkassenschuld 2.450; Kasse 1.630; Grund und Boden 20.000; Gebäude 60.000; Lieferantenschulden 10.470; Kundenforderungen 18.520; Geschäftseinrichtung 14.290; Darlehen 80.000; Fuhrpark 14.120; Sonstige Verbindlichkeiten 9.870.

Geschäftsvorfälle (alle Werte in Euro)

1. Warenverkauf auf Ziel für 800 + 152 USt (Wareneinkaufswert der Ware = 550);
2. betriebliche Grundsteuer wird durch Banküberweisung bezahlt = 420;
3. ein Kunde schickt einen Teil einer Warenlieferung zurück; Warenwert = 60 + 11,40 USt; der Kunde hatte die Rechnung bisher noch nicht bezahlt (Wareneinkaufswert dieser Ware = 40);
4. Wareneinkauf auf Ziel; 4.500 + 855 USt;
5. die Rechnung über die gelieferte Ware (Tz. 4) wird durch Banküberweisung bezahlt; dabei werden aufgrund mangelhafter Ware, die zurückgeschickt worden war, 100 + 19 USt abgezogen; der Lieferant hat insoweit bereits eine Gutschrift erteilt;
6. eine Reparatur-Rechnung über 45 wird bar bezahlt (kein USt-Ausweis);
7. die Rechnung über eine Fachzeitschrift wird noch am gleichen Tag durch Überweisung von der Sparkasse bezahlt; der Rechnungsbetrag lautet über 64,20; auf der Rechnung ist vermerkt, dass in diesem Betrag USt mit 7 % enthalten ist;
8. Eingangsfracht wird bar bezahlt; 40 + 7,60 USt;
9. Miete für zwei vermietete Büroräume wird auf dem Konto der Sparkasse mit 460 gutgeschrieben (ohne USt);
10. die Sparkasse belastet das Girokonto mit 48,50 Zinsen;
11. der Kaufmann M hat ein weiteres unbebautes Grundstück gekauft, das er für Betriebszwecke nutzen will; der Kaufpreis beträgt lt. Vertrag 30.000; diesen Betrag hat M zunächst von seinem privaten Sparkonto bezahlt;
12. zur Finanzierung des Kaufpreises für das neu erworbene Grundstück hat M eine Hypothek i. H. von 25.000 aufgenommen; dieser Betrag wurde auf seinem Bankkonto gutgeschrieben;
13. den zu 12. genannten Betrag von 25.000 hat M anschließend wieder auf sein privates Sparkonto überwiesen;
14. Lohnzahlung erfolgte durch Banküberweisung mit 1.230;
15. Überweisung der fälligen Lebensversicherungsprämie von 120 vom Girokonto der Sparkasse;
16. auf dem Bankkonto werden 250 Zinsen gutgeschrieben;

17. Benzinkosten für den betrieblichen PKW werden bar bezahlt = 70 + 13,30 USt;
18. ein Kunde bezahlt seine seit langem fällige Rechnung, die über 820 Warenwert und 155,80 USt lautet, durch Banküberweisung;
19. vom Bankkonto werden 5.400 abgebucht; von diesem Betrag entfallen 5.000 auf Darlehenstilgung und 400 auf anteilige Zinsen;
20. 1.200 USt wurden durch Überweisung vom Konto der Sparkasse bezahlt;
21. Barverkäufe von Waren; Warenwert 5.000 + 950 USt (Wareneinkaufswert der Ware = 2.700);
22. von der Geschäftskasse wurden 3.000 auf das Konto der Sparkasse eingezahlt;
23. M bezahlt 1.800 Steuern durch Banküberweisung; von diesem Betrag entfallen 450 auf Kfz-Steuer für den betrieblichen PKW und 1.350 auf fällige Einkommensteuer-Vorauszahlung;
24. Büromaterial wurde eingekauft und bar bezahlt = 48 + 9,12 USt;
25. Überweisung vom Konto der Sparkasse für Telefonkosten = 96 zzgl. 18,24 USt = insgesamt 114,24;
26. auf dem Konto der Sparkasse wurden 1.190 (einschließlich 190 USt) für eine erhaltene Vermittlungs-Provision gutgeschrieben;
27. für das Geschäftsbüro wurde zur Ergänzung der vorhandenen Datenverarbeitungsanlage ein zusätzlicher Server gekauft; die Rechnung über 1.600 + 304 USt ist bisher noch nicht bezahlt worden;
28. Einzahlung von 4.000 aus der Geschäftskasse auf das Konto der Sparkasse;
29. ein neuer PKW für betriebliche Zwecke wurde gekauft für 30.000 + 5.700 USt; der Rechnungsbetrag wurde bisher noch nicht bezahlt;
30. der Warenendbestand wurde im Rahmen der Inventur mit 16.630 ermittelt; alle übrigen Bestände stimmen mit den jeweiligen Buchbeständen überein.

Frage

1. Wie errechnet sich die Schlussbilanz zum 31.12.01?
   Die Lösung ist nach folgendem Schema zu entwickeln:
   a) In einer Buchungsliste sind die Buchungssätze unter Angabe der Kapital- und Gewinnauswirkung darzustellen.
   b) Die Eröffnungsbilanz ist zu erstellen.
   c) Die Anfangsbestände sind auf T-Konten vorzutragen und anschließend alle Geschäftsvorfälle auf T-Konten zu buchen.
   d) Die Schlussbilanz ist zu erstellen.
   Die Konten des Wareneinkaufsbereichs sind dabei getrennt darzustellen (Drei-Konten-Modell); das Warenbestandskonto ist über das Wareneinkaufskonto abzuschließen.
2. Wie errechnet sich der Gewinn nach § 4 Abs. 1 EStG?
3. Welche Besonderheiten gelten hinsichtlich der Aufstellung der GuV-Rechnung?

Antwort und Begründung

1. a) Buchungsliste:

Nr.	Buchungssatz	Soll €	Haben €	Betriebsvermögens-änderungen betrieblich + oder ⁄. €	privat + oder ⁄. €
1.	Kundenforderungen **an** Umsatzerlöse USt	952,00	800,00 152,00	+ 800,00	
2.	Grundsteuer **an** Bank	420,00	420,00	⁄. 420,00	
3.	Umsatzerlöse USt **an** Kundenforderungen	60,00 11,40	71,40	⁄. 60,00	
4.	Aufw. f. bezog. Waren VoSt **an** Lieferantenschulden	4.500,00 855,00	5.355,00	⁄. 4.500,00	
5.	Lieferantenschulden **an** Bank Aufw. f. bezog. Waren Vorsteuer	5.355,00	5.236,00 100,00 19,00	+ 100,00	
6.	Reparaturaufwand **an** Kasse	45,00	45,00	⁄. 45,00	
7.	Sonst. betriebl. Aufwand Vorsteuer **an** Sparkasse	60,00 4,20	64,20	⁄. 60,00	
8.	Eingangsfrachten Vorsteuer **an** Kasse	40,00 7,60	47,60	⁄. 40,00	
9.	Sparkasse **an** Mieterträge	460,00	460,00	+ 460,00	
10.	Zinsaufwand **an** Sparkasse	48,50	48,50	⁄. 48,50	
11.	Grund und Boden **an** Privateinlage	30.000,00	30.000,00		+ 30.000
12.	Bank **an** Hypothekenschulden	25.000,00	25.000,00		
13.	Privatentnahmen **an** Bank	25.000,00	25.000,00		⁄. 25.000
14.	Löhne **an** Bank	1.230,00	1.230,00	⁄. 1.230,00	

Nr.	Buchungssatz	Soll €	Haben €	betrieblich + oder ∕ €	privat + oder ∕ €
15.	Privatentnahmen	120,00			
	an Sparkasse		120,00		∕ 120
16.	Bank	250,00			
	an Zinserträge		250,00	+ 250,00	
17.	Kfz-Kosten	70,00			
	Vorsteuer	13,30			
	an Kasse		83,30	∕ 70,00	
18.	Bank	975,80			
	an Kundenforderungen		975,80		
19.	Darlehensschulden	5.000,00			
	Zinsaufwand	400,00			
	an Bank		5.400,00	∕ 400,00	
20.	USt	1.200,00			
	an Sparkasse		1.200,00		
21.	Kasse	5.950,00			
	an Umsatzerlöse		5.000,00		
	USt		950,00	+ 5.000,00	
22.	Sparkasse	3.000,00			
	an Kasse		3.000,00		
23.	Privatentnahmen	1.350,00			
	Kfz-Steuer	450,00			
	an Bank		1.800,00	∕ 450,00	∕ 1.350
24.	Büromaterial	48,00			
	Vorsteuer	9,12			
	an Kasse		57,12	∕ 48,00	
25.	Telefonkosten	96,00			
	Vorsteuer	18,24			
	an Sparkasse		114,24	∕ 96,00	
26.	Sparkasse	1.190,00			
	an Provisionserlöse		1.000,00		
	USt		190,00	+ 1.000,00	
27.	Geschäftsausstattung	1.600,00			
	Vorsteuer	304,00			
	an Sonst. Verbindlichk.		1.904,00		
28.	Sparkasse	4.000,00			
	an Kasse		4.000,00		
29.	Fuhrpark	30.000,00			
	Vorsteuer	5.700,00			
	an Sonst. Verbindlichk.		35.700,00		
30.	Warenbestände	1.230,00			
	an Aufwendungen für bezogene Waren		1.230,00	+ 1.230,00	
				+ 1.372,50	+ 3.530

Summe aller Betriebsvermögensänderungen = + 4.902,50

1. b) Eröffnungsbilanz:

Aktiva	Eröffnungsbilanz zum 01.01.01	Passiva

	€		€
A. Anlagevermögen		A. Eigenkapital	45.870
1. Grundstücke:		B. Verbindlichkeiten	
Grund und Boden	20.000	1. Darlehen	80.000
Gebäude	60.000	2. Sparkasse	2.450
2. Fuhrpark	14.120	3. Verbindlichkeiten	
3. Geschäftsausst.	14.290	aus Lieferungen	
B. Umlaufvermögen		und Leistungen	10.470
1. Vorräte – Waren	15.400	4. Sonst. Verbindlich-	
2. Kunden-		keiten	9.870
forderungen	18.520	USt	2.100
3. Flüssige Mittel:			
Bank	6.800		
Kasse	1.630		
	150.760		150.760

1. c) Buchung der Geschäftsvorfälle:

S	Grund und Boden		H	S	Gebäude		H
AB	20.000	S-B	50.000	AB	60.000	S-B	60.000
11.	30.000				60.000		60.000
	50.000		50.000				

S	Fuhrpark		H	S	Geschäftsausstattung		H
AB	14.120	S-B	44.120	AB	14.290	S-B	15.890
29.	30.000			27.	1.600		
	44.120		44.120		15.890		15.890

S	Aufwendungen für bezogene Waren		H	S	Umsatzerlöse		H
4.	4.500	5.	100	3.	60	1.	800
Frachtk.	40	30.	1.230	GuV-		21.	5.000
		GuV	3.210	Konto	5.740		
	4.540		4.540		5.800		5.800

S	Warenbestände		H		S	Bank		H
AB	15.400	EB	16.630		AB	6.800,00	2.	420
30.					12.	25.000,00	5.	5.236
Aufwen-					16.	250,00	13.	25.000
dungen					18.	975,80	14.	1.230
für be-					S-B	6.060,20	19.	5.400
zogene							23.	1.800
Waren	1.230					39.086,00		39.086
	16.630		16.630					

S	Kundenforderungen		H
AB	18.520	3.	71,40
1.	952	18.	975,80
		S-B	18.424,80
	19.472		19.472,00

S	Kasse		H		S	Eigenkapital		H
AB	1.630	6.	45,00		Privatent-		AB	45.870,00
21.	5.950	8.	47,60		nahm.	26.470,00	Privatein-	
		17.	83,30		S-B	50.772,50	lagen	30.000,00
		22.	3.000,00				GuV-	
		24.	57,12				Konto	1.372,50
		28.	4.000,00			77.242,50		77.242,50
		S-B	346,98					
	7.580		7.580,00					

S	USt		H		S	Vorsteuer		H
3.	11,40	AB	2.100,00		4.	855,00	5.	19,00
20.	1.200,00	1.	152,00		7.	4,20	USt	6.892,46
VoSt	6.892,46	21.	950,00		8.	7,60		
		26.	190,00		17.	13,30		
		S-B	4.711,86		24.	9,12		
	8.103,86		8.103,86		25.	18,24		
					27.	304,00		
					29.	5.700,00		
						6.911,46		6.911,46

S	Darlehen		H		S	Lieferantenschulden		H
19.	5.000	AB	80.000		5.	5.355	AB	10.470
S-B	75.000				S-B	10.470	4.	5.355
	80.000		80.000			15.825		15.825

S	Sonstige Verbindlichkeiten		H
S-B	47.474	AB	9.870
		27.	1.904
		29.	35.700
	47.474		47.474

S	Sparkasse		H
9.	460	AB	2.450,00
22.	3.000	7.	64,20
26.	1.190	10.	48,50
28.	4.000	15.	120,00
		20.	1.200,00
		25.	114,24
		S-B	4.653,06
	8.650		8.650,00

S	Grundsteuer		H
2.	420	GuV	420
	420		420

S	Reparaturkosten		H
6.	45	GuV	45
	45		45

S	Allgem. Verwaltungskosten		H
7.	60	GuV	60
	60		60

S	Eingangsfrachten		H
8.	40	Aufw. für bezog. Waren	40
	40		40

S	Mieterträge		H
GuV	460	9.	460
	460		460

S	Zinsaufwand		H
10.	48,50	GuV	448,50
19.	400,00		
	448,50		448,50

S	Privateinlagen		H
Kapital	30.000	11.	30.000
	30.000		30.000

S	Hypotheken		H
S-B	25.000	12.	25.000
	25.000		25.000

S	Privatentnahmen		H
13.	25.000	Kapital	26.470
15.	120		
23.	1.350		
	26.470		26.470

S	Löhne		H
14.	1.230	GuV	1.230
	1.230		1.230

S	Zinserträge		H
GuV	250	16.	250
	250		250

S	Kfz-Kosten		H
17.	70	GuV	70
	70		70

S	Kfz-Steuer		H
23.	450	GuV	450
	450		450

S	Büromaterial		H
24.	48	GuV	48
	48		48

S	Telefonkosten		H	S	Provisionserlöse		H
25.	96	GuV	96	GuV	1.000	26.	1.000
	96		96		1.000		1.000

S	GuV-Konto		H
	€		€
Aufwendungen für		Umsatzerlöse	5.740
bezogene Waren	3.210,00	Provisionserlöse	1.000
Löhne	1.230,00	Zinserträge	250
Zinsaufwand	448,50	Mieterträge	460
Reparaturaufwand	45,00		
Allgem. Verwaltungsk.	60,00		
Kfz-Kosten	70,00		
Büromaterial	48,00		
Telefonkosten	96,00		
Grundsteuer	420,00		
Kfz-Steuer	450,00		
Kapital (Gewinn)	1.372,50		
	7.450,00		7.450

1. d) Schlussbilanz:

Aktiva	Schlussbilanz		Passiva
	€		€
A. Anlagevermögen		A. Eigenkapital	50.772,50
1. Grundstücke:		B. Verbindlichkeiten:	
Grund u. Boden	50.000,00	1. Darlehen	75.000,00
Gebäude	60.000,00	2. Hypothek	25.000,00
2. Fuhrpark	44.120,00	3. Bank	6.060,20
3. Geschäftsausst.	15.890,00	4. Verbindlichkeiten	
		aus Lieferungen	
B. Umlaufvermögen		und Leistungen	10.470,00
1. Vorräte–Waren	16.630,00	5. Sonstige Verbind-	
2. Kundenfordg.	18.424,80	lichkeiten	47.474,00
3. Sonst. Fordg.			
(USt-Forderungen)	4.711,86		
4. Flüssige Mittel:			
Sparkasse	4.653,06		
Kasse	346,98		
	214.776,70		214.776,70

2. Der Gewinn nach § 4 Abs. 1 EStG errechnet sich wie folgt (durch Betriebsvermögensvergleich):

	€
Betriebsvermögen am Schluss des Wirtschaftsjahres	50.772,50
Betriebsvermögen am Schluss des vorangegangenen Wirtschaftsjahres	45.870,00
Unterschiedsbetrag (= Betriebsvermögen-Änderung)	+ 4.902,50
+ Entnahmen (Tz. 13, 15, 23)	26.470,00
	31.372,50
∕ Einlagen (Tz. 11)	30.000,00
Erfolg – Betriebsergebnis – (= Gewinn)	1.372,50

3. Das GuV-Konto ist ein unmittelbares Unterkonto des Kapitalkontos; am Ende eines Wirtschaftsjahres werden alle Aufwands- und Ertragskonten über das GuV-Konto abgeschlossen.

Auf dem GuV-Konto werden demzufolge auf der Sollseite alle Aufwendungen und auf der Habenseite alle Erträge gesammelt; aus der Gegenüberstellung aller Aufwendungen und Erträge ergibt sich dann der Erfolg der unternehmerischen Tätigkeit. Überwiegen dabei die Erträge, handelt es sich um Gewinn, überwiegen dagegen die Aufwendungen, so liegt insgesamt ein Verlust vor. Der entsprechende Saldo wird auf das Konto „Eigenkapital" übertragen, wobei ein Gewinn das Eigenkapital erhöht, ein Verlust das Eigenkapital mindert.

Das GuV-Konto ist damit ein Bestandteil des geschlossenen Buchführungssystems einer doppelten Buchführung.

Unabhängig davon ist der Unternehmer jedoch nach § 242 Abs. 2 HGB verpflichtet, für den Schluss eines jeden Geschäftsjahres eine GuV-Rechnung aufzustellen; die GuV-Rechnung bildet dann zusammen mit der zu erstellenden Bilanz den Jahresabschluss i. S. von § 242 Abs. 3 HGB. Diese GuV-Rechnung wird regelmäßig eine Abschrift des GuV-Kontos sein, denn Einzelkaufleute und Personenhandelsgesellschaften sind nach § 5 Abs. 5 PublG grundsätzlich nicht verpflichtet, diese GuV-Rechnung in der (für Kapitalgesellschaften vorgeschriebenen) Form von § 275 HGB aufzustellen.

Dennoch hat sich in der Praxis gezeigt, dass sich auch diese Unternehmensformen bei der Aufstellung der GuV-Rechnung an den Regeln von § 275 HGB orientieren.

Die GuV-Rechnung, die dabei in Staffelform aufzustellen ist, könnte wie folgt zusammengestellt werden (dabei wurde von dem Gesamtkostenverfahren – § 275 Abs. 2 HGB – ausgegangen, weil – im Gegensatz zum Umsatzkostenverfahren i. S. von § 275 Abs. 3 HGB – das Gesamtkostenverfahren in der Mehrzahl aller Fälle Anwendung findet):

Gewinn-und-Verlust-Rechnung für das Geschäftsjahr . . 01

			Abschlussjahr €	Vorjahr €
1.	Umsatzerlöse		5.740,00	....
2.	Erhöhung oder Verminderung des Bestands		1.230,00	....
3.	Andere aktivierte Eigenleistungen		–	....
4.	Sonstige betriebliche Erträge:			
	Provisionserlöse		1.000,00	....
	Mieterträge		460,00	....
	Gesamtleistung		+ 8.430,00	....
5.	Materialaufwand: Aufwendungen für bezogene Waren		4.440,00	....
	Rohergebnis		+ 3.990,00	....
6.	Personalaufwand: Löhne		1.230,00	....
7.	Abschreibungen		–	....
8.	Sonstige betriebliche Aufwendungen:			
	Reparaturen	45,00		
	Allg. Verwaltungskosten	60,00		
	Kfz-Kosten	70,00		
	Büromaterial	48,00		
	Telefonkosten	96,00	319,00	....
	Betriebsergebnis		+ 2.441,00	....
9.	Erträge aus Beteiligungen	0,00		....
10.	Erträge aus anderen Wertpapieren	0,00		....
11.	Sonstige Zinsen und ähnliche Erträge	250,00		....
12.	Abschreibungen auf Finanzanlagen	0,00		....
13.	Zinsen und ähnliche Aufwendungen	∕. 448,50		....
	Finanzergebnis	∕. 198,50	→ ∕. 198,50	....
14.	Ergebnis der gewöhnlichen Geschäftstätigkeit		+ 2.242,50	....
15.	Außerordentliche Erträge	0,00		....
16.	Außerordentliche Aufwendungen	0,00		....
17.	Außerordentliches Ergebnis	0,00	→ 0,00	....
18.	Steuern vom Einkommen und Ertrag		0	....
19.	Sonstige Steuern			
	a) Grundsteuer	∕. 420,00		
	b) Kfz-Steuer	∕. 450,00	∕. 870,00	....
20.	Jahresüberschuss		+ 1.372,50	....

Fall 24

Aktivierung von sonstigen Vermögensgegenständen

Sachverhalt

Norbert Neptun (N) ist Fisch-Einzelhändler und bilanzierender Kaufmann. Infolge der Renovierung seines Geschäfts hat er einen Kühlschrank aus der Geschäftseinrichtung veräußert. Den Rechnungsbetrag von brutto 119 Euro (einschließlich Umsatzsteuer) hat der Käufer bis zum Bilanzstichtag noch nicht bezahlt.

Zum Zeitpunkt der Veräußerung betrug der Buchwert des Kühlschranks 100 Euro.

Frage

1. Was bedeuten „Aktivierung" und „Passivierung"?
2. Ist die Forderung buchungsmäßig zu erfassen?
3. Wie lautet der entsprechende Buchungssatz?

Antwort (und Begründung zu 1.)

1. Aktivierung bzw. Passivierung bedeutet die Einstellung eines Bilanzpostens in Form eines Aktivpostens bzw. eines Schuldpostens in die Bilanz; da in der Bilanz jedoch nicht gebucht wird, versteht man unter Aktivierung und Passivierung die entsprechende Einstellung eines Besitz- bzw. Schuldpostens auf einem aktiven oder passiven Bestandskonto.

Aktivieren bedeutet weiterhin, Aufwendungen für die Anschaffung oder Herstellung von bestimmten Wirtschaftsgütern zunächst voll als Vermögenswert (Besitzposten) zu erfassen; dieser Wert wird später (sofern es sich um Wirtschaftsgüter des abnutzbaren Anlagevermögens handelt) im Wege der Absetzung für Abnutzung vermindert und wirkt sich dann erst als Aufwand aus; bei – zu aktivierenden – nicht abnutzbaren Wirtschaftsgütern wirken sich die Anschaffungsaufwendungen erst bei einem späteren Verkauf (oder Entnahme) als Aufwand aus.

Als Wirtschaftsgüter werden dabei Vermögensgüter bezeichnet, denen im Wirtschaftskreislauf ein Wert zubemessen wird. Wirtschaftsgüter in diesem Sinne können körperlicher Art sein – also „materiell" (wie z. B. ein Grundstück, ein Auto, Maschinen usw.) – und sie können auch unkörperlich – also „immateriell" – sein (wie z. B. Forderungen, Rechte usw.).

Passivierung ist die Erfassung eines Schuldpostens; durch den Ansatz eines Schuldpostens wird verhindert, dass der entsprechende Wert sich auf den Erfolg auswirkt.

Der Zeitpunkt der Aktivierung (von Forderungen) bestimmt sich bei buchführenden Gewerbetreibenden nach den handelsrechtlichen Grundsätzen ordnungsmäßiger Buchführung; diese Voraussetzung ist gegeben, sobald eine Forderung rechtlich entstanden ist (vgl. § 252 Abs. 1 Nr. 4 Halbsatz 2 HGB und H 4.2 Abs. 1 – Forderungen – EStH).

Sinngemäß gilt dies auch für Passivierungen (H 4.2 Abs. 15 – Betriebsschuld – EStH).

2. Die Forderung ist als notwendiges Betriebsvermögen zu erfassen.

3.

Forderungen aus Lieferungen und Leistungen	119 €	
an Geschäftsausstattung		100 €
USt		19 €

Begründung (zu 2.)

Die Forderung wurde durch die Veräußerung eines zum Betriebsvermögen gehörenden Gegenstandes begründet, sie ist also aus betrieblichem Anlass entstanden und gehört damit zum notwendigen Betriebsvermögen. Innerhalb des Betriebsvermögens ist sie als Umlaufvermögen zu erfassen (vgl. § 247 Abs. 1 HGB) und unter sinngemäßer Anwendung von § 266 Abs. 2 HGB der Position „Forderungen und sonstige Vermögensgegenstände" zuzuordnen, und zwar als „Forderungen aus Lieferungen und Leistungen".

Der unmittelbare Zusammenhang zum Betrieb ist damit so eindeutig, dass eine Behandlung dieser Forderung als Privatvermögen ausgeschlossen ist.

Fall 25

Abgrenzung zwischen Betriebsvermögen und Privatvermögen

Sachverhalt

Otfried Ocker (O) ist Kunsthändler. Nach Beendigung der internationalen Kunstausstellung „documenta" in Kassel hat er von einem Künstler ein Gemälde (alle Werte in Euro) für 1.000 + 70 Umsatzsteuer gekauft. Kurze Zeit später konnte er dieses Gemälde günstig für 4.000 + 280 Umsatzsteuer weiterverkaufen. Da sich der gesamte Vorgang innerhalb weniger Tage abspielte und O dieses Gemälde auch nicht in seiner Galerie offiziell zum Verkauf angeboten hatte, erfasste er diesen Vorgang in seinen Büchern überhaupt nicht. Ocker ist bilanzierender Kaufmann und umsatzsteuerrechtlich zum vollen Vorsteuerabzug berechtigt. Bei den verausgabten und vereinnahmten Geldbeträgen handelte es sich um Gelder, die aus seinem Privatvermögen stammen bzw. seinem Privatvermögen wieder zugeführt wurden.

Frage

1. Warum ist bei der steuerlichen Gewinnermittlung durch Betriebsvermögensvergleich eine Abgrenzung zwischen Betriebsvermögen und Privatvermögen notwendig?

2. Wann liegt „notwendiges Betriebsvermögen" und wann „Privatvermögen" vor?

3. Was besagt der Begriff „gewillkürtes Betriebsvermögen"?

4. Ist der im Sachverhalt geschilderte Vorgang buchungsmäßig zu erfassen (und evtl. wie)?

5. Welche Besonderheiten ergeben sich bei der Veräußerung von Vermögensgegenständen des Betriebsvermögens und des Privatvermögens?

Antwort und Begründung

1. Gemäß § 4 Abs. 1 Satz 1 EStG ist für die Ermittlung des Gewinns nur das Betriebsvermögen zu berücksichtigen. Änderungen beim Ansatz (und beim Wert) vom Betriebsvermögen von der Schlussbilanz des vorangegangenen Wirtschaftsjahres zur Schlussbilanz des laufenden Wirtschaftsjahres haben unmittelbare Auswirkung auf die Höhe des Gewinns.

Änderungen im Bestand und Wert von privaten Vermögenswerten und Schulden (= Privatvermögen) dagegen dürfen sich auf keinerlei Weise auf den Gewinn auswirken.

2. In der Steuerbilanz sind Wirtschaftsgüter dann notwendiges Betriebsvermögen, wenn sie dem Betrieb des Unternehmens dienen oder objektiv dazu bestimmt sind, dem Betrieb zu dienen. Es handelt sich dabei also um solche Wirtschaftsgüter, die ausschließlich und unmittelbar für eigenbetriebliche Zwecke des Stpfl. genutzt werden (R 4.2 Abs. 1 Satz 1 und 2 EStR). Wirtschaftsgüter, die ihrer Zweckbestimmung nach nicht geeignet sind, dem Betrieb zu dienen, gehören zum notwendigen Privatvermögen (R 4.2 Abs. 1 Satz 5 EStR). Es sind solche Wirtschaftsgüter, die keine Beziehungen zum Betrieb haben. In der Steuerbilanz darf das Privatvermögen somit nicht ausgewiesen werden. Für die Handelsbilanz gelten zwar andere Grundsätze: Nach § 240 HGB hat der Kaufmann seine sämtlichen Vermögensgegenstände und Schulden auszuweisen, folglich auch sein Privatvermögen. In der Praxis wird heute aber auch in der Handelsbilanz nur noch das Vermögen ausgewiesen, das dem Geschäftsbetrieb zuzuordnen ist (vgl. § 247 Abs. 2 HGB). § 5 Abs. 4 PublG wird entsprechend angewendet auch bei nicht publizitätspflichtigen Unternehmen.

3. Wirtschaftsgüter, die weder notwendiges Betriebsvermögen noch notwendiges Privatvermögen sind, können unter bestimmten Voraussetzungen als Betriebsvermögen behandelt werden – man spricht dann vom sog. „gewillkürten Betriebsvermögen". Der Unternehmer hat hier insoweit ein Wahlrecht, ob er ein Wirtschaftsgut bilanzieren (also als Betriebsvermögen erfassen) will oder nicht (R 4.2 Abs. 1 Satz 3 und 6 EStR); vgl. auch nachfolgenden Fall.

4. Hier ist § 344 Abs. 1 HGB zu beachten; danach gelten die von einem Kaufmann vorgenommenen Rechtsgeschäfte im Zweifel als zum Betrieb des Handelsgewerbes gehörig. Es besteht also eine sogenannte Zugehörigkeitsvermutung immer dann, wenn es sich um branchengleiche Wirtschaftsgüter handelt. Das erworbene Gemälde muss demzufolge im Zeitpunkt des Erwerbs bilanziert werden, weil es zum Betriebsvermögen des Kunsthändlers zählt. Folgerichtig muss der erzielte Gewinn bei der Veräußerung dieses Gegenstandes beim betrieblichen Gesamtgewinn dieses Kunsthändlers erfasst werden.

Die Tatsache, dass O dieses Gemälde nicht in seiner Galerie ausgestellt hat, ändert nichts an dieser Entscheidung. Eine Behandlung dieses Kunstwerkes als Privatvermögen wäre überhaupt nur denkbar, wenn ganz konkrete Anhaltspunkte dafür vorliegen würden, dass eine Beziehung zum Betrieb zweifelsfrei ausgeschlossen werden könnte. Derartige Anhaltspunkte sind hier jedoch nicht erkennbar.

Ergänzend wird auf R 4.2 Abs. 1 Satz 2 EStR hingewiesen, wonach eigenbetrieblich genutzte (bzw. verwendete) Wirtschaftsgüter auch dann notwendiges Betriebsvermögen darstellen, wenn sie nicht in der Buchführung ausgewiesen sind.

Buchungsmäßig ist der Vorgang wie folgt zu erfassen:

Im Zeitpunkt des Erwerbs:

Aufwendungen für bezogene Waren	1.000 €	
Vorsteuer	70 €	
an Privateinlagen		1.070 €

Im Zeitpunkt des Verkaufs:

Privatentnahmen	4.280 €	
an Umsatzerlöse		4.000 €
USt		280 €

5. Veräußerungsgewinne oder -verluste bei Wirtschaftsgütern des Betriebsvermögens wirken sich unmittelbar auf den steuerlichen Gewinn aus – § 4 Abs. 1 Satz 1 EStG (als sonstige betriebliche Erträge oder sonstige betriebliche Aufwendungen).

Bei der Veräußerung von Gegenständen des Privatvermögens wird im Gegensatz dazu der Gewinn nicht berührt.

Fall 26

Unterschiedliche Nutzung eines Wirtschaftsguts

Sachverhalt

Der bilanzierende Kaufmann Luigi Lanzetti (L) betreibt eine Eisdiele. Die im Betrieb benutzten Kittel, Tischdecken und Servietten lässt er von seiner Ehefrau mit der Waschmaschine, die in der Wohnung des L steht, waschen. Nach seiner Schätzung, die nicht zu beanstanden ist, wird die Waschmaschine dadurch zu 30 % betrieblich genutzt; der restliche Nutzungsanteil entfällt auf private Zwecke.

Frage

1. Was ist Voraussetzung für die Behandlung von Wirtschaftsgütern als gewillkürtes Betriebsvermögen?

2. Kann L diese Waschmaschine als Betriebsvermögen behandeln?

Antwort (und Begründung zu 1.)

1. Wichtigste Voraussetzung ist, dass das betreffende Wirtschaftsgut in einem gewissen Zusammenhang zum Betrieb stehen muss und ihn zu fördern bestimmt und geeignet ist und dass es tatsächlich für eigenbetriebliche Zwecke genutzt wird (R 4.2 Abs. 1 Satz 3 EStR). Liegen diese Voraussetzungen vor und will der Betriebsinhaber dieses Wirtschaftsgut als gewillkürtes Betriebsvermögen behandeln, muss er dies dadurch dokumentieren, dass er das entsprechende Wirtschaftsgut in die Buchführung aufnimmt und dort ausweist.

2. L kann diese Waschmaschine als gewillkürtes Betriebsvermögen behandeln.

Begründung (zu 2.)

Grundsätzlich kann ein einheitliches Wirtschaftsgut, das unterschiedlich (= privat und betrieblich) genutzt wird, nicht aufgeteilt werden; ein solches Wirtschaftsgut kann nur entweder voll als Betriebsvermögen oder voll als Privatvermögen behandelt werden. Entscheidend ist hierbei der Umfang der betrieblichen Nutzung. Durch die Rechtsprechung sind für Wirtschaftsgüter, die nicht Grundstücke oder Grundstücksteile sind, dafür folgende Regeln aufgestellt worden (vgl. R 4.2 Abs. 1 Satz 4 – 7 EStR):

a) überwiegt (mehr als 50 %) die betriebliche Nutzung, dann rechnet das Wirtschaftsgut in vollem Umfang zum notwendigen Betriebsvermögen;

b) überwiegt die private Nutzung und ist der betriebliche Nutzungsanteil nicht ganz unbedeutend (bei betrieblicher Nutzung zwischen 10 % und 50 %), dann kann es (in vollem Umfang) als gewillkürtes Betriebsvermögen behandelt werden;

c) ist der betriebliche Nutzungsanteil unbedeutend (unter 10 %), dann rechnet es in vollem Umfang zum notwendigen Privatvermögen.

Einzige Ausnahme von diesem o. g. Grundsatz stellen – wie bereits erwähnt – Grundstücke dar; bei Grundstücken wird eine Aufteilung in Betriebsvermögen und Privatvermögen unter bestimmten Voraussetzungen zugelassen, wenn eine teilweise betriebliche Nutzung vorliegt (vgl. im Einzelnen R 4.2 Abs. 3 ff. EStR).

Bei der Waschmaschine handelt es sich jedoch um ein anderes Wirtschaftsgut, das teils betrieblich und teils privat genutzt wird. Notwendiges Betriebsvermögen liegt nicht vor, denn dieses Wirtschaftsgut wird nicht überwiegend betrieblich genutzt. Da andererseits der betriebliche Nutzungsanteil nicht ganz unbedeutend ist, kann L diese Waschmaschine als gewillkürtes Betriebsvermögen behandeln. Um dies zu dokumentieren, muss er sie in die Buchführung aufnehmen.

Unbeschadet dieser buchungsmäßigen Behandlung dürfen jedoch diejenigen Kosten, die auf die private Nutzung entfallen, den betrieblichen Gewinn nicht mindern (R 4.7 Abs. 1 Satz 1 EStR).

Fall 27

Behandlung überwiegend privat genutzter Wirtschaftsgüter

Sachverhalt

Dr. Paul Plombe (P) ist Zahnarzt. Er ermittelt seinen Gewinn durch Betriebsvermögensvergleich gemäß § 4 Abs. 1 EStG. Zur Neuausstattung seiner Praxis benötigt er einen größeren Kredit. Die Bank verlangt daraufhin die Vorlage der Bilanz zum 31.12.01. Um das Bilanzbild etwas günstiger zu gestalten, will P seinen PKW (Porsche), den er im Januar 01 für 120.000 Euro neu gekauft hat, in der Bilanz ausweisen. Im Jahr 01 hat er mit dem Porsche insgesamt 13.000 km zurückgelegt; 1.040 km davon für betriebliche Fahrten.

Frage

Darf P diesen PKW als Betriebsvermögen behandeln und ihn in der Bilanz ausweisen?

Antwort

P kann diesen PKW nicht in seiner Bilanz ausweisen.

Begründung

Der PKW stellt ein einheitliches Wirtschaftsgut dar (und kein Grundstück) und kann daher nur voll als Betriebsvermögen oder voll als Privatvermögen behandelt werden. Voraussetzung für die Behandlung als Betriebsvermögen ist jedoch, dass dieser PKW mindestens zu 10 % betrieblich genutzt wird, R 4.2 Abs. 1 Satz 6 EStR. Infolge des geringen betrieblichen Nutzungsanteils von 8 % (1.040 von 13.000 km) gehört der PKW zwangsläufig zum notwendigen Privatvermögen (R 4.2 Abs. 1 Satz 5 EStR).

P darf danach diesen PKW nicht in der Bilanz ausweisen. Gleichwohl stellen die durch die betriebliche Nutzung veranlassten Aufwendungen Betriebsausgaben dar (vgl. R 4.7 Abs. 1 Satz 2 EStR).

Fall 28

Erfassung schwebender Geschäfte

Sachverhalt

Der Kaufmann Gerd Gnau (G) hat am 15.12.01 mit der Firma Auto-Klotz einen Kaufvertrag über die Lieferung eines Kleintransporters zum Preis von 53.550 Euro (einschließlich 19 % USt) abgeschlossen; als Auslieferungstermin ist der 27.12.01 vereinbart worden. Die tatsächliche Auslieferung erfolgte erst am 10.01.02.

    a) Es wurde keine Anzahlung geleistet.

    b) Am 15.12.01 hatte G eine Anzahlung von 20.000 € durch Banküberweisung geleistet; eine Rechnung darüber wurde nicht ausgestellt.

Frage

1. Was versteht man unter schwebenden Geschäften?
2. Ergibt sich für G notwendigerweise eine Bilanzierung zum Bilanzstichtag 31.12.01?

Antwort und Begründung

1. Im Wirtschaftsleben entstehen Ansprüche in aller Regel durch Verträge (Kauf-, Miet-, Pacht-, Darlehens-, Werkverträge usw.). Mit einem Kaufvertrag z. B. verpflichtet sich der Verkäufer, dem Käufer das Eigentum an der gekauften Sache zu verschaffen, und gleichzeitig erhält der Verkäufer einen Anspruch auf den vereinbarten Kaufpreis (§ 433 BGB); somit gleichen sich – aus der Sicht des Verkäufers – Recht (= Anspruch) und Pflicht (= Übergabe des Geldes) aus, solange aufgrund des Vertrages noch nicht geleistet wurde. Bei solchen Handelsgeschäften, die somit zwar abgeschlossen, aber noch nicht oder noch nicht vollständig erfüllt sind, spricht man von „schwebenden Geschäften". Solange sich also Anspruch und Verpflichtung die Waage halten, werden sie auch noch nicht bilanziert, d. h., dass bestehende Ansprüche nicht als Forderungen auszuweisen sind; ebenso werden Verpflichtungen aus schwebenden Geschäften grundsätzlich nicht passiviert (R 5.7 Abs. 7 und 8 EStR).

Dies lässt sich nach den Grundsätzen ordnungsmäßiger Buchführung auch damit rechtfertigen, dass sich regelmäßig die entsprechenden Forderungen und Verbindlichkeiten gleichwertig gegenüberstehen.

Anders ist jedoch die bilanzielle Behandlung dann zu beurteilen, wenn eine Partei ihre Leistung bereits voll oder zum Teil erbracht hat; man spricht dann von einem einseitig erfüllten schwebenden Geschäft. Besteht die Vorleistung in einer Lieferung (Sachleistung) oder in einer Dienstleistung, so tritt grundsätzlich Gewinnrealisierung ein, d. h., beim Leistenden ist eine entsprechende Forderung auszuweisen (vgl. auch § 252 Abs. 1 Nr. 4 HGB).

Besteht dagegen die Vorleistung in Geld, so hat der Leistende den Anspruch auf Lieferung oder Leistung unter der jeweiligen Position „geleistete Anzahlungen" zu aktivieren.

2. a) Hier liegt der typische Fall eines schwebenden (und von keiner Seite erfüllten) Geschäfts vor; der Kaufvertrag wurde zwar abgeschlossen, aber bis zum Bilanzstichtag noch von keiner Seite erfüllt.

In der Bilanz des G ist dieser Vorgang nicht zu erfassen.

2. b) Infolge der Anzahlung noch vor dem Bilanzstichtag hat G gegenüber seinem Geschäftspartner – der Firma Auto-Klotz – eine Vorleistung erbracht; hier liegt damit ein einseitig erfülltes schwebendes Geschäft vor. Da es sich bei der Vorleistung des G um eine Geldzahlung handelt, ist diese Zahlung in der Bilanz auf der Aktivseite unter der Position „geleistete Anzahlungen (zu Sachanlagen)" zu erfassen.

Im Zeitpunkt der Zahlung ist wie folgt zu buchen:

Geleistete Anzahlungen	20.000 €	
an Bank		20.000 €

Fall 29

Zugang von (unbeweglichem) Anlagevermögen durch Kauf

Sachverhalt

Der Kaufmann Ludger Lommel (L) hat zur Erweiterung seines Betriebs mit Vertrag vom 15.09.01 ein 800 m² großes Grundstück erworben; auf dem Grundstück befindet sich noch eine Garage. Der Übergang von Besitz, Nutzen und Lasten erfolgte zum 01.10.01. Der Kaufmann ist als Unternehmer zum vollen Vorsteuerabzug berechtigt; er ermittelt seinen Gewinn durch Betriebsvermögensvergleich. Die Eintragung ins Grundbuch erfolgte am 01.11.01. Im Zusammenhang mit dem Erwerb entstanden ihm folgende Kosten (alle Werte in Euro):

a) Kaufpreis für das Grundstück (einschließlich Garage) lt. notariellem Vertrag 20.000; der m²-Preis für den Grund und Boden beträgt 20. Der Kaufpreis wurde vom privaten Sparkonto des L bezahlt;

b) Grunderwerbsteuer i. H. von 1.000; der Betrag wurde vom betrieblichen Bankkonto überwiesen;

c) Notariatsgebühren i. H. von 595 einschließlich Umsatzsteuer. Auf der Rechnung ist die Umsatzsteuer mit 95 offen ausgewiesen; es erfolgte Barzahlung aus der Geschäftskasse;

d) Kosten der Eintragung ins Grundbuch i. H. von 140; es erfolgte Barzahlung aus der Geschäftskasse.

Frage

1. Wie sind die genannten Vorgänge bilanzmäßig zu erfassen? Es ist im Einzelnen zu begründen, welche Wertansätze in Betracht kommen.

2. Wie lauten die zu bildenden Buchungssätze und wie wirken sie sich auf das Kapital und den Erfolg aus?

Antwort und Begründung

1. Das erworbene Grundstück dient dem Betrieb und stellt damit notwendiges Betriebsvermögen dar, sodass es aktiviert werden muss. Das Grundstück ist ab dem 01.10.01 als Betriebsvermögen auszuweisen, da es dem Kaufmann L mit dem Übergang von Besitz, Nutzen und Lasten zuzurechnen ist; § 39 Abs. 2 Nr. 1 AO. Es gehört zum Anlagevermögen. Gemäß § 247 Abs. 2 HGB ist es als Anlagevermögen auszuweisen, da es dazu bestimmt ist, dem Geschäftsbetrieb dauernd zu dienen (vgl. auch R 6.1 Abs. 1 EStR). Als Vermögensgegenstand ist es nach § 253 Abs. 1 HGB mit den Anschaffungskosten anzusetzen.

Auch steuerlich sind die genannten Wirtschaftsgüter mit den Anschaffungskosten anzusetzen – gemäß § 6 Abs. 1 Nr. 1 und 2 EStG. Für steuerliche Zwecke ist eine Aufteilung der Anschaffungskosten notwendig, und zwar in:

Grund und Boden (= nicht abnutzbares Wirtschaftsgut des Anlagevermögens)

Gebäude = Garage (= abnutzbares Wirtschaftsgut des Anlagevermögens)

Zu den Anschaffungskosten gehören alle Aufwendungen, die geleistet werden, um ein Wirtschaftsgut aus der fremden in die eigene Verfügungsmacht zu überführen und um es im Betrieb zu dem vorgesehenen Zweck einsetzen zu können; zu den Anschaffungskosten gehören auch die sog. Nebenkosten (Anschaffungsnebenkosten), die neben dem Kaufpreis zur Erreichung des betriebsfertigen Zustands anfallen (= Kosten der Betriebsbereitschaft) – vgl. § 255 Abs. 1 HGB und H 6.2 – Nebenkosten – EStH.

Anhaltspunkt für die Aufteilung des Kaufpreises auf Grund und Boden und das Gebäude ist der im Sachverhalt angegebene m²-Preis für den Grund und Boden. Danach entfallen auf den Grund und Boden 16.000 Euro (800 m² à 20 Euro); der Restbetrag von 4.000 Euro entfällt auf die Garage. Die gezahlte Grunderwerbsteuer zählt zu den Beschaffungsnebenkosten; als solche ist sie ebenso zu behandeln wie der Kaufpreis, sodass die 1.000 Euro als Anschaffungskosten zu aktivieren sind. Zu beachten ist jedoch, dass die Grunderwerbsteuer im gleichen Verhältnis wie der Kaufpreis auf „Grund und Boden" und „Gebäude" aufzuteilen ist; danach entfallen auf Grund und Boden 80 % und auf das Gebäude 20 % – vgl. auch H 7.3 – Kaufpreisaufteilung – EStH.

Die Notariatskosten gehören zu den Erwerbsnebenkosten und somit zu den Anschaffungskosten von Grund und Boden und Gebäude; die Kosten sind ebenfalls aufzuteilen. Die ausgewiesene Umsatzsteuer gehört gemäß § 9b Abs. 1 EStG nicht zu den Anschaffungskosten, weil der Stpfl. zum vollen Vorsteuerabzug berechtigt und insoweit für ihn kein Aufwand entstanden ist.

Die Kosten für die Eintragung ins Grundbuch stehen im Zusammenhang mit der Anschaffung des Grundstücks; sie stellen damit ebenfalls Anschaffungskosten dar, und zwar wieder anteilig für Grund und Boden und Gebäude.

2. Buchungssätze:

		€	€
a)	Grund und Boden	16.000	
	Gebäude (Garage)	4.000	
	an Privateinlage		20.000
	Kapitalauswirkung:	+ 20.000	
	Gewinnauswirkung:	—	
b)	Grund und Boden	800	
	Gebäude	200	
	an Bank		1.000
	Kapitalauswirkung:	—	
	Gewinnauswirkung:	—	
c)	Grund und Boden	400	
	Gebäude	100	
	Vorsteuer	95	
	an Kasse		595
	Kapitalauswirkung:	—	
	Gewinnauswirkung:	—	
d)	Grund und Boden	112	
	Gebäude	28	
	an Kasse		140
	Kapitalauswirkung:	—	
	Gewinnauswirkung:	—	

Fall 30

Zugang von (beweglichem) Anlagevermögen durch Kauf

Sachverhalt

Nikolaus Nolte (N) ist Inhaber eines Handelsunternehmens und bilanzierender Kaufmann; er hat für seinen Betrieb einen neuen PKW gekauft. Der Kraftfahrzeughändler erteilte folgende Rechnung:

	€	€
1 Personenkraftwagen		21.650,00
Hohlraumversiegelung und		
Unterbodenschutz		420,00
Autoradio		480,00
		22.550,00
Überführungskosten		200,00
		22.750,00
19 % USt		4.322,50
		27.072,50
Zusätzlich verauslagte Kosten:		
– Kfz-Brief	20,00	
– Zulassungsgebühr	75,00	95,00
		27.167,50
– Benzin lt. Tankquittung		
(bei der USt ist als Steuersatz		
19 % angegeben)		59,50
		27.227,00

N ist als Unternehmer zum vollen Vorsteuerabzug berechtigt. Die Rechnung wurde innerhalb von 14 Tagen unter Abzug von 1 % Skonto (1 % von 27.072,50 Euro (= 270,72 Euro) durch Banküberweisung bezahlt.

Frage

1. Wie ist der genannte Vorgang buchungsmäßig zu behandeln? Es ist im Einzelnen zu begründen, welche Wertansätze in Betracht kommen.

2. Wie lauten die zu bildenden Buchungssätze und wie wirken sie sich auf das Kapital und den Erfolg aus?

Antwort und Begründung

1. und 2. Der neu angeschaffte PKW ist gemäß § 247 Abs. 2 HGB als Anlagevermögen zu erfassen, weil er dazu bestimmt ist, dem Geschäftsbetrieb auf Dauer zu dienen (R 6.1 Abs. 1 EStR). Als Wertansatz kommen nach § 253 Abs. 1 HGB die Anschaffungskosten i. S. von § 255 Abs. 1 HGB in Betracht; das gilt gemäß § 6 Abs. 1 Nr. 1 EStG auch für das Steuerrecht, denn bei dem PKW handelt es sich um ein bewegliches Wirtschaftsgut des abnutzbaren Anlagevermögens.

Zu den Anschaffungskosten gehören neben dem eigentlichen Kaufpreis auch die Nebenkosten wie Hohlraumversiegelung, Unterbodenschutz, Autoradio, Überführungskosten, Kfz-Brief und Zulassungsgebühr; nicht zu den Anschaffungskosten zählen die Benzinkosten lt. Tankquittung, denn diese Kosten sind nicht mehr in der sog. Anschaffungsphase, sondern bereits in der Nutzungsphase entstanden.

Ebenfalls nicht zu den Anschaffungskosten zählt die in der Rechnung ausgewiesene Umsatzsteuer (= Vorsteuer), da N zum vollen Vorsteuerabzug berechtigt ist (vgl. § 9b Abs. 1 EStG und R 9b Abs. 1 EStR).

Danach ergeben sich für den neuen PKW folgende Anschaffungskosten:

	€
Kaufpreis	21.650
Hohlraumversiegelung und Unterbodenschutz	420
Autoradio	480
Überführungskosten	200
	22.750
Kfz-Brief	20
Zulassungsgebühr	75
	22.845

Die Benzinrechnung stellt laufenden Aufwand dar. Es ist dabei jedoch zu beachten, dass es sich bei dem ausgewiesenen Betrag um einen Bruttobetrag handelt; aus diesem Betrag ist die Umsatzsteuer für Zwecke des Vorsteuerabzugs herauszurechnen (vgl. § 35 UStDV = Kleinbetragsrechnung).

	€
Berechnung: Benzinrechnung lt. Tankquittung – brutto	59,50
∕. USt (59,50 × 15,966386 / 100)	9,50
= Nettowert = betrieblicher Aufwand	50,00

Buchungssatz beim Kauf-Erwerb des Kfz:

	€	€
Fuhrpark	22.845,00	
Vorsteuer (vom Kaufpreis)	4.322,50	
Vorsteuer (vom Benzin)	9,50	
Kfz-Kosten	50,00	
an Sonstige Verbindlichkeiten		27.227
Kapitalauswirkung:	∕. 50,00	
Erfolgsauswirkung:	∕. 50,00	

Der bei der Bezahlung vorgenommene Skontoabzug führt zu einer Minderung der Anschaffungskosten; § 255 Abs. 1 Satz 3 HGB. Gleichzeitig ist aber auch die Vorsteuer zu berichtigen, weil sich durch diesen Abzug die Bemessungsgrundlage für die Berechnung der Umsatzsteuer nachträglich ändert – vgl. § 17 Abs. 1 UStG.

Der Gesamtkürzungsbetrag von 270,72 Euro (1 % von 27.072,50 Euro) ist deshalb aufzuteilen in:

a) anteilige Kürzung vom reinen Kaufpreis = 1 % von 22.750,00 € = 227,50 €

b) anteilige Kürzung vom Vorsteuerbetrag = 1 % von 4.322,50 € = 43,22 €

Buchungssatz zur Erfassung des Skontoabzugs:

	€	€
Sonstige Verbindlichkeiten	270,72	
an Fuhrpark		227,50
Vorsteuer		43,22
Kapitalauswirkung:	0,00	
Erfolgsauswirkung:	0,00	

Buchungssatz zur Erfassung des Zahlungsvorgangs:

	€	€
Sonstige Verbindlichkeiten	26.956,28	
an Bank		26.956,28
Kapitalauswirkung:	0,00	
Erfolgsauswirkung:	0,00	

Fall 31

Zugang beim Anlagevermögen – bei nur teilweisem Vorsteuerabzug

Sachverhalt

Horst Hobel (H) betreibt eine Schreinerei und vermietet zusätzlich eine Reihe von Mietwohnungen. Er ermittelt seinen Gewinn durch Betriebsvermögensvergleich. Seine Umsätze versteuert er nach den allgemeinen Vorschriften des Umsatzsteuergesetzes; für die Vermietungsumsätze nimmt er die Steuerbefreiung nach § 4 Nr. 12a UStG in Anspruch.

Für eine nicht mehr intakte Holzbearbeitungsmaschine musste H eine neue – jetzt kombinierte – Hobel- und Fräsmaschine anschaffen. Mit der Anlieferung der Maschine erhält H die folgende Rechnung, die zunächst aber noch nicht bezahlt wurde:

	€
1 Hobel- und Fräsmaschine	34.000
+ 19 % USt	6.460
Gesamtrechnungsbetrag	40.460

Frage

1. Mit welchen Werten ist die neu angeschaffte Maschine jeweils zu aktivieren, wenn der Unternehmer in folgendem Umfang zum Vorsteuerabzug berechtigt ist:

   a) H ist zum vollen Vorsteuerabzug berechtigt;

   b) infolge der Inanspruchnahme der Steuerbefreiung nach § 4 Nr. 12a UStG entfallen auf diesen Teil der Umsätze 20 % des Gesamtumsatzes?

2. Wie lauten in den einzelnen Fällen die dementsprechenden Buchungssätze?

Antwort

1. a) 34.000 Euro
   b) 35.292 Euro

		€	€
2. a)	Maschinen	34.000	
	Vorsteuer	6.460	
	an Sonstige Verbindlichkeiten		40.460
b)	Maschinen	35.292	
	Vorsteuer	5.168	
	an Sonstige Verbindlichkeiten		40.460

Begründung

Allgemeines: Die erworbene Holzbearbeitungsmaschine ist innerhalb des Betriebsvermögens zu erfassen und als Anlagevermögen gemäß § 247 Abs. 2 HGB anzusetzen, denn sie ist zweifelsfrei dazu bestimmt, dem Geschäftsbetrieb dauernd zu dienen.

Da die betriebsgewöhnliche Nutzungsdauer mit Sicherheit ein Jahr überschreitet – die Maschine somit auf Dauer dem Betrieb gewidmet sein wird –, ist sie dem abnutzbaren Anlagevermögen zuzuordnen (R 6.1 Abs. 1 EStR). Zu erfassen ist die Maschine mit den Anschaffungskosten i. S. von § 255 Abs. 1 HGB. Diese Anschaffungskosten sind künftig planmäßig abzuschreiben (§ 253 Abs. 3 HGB); dies entspricht auch dem steuerlichen Wertansatz, denn nach § 6 Abs. 1 Nr. 1 EStG sind ebenfalls die Anschaffungskosten anzusetzen.

Zu den Anschaffungskosten im engeren Sinn gehört der Kaufpreis = 34.000 Euro; hinsichtlich der in Rechnung gestellten Umsatzsteuer bleibt zu prüfen, in welchem Umfang H zum Vorsteuerabzug berechtigt ist – vgl. § 255 Abs. 1 HGB und § 9b Abs. 1 EStG und R 9b Abs. 1 EStR.

Zu 1. a) Da H zum vollen Vorsteuerabzug berechtigt ist, gehört gemäß § 9b Abs. 1 EStG die Vorsteuer hier nicht zu den Anschaffungskosten.

Hinweis: Ist aber ein Unternehmer dagegen zum Vorsteuerabzug nicht berechtigt, dann stellen die (insgesamt) nicht abziehbaren Vorsteuerbeträge für das Unternehmen Kosten dar, die zusammen mit den übrigen Anschaffungskosten (wie z. B. Kaufpreis usw.) zu aktivieren sind; sie sind Teil der Anschaffungskosten (Umkehrschluss aus § 9b Abs. 1 EStG und R 9b Abs. 1 EStR), weil dann auch diese Aufwendungen geleistet wurden, um das Wirtschaftsgut von der fremden in die eigene Verfügungsmacht zu überführen, um es also zu erwerben.

Zu 1. b) Bewirkt jedoch der Unternehmer neben Umsätzen, die den vollen Vorsteuerabzug zulassen, auch andere Umsätze, die zum Ausschluss des Vorsteuerabzugs führen (vgl. § 15 Abs. 2 i. V. m. Abs. 3 UStG), so ist eine Aufteilung der Vorsteuern in einen abziehbaren Teil und einen nicht abziehbaren Teil vorzunehmen.

Im vorliegenden Sachverhalt hat der Unternehmer zu 80 % steuerpflichtige und zu 20 % steuerfreie Umsätze nach § 4 Nr. 12a UStG ausgeführt.

Das notwendige Aufteilungsverfahren richtet sich nach § 15 Abs. 4 UStG. Dieses Verfahren setzt voraus, dass die Vorsteuern grundsätzlich der jeweiligen Gruppe von Umsätzen genau zugeordnet werden können; der Unternehmer kann dabei die nicht abziehbaren Teilbeträge im Wege einer sachgerechten Schätzung ermitteln – vgl. § 15 Abs. 4 Satz 2 UStG.

Danach ergibt sich folgende Aufteilungsberechnung:

Gesamtbetrag der Vorsteuer	6.460 €	
– davon sind abzugsfähig	5.168 €	(80 %)
– davon sind nichtabzugsfähig	1.292 €	(20 %)

Die anteilig nichtabzugsfähige Vorsteuer i. H. von 1.292 € ist somit Teil der Anschaffungskosten der Maschine und zusammen mit dem Kaufpreis zu aktivieren (R 9b Abs. 1 EStR).

Die gesamten Anschaffungskosten errechnen sich hier somit wie folgt:

Kaufpreis (netto)	34.000 €
+ anteilig nichtabzugsfähige Vorsteuer	1.292 €
= Anschaffungskosten	35.292 €

Zusatzanmerkung: Für die Zulässigkeit des Vorsteuerabzugs und auch für die Höhe (z. B. im Fall einer Aufteilung) ist regelmäßig nach den Verhältnissen beim Leistungsbezug zu entscheiden (A 15.12 Abs. 1 UStAE).

Die so getroffene Entscheidung muss jedoch für solche Eingangsrechnungen berichtigt werden, bei denen sich die für den ursprünglichen Vorsteuerabzug maßgebenden Verhältnisse erst nachträglich geändert haben.

Damit soll verhindert werden, dass der Vorsteuerabzug zu ungerechtfertigten Vorteilen oder nicht gewollten Benachteiligungen für den Unternehmer führen würde.

Sollten sich innerhalb von fünf Jahren ab dem Zeitpunkt der erstmaligen Verwendung die für den ursprünglichen Vorsteuerabzug maßgebenden Verhältnisse ändern, so ist für jedes Kalenderjahr der Änderung ein Ausgleich durch Berichtigung des Abzugs der auf die Anschaffungs- bzw. Herstellungskosten entfallenden Vorsteuerbeträge vorzunehmen (§ 15a Abs. 1 UStG).

Entsprechende Mehrbeträge sind dann nach § 9b Abs. 2 EStG als Betriebseinnahmen und Minderbeträge als Betriebsausgaben zu behandeln; die ursprünglichen Anschaffungs- bzw. Herstellungskosten bleiben jedoch unberührt.

Fall 32

Zugang durch Kauf und Abgrenzung zwischen Anlage- und Umlaufvermögen – Maßgeblichkeitsgrundsatz

Sachverhalt

Der Büromaschinenhändler Rolf Rechner (R) hat am 15.10.01 20 PC zum Preis von je 450 Euro zzgl. 19 % Umsatzsteuer gekauft; diese PC sind für den Verkauf bestimmt. Da der Verkauf dieser Geräte nur langsam anläuft, hat R einen von diesen Computern am 15.11.01 in der Buchhaltungsabteilung für die Lohnabrechnung seiner Arbeitnehmer eingesetzt. In der Handelsbilanz zum 31.12.01 hat R (als bilanzierender Kaufmann mit voller Vorsteuerabzugsberechtigung) die noch vorhandenen 11 PC (einschließlich des in der eigenen Buchhaltung eingesetzten Gerätes) mit den Anschaffungskosten i. H. von insgesamt 4.950 Euro angesetzt.

Da der Verkauf dieser Geräte sich weiterhin sehr schwierig entwickelt, hat R in der Steuerbilanz diese Geräte mit einem niedrigeren Wert angesetzt, und zwar mit je 300 Euro – also insgesamt 3.300 Euro.

Dieser Wert entspricht dem vorübergehend niedrigeren beizulegenden Wert (Teilwert) eines PC am 31.12.01.

Frage

1. Warum ist eine genaue Abgrenzung zwischen Anlage- und Umlaufvermögen notwendig?
2. Was versteht man unter dem Maßgeblichkeitsgrundsatz?
3. Darf R die am Bilanzstichtag noch vorhandenen Geräte mit je 450 Euro in der Handelsbilanz ansetzen?
4. Darf R diese Geräte mit dem niedrigeren Wert von je 300 Euro in der Steuerbilanz ansetzen?

Antwort und Begründung

1. Für die Einordnung eines Vermögensgegenstandes in das Anlage- oder Umlaufvermögen ist grundsätzlich die im Zeitpunkt der Anschaffung vorgesehene Verwendung maßgeblich. Zu diesem Zeitpunkt gehörten die PC zweifelsfrei alle zum Umlaufvermögen, denn sie sind ja zum Verkauf bestimmt. Durch den späteren Einsatz eines einzelnen Gerätes in der eigenen Buchhaltung des R ist jedoch eine Umbuchung insoweit erforderlich, als dieses Gerät jetzt dem Anlagevermögen zuzurechnen ist, denn es dient auf Dauer dem Geschäftsbetrieb. Die genaue Zuordnung orientiert sich folglich an dem vorgesehenen bzw. tatsächlichen Verwendungszweck (R 6.1 Abs. 1 EStR).

Eine genaue Abgrenzung ist deshalb erforderlich, weil für Gegenstände des Anlagevermögens andere Wertansätze gelten als für Umlaufvermögensgegenstände (insbesondere, wenn es sich um abnutzbare Vermögensgegenstände handelt); diese Gegenstände sind nämlich um planmäßige Abschreibungen zu mindern (vgl. § 253 Abs. 3 HGB und § 6 Abs. 1 Nr. 1 EStG).

Zur Abgrenzung zwischen Anlage- und Umlaufvermögen vgl. im Einzelnen R 6.1 Abs. 1 und 2 EStR.

2. Die Steuerbilanz ist im Prinzip keine selbständige Bilanz, sondern eine aus der Handelsbilanz abgeleitete Bilanz; nach § 5 Abs. 1 EStG bildet bei bilanzierenden Gewerbetreibenden die nach den Grundsätzen ordnungsmäßiger Buchführung erstellte Handelsbilanz die Grundlage für die steuerliche Gewinnermittlung.

Dieser sog. Maßgeblichkeitsgrundsatz (= Maßgeblichkeitsprinzip) besagt somit, dass die Steuerbilanz – sofern eine gesonderte Steuerbilanz erstellt wird – eben eine aus der Handelsbilanz abgeleitete Bilanz darstellt.

Mit den speziellen Regelungen für die Steuerbilanz (vor allem §§ 4 – 7 EStG) sollen vorrangig die steuerrechtlichen Besonderheiten konkretisiert werden, mit dem Ziel, den aus steuerrechtlicher Sicht zutreffenden Gewinn der Besteuerung zugrunde zu legen.

Entscheidend sind dabei – neben den Bilanzansätzen dem Grunde nach – insbesondere die Wertansätze, die nach handelsrechtlichen Grundsätzen einer ordnungsmäßigen Buchführung auszuweisen sind (vgl. § 4 Abs. 1 Satz 1 EStG).

Dieser sog. Maßgeblichkeitsgrundsatz gilt jedoch nur für richtige (zutreffende) Handelsbilanzansätze; andererseits gilt diese Maßgeblichkeit dann nicht, soweit Handelsbilanzansätze gegen spezielle steuerrechtliche Vorschriften verstoßen.

Inhalt und Umfang des Maßgeblichkeitsgrundsatzes lassen sich wie folgt kurz darstellen:

Bilanzierung dem **Grunde** nach (Ansatzvorschriften):

• Handelsrechtliche Aktivierungs- und Passivierungs**gebote:**	= gelten grundsätzlich ebenso für die Steuerbilanz.
• Handelsrechtliche Aktivierungs- und Passivierungs**verbote:**	= gelten grundsätzlich ebenso für die Steuerbilanz.
• Handelsrechtliche Aktivierungs- und Passivierungs**wahlrechte:**	= ein ausgeübtes Aktivierungswahlrecht führt in der Steuerbilanz grundsätzlich zu einem Aktivierungs**gebot.**
	= ein ausgeübtes Passivierungswahlrecht führt steuerrechtlich grundsätzlich zu einem Passivierungs**verbot.**

Bilanzierung der **Höhe** nach (Bewertungsvorschriften):

- Handelsrechtliche Bewertung = gilt grundsätzlich auch für die steuerlichen Wertansätze, soweit §§ 6, 7 EStG keine andere Bewertung vorschreiben oder zulassen.

Durch das Bilanzrechtsmodernisierungsgesetz ist die Maßgeblichkeit der Handelsbilanz für die Steuerbilanz erheblich eingeschränkt worden. Nach dem geänderten § 5 Abs. 1 Satz 1 EStG ist in der Steuerbilanz jederzeit ein anderer Ansatz als in der Handelsbilanz möglich, soweit er im Rahmen eines steuerlichen Wahlrechts gewählt wird. Dies betrifft z. B. die Möglichkeiten, steuerliche Sonderabschreibungen in Anspruch zu nehmen oder steuerlich zulässige Rücklagen zu bilden. Nunmehr braucht der Bilanzierende die in seiner Steuerbilanz ausgeübten Wahlrechte gem. § 5 Abs. 1 Satz 2 und 3 EStG nur noch gesondert aufzuzeichnen, um sie in Anspruch nehmen zu können.

Da solche rein steuerlichen Ansatzmöglichkeiten in der Handelsbilanz nicht mehr nachvollzogen werden können, wird die Möglichkeit der Unternehmen, eine einheitliche Handels- und Steuerbilanz aufzustellen, weiter eingeschränkt.

Nach § 60 Abs. 2 EStDV ist es aber weiterhin möglich, beim Finanzamt die Handelsbilanz einzureichen und die Ansätze, die für steuerliche Zwecke anders gewählt werden, durch Zusätze oder Anmerkungen den steuerlichen Vorschriften anzupassen.

3. Soweit es die 10 PC betrifft, die zum Umlaufvermögen gehören, darf R diese am Bilanzstichtag in der Handelsbilanz nicht mit den Anschaffungskosten von je 450 Euro ansetzen, wenn der beizulegende Wert (Teilwert) gesunken ist. Der Ansatz muss zwingend mit dem niedrigeren Wert von insgesamt 3.000 Euro erfolgen (§ 253 Abs. 4 Satz 2 HGB).

Hinsichtlich desjenigen Gerätes, das er als Anlagevermögen (in seiner Buchhaltung) nutzt, ist zu beachten, dass am Bilanzstichtag die Anschaffungskosten gemindert um die planmäßige Abschreibung anzusetzen sind.

Zum 15.11.01 (Zeitpunkt der Überführung des einen Computers in das Anlagevermögen) ist folgende Buchung vorzunehmen:

Geschäftseinrichtung		
(bzw. Büromaschinen)	450 €	
an Aufwendungen für bezogene Waren		450 €

Im Rahmen der vorbereitenden Abschlussbuchungen wäre dann noch die zulässige Absetzung für Abnutzung (AfA) zu erfassen.

Eine Abschreibung auf den niedrigeren beizulegenden Wert ist bei Anlagevermögen in der Handelsbilanz bei einer nur vorübergehenden Wertminderung, wie sie lt. Sachverhalt vorliegt, unzulässig (vgl. § 253 Abs. 3 Satz 3 HGB).

4. In der Steuerbilanz dürfen die 10 Computer des Umlaufvermögens nicht mit dem niedrigeren Teilwert, sondern müssen mit den vollen Anschaffungskosten von insgesamt 4.500 Euro angesetzt werden, da nur eine vorübergehende Wertminderung vorliegt (§ 6 Abs. 1 Nr. 2 Satz 2 EStG). Hier wird der Maßgeblichkeitsgrundsatz durchbrochen, da § 5 Abs. 6 EStG vorschreibt, dass u. a. die (steuerlichen) Bewertungsvorschriften zwingend anzuwenden sind.

Daher sind die beiden Bilanzen in diesem Punkt zwingend unterschiedlich aufzustellen.

Bezüglich des Computers im Anlagevermögen ist die Behandlung in der Steuerbilanz grundsätzlich identisch zur Behandlung in der Handelsbilanz (vgl. § 6 Abs. 1 Nr. 1 Satz 2 HGB).

Fall 33

Zugang beim Umlaufvermögen durch Schenkung

Sachverhalt

Oskar Ombrich (O) ist als bilanzierender Kaufmann Radio- und Fernseh-Einzelhändler. Am 02.04.01 erhielt er aus Anlass des 25-jährigen Bestehens seines Betriebes von der Firma Gut-Ton GmbH eine Kompakt-Stereo-Anlage geschenkt. Bei der Übergabe dieses Geschenks gab der Vertreter der Firma Gut-Ton GmbH zu erkennen, dass dadurch die Geschäftsbeziehungen gefestigt werden sollten.

Die Stereo-Kompakt-Anlage verkaufte O noch am selben Tag im Rahmen einer Sonderverkaufs-Aktion für 1.600 Euro + 304 Euro Umsatzsteuer bar. Der Einkaufspreis solcher Geräte beträgt nach der letzten Preisliste der Lieferfirma 1.250 Euro zzgl. 19 % Umsatzsteuer. O ist als Unternehmer zum vollen Vorsteuerabzug berechtigt.

Frage

1. Mit welchem Wert ist die Stereo-Anlage in der Buchführung des Einzelhändlers zu erfassen?
2. Wie lauten die Buchungssätze beim Zugang zum Betriebsvermögen und beim Ausscheiden aus dem Betriebsvermögen?

Antwort

1. 1.487,50 Euro

2. Zugang:

Aufwendungen für bezogene Waren	1.487,50 €	
an Sonstige betriebliche Erträge		1.487,50 €

Abgang:

Kasse	1.904,00 €	
an Umsatzerlöse		1.600,00 €
USt		304,00 €

Begründung

Mit diesem Geschenk wird ganz offensichtlich der Zweck verfolgt, die Geschäftsbeziehungen der beiden Firmen zu verbessern. Folglich handelt es sich hierbei um einen unentgeltlichen Erwerb aus betrieblichem Anlass, sodass in jedem Fall die Stereo-Anlage als Betriebsvermögen erfasst werden muss.

Aufwendungen für dieses Geschenk sind dem Händler Ombrich nicht entstanden; handelsrechtlich liegen damit keine Anschaffungskosten im eigentlichen Sinn vor. Trotzdem sind jedoch auch in derartigen Fällen fiktive Anschaffungskosten anzusetzen, denn das erhaltene Wirtschaftsgut stellt ja im Betriebsvermögen einen zusätzlichen Wert dar.

Als Wertmaßstab kommt dabei der geschätzte Zeitwert in Betracht; dieser Wert entspricht regelmäßig dem Betrag, den ein Erwerber als Anschaffungskosten im Zeitpunkt des Erwerbs hätte aufwenden müssen, was hier dem Einkaufspreis gleich kommt, den O bei einem Einkauf hätte zahlen müssen.

Steuerrechtlich besteht beim unentgeltlichen Erwerb von Wirtschaftsgütern nach § 6 Abs. 4 EStG ein Aktivierungszwang. Als Anschaffungskosten gilt danach der gemeine Wert für das aufnehmende Betriebsvermögen des Erwerbers. Hierbei handelt es sich um einen Bruttobetrag, da § 9 BewG den gemeinen Wert als einen Bruttobetrag einschließlich Umsatzsteuer definiert.

Der gemeine Wert für den Erwerber O beträgt somit 1.487,50 Euro (1.250 Euro zzgl. 19 % Umsatzsteuer).

Da eine entsprechende Gegenbuchung (z. B. bei Bezahlung) fehlt, ist dieser Betrag als sonstiger betrieblicher Ertrag zu buchen. Da das Wirtschaftsgut zwangsläufig durch einen Buchungssatz aktiviert werden muss (= Erfassung auf einem aktiven Bestandskonto), kommt als Gegenkonto nur das Kapitalkonto in Betracht; da auf dem Kapitalkonto nicht direkt gebucht wird, muss die erforderliche Gegenbuchung auf einem (betrieblichen) Unterkonto erfolgen, also auf dem Konto „Sonstige betriebliche Erträge".

Hinweis: Zu beachten ist jedoch, dass eine andere Regelung gilt, wenn ein unentgeltlicher Erwerb aus privatem Anlass erfolgt, der zunächst auf privater Ebene stattfindet. Ein solcher Gegenstand kann dann nur durch eine Einlage in das Betriebsvermögen des Erwerbers gelangen und ist dann jedoch mit dem Teilwert anzusetzen.

Nach § 6 Abs. 3 EStG ist bei unentgeltlicher Übertragung eines Betriebs, eines Teilbetriebs oder eines Anteils eines Mitunternehmers die Buchwertübernahme vorgeschrieben; das bedeutet, dass der Rechtsnachfolger an die Buchwerte des Rechtsvorgängers gebunden ist, mit der Folge, dass vorhandene stille Reserven in diesen Fällen nicht aufzudecken sind.

Fall 34

Zugang beim Anlagevermögen durch Einlage

Sachverhalt

Pit Petereit (P) betreibt ein Antiquitäten-Einzelhandelsgeschäft (= bilanzierender Kaufmann). Er hatte sich am 14.01.01 einen PKW VW Golf für 20.000 Euro zzgl. 3.800 Euro Umsatzsteuer angeschafft, den er ausschließlich für private Zwecke verwendete. Am 01.01.04 entschließt sich P, diesen PKW in das Betriebsvermögen zu überführen; ab diesem Zeitpunkt wird der PKW nur noch für betriebliche Zwecke genutzt. Der Teilwert im Zeitpunkt der Einlage beträgt 12.000 Euro. Die betriebsgewöhnliche Nutzungsdauer dieses PKW beträgt sechs Jahre.

Frage

1. Mit welchem Wert ist der PKW zu aktivieren?
2. Wie lautet der Buchungssatz im Zeitpunkt des Zugangs beim Betriebsvermögen?

Antwort

1. 11.900 Euro

2. Fuhrpark   11.900 €
     an Privateinlage   11.900 €

Begründung

Bevor P seinen PKW in das Betriebsvermögen überführt hat, gehörte er zu seinem Privatvermögen und durfte buchführungsmäßig und bilanzmäßig nicht erfasst werden. Ab dem Zeitpunkt der Einlage stellt er Betriebsvermögen dar und muss daher auch in der Bilanz ausgewiesen werden. Einlagen sind gem. § 6 Abs. 1 Nr. 5 EStG mit dem Teilwert zu bewerten. Ist aber ein Wirtschaftsgut innerhalb der letzten drei Jahre vor dem Zeitpunkt der Einlage angeschafft worden, so dürfen höchstens die Anschaffungskosten angesetzt werden (§ 6 Abs. 1 Nr. 5 Buchst. a EStG); als Anschaffungskosten in diesem Sinn sind die sogenannten fortgeführten Anschaffungskosten gemeint. Nach § 6 Abs. 1 Nr. 5 Satz 2 EStG sind also bei abnutzbaren Wirtschaftsgütern die Anschaffungs- oder Herstellungskosten um diejenige AfA zu kürzen, die auf den Zeitraum zwischen der Anschaffung oder Herstellung des Wirtschaftsguts und der Einlage entfallen (vgl. auch R 6.12 Abs. 1 EStR).

Dabei ist hier von den Anschaffungskosten von 23.800 Euro auszugehen, da bei der ursprünglichen privaten Anschaffung die damals angefallene Umsatzsteuer von 3.800 Euro nicht als Vorsteuer abzugsfähig war und somit – bei P als Privatmann – zu den damaligen Anschaffungskosten zählte.

So ergibt sich folgende Vergleichsberechnung:

	€	€
Anschaffungskosten (privat) am 14.01.01		23.800
∕ AfA für 01 = (23.800 ∕ 6 Jahre =)	3.967	
∕ AfA für 02 = (gerundet)	3.966	
∕ AfA für 03 =	3.966	11.900
Anschaffungskosten ∕ AfA zum Zeitpunkt der Einlage =		11.900

Da der Teilwert zum Zeitpunkt der Einlage 12.000 Euro beträgt und somit über den (fortgeführten) Anschaffungskosten liegt, darf als Einlagewert gemäß § 6 Abs. 1 Nr. 5 Buchst. a EStG nur der Betrag von 11.900 Euro angesetzt werden; dies entspricht dem zu aktivierenden Wert.

P darf auch jetzt im Zeitpunkt der Einlage die ursprünglich gezahlte Umsatzsteuer weder ganz noch teilweise als Vorsteuern geltend machen, da die Lieferung des Kraftfahrzeugs im Jahr 01 nicht an das Unternehmen des P, sondern an ihn als Privatmann erfolgt ist.

Anmerkung: Die AfA ab dem Zeitpunkt der Einlage berechnet sich nach dem Restwert und der verbleibenden Restnutzungsdauer. Bei einer angenommenen betriebsgewöhnlichen Nutzungsdauer von sechs Jahren verbleibt noch eine Restnutzungsdauer von drei Jahren, sodass die AfA für die Jahre 04 bis 06 jeweils $1/3$ von 11.900 Euro = 3.966 Euro beträgt.

Fall 35

Zugang von immateriellen Wirtschaftsgütern

Sachverhalt

Die Firma Tüftler KG hat ein Herstellungsverfahren für eine umweltfreundliche Produktion von Klein-Batterien entwickelt; im Zusammenhang mit dieser Entwicklung sind ihr im Jahr 01 Entwicklungskosten i. H. von 100.000 Euro entstanden.

Dieses neue Verfahren hat sich die Firma Tüftler KG bislang noch nicht patentieren lassen. Der Kaufmann Neumann (N), der bisher in seinem Einzelunternehmen vergleichbare Batterien produzierte, hat nun von der Tüftler KG dieses neu entwickelte Verfahren im Jahr 02 zum Kaufpreis von 250.000 Euro erworben und vertraglich vereinbart, dass er allein das Verfahren nutzen und es sich auch rechtlich patentieren lassen darf.

Frage

1. Was versteht man unter immateriellen Wirtschaftsgütern?
2. Kann die Tüftler KG die Entwicklungskosten im Jahr 01 aktivieren?
3. Kommt für N eine Aktivierung der Aufwendungen für das erworbene Recht in Betracht?

Antwort und Begründung

1. Immaterielle Wirtschaftsgüter sind solche Vermögenswerte, die sich nicht auf körperliche Gegenstände beziehen – wie z. B. Konzessionen, gewerbliche Schutzrechte, Lizenzen usw. (vgl. auch R 5.5 EStR); auch Computerprogramme gehören grundsätzlich dazu.

Innerhalb des Anlagevermögens unterscheidet man zwischen:

a) Rechten, denen ein Wert für das Unternehmen zukommt: Dazu gehören u. a. Konzessionen (= öffentlich-rechtliche Befugnisse, wie z. B. Verkehrskonzessionen), Patente, Warenzeichen, Marken-, Urheber- und Verlagsrechte, Lizenzen (an Konzessionen, gewerblichen Schutzrechten und anderen Rechten), Fabrikationsverfahren, Befehlsstrukturen enthaltende Computerprogramme (= sog. Software) usw.

b) Aufwendungen, denen unmittelbar keine materiellen Vermögenswerte entsprechen: Hierzu zählt man den Geschäfts- oder Firmenwert, Aufwendungen für die Ingangsetzung des Geschäftsbetriebs und Geschäftsbeziehungen – wie z. B. der Kundenstamm.

2. Die Tüftler KG kann die Entwicklungskosten für das neue Verfahren in der Handelsbilanz aktivieren; in der Steuerbilanz besteht dagegen ein Aktivierungsverbot. In der Handelsbilanz sind nach dem Vollständigkeitsgebot des § 246 HGB grundsätzlich alle Vermögensgegenstände zu aktivieren, auch wenn sie nicht entgeltlich erworben wurden. Das früher bestehende allgemeine Aktivierungsverbot für nicht entgeltlich erworbene immaterielle Vermögensgegenstände wurde durch das Bilanzrechtsmodernisierungsgesetz aufgehoben.

§ 248 Abs. 2 HGB beschränkt das Aktivierungsverbot nur noch ganz ausdrücklich auf selbst geschaffene Marken, Drucktitel, Verlagsrechte, Kundenlisten oder vergleichbare immaterielle Vermögensgegenstände des Anlagevermögens. Daher hat die KG für die Entwicklungskosten in der Handelsbilanz ein Bilanzierungswahlrecht.

Was als Entwicklungskosten anzusehen ist, wird in § 255 Abs. 2a HGB definiert; ebenso die Abgrenzung zu Forschungskosten, die gemäß § 255 Abs. 2 Satz 4 HGB nicht aktiviert werden dürfen.

Folglich kann die KG die Entwicklungskosten von 100.000 Euro im Jahr 01 als immateriellen Vermögensgegenstand aktivieren.

Da ein Produktionsverfahren grundsätzlich dem Betrieb auf Dauer zu dienen bestimmt ist, gehört es zum Anlagevermögen (§ 247 Abs. 2 HGB). Da es sich um einen zeitlich nur begrenzt nutzbaren Vermögensvorteil handelt, sind nach der Zugangsbewertung planmäßige Abschreibungen nach § 253 Abs. 3 HGB vorzunehmen.

Steuerrechtlich besteht unverändert das Aktivierungsverbot für nicht entgeltlich erworbene immaterielle Wirtschaftsgüter (aller Art) des Anlagevermögens (§ 5 Abs. 2 EStG). Dadurch wird die Maßgeblichkeit der Handelsbilanz für die Steuerbilanz durchbrochen (§ 5 Abs. 6 EStG). Somit darf die KG die Entwicklungskosten in der Steuerbilanz nicht aktivieren und abschreiben, sondern muss sie als sofort abzugsfähigen Aufwand behandeln.

3. Beim Unternehmer Neumann zählt das erworbene Produktionsverfahren ebenfalls zum Anlagevermögen, denn es soll dem Betrieb auf Dauer dienen. Da N das Verfahren von einem Dritten (der Tüftler KG) entgeltlich erworben hat, muss er es mit den Anschaffungskosten von 250.000 Euro im Zugangszeitpunkt aktivieren – §§ 246 und 253 Abs. 1 HGB. Es liegt unstreitig ein Vermögensgegenstand in Form eines selbständig verkehrsfähigen Nutzungsvorteils vor, der auch selbständig bewertbar ist.

In der Steuerbilanz besteht für N ebenfalls ein Aktivierungsgebot, da aufgrund des entgeltlichen Erwerbs § 5 Abs. 2 EStG nicht greift und die handelsrechtliche Aktivierungspflicht auch für die Steuerbilanz gilt (vgl. § 5 Abs. 1 Satz 1 EStG und R 5.5 Abs. 2 EStR). Da abnutzbares Anlagevermögen vorliegt, sind nach der Zugangsbewertung auch Abschreibungen vorzunehmen (§ 253 Abs. 3 HGB und § 6 Abs. 1 Nr. 1 EStG).

Fall 36

Betrieblicher Nutzungsanteil am Grundstück von untergeordneter Bedeutung

Sachverhalt

Der Friseur Wigbert Welle (W) ermittelt seinen Gewinn durch Betriebsvermögensvergleich. Er ist alleiniger Eigentümer eines Grundstücks; das auf seinem Grundstück stehende Gebäude wird teils für Wohnzwecke und teils für betriebliche Zwecke genutzt. Die jeweiligen Nutzungsanteile betragen:

Erdgeschoss: (= 90 m^2)	In einem Raum von insgesamt 30 m^2 betreibt W einen Friseur-Salon. Der übrige Teil des Erdgeschosses dient dem ledigen Friseur als Wohnung.
Dachgeschoss: (= 60 m^2)	Die Wohnung ist an einen fremden Dritten vermietet (kein Zusammenhang zum Betrieb).

Der gemeine Wert des ganzen Grundstücks beträgt 100.000 Euro.

Frage

Muss das gesamte Grundstück oder müssen Teile davon als Betriebsvermögen bilanziert werden?

Vorbemerkung

Die Behandlung solcher Wirtschaftsgüter, die gemischt genutzt werden (also z. T. für betriebliche und z. T. für nicht betriebliche Zwecke), ist handelsrechtlich nicht so sehr von Bedeutung; von größerem Interesse ist jedoch die steuerliche Behandlung. Das hat dazu geführt, dass durch die FG Grundsätze entwickelt wurden, die schließlich in Verwaltungsanweisungen ihren Niederschlag gefunden haben. Allgemeine Grundsätze zur steuerlichen Behandlung gemischt genutzter Grundstücke enthält R 4.2 Abs. 4 – 10 EStR.

Danach wird von der Grundregel ausgegangen, dass bei Gebäuden, die

- teils eigenbetrieblich,
- teils fremdbetrieblich,
- teils zu eigenen Wohnzwecken und
- teils zu fremden Wohnzwecken genutzt werden,

jeder der vier unterschiedlich genutzten Gebäudeteile ein besonderes (eigenständiges) Wirtschaftsgut darstellt (vgl. R 4.2 Abs. 4 EStR). Von dieser Grundregel kann es jedoch Ausnahmen geben, die sich unter der Berücksichtigung der Vereinfachungsregelungen in R 4.2 Abs. 4 EStR ableiten lassen.

Darüber hinaus ist zu beachten, dass ein zu eigenen Wohnzwecken dienender Gebäudeteil stets zum notwendigen Privatvermögen zählt und somit eine Erfassung als gewillkürtes Betriebsvermögen nicht möglich ist (vgl. R 4.2 Abs. 9 EStR).

Antwort

Nein, das gesamte Grundstück kann als Privatvermögen behandelt werden.

Begründung

Der eigenbetrieblich genutzte Grundstücksteil stellt grundsätzlich notwendiges Betriebsvermögen dar, braucht jedoch aus Vereinfachungsgründen nicht als Betriebsvermögen erfasst zu werden, wenn der Grundstückswert von untergeordneter Bedeutung ist; das ist nach § 8 EStDV dann der Fall, wenn der anteilige Wert nicht mehr als ein Fünftel des gemeinen Werts des gesamten Grundstücks und auch nicht mehr als 20.500 Euro beträgt.

Für den Friseursalon werden anteilig 30 m² genutzt; das entspricht einem Anteil von genau 20 % – und somit nicht mehr als ¹/₅ und mit einem errechneten Anteil von 20.000 Euro auch weniger als 20.500 Euro (vgl. R 4.2 Abs. 8 EStR).

Bei der Prüfung, ob der Wert eines Grundstücksanteils mehr als ein Fünftel des Werts des ganzen Grundstücks beträgt, ist i. d. R. das Verhältnis der Nutzflächen zueinander zugrunde zu legen.

Es ist aber zu beachten, dass zu jedem Bilanzstichtag neu geprüft werden muss, ob der eigenbetrieblich genutzte Grundstücksteil noch von untergeordneter Bedeutung ist. Falls das nicht mehr gegeben sein sollte, müsste der bislang nicht bilanzierte Grundstücksteil durch eine Einlage in das Betriebsvermögen aufgenommen werden.

Umgekehrt gilt: Beträgt der Wert eines eigenbetrieblich genutzten und bilanzierten Grundstücksteils nicht mehr als ein Fünftel und nicht mehr als 20.500 Euro, so besteht ein Wahlrecht, einen bislang bilanzierten Grundstücksanteil weiterhin als Betriebsvermögen zu behandeln oder zum Teilwert zu entnehmen (R 4.2 Abs. 8 Satz 7 EStR).

Fall 37

Gemischte Nutzung eines Grundstücks

Sachverhalt

Metzgermeister Kurt Knoche (K) ist Eigentümer eines Grundstücks. In dem auf seinem Grundstück befindlichen Gebäude betreibt er eine Metzgerei; weitere Räume des Gebäudes dienen als Wohnungen. Das Gebäude wird wie folgt genutzt:

Erdgeschoss: (= 100 m²)	Die Räume des Erdgeschosses dienen mit 70 m² der Metzgerei als Arbeits-, Lager- und Verkaufsräume. Ein Raum mit 30 m² wird vom Stpfl. (neben dem 1. Stockwerk) für private Wohnzwecke genutzt.
1. Etage: (= 100 m²)	Das gesamte 1. Stockwerk dient (neben dem Wohnraum im Erdgeschoss) dem Metzgermeister als Wohnung.
2. Etage: (= 50 m²)	Das ausgebaute Dachgeschoss ist zu einem geringen Mietpreis an die Eltern des K vermietet, die beide schon über 80 Jahre alt sind.

Der gemeine Wert des ganzen Grundstücks beträgt 140.000 Euro. K ermittelt seinen Gewinn durch Betriebsvermögensvergleich.

Hinweis: Vergleiche Vorbemerkung zu Fall 36.

Frage

1. Wirtschaftsgüter können grundsätzlich nur entweder voll Betriebsvermögen oder voll Privatvermögen sein. Warum wird aber bei einer gemischten Nutzung eines Grundstücks (z. T. für betriebliche Zwecke und z. T. für andere Zwecke) eine Aufteilung zugelassen?

2. Kann (oder muss) der Metzgermeister K das gesamte Grundstück oder Teile davon als Betriebsvermögen bilanzieren?

Antwort und Begründung

1. Bei der Frage der Zugehörigkeit von Grundstücksteilen zum notwendigen Betriebsvermögen, zum gewillkürten Betriebsvermögen oder zum notwendigen Privatvermögen kommt es nicht – wie bei den übrigen Wirtschaftsgütern – auf die überwiegende Nutzung an. Die Begründung liegt einmal in der Möglichkeit der Aufteilung entsprechend dem jeweiligen Nutzungsanteil (die einzelnen Grundstücksteile sind räumlich abgrenzbar), zum anderen ist eine Aufteilung durch den meist hohen Wert und die wirtschaftliche Bedeutung der verschiedenen Grundstücksteile gerechtfertigt.

Die Regeln für die Abgrenzung der Zugehörigkeit zum Betriebsvermögen sind in R 4.2 EStR festgehalten; diese Verwaltungsanweisung ist durch die Rechtsprechung auch gebilligt worden.

2. Der Metzgermeister K muss den eigenbetrieblich genutzten Grundstücksanteil bilanzieren; die übrigen Grundstücksanteile dürfen nicht als Betriebsvermögen erfasst werden.

Der Wert des eigenbetrieblich genutzten Grundstücksteils beträgt bei einer Aufteilung auf der Basis der Nutzflächenanteile 39.200 Euro (28 % von 140.000 Euro); dieser anteilige Wert beträgt mehr als ein Fünftel des ganzen Grundstücks und auch mehr als 20.500 Euro, sodass dieser eigenbetrieblich genutzte Grundstücksteil als notwendiges Betriebsvermögen bilanziert werden muss, weil er nicht mehr von untergeordneter Bedeutung ist (§ 8 EStDV und R 4.2 Abs. 8 EStR). Wird ein Teil eines Gebäudes eigenbetrieblich genutzt, so ist auf den Wert dieses Gebäudeteils zzgl. des dazugehörigen Grund und Bodens abzustellen (vgl. R 4.2 Abs. 7 EStR).

Der eigenen Wohnzwecken dienende Grundstücksteil (= 130 m²) stellt notwendiges Privatvermögen dar und darf folglich nicht als Betriebsvermögen angesetzt werden (vgl. R 4.2 Abs. 9 Satz 1 – Umkehrschluss EStR).

Das Dachgeschoss, das von den Eltern des Stpfl. bewohnt wird, dient nicht eigenen Wohnzwecken des K und könnte damit u. U. als gewillkürtes Betriebsvermögen behandelt werden. Voraussetzung für den Ansatz als gewillkürtes Betriebsvermögen ist jedoch, dass dieser Grundstücksteil in einem gewissen objektiven Zusammenhang mit dem Betrieb steht und ihm zu dienen bzw. ihn zu fördern bestimmt und geeignet ist (R 4.2 Abs. 9 EStR). Die Tatsache, dass diese Wohnung durch die Eltern des Stpfl. bewohnt wird, dürfte eher durch persönliche (familiäre) Überlegungen begründet sein, sodass die genannten Voraussetzungen kaum als gegeben angesehen werden können. Durch den geringen Mietertrag wird der Betrieb auch nicht gefördert. Demnach kann auch dieser Grundstücksteil nicht als Betriebsvermögen angesetzt werden.

Auch bei unentgeltlicher Überlassung der Wohnung an die Eltern des K darf diese nicht als Betriebsvermögen behandelt werden (R 4.2 Abs. 9 Satz 1 EStR).

Fall 38

Nutzungsänderung bei gemischt genutztem Grundstück

Sachverhalt

(Fortführung des Sachverhalts aus Fall 37)

Zum nächsten Bilanzstichtag ist eine Änderung in der Nutzung des Grundstücks eingetreten, und zwar in folgender Form:

Die Eltern des Metzgermeisters K sind am 27.12.02 in ein Altenpflegeheim umgezogen. Die Wohnung im Dachgeschoss ist ab dem gleichen Zeitpunkt an einen Bekannten zu ortsüblichen Bedingungen vermietet. Die Räume im Erdgeschoss und in der 1. Etage werden in der gleichen Weise wie im vorhergehenden Fall 37 weitergenutzt.

Frage

Mit welchem Wert (ohne Berücksichtigung von AfA) kann der Metzgermeister K das Grundstück oder Teile davon in seiner Bilanz zum 31.12.02 ausweisen?

Hinweis: Vergleiche Vorbemerkung zu Fall 36.

Antwort

a) 39.200 Euro

   oder

b) 67.200 Euro (39.200 Euro + 28.000 Euro)

Begründung

Der Wert des eigenbetrieblich genutzten Grundstücksanteils beträgt 39.200 Euro; dieser anteilige Wert beträgt mehr als ein Fünftel des ganzen Grundstücks und auch mehr als 20.500 Euro, sodass dieser eigenbetrieblich genutzte Grundstücksteil als notwendiges Betriebsvermögen angesetzt werden muss, weil er nicht von untergeordneter Bedeutung ist (§ 8 EStDV und R 4.2 Abs. 8 EStR).

Die an den Bekannten vermietete Dachgeschosswohnung stellt zwar kein notwendiges Betriebsvermögen dar, kann aber u. U. als gewillkürtes Betriebsvermögen erfasst werden. Dieser Grundstücksanteil steht in einem gewissen objektiven Zusammenhang zum Betrieb (Erhöhung von Betriebseinnahmen und damit Verstärkung des Eigenkapitals) und ist damit auch geeignet, der Metzgerei – im weitesten Sinn – zu dienen (vgl. R 4.2 Abs. 9 Satz 1 EStR).

Voraussetzung für die Behandlung dieses Grundstücksteils als gewillkürtes Betriebsvermögen ist jedoch, dass der Metzgermeister K den entsprechenden Grundstücksteil auch in der Buchführung und in der Bilanz eindeutig als gewillkürtes Betriebsvermögen ausweist (vgl. H 4.2 Abs. 9 – Nachweis der Zuordnung zum gewillkürten Betriebsvermögen – EStH).

Zu beachten ist ferner, dass auch der zugehörige Grund und Boden zu erfassen ist, wenn ein Gebäudeteil als gewillkürtes Betriebsvermögen behandelt wird (vgl. R 4.2 Abs. 9 Satz 6 EStR).

Der anteilige Wert der Dachgeschosswohnung beträgt bei einer Aufteilung auf der Basis der Nutzfläche 28.000 Euro.

Macht K davon Gebrauch, so ist bei einem gemeinen Wert von insgesamt 140.000 Euro das Grundstück anteilig mit 67.200 Euro zu aktivieren.

Der eigenen Wohnzwecken dienende Grundstücksteil von 130 m² stellt notwendiges Privatvermögen dar und darf nicht bilanziert werden.

Fall 39

Nutzung eines Grundstücks sowohl für betriebliche Zwecke als auch für Wohnzwecke

Sachverhalt

Gastwirt Hugo Huber (H) betreibt in Soltau in einem ihm allein gehörenden Grundstückskomplex einen Gasthof. Im 1. Obergeschoss sind drei Zimmer als Gästezimmer eingerichtet, die ständig an Gäste – insbesondere Urlaubsgäste – vermietet werden; zusätzlich wohnt im 1. Obergeschoss Frau Sauberlich, die bei H als Reinigungskraft beschäftigt ist. Um Frau Sauberlich längerfristig an den Betrieb zu binden, musste ihr eine Wohnung angeboten werden. Die Wohnung im 2. Obergeschoss hat H an seine Eltern unentgeltlich vermietet. H ermittelt seinen Gewinn durch Betriebsvermögensvergleich. Die einzelnen Gebäudeteile umfassen folgende Nutzungsanteile:

Erdgeschoss	=	Gasthof	35 %
1. Obergeschoss	=	a) Gästezimmer	12 %
		b) Wohnung Frau Sauberlich	23 %
2. Obergeschoss	=	Wohnung Huber (Eltern)	30 %

Der gemeine Wert des gesamten Grundstücks beträgt 90.000 Euro.

Frage

Welche Grundstücksteile können bzw. müssen als Betriebsvermögen des H behandelt werden?

Hinweis: Vergleiche Vorbemerkung zu Fall 36.

Antwort

63.000 Euro (= 35 % + 12 % + 23 % = gesamt 70 % von 90.000 Euro).

Begründung

H ist bürgerlich-rechtlicher Eigentümer des Grundstücks, sodass es ihm steuerlich auch zuzurechnen ist. Bei Grundstücken ist die bilanzsteuerrechtliche Behandlung im Gegensatz zu anderen Wirtschaftsgütern nicht davon abhängig, ob sie insgesamt überwiegend betrieblich oder privat genutzt werden; bei einem Grundstück ist es ausnahmsweise zugelassen, auch Teile davon in die Bilanz aufzunehmen. Praktisch bedeutet dies, dass bei Grundstücken auch ein Grundstücksteil zum Betriebsvermögen gehören kann, während die übrigen – anderen – Teile zum Privatvermögen rechnen.

Grundstücksteile, die ausschließlich und unmittelbar den eigenen betrieblichen Zwecken dienen, sind notwendiges Betriebsvermögen.

Wenn ein Gebäudeteil dem Betriebsvermögen zuzurechnen ist, gehört der anteilige Grund und Boden ebenfalls zum Betriebsvermögen (R 4.2 Abs. 7 EStR).

Zum notwendigen Betriebsvermögen gehören hier diejenigen Grundstücksteile, die auf den Gasthof und die drei Gästezimmer entfallen, das sind zusammen 47 % von 90.000 Euro.

Die an die Arbeitnehmerin Sauberlich vermietete Wohnung gehört daneben ebenfalls zum notwendigen Betriebsvermögen, weil für die Vermietung betriebliche Gründe offensichtlich maßgebend waren – vgl. H 4.2 Abs. 7 – Vermietung an Arbeitnehmer – EStH.

Frau Sauberlich soll durch die Vermietung längerfristig an den Betrieb gebunden werden. Gemäß R 4.2 Abs. 4 Satz 2 EStR gehört diese Wohnung damit auch zu dem Wirtschaftsgut „eigenbetrieblich genutzter Gebäudeteil".

Die restlichen 30 % stellen notwendiges Privatvermögen dar, weil sie Dritten unentgeltlich zu Wohnzwecken überlassen sind; gemäß R 4.2 Abs. 9 Satz 1 EStR kann H diesen Gebäudeteil auch nicht als „gewillkürtes" Betriebsvermögen behandeln.

Auch wenn das Grundstück hier zu mehr als der Hälfte (35 % + 12 % + 23 % = 70 %) die Voraussetzungen für die Behandlung als Betriebsvermögen erfüllt, können (im Gegensatz zu früheren Regelungen) weitere Grundstücksanteile, bei denen die Voraussetzungen des Absatzes 9 von R 4.2 EStR nicht vorliegen, auch nicht als Betriebsvermögen behandelt werden (vgl. R 4.2 Abs. 10 EStR).

Fall 40

Gemischte Nutzung eines Grundstücks bei geänderten Eigentumsverhältnissen

Sachverhalt

Melchior Maler (M) betreibt als bilanzierender Einzelunternehmer ein Einzelhandelsgeschäft mit Farben, Tapeten und Zubehör. Der Gewerbebetrieb befindet sich seit Jahren in einem Gebäude, das ihm und seiner Ehefrau je zur ideellen Hälfte gehört; die Herstellungskosten des Gebäudes hatten die Eheleute auch jeweils zur Hälfte getragen. Die Ehegatten haben als Güterstand die Gütertrennung vertraglich vereinbart.

Über den Anteil der Ehefrau an den Gebäudeteilen, die dem Gewerbebetrieb des Ehemanns dienen, haben die Eheleute einen Mietvertrag geschlossen, der steuerlich anzuerkennen ist. In dem Gebäude befinden sich neben dem Einzelhandelsgeschäft noch weitere Räume, die unterschiedlich genutzt werden; die Nutzungsaufteilung sieht im Einzelnen wie folgt aus:

Erdgeschoss: (= 100 m²)	Einzelhandelsgeschäft des M
1. Etage: (= 100 m²)	a) Wohnung des Ehepaares M (50 m²)
	b) Büroräume des Einzelhandelsgeschäfts (50 m²)
2. Etage: (= 60 m²)	Ebenfalls Wohnräume (Kinderzimmer) des Ehepaares M

Der gemeine Wert zum Bilanzstichtag 31.12.01 des Grundstücks beträgt 98.000 Euro.

Zum Bilanzstichtag 31.12.02 werden folgende Veränderungen (Nutzungsänderung) festgestellt:

a) Das Grundstück ist ab 01.12.02 in das alleinige Eigentum des Melchior Maler übergegangen (lt. Auszug aus dem Grundbuch).

b) Da die Kinder außerhalb studieren, konnte M die Räume ab dem Monat 12.02 mit insgesamt 60 m² an den Wohnungsvermittler und Immobilienmakler Hasemann vermieten; er hofft darauf, dass durch diesen Makler der Kundenkreis für sein Farbengeschäft erweitert werden kann.

Frage

1. Welcher Bewertungsmaßstab und Aufteilungsmaßstab ist bei einer gemischten Nutzung eines Grundstücks hinsichtlich des Wertansatzes maßgebend?

2. Welche Gebäudeteile muss K zu den einzelnen Bilanzstichtagen (31.12.01 und 31.12.02) zwingend als Betriebsvermögen behandeln und welche Gebäudeteile kann er evtl. freiwillig ansetzen?

Hinweis: Vergleiche Vorbemerkung zu Fall 36.

Antwort

1. Eigenbetrieblich genutzte Grundstücke/Grundstücksteile brauchen nicht als Betriebsvermögen behandelt zu werden, wenn ihr Wert von untergeordneter Bedeutung ist. Für die Beurteilung dieser Frage, ob nun ein Grundstücksteil von untergeordneter Bedeutung ist oder nicht, ist der gemeine Wert maßgebend.

Gemeiner Wert ist nach § 9 BewG der Preis, der im gewöhnlichen Geschäftsverkehr nach der Beschaffenheit des Wirtschaftsguts bei einer Veräußerung zu erzielen wäre. Der Aufteilungsmaßstab ist regelmäßig das Verhältnis der Nutzflächen zur gesamten Nutzungsfläche (R 4.2 Abs. 6 EStR). Lediglich dann, wenn die Aufteilung nach Nutzfläche zu einem unangemessenen Verhältnis führen würde, ist ein anderer Aufteilungsmaßstab anzuwenden (z. B. bei unterschiedlicher Geschosshöhe – Aufteilung nach umbautem Raum).

2. 31.12 01 = 28.269 Euro müssen aktiviert werden
31.12.02 = 56.538 Euro müssen aktiviert werden

oder

79.153 Euro können aktiviert werden.

Begründung

Eigengewerblich genutzte Grundstücke bzw. Grundstücksteile sind nur insoweit notwendiges Betriebsvermögen, als sie dem Betriebsinhaber rechtlich oder wirtschaftlich zuzurechnen sind; das gilt auch dann, wenn ein Grundstück Ehegatten gemeinsam gehört. Hierbei ist zu beachten, dass neben der Aufteilung in einzelne Wirtschaftsgüter (eigengewerblich, fremdgewerblich, eigene Wohnnutzung oder fremde Wohnnutzung i. S. von R 4.2 Abs. 4 EStR) eine weitere Aufteilung dann notwendig ist, wenn bei dem betreffenden Grundstück bzw. dem Grundstücksteil mehrere Miteigentümer vorhanden sind; in diesen Fällen ist jeder selbständige Gebäudeteil in so viele Wirtschaftsgüter aufzuteilen, wie Gebäudeeigentümer vorhanden sind (vgl. H 4.2 – Miteigentum – EStH).

M ist Einzelunternehmer, sodass ihm auch nur sein (eigener) Anteil am Grundstück zugerechnet werden kann; als notwendiges Betriebsvermögen kommt dabei lediglich die Hälfte des Erdgeschosses und die Hälfte des Büroraumes in der 1. Etage in Betracht. Dieser Anteil (= $^1/_2$ von 150 m^2) entspricht einem Wert von 28.269 Euro; dieser anteilige Wert ist mehr als $^1/_5$ des gesamten Werts des Grundstücks und mehr als 20.500 Euro. Damit ist zum Bilanzstichtag 31.12.01 der Grundstücksanteil nicht von untergeordneter Bedeutung und muss demnach zum notwendigen Betriebsvermögen gerechnet werden.

Der eigenen Wohnzwecken dienende Teil stellt notwendiges Privatvermögen dar und kann zum 31.12.01 nicht aktiviert werden (R 4.2 Abs. 9 Satz 1 EStR).

Zum Bilanzstichtag 31.12.02 ist infolge der eingetretenen Änderungen die Zugehörigkeit des Grundstücks zum Betriebsvermögen neu zu überprüfen. Der eigengewerblichen Zwecken dienende Grundstücksteil (der jetzt dem M voll zuzurechnen ist) beträgt 150 m²; der auf diesen Anteil entfallende Wert beträgt 56.538 Euro; auch dieser Wert ist im Verhältnis zum Wert des ganzen Grundstücks nicht von untergeordneter Bedeutung, weil er mehr als ¹/₅ des ganzen Grundstückswerts und auch mehr als 20.500 Euro beträgt. Dieser eigenbetrieblich genutzte Grundstücksanteil muss daher zum 31.12.02 aktiviert werden.

Der an den Makler Hasemann vermietete Grundstücksteil kann als gewillkürtes Betriebsvermögen behandelt werden. Ein gewisser objektiver Zusammenhang zum Betrieb ist festzustellen, denn K erwartet durch diesen Makler eine Ausweitung seines Kundenkreises für sein Farbengeschäft (R 4.2 Abs. 9 Satz 1 EStR).

Entscheidet sich M dazu, auch diese an den Makler vermieteten Büroräume als gewillkürtes Betriebsvermögen zu behandeln, so erhöht sich insoweit der dem Betriebsvermögen zuzurechnende Anteil um weitere 60 m² (= 22.615 Euro), sodass dann insgesamt 210 m² mit einem Wert von 79.153 Euro in der Buchführung und Bilanz auszuweisen sind.

Damit besteht für M ein dementsprechendes Wahlrecht; er hat damit für die Bilanzierung zum 31.12.02 folgende Alternativen:

a) 56.538 Euro müssen in jedem Fall als notwendiges Betriebsvermögen aktiviert werden.

b) Werden anteilig auch die an den Makler vermieteten Büroräume als gewillkürtes Betriebsvermögen erfasst, so beträgt der zu bilanzierende Wert 79.153 Euro.

Der eigenen Wohnzwecken dienende Teil des Gebäudes kann dagegen keinesfalls als Betriebsvermögen angesetzt werden (vgl. R 4.2 Abs. 9 Satz 1 – Umkehrschluss – EStR).

Fall 41

Buchung von Löhnen und Gehältern anhand der Lohn- und Gehaltsliste

Sachverhalt

Der Lohnbuchhalter des Lederwarenhändlers Peter Pelzig (P) hat die Gehaltsliste für den Monat 02.01 fertig gestellt. Der errechnete Nettolohn für die Beschäftigten wurde am 28.02.01 vom betrieblichen Bankkonto überwiesen.

Gehaltsliste für den Monat 02.01

Name	Familien-stand u. St.-Kl.	Brutto-gehalt €	Abzüge			Gesamt-abzüge €	Netto-gehalt €
			Lohnst. €	Ki.-St. €	Soz.-Vers. €		
....	....	....	....	....	....	....	....
....	....	....	....	....	....	....	....
....	....	....	....	....	....	....	....
....	....	....	....	....	....	....	....
Summen:		7.200	630	48	970	1.648	5.552

Die einbehaltenen Abzüge wurden vom betrieblichen Bankkonto überwiesen, und zwar:

- an das Finanzamt (Lohn- und Kirchensteuer) am 12.03.01;
- an die Krankenkasse (Sozialversicherungsbeiträge) einschließlich des Arbeitgeberanteils zur gesetzlichen Sozialversicherung i. H. von 970 Euro am 14.03.01.

Frage

1. Welche Besonderheiten obliegen der Lohnbuchhaltung in einem Unternehmen?

2. Welches sind wichtige Bestandteile der Lohn- und Gehaltsbuchhaltung?

3. Welche Besonderheiten gelten beim Solidaritätszuschlag?

4. Welche Abzugsbeträge sind i. d. R. vom Bruttolohn bzw. Bruttogehalt einzubehalten?

5. Die verschiedenen Abzugsbeträge werden regelmäßig erst einige Tage nach der Lohn- und Gehaltszahlung an das Finanzamt bzw. die Sozialversicherungsträger überwiesen.

   Warum müssen die einbehaltenen Abzugsbeträge trotzdem schon zum Lohn- bzw. Gehaltszahlungstag gebucht werden und nicht erst zum Zeitpunkt der Überweisung?

6. In der Praxis werden die einbehaltenen Abzugsbeträge regelmäßig auf einzelnen Konten gebucht, wie z. B.

   - noch abzuführende Lohnsteuer

   - noch abzuführende Kirchensteuer

   - noch abzuführende Sozialversicherungsbeiträge usw.

   und nicht auf dem (einem) Konto „Sonstige Verbindlichkeiten"; was kann der Grund für eine derartige Aufteilung sein?

7. Wie lauten die zu bildenden Buchungssätze für die im Sachverhalt angegebenen Vorgänge?

Antwort und Begründung

1. Der Lohn- und Gehaltsbuchführung obliegt eine besondere Verantwortung, und zwar in zweifacher Hinsicht:

➤ Einmal unterliegen alle entsprechenden Vorgänge einem gewissen Vertrauensschutz (Geheimhaltung) und Datenschutz

und

➤ zum Zweiten sind alle Vorgänge auch genauestens festzuhalten, weil diese Aufzeichnungen als Nachweis für Steuer- und Sozialversicherungszwecke dienen.

Um diesen Anforderungen gerecht zu werden, wird getrennt für jeden einzelnen Betriebsangehörigen ein Konto geführt, auf dem vom Arbeitgeber alle – für die erbrachte Arbeitsleistung – aufgewendeten Beträge dargestellt werden.

2. Auf der Grundlage von § 41 EStG ist der Arbeitgeber verpflichtet, für jeden Arbeitnehmer und jedes Kalenderjahr ein Lohnkonto zu führen, das u. a. folgende Angaben enthalten muss (vgl. § 4 LStDV und R 41.1 Lohnsteuer-Richtlinien):

Persönliche Daten	Abrechnungsdaten
• Name, Adresse und Geburtstag • Steuerklasse • Kinderzahl • Konfession • Gemeinde, die die Lohnsteuerkarte ausgestellt hat • Betriebsfinanzamt	• Steuerfreier Betrag lt. Lohnsteuerkarte • Tag und Zeitraum der Lohn- bzw. Gehaltszahlung • Bruttoarbeitslohn – getrennt nach Barlohn und Sachlohn • Steuerfreie und sonstige Bezüge • Einbehaltene Steuerbeträge • Sozialversicherungsbeiträge

3. Aufgrund des Solidaritätszuschlaggesetzes vom 23.06.1993 wird eine zusätzliche Abgabe als Ergänzungsabgabe zur Einkommensteuer/Körperschaftsteuer erhoben; insoweit ist der Solidaritätszuschlag als eine Zuschlagsteuer i. S. von § 51a EStG anzusehen.

Für eine ordnungsgemäße Einbehaltung des Solidaritätszuschlags im Lohnsteuerabzugsverfahren ist ebenso der Arbeitgeber zuständig; infolgedessen fließt dieser zusätzliche Lohnabzug in das Lohnabrechnungsverfahren ein.

Dabei wird der Solidaritätszuschlag buchungstechnisch zwar gesondert von der Lohnsteuer erfasst – im Prinzip aber genauso wie die Lohnsteuer selbst behandelt.

Da der Solidaritätszuschlag nur eine vorübergehende zusätzliche Steuerbelastung sein sollte (mit Wirkung ab 1998 tatsächlich auch eine erste Absenkung erfolgte), wird hier von einer gesonderten Berücksichtigung in den nachfolgenden Fällen bei Buchungen von Löhnen und Gehältern hinsichtlich des Solidaritätszuschlags Abstand genommen, zumal dies gleich behandelt werden müsste wie der eigentliche Lohnsteuerabzug.

4. Arbeitnehmer erhalten für die im Betrieb geleistete Arbeit eine Arbeitsvergütung; diese Arbeitsvergütung für Arbeiter wird als „Lohn" bezeichnet, während man bei Angestellten vom „Gehalt" spricht. Bruttolohn bzw. Bruttogehalt ist dabei die tarifliche oder vertraglich vereinbarte Arbeitsvergütung.

Aufgrund gesetzlicher Vorschriften ist der Arbeitgeber verpflichtet, bei der Zahlung von Löhnen und Gehältern bestimmte Abzugsbeträge einzubehalten und diese an die dafür zuständigen Stellen (Sozialversicherungsträger = Krankenkassen und Finanzamt) abzuführen. Die gesetzlichen Sozialversicherungsbeiträge werden, von Ausnahmen abgesehen, grundsätzlich vom Arbeitnehmer und vom Arbeitgeber je zur Hälfte getragen.

Die zutreffende Einbehaltung des entsprechenden Arbeitnehmeranteils und auch die Abführung – sowohl des Arbeitnehmeranteils wie auch des Arbeitgeberanteils – ist im Rahmen einer ordnungsgemäßen Lohn- und Gehaltsabrechnung zu dokumentieren. Der Umfang dieser Lohn- und Gehaltsbuchhaltung ergibt sich aus den Aufzeichnungspflichten des § 41 EStG; danach ist am Ort der Betriebsstätte ein Lohn- und Gehaltskonto (vgl. § 4 LStDV) für jeden Arbeitnehmer zu führen.

Die vom Bruttolohn (Bruttogehalt) einzubehaltenden Abzugsbeträge umfassen im Wesentlichen:

a) Steuern • Lohnsteuer
   • Kirchensteuer
   • Solidaritätszuschlag

b) Beiträge zur Sozialversicherung – mit diesen Beiträgen werden abgedeckt: • Rentenversicherung
   • Arbeitslosenversicherung
   • Krankenversicherung
   • Pflegeversicherung

5. Die einzubehaltenden Abzugsbeträge sind aufwandsmäßig im Bruttolohn (-gehalt) enthalten und mit Ablauf des Lohn- bzw. Gehalts-Zahlungszeitraums entstanden. Sind diese Beträge also fällig, aber noch nicht ausbezahlt worden, müssen sie als Aufwand gebucht und als sonstige Verbindlichkeiten festgehalten werden (vgl. H 4.2 Abs. 15 – Betriebsschuld – EStH). Im Laufe eines Wirtschaftsjahres ist dies i. d. R. ohne Bedeutung, aber am Ende eines Wirtschaftsjahres hängt von der periodengerechten Zuordnung solcher Aufwendungen die Ermittlung des steuerlich richtigen Gewinns ab.

6. Im Rahmen der Lohn- und Gehaltsbuchhaltung werden zunächst die Bruttolöhne und -gehälter errechnet, die entsprechenden Abzüge für Steuern und Sozialversicherungsbeiträge ermittelt und die abzuführenden Beträge auch angemeldet:

- Lohnsteuer-Anmeldung an das Finanzamt (vgl. § 41a EStG)
- Meldung an Sozialversicherungsträger

Im weiteren Verlauf sind die errechneten und zu zahlenden Beträge (Abzugsbeträge einschließlich des Arbeitgeberanteils an der gesetzlichen Sozialversicherung) an die betreffenden Stellen zu zahlen:

Steuern ─────────────────→ Finanzamt
Sozialversicherungsbeiträge ─────→ Sozialversicherungsträger
(= Krankenkasse)

Dabei ist es zweifellos von Vorteil und stellt eine erhebliche Erleichterung für die Erstellung der vorgesehenen Anmeldungen und auch für die anschließenden Zahlungen dar, wenn das dafür vorgesehene Zahlenmaterial dementsprechend bereits buchungsmäßig aufgegliedert ist.

Da für Arbeitgeber – als Lohnabrechnung – grundsätzlich die Pflicht zur elektronischen Datenübermittlung auch auf Beitragsnachweise und DEÜV-Meldungen an die Sozialversicherungsträger ausgeweitet wurde, ist damit gleichzeitig eine mögliche Überprüfung der Unternehmensdaten durch die Außenprüfung sichergestellt.

Gemäß §§ 146 und 147 Abgabenordung (AO) sind dementsprechende Datenunterlagen, die maschinell auswertbar sein müssen, für Prüfungszwecke aufzubewahren.

7. Buchungssätze

7.1 Buchung bei Überweisung der Gehälter (am 28.02.01):

Gehälter	7.200 €	
an Bank		5.552 €
Abzuführende Lohnsteuer		630 €
Abzuführende Kirchensteuer		48 €
Abzuführende Sozialversicherung		970 €

7.2 Buchung des Arbeitgeberanteils zur gesetzlichen Sozialversicherung (am 28.02.01):

Gesetzlicher Sozialaufwand	970 €	
an Abzuführende Sozialversicherung		970 €

7.3 Buchung bei Überweisung der einbehaltenen Steuern an das Finanzamt (am 12.03.01):

Abzuführende Lohnsteuer	630 €	
Abzuführende Kirchensteuer	48 €	
an Bank		678 €

7.4 Buchung bei Überweisung der Sozialversicherungsbeiträge (Arbeitgeber- und Arbeitnehmeranteil) (am 14.03.01):

Abzuführende Sozialversicherung	1.940 €	
an Bank		1.940 €

Fall 42

Buchungen von Gehältern unter Berücksichtigung eines Vorschusses

Sachverhalt

Der Pelzhändler Siegbert Samt (S) benötigt dringend einen zusätzlichen Verkäufer für sein Pelzgeschäft. Ein Bewerber war bereit, diese Stelle anzunehmen, bat jedoch um einen Gehaltsvorschuss von 4.000 Euro, um eine Wohnung anzumieten und renovieren zu können. S gewährte ihm diesen erbetenen Vorschuss und zahlte am 1. Arbeitstag (01.04.01) dem neuen Verkäufer den Betrag von 4.000 Euro bar aus.

Vertraglich wurde vereinbart, dass bei jeder monatlichen Gehaltszahlung von dem erhaltenen Vorschuss jeweils 200 Euro einbehalten und getilgt werden sollen.

Am 30.04.01 ergab sich dann für diesen neuen Angestellten folgende Gehaltsabrechnung:

	€
Bruttogehalt (lt. Tarif)	1.700,00
Einbehaltene Abzugsbeträge:	
– Lohnsteuer	176,00
– Kirchensteuer	15,80
– Sozialversicherung	272,00

Von dem verbleibenden Nettogehalt wurde dazu noch die erste Tilgungsrate von 200 Euro des ausbezahlten Vorschusses einbehalten; der Restbetrag wurde am 30.04.01 bar ausbezahlt.

Die einbehaltenen Abzugsbeträge wurden am 10.05.01 zusammen mit dem Arbeitgeberanteil zur gesetzlichen Sozialversicherung i. H. von 272 Euro durch Banküberweisung bezahlt.

Frage

1. Wie werden „Lohnvorschüsse" und „Lohn-Abschlagszahlungen" buchungsmäßig behandelt?
2. Wie errechnet sich der lt. Sachverhalt auszuzahlende Nettolohn zum 30.04.01?
3. Wie sind die erforderlichen Buchungen auf T-Konten darzustellen?
   (Die einzubehaltenden Abzugsbeträge sind dabei auf einzelnen Konten zu buchen; die Konten sind aber nicht abzuschließen.)

Antwort und Begründung

1. Lohn- und Gehaltsvorschüsse werden gelegentlich aus besonderen Anlässen gezahlt, wobei diese dann später durch Verrechnung mit den Arbeitslöhnen bzw. Gehältern wieder getilgt werden. Derartige Vorschüsse sind im Zeitpunkt der Auszahlung erfolgsneutral zu behandeln, denn ein

Aufwand im Sinne einer Lohn- oder Gehaltszahlung liegt zu diesem Zeitpunkt noch nicht vor. Vielmehr haben solche Vorschüsse den Charakter einer sonstigen Forderung.

Abschlagszahlungen dagegen sind Teilzahlungen von Löhnen und Gehältern auf bereits erbrachte Arbeits- oder Dienstleistungen; solche Abschlagszahlungen werden häufig dann gegeben, wenn eine endgültige und genaue Lohn- oder Gehaltsabrechnung erst später erfolgt.

Im Zeitpunkt der Auszahlung können Abschlagszahlungen sofort als Lohnaufwand oder Gehaltsaufwand gebucht werden.

2. Rechnerische Darstellung:

	€	€
Bruttogehalt (lt. Tarif)		1.700,00
(= steuer- und sozialversicherungspflichtiges Bruttogehalt)		
∕ einbehaltene Abzugsbeträge:		
– Lohnsteuer	176,00	
– Kirchensteuer	15,80	
– Sozialversicherung	272,00	463,80
		1.236,20
∕ Tilgung – Vorschuss (1. Rate)		200,00
Barauszahlungsbetrag		1.036,20

3. Die Buchungen auf den T-Konten betreffen folgende Vorgänge:

1. Zahlung des Vorschusses;
2. Gehaltszahlung am 30.04.01 – unter Verrechnung der einbehaltenen und noch abzuführenden Abzugsbeträge;
3. Buchung des Arbeitgeberanteils zur gesetzlichen Sozialversicherung;
4. Überweisung der einbehaltenen Lohnsteuer und Kirchensteuer an das Finanzamt;
5. Überweisung der Sozialabgaben (Arbeitnehmer und Arbeitgeberanteil) an die Krankenkasse.

S	Vorschüsse	H
1. 4.000	2.	200

S	Kasse	H
	1.	4.000,00
	2.	1.036,20

S	Gehälter	H
2. 1.700		

S	Abzuführende Lohnsteuer	H
4. 176	2.	176

S	Abzuführende Kirchensteuer	H
4. 15,80	2.	15,80

S	Abzuführende Sozialversicherung	H
5. 544	2.	272
	3.	272

```
     Arbeitgeberanteil
S    zur Sozialversicherung   H  S         Bank          H

3.              272 |                4.           191,80
                                     5.           544,00
```

Fall 43

Buchung von Löhnen und Gehältern für einen Lohnzahlungszeitraum

Sachverhalt

Der Bauunternehmer Balduin Betonner (B) hat über die Lohn- und Gehaltszahlungen des Monats 03.01 folgende Listen erstellt:

Lohnzahlungsliste (Fertigungslöhne für den Monat 03.01)

| Tag d. Zahlg. – bar – | Brutto-lohn € | Abzüge | | | Gesamt-abzüge € | Netto-lohn € | Arbeitg.-anteil zur Soz.-Vers. € |
		Lohnst. €	Ki.-St. €	Sozial-versich. €			
07.03.	9.600	800	67,00	1.040	1.907,00	7.693,00	1.040
14.03.	9.100	762	64,70	988	1.814,70	7.285,30	988
21.03.	10.400	923	79,60	1.130	2.132,60	8.267,40	1.130
28.03.	10.800	955	81,00	1.204	2.240,00	8.560,00	1.204

Lohnzahlungsliste (Hilfslöhne für den Monat 03.01)

| Tag d. Zahlg. – bar – | Brutto-lohn € | Abzüge | | | Gesamt-abzüge € | Netto-lohn € | Arbeitg.-anteil zur Soz.-Vers. € |
		Lohnst. €	Ki.-St. €	Sozial-versich. €			
07.03.	800	44	3,30	98	145,30	654,70	98
14.03.	700	39	3,04	74	116,04	583,96	74
21.03.	750	42	3,15	87	132,15	617,85	87
28.03.	810	47	3,76	102	152,76	657,24	102

Gehaltsliste für den Monat 03.01

Name	Familien-stand u. St.-Kl.	Brutto-gehalt €	Lohnst. €	Ki.-St. €	Soz.-Vers. €	Gesamt-abzüge €	Netto-gehalt €
1.	. . . .	. . . .	. . . . .	. . . . .	. . . . .	. . . .	. . . .
2.	. . . .	. . . .	. . . . .	. . . . .	. . . . .	. . . .	. . . .
3.	. . . .	. . . .	. . . . .	. . . . .	. . . . .	. . . .	. . . .
Summe:		6.400	730	64,70	840	1.634,70	4.765,30

Die Auszahlung (Barauszahlung) der Gehälter erfolgte am 31.03.01.
Der Arbeitgeberanteil zur gesetzlichen Sozialversicherung beträgt hier bei
den Gehaltszahlungen insgesamt 840 €.

Die einbehaltene Lohn- und Kirchensteuer wurde am 10.04.01 an das
Finanzamt und die Beiträge zur Sozialversicherung wurden am 14.04.01 an
die Krankenkasse überwiesen (jeweils vom betrieblichen Bankkonto).

Frage

Wie lauten die einzelnen Buchungssätze für die im Sachverhalt geschilderten Vorgänge?

(Die Buchungssätze sind der Zeitfolge nach zu bilden; die einbehaltenen
Abzugsbeträge sind auf getrennten Konten zu erfassen. Fertigungslöhne,
Hilfslöhne und Gehälter sind ebenfalls auf getrennten Konten zu buchen.)

Antwort und Begründung

Buchungen am 07.03.01:	€	€
1. Fertigungslöhne	9.600,00	
an Kasse		7.693,00
Abzuführende Lohnsteuer		800,00
Abzuführende Kirchensteuer		67,00
Abzuführende Sozialversicherung		1.040,00
2. Gesetzlicher Sozialaufwand	1.040,00	
an Abzuführende Sozialversicherung		1.040,00
3. Hilfslöhne	800,00	
an Kasse		654,70
Abzuführende Lohnsteuer		44,00
Abzuführende Kirchensteuer		3,30
Abzuführende Sozialversicherung		98,00
4. Gesetzlicher Sozialaufwand	98,00	
an Abzuführende Sozialversicherung		98,00
Buchungen am 14.03.01:		
5. Fertigungslöhne	9.100,00	
an Kasse		7.285,30
Abzuführende Lohnsteuer		762,00
Abzuführende Kirchensteuer		64,70
Abzuführende Sozialversicherung		988,00
6. Gesetzlicher Sozialaufwand	988,00	
an Abzuführende Sozialversicherung		988,00
7. Hilfslöhne	700,00	
an Kasse		583,96
Abzuführende Lohnsteuer		39,00
Abzuführende Kirchensteuer		3,04
Abzuführende Sozialversicherung		74,00
8. Gesetzlicher Sozialaufwand	74,00	
an Abzuführende Sozialversicherung		74,00

Buchungen am 21.03.01:

	€	€
9. Fertigungslöhne	10.400,00	
an Kasse		8.267,40
Abzuführende Lohnsteuer		923,00
Abzuführende Kirchensteuer		79,60
Abzuführende Sozialversicherung		1.130,00
10. Gesetzlicher Sozialaufwand	1.130,00	
an Abzuführende Sozialversicherung		1.130,00
11. Hilfslöhne	750,00	
an Kasse		617,85
Abzuführende Lohnsteuer		42,00
Abzuführende Kirchensteuer		3,15
Abzuführende Sozialversicherung		87,00
12. Gesetzlicher Sozialaufwand	87,00	
an Abzuführende Sozialversicherung		87,00

Buchungen am 28.03.01:

13. Fertigungslöhne	10.800,00	
an Kasse		8.560,00
Abzuführende Lohnsteuer		955,00
Abzuführende Kirchensteuer		81,00
Abzuführende Sozialversicherung		1.204,00
14. Gesetzlicher Sozialaufwand	1.204,00	
an Abzuführende Sozialversicherung		1.204,00
15. Hilfslöhne	810,00	
an Kasse		657,24
Abzuführende Lohnsteuer		47,00
Abzuführende Kirchensteuer		3,76
Abzuführende Sozialversicherung		102,00
16. Gesetzlicher Sozialaufwand	102,00	
an Abzuführende Sozialversicherung		102,00

Buchungen am 31.03.01:

17. Gehälter	6.400,00	
an Kasse		4.765,30
Abzuführende Lohnsteuer		730,00
Abzuführende Kirchensteuer		64,70
Abzuführende Sozialversicherung		840,00
18. Gesetzlicher Sozialaufwand	840,00	
an Abzuführende Sozialversicherung		840,00

Buchungen am 10.04.01:

19. Abzuführende Lohnsteuer	4.342,00	
an Bank		4.342,00
20. Abzuführende Kirchensteuer	370,25	
an Bank		370,25

Buchungen am 14.04.01:

21. Abzuführende Sozialversicherung	11.126,00	
an Bank		11.126,00

Fall 44

Buchung eines hingegebenen Schecks

Sachverhalt

Der Kaufmann Ludwig Lang (L) bezahlt eine bestehende Lieferantenschuld i. H. von 1.864 Euro durch Übersendung eines Verrechnungsschecks am 17.02.01. Laut Kontoauszug vom 18.02.01 ist dieser Scheck der Bank vorgelegt worden, und diese hat den Betrag am gleichen Tag dem Konto des L belastet.

Frage

1. Welche bilanzmäßige Bedeutung hat der Scheck?
2. Wie lautet der entsprechende Buchungssatz?
3. Wann ist diese Buchung vorzunehmen?

Antwort und Begründung

1. Der Scheck ist rechtlich betrachtet ein Wertpapier (vgl. Scheckgesetz), tatsächlich wird er jedoch im Wirtschaftsverkehr als Zahlungsmittel behandelt.

Dem Scheck liegt ein Scheckvertrag zwischen einer Bank (Kreditinstitut) und dem Scheckaussteller zugrunde, wonach die Bank zur Einlösung verpflichtet ist; der Scheck ist somit eine Urkunde, worin der Aussteller sein Kreditinstitut beauftragt, bei Vorlage eines Schecks aus seinem Guthaben eine bestimmte Geldsumme zu zahlen. Lediglich in Fällen mangelnder Deckung ist die Bank von einer Einlösung befreit; sie kann aber trotzdem auszahlen, was dann aber zu einem sog. Überziehungskredit beim Scheckaussteller führt.

Bilanzmäßig werden Schecks zu den flüssigen Mitteln gerechnet, soweit der Unternehmer darüber für eigene Rechnung verfügen kann.

2. Lieferantenschulden   1.864 €
        an Bank   1.864 €

3. Diese Buchung ist spätestens zum 18.02.01 vorzunehmen, denn an diesem Tag ist der Betrag auf dem Konto des L abgebucht worden.

Die Buchung könnte aber auch schon am 17.02.01 vorgenommen werden (= am Tag der Ausstellung des Schecks), weil mit der Ausstellung und Übersendung eines Schecks der Aussteller dem Empfänger das Verfügungsrecht über diesen Geldbetrag einräumt.

Korrekterweise müsste in einem solchen Fall der übersandte Scheck bis zum Tag der Einlösung auf ein Zwischenkonto gebucht werden:

Lieferantenschulden
an noch nicht eingelöste Schecks

Bei Einlösung eines solchen Schecks müsste dann eine weitere Buchung erfolgen:

> noch nicht eingelöste Schecks
> **an** Bank

Da dieses Verfahren zu arbeitsaufwendig ist, wird in der Praxis die Scheckzahlung regelmäßig erst bei Lastschrift auf dem Bankkonto gebucht.

Fall 45

Buchung eines erhaltenen Schecks

Sachverhalt

Der Kaufmann Leo Leise (L) erhält am 28.12.01 von einem Kunden, an den er noch eine Forderung von 2.000 Euro hat, einen Scheck über den gleichen Betrag. L legt diesen Scheck am 02.01.02 seiner Bank vor, die ihm den Betrag am gleichen Tag auf seinem Konto gutschreibt.

L ist bilanzierender Kaufmann; sein Geschäftsjahr entspricht dem Kalenderjahr.

Frage

1. Wie ist der im Sachverhalt geschilderte Vorgang buchungsmäßig zu behandeln?
2. Worin ist der Vorteil bei der Verwendung von Schecks als Zahlungsmittel zu sehen?

Antwort und Begründung

1. Buchung am 28.12.01:

Kundenschecks	2.000 €	
an Kundenforderungen		2.000 €

Buchung am 02.01.02:

Bank	2.000 €	
an Kundenschecks		2.000 €

Hier ist zwingend ein Konto „Kundenschecks" als Durchgangskonto anzusprechen, denn der vorhandene Bestand an Kundenschecks ist zum Bilanzstichtag zu aktivieren. Auf dem Konto „Kundenschecks" werden die am Bilanzstichtag im Unternehmen befindlichen Schecks erfasst; sofern der Bestand dieses Kontos nicht direkt mit der Bilanz abgeschlossen wird, ist er in der Bilanzposition „Schecks, Kassenbestand, Bundesbank- und Postbankguthaben, Guthaben bei Kreditinstituten" auszuweisen (vgl. sinngemäß § 266 Abs. 2 HGB).

Im Laufe eines Geschäftsjahres ist die buchungsmäßige Behandlung derartiger Scheckzahlungen in dieser Form wohl nicht zwingend und wird auch nicht praktiziert; regelmäßig wird der Scheckeingang nicht gebucht, sondern man erfasst erst die entsprechende Gutschrift auf dem Bankkonto.

Hinsichtlich der Besonderheit der Behandlung von Schecks bei Anzahlungen auf Anschaffungskosten wird auf § 7a Abs. 2 EStG hingewiesen.

2. Mit der wachsenden Tendenz, bargeldlos zu zahlen, kommt der Zahlung durch Scheck immer weniger Bedeutung zu. Ein Vorteil besteht aber immer noch darin, dass der Empfänger einen in Zahlung genommenen Scheck auf verschiedene Weise verwenden kann:

z. B. – lässt er ihn von der bezogenen Bank auszahlen,
     – kann er ihn seiner Bank zur Gutschrift einreichen,
     – kann er ihn als Zahlungsmittel weitergeben.

Fall 46

Buchung von Wechseln bei Vorlage am Fälligkeitstag

Sachverhalt

Der Großhändler Odilo Ortwein (O) hat als bilanzierender Kaufmann am 02.01.01 an den Einzelhändler Paulsen Waren auf Rechnung für 4.800 Euro + 912 Euro Umsatzsteuer geliefert. Nach vier Wochen akzeptiert Paulsen zwei Wechsel i. H. von jeweils 2.856 Euro, die am 01.04. und 01.05.01 fällig sind. O legt die akzeptierten Wechsel zu den genannten Fälligkeitstagen dem Kunden Paulsen vor, der den entsprechenden Betrag auch sofort bar bezahlt. Aufgrund der Finanzierung der Warenlieferung durch Wechsel berechnet O seinem Kunden Paulsen nachträglich Wechselkosten (Diskont) i. H. von 48,00 Euro + 9,12 Euro Umsatzsteuer; diesen Betrag begleicht Paulsen innerhalb von 14 Tagen durch Banküberweisung.

Frage

1. Welche Funktion hat ein Wechsel?
2. Wie lauten die erforderlichen Buchungssätze beim Großhändler Ortwein?
3. Wie sind die Vorgänge beim Einzelhändler Paulsen (bilanzierender Kaufmann) buchungsmäßig zu behandeln?
(Es sind lediglich die erforderlichen Buchungssätze zu bilden.)

Antwort und Begründung

1. Der Wechsel ist ein schuldrechtliches Wertpapier, das eine schriftliche, unbedingte – jedoch befristete – Zahlungsverpflichtung enthält; der Wechsel enthält eine Aufforderung an den Bezogenen, zu einem bestimmten Zeitpunkt einen bestimmten Betrag zu zahlen. Während der Scheck immer dann verwendet werden kann, wenn der Aussteller über ein entsprechendes Guthaben verfügt, wird der Wechsel gerade dann gebraucht, wenn der Schuldner im Zeitpunkt der Wechselausstellung keine ausreichenden Barmittel besitzt.

Der Wechsel ist damit nicht nur Zahlungsmittel wie der Scheck, sondern für den Schuldner gleichzeitig ein Kreditmittel.

Da ein Wechselgeschäft stets ein zweiseitiges Geschäft ist, muss auch zwischen Wechselforderungen und Wechselverbindlichkeiten unterschieden werden.

Nimmt der liefernde bzw. leistende Unternehmer von seinem Kunden einen Wechsel an, so entsteht damit für ihn eine Wechselforderung, die auch dementsprechend buchungsmäßig erfasst werden muss.

Beim Lieferungs- bzw. Leistungsempfänger (als Kunden) entstehen mit der Ausstellung eines Wechsels Wechselverbindlichkeiten; in diesem Fall stellt der leistende Unternehmer einen Wechsel aus und bezeichnet den Empfänger der Lieferung oder Leistung (= Kunde) als „Bezogenen", der damit Schuldner des Wechsels ist. Nimmt dieser den Wechsel an, verspricht er gleichzeitig damit, bei Vorlage des Wechsels (regelmäßig drei Monate) zu zahlen.

Diese Entgegennahme eines Wechsels ist ebenfalls buchungsmäßig gesondert zu erfassen; durch die Annahme des Wechsels verpflichtet sich der Gläubiger lediglich, sich vorrangig aus dem Wechsel zu befriedigen.

2. Buchung am 02.01.01:

	€	€
Kundenforderungen	5.712,00	
an Umsatzerlöse		4.800,00
USt		912,00

Buchung am 02.02.01:

Besitzwechsel (Wechselforderungen)	5.712,00	
an Kundenforderungen		5.712,00

Buchung am 01.04.01:

Kasse	2.856,00	
an Besitzwechsel		2.856,00

Buchung am 02.05.01:

Kasse	2.856,00	
an Besitzwechsel		2.856,00

Nachträgliche Buchungen:

Kundenforderungen	57,12	
an Wechselkosten (Ertrag)		48,00
USt		9,12
Bank	57,12	
an Kundenforderungen		57,12

3. a)

Aufwendungen für bezogene Waren	4.800,00	
Vorsteuer	912,00	
an Lieferantenschulden		5.712,00

		€	€
b)	Lieferantenschulden	5.712,00	
	an Schuldwechsel		5.712,00
c)	Schuldwechsel (01.04.01)	2.856,00	
	an Kasse		2.856,00
d)	Schuldwechsel (02.05.01)	2.856,00	
	an Kasse		2.856,00
e)	Wechselkosten	48,00	
	Vorsteuer	9,12	
	an Lieferantenschulden		57,12
f)	Lieferantenschulden	57,12	
	an Bank		57,12

Fall 47

Buchung von Besitzwechseln, die der Bank zur Gutschrift vorgelegt werden

Sachverhalt

Der Kaufmann Rudi Rinke (R) hatte an einen Kunden Waren geliefert und i. H. des Rechnungsbetrags von 6.400 Euro + 1.216 Euro Umsatzsteuer einen Wechsel erhalten. Diesen akzeptierten Wechsel legte R seiner Bank zur Einlösung und Gutschrift auf sein Konto vor. Die Bank erteilte ihm daraufhin folgende Abrechnung:

	€
Wechselsumme	7.616,00
∕ Diskont	152,32
	7.463,68

Der Betrag von 7.463,68 Euro wurde noch am gleichen Tag auf dem Konto des R gutgeschrieben.

Frage

1. Warum ist in den Fällen, bei denen Kunden über noch bestehende Außenstände Wechsel ausstellen, eine Umbuchung vom Konto „Kundenforderungen" auf ein Wechsel-Konto erforderlich?
2. Wie sind die Vorgänge beim Kaufmann Rinke buchungsmäßig darzustellen?
   (Die Darstellung soll auf T-Konten erfolgen.)

Antwort und Begründung

1. Durch die Ausstellung eines Wechsels wird die (unbewegliche) Buchforderung zu einer (beweglichen) Wechselforderung, die der Gläubiger schon vor Fälligkeit verwerten kann.

Aus dieser unterschiedlichen rechtlichen Stellung resultiert auch eine gesonderte buchmäßige Erfassung.

2. Buchungsmäßige Darstellung:

S	Kundenforderungen	H	S	Umsatzerlöse	H
1.	7.616	2. 7.616	5.	128	1. 6.400

S	Umsatzsteuer	H	S	Besitzwechsel	H
4.	24,32	1. 1.216	2.	7.616	3. 7.616

S	Bank	H	S	Wechseldiskont	H
3.	7.463,68		3.	152,32	4. 24,32
					5. 128,00

Durch die Einlösung des Wechsels bei der Bank berechnet diese Zinsen bis zum Fälligkeitstag (die Bank diskontiert). Dieser berechnete Zinsbetrag (= Diskont bzw. Wechseldiskont) führt zu einer Minderung des Entgelts als Bemessungsgrundlage für die Berechnung der Umsatzsteuer (ähnlich wie beim Kunden-Skonto); die Umsatzsteuerschuld von 1.216 Euro kann daher gemäß § 17 Abs. 1 UStG berichtigt werden.

Berechnung:

	€
berechneter Wechseldiskont	152,32
∕. darin enthaltene USt (Berechnung – vgl. Fall 14)	24,32
eingetretene Entgeltsminderung	128,00

Es ist jedoch darauf hinzuweisen, dass eine Mitteilung über die Höhe der Entgeltsminderung an den Kunden Voraussetzung für eine entsprechende Kürzung der Aufwendungen und Korrektur der Umsatzsteuerschuld ist. Sofern eine solche Mitteilung unterbleibt, darf eine Berichtigung nicht erfolgen.

Fall 48
Buchungen bei der Weitergabe von Wechseln

Sachverhalt

Der Großhändler Josef Junge (J) hat dem Einzelhändler Perle am 02.01.01 Waren für 6.300 Euro + 1.197 Euro Umsatzsteuer auf Rechnung geliefert. Nach vier Wochen akzeptiert Perle zwei Wechsel i. H. von jeweils 3.748,50 Euro, die am 01.04. und am 01.05.01 fällig werden. Der Großhändler J gibt beide Wechsel an seinen Lieferanten Ewald weiter, um damit einen Teil seiner noch bestehenden Lieferantenschulden zu begleichen.

Ewald stellt dem Großhändler J jedoch 70 Euro für Spesen bzw. Wechsel-kosten + 13,30 Euro Umsatzsteuer in Rechnung, der aber diesen Betrag zunächst nicht bezahlt. Junge seinerseits belastete seinen Kunden Perle mit dem entsprechenden Betrag, den Perle dann auch sofort mit 83,30 Euro durch Banküberweisung begleicht.

Frage

1. Wie lauten die erforderlichen Buchungssätze für die beim Großhändler Junge notwendigen Buchungen?

2. Ist es zulässig, Besitzwechsel und Schuldwechsel beim Jahresabschluss zu saldieren?

Antwort und Begründung

		€	€
1. a)	Kundenforderungen	7.497,00	
	an Umsatzerlöse		6.300,00
	USt		1.197,00
b)	Besitzwechsel	7.497,00	
	an Kundenforderungen		7.497,00
c)	Lieferantenschulden	7.497,00	
	an Besitzwechsel		7.497,00
d)	Spesen/Wechselkosten	70,00	
	Vorsteuer	13,30	
	an Lieferantenschulden		83,30
e)	Kundenforderungen	83,30	
	an Wechselkosten/Spesen		70,00
	USt		13,30
f)	Bank	83,30	
	an Kundenforderungen		83,30

2. Besitzwechsel sind auf den Kunden gezogene bzw. vom Kunden erhal-tene Wechsel – sie stellen damit Wechselforderungen dar.

Schuldwechsel dagegen sind solche Wechsel, die vom Gläubiger auf den Schuldner gezogen bzw. vom Schuldner akzeptiert wurden – sie stellen damit Wechselschulden dar.

Ebenso wenig wie Kundenforderungen mit Lieferantenschulden saldiert werden dürfen, dürfen auch Wechselforderungen und Wechselschulden miteinander nicht verrechnet werden (= Saldierungsverbot); eine Saldierung würde den Grundsätzen einer ordnungsmäßigen Buchführung widerspre-chen (vgl. Verrechnungsverbot nach § 246 Abs. 2 HGB).

Fall 49

Lineare AfA bei beweglichen Wirtschaftsgütern

Sachverhalt

Werner Wedel (W) ist Gewerbetreibender und ermittelt seinen Gewinn nach § 5 EStG; sein Wirtschaftsjahr entspricht dem Kalenderjahr. Als Unternehmer ist er zum vollen Vorsteuerabzug berechtigt.

W hat am 05.04.01 eine neue Registrierkasse gekauft. Der Händler stellte folgende Rechnung aus:

1 Registrierkasse	2.000 €
✗ Rabatt 20 %	400 €
	1.600 €
+ 19 % USt	304 €
	1.904 €

Die Rechnung wurde erst am 02.05.01 durch Banküberweisung bezahlt, obwohl W diese Kasse bereits am 05.04.01 erhalten hatte und sie ab diesem Tag auch schon benutzte. Bei der Überweisung kürzte W wegen eines kleinen Materialfehlers den Rechnungsbetrag um 47,60 Euro. Die betriebsgewöhnliche Nutzungsdauer der Registrierkasse beträgt sechs Jahre.

Frage

1. Was soll mit der Abschreibung und insbesondere mit der Absetzung für Abnutzung (AfA) erreicht werden?

2. Wie unterscheiden sich die Begriffe „Abschreibung" und „Absetzung für Abnutzung"?

3. Welche Bedeutung hat die betriebsgewöhnliche Nutzungsdauer für die Bemessung der AfA?

4. Mit welchem Wert ist die neu angeschaffte Registrierkasse in der Bilanz zum 31.12.01 einzustellen und wie lauten die erforderlichen Buchungssätze?

Antwort und Begründung

1. Anschaffungskosten bzw. Herstellungskosten von abnutzbaren Wirtschaftsgütern sind Betriebsausgaben, wenn die Kosten betrieblich veranlasst sind. Diese Kosten sind aber nicht sofort in voller Höhe als Betriebsausgabe – gewinnmindernd – abzugsfähig, sofern die Nutzungsdauer eines solchen Wirtschaftsguts mehr als ein Jahr beträgt. Abnutzbare Gegenstände des Anlagevermögens müssen nach § 253 Abs. 3 Satz 1 HGB planmäßig über die Nutzungsdauer abgeschrieben werden. Auch steuerrechtlich sind in derartigen Fällen nach § 7 EStG die Anschaffungs- bzw. Herstellungskosten auf die Nutzungsdauer zu verteilen, sodass sich als Aufwand jeweils nur die anteiligen Abschreibungsbeträge auswirken können. Da mit diesen sog. Abschreibungen auch die (infolge der Nutzung) eingetretenen Wertminderungen erfasst werden sollen, bezeichnet das Steuerrecht diese Form der Abschreibung als „**A**bsetzung für **A**bnutzung" – kurz: AfA.

Die Absetzung für Abnutzung hat im Ergebnis zwei Zielvorstellungen:

- Verteilung der Anschaffungs- bzw. Herstellungskosten auf die Gesamtnutzungsdauer

- Erfassung der bei dem einzelnen Wirtschaftsgut eingetretenen Wertminderung

2. Streng genommen ist der Begriff „Abschreibung" ein Oberbegriff; darunter sind alle Formen von Wertabsetzungen zu verstehen, wie z. B.:

- Absetzung für Abnutzung (AfA)

- Absetzung für Substanzverringerung (AfS)

- Absetzung wegen außergewöhnlicher technischer Abnutzung (AfaA)

- Absetzung wegen außergewöhnlicher wirtschaftlicher Abnutzung (AfaA)

- Teilwertabschreibung

- Sonderabschreibung

Der Begriff „Absetzung für Abnutzung" ist danach lediglich eine besondere Form der Abschreibung. Bei dieser Form steht der Gedanke im Vordergrund, die Anschaffungs- bzw. Herstellungskosten abnutzbarer Wirtschaftsgüter des Anlagevermögens nach bestimmten Regeln zu verteilen.

3. Betriebsgewöhnliche Nutzungsdauer ist der Zeitraum, in dem eine normale technische und wirtschaftliche Nutzung möglich ist, wobei von betriebsgewöhnlichen Umständen auszugehen ist. Die Nutzungsdauer wiederum hängt ab von der technischen Leistungsfähigkeit des Wirtschaftsguts – aber auch von wirtschaftlichen Umständen des Einsatzes im Betrieb. Dieser Nutzungszeitraum ist entscheidend für die Berechnung des AfA-Satzes (Prozentsatzes). Dabei gilt die Regel: Je länger die Nutzungsdauer, umso geringer ist der lineare AfA-Satz.

Beispiel:

- betriebsgewöhnl. Nutzungsdauer = 5 Jahre = entspricht einem Prozentsatz = linearem AfA-Satz von 20 % (100 : 5)

- betriebsgewöhnl. Nutzungsdauer = 20 Jahre = entspricht einem Prozentsatz = linearem AfA-Satz von 5 % (100 : 20)

4. Bilanzansatz zum 31.12.01: 1.365 Euro.

Die angeschaffte Registrierkasse gehört zum abnutzbaren Anlagevermögen; sie ist mit den Anschaffungskosten vermindert um die planmäßige Abschreibung zu bewerten (vgl. § 253 Abs. 3 HGB). Entsprechendes gilt nach § 6 Abs. 1 Nr. 1 EStG auch für das Steuerrecht, d. h., die Abschreibungen sind auf die Geschäftsjahre zu verteilen, in denen dieser Vermögensgegenstand voraussichtlich genutzt wird.

Zu den Anschaffungskosten (AK) gehören nach § 255 Abs. 1 HGB alle Aufwendungen, um ein Wirtschaftsgut aus der fremden in die eigene Verfügungsmacht zu überführen und um es im Betrieb zu dem vorgesehenen Zweck einsetzen zu können; die Anschaffungskosten setzen sich im Einzelnen aus Hauptkosten und Nebenkosten ✗ Minderungen zusammen. Da W zum vollen Vorsteuerabzug berechtigt ist, gehört die Vorsteuer nicht zu den Anschaffungskosten – § 9b Abs. 1 EStG. Die von W vorgenommene Kürzung wegen des Materialfehlers führt zu einer Minderung der Anschaffungskosten; gleichzeitig ist die Vorsteuer gemäß § 17 Abs. 1 Satz 2 UStG wegen Änderung der Bemessungsgrundlage zu berichtigen.

Berechnung:

brutto	Kürzung	netto
1.600 €	40,00 €	1.560,00 €
304 €	7,60 €	296,40 €
1.904 €	47,60 €	1.856,40 €

Buchungssätze:

a) Geschäftsausstattung 1.600,00 €
   Vorsteuer 304,00 €
   an Sonstige Verbindlichkeiten 1.904,00 €
b) Sonstige Verbindlichkeiten 1.904,00 €
   an Bank 1.856,40 €
   Geschäftsausstattung 40,00 €
   Vorsteuer 7,60 €

Bei einer betriebsgewöhnlichen Nutzungsdauer von sechs Jahren entspricht dies einem linearem AfA-Satz von 16,67 %.

W kann die Registrierkasse nur nach § 7 Abs. 1 EStG linear abschreiben, sodass danach die AfA für ein gesamtes Jahr sich mit 260 Euro errechnet (= 1.600 Euro ✗ 40 Euro = 1.560 Euro; hiervon 16,67 % = 260 Euro). In der Steuerbilanz ist die Möglichkeit degressiver AfA (§ 7 Abs. 2 EStG a. F.) seit 2011 abgeschafft worden.

Da W das Wirtschaftsgut erst im Laufe des Jahres 01 angeschafft hat, kann er die AfA auch nur zeitanteilig ab dem Zeitpunkt des Zugangs abziehen. Ein Wirtschaftsgut gilt im Zeitpunkt seiner Lieferung als angeschafft – hier also am 05.04.01, unabhängig vom Datum der Zahlung (§ 9a EStDV, R 7.4 Abs. 1 Satz 1 und 2 EStR).

Die Jahres-AfA mindert sich für jeden vollen Monat, der dem Monat der Anschaffung vorangeht, um je ein Zwölftel, also für 01.01 bis 03.01 um $^3/_{12}$ (§ 7 Abs. 1 Satz 4 EStG); somit beträgt die zu berücksichtigende AfA $^9/_{12}$ von 260 Euro = 195 Euro.

Buchungssatz:

AfA 195 €
an Geschäftsausstattung 195 €
Die Registrierkasse ist in der Bilanz zum 31.12.01 mit 1.365 € auszuweisen (1.560 € ✗ 195 €).

Fall 50

Absetzungen für außergewöhnliche technische oder wirtschaftliche Abnutzungen

Sachverhalt

Xaver Xander (X) betreibt eine Druckerei. Er ermittelt seinen Gewinn durch Betriebsvermögensvergleich gemäß § 5 EStG; sein Wirtschaftsjahr entspricht dem Kalenderjahr. Umsatzsteuerrechtlich ist er zum vollen Vorsteuerabzug berechtigt.

X hat für seine Druckerei am 15.01.01 eine neue Tiegeldruckpresse gekauft. Der Kaufpreis wurde sofort bar bezahlt. Die Anschaffungskosten betrugen 48.400 Euro ohne Umsatzsteuer; die betriebsgewöhnliche Nutzungsdauer beträgt acht Jahre. Nach Ablauf der Garantiezeit am 15.06.02 ist durch einen Kurzschluss im elektrischen Leitungsteil der Presse ein Schaden eingetreten, sodass aufgrund eines Gutachtens diese Tiegeldruckpresse zum 31.12.02 nur noch zwei Jahre nutzbar ist. Der Stpfl. X möchte die lineare AfA in Anspruch nehmen.

Frage

1. Mit welchen Werten ist diese Tiegeldruckpresse in den Bilanzen zum 31.12.01 und 31.12.02 einzustellen?

2. Wie lauten die erforderlichen Buchungssätze für die Erfassung der AfA?

3. Wie sieht die Darstellung dieses Anlagegegenstands in dem Anlagenspiegel aus, wenn der Unternehmer ein solches Verzeichnis führt? Welche Bedeutung hat ein solcher Anlagenspiegel?

Antwort

1. Bilanzansatz zum 31.12.01:   42.350 Euro
   Bilanzansatz zum 31.12.02:   24.200 Euro

2. Buchungssätze:

			€	€
a) zum 31.12.01:	AfA		6.050	
	an Maschinen			6.050
b) zum 31.12.02:	1. AfA		6.050	
	an Maschinen			6.050
	2. Absetzung für außergewöhnliche techn. Abnutzung		12.100	
	an Maschinen			12.100

3. Siehe Begründung.

Begründung

1. und 2. Zum Zeitpunkt des Kaufs war die Tiegeldruckpresse mit den Anschaffungskosten zu aktivieren; es handelt sich um ein abnutzbares WG des Anlagevermögens. Bei einer betriebsgewöhnlichen Nutzungsdauer von acht Jahren beträgt der lineare AfA-Satz 12,5 %. Die Jahres-AfA beträgt somit 6.050 Euro (12,5 % von 48.400 Euro); da die Anschaffung im Januar erfolgte, ist sie in 01 in voller Höhe zu berücksichtigen.

Im Jahr 02 wird zuerst die normale AfA erfasst; sie beträgt 6.050 Euro, und damit würde sich der Bilanzwert zum 31.12.02 wie folgt berechnen:

			€
Kontenentwicklung:	Anschaffungskosten	15.01.01	48.400
	./. AfA für 01		6.050
		31.12.01	42.350
	./. AfA für 02		6.050
		31.12.02	36.300

Dieser Bilanzwert liegt über dem Wert, der sich ergibt, wenn man für die Berechnung der AfA die tatsächliche (durch den Schaden verkürzte) Nutzungsdauer von vier Jahren zugrunde legt.

In diesem Fall hätte die AfA pro Jahr 25 % = 12.100 Euro betragen; für 01 und 02 also insgesamt 24.200 Euro. Der Restbuchwert würde somit am 31.12.02 24.200 Euro betragen (48.400 Euro ./. 24.200 Euro AfA).

Die Verteilung der Anschaffungskosten auf die nun verkürzte Nutzungsdauer ist für X als Kaufmann im Sinne des Handelsrechts nach § 253 Abs. 3 Satz 2 HGB in der Handelsbilanz zwingend vorgeschrieben.

Steuerrechtlich wird dieser niedrigere Bilanzansatz durch eine Absetzung für außergewöhnliche technische Abnutzung (§ 7 Abs. 1 Satz 7 EStG) erreicht.

	€
Vorläufiger Bilanzwert 31.12.02	36.300
./. Absetzung für außergewöhnliche	
techn. Abnutzung	12.100
Bilanzwert zum 31.12.02	24.200

Absetzungen für außergewöhnliche technische oder wirtschaftliche Absetzungen sind nur bei abnutzbaren Anlagegegenständen zulässig; Voraussetzung für eine dementsprechende Absetzung ist regelmäßig ein technischer oder wirtschaftlicher Verschleiß (wie z. B. Brand, Hochwasser, Unfall, technische Neuentwicklung usw.), der zu einem verminderten Wert oder zu einer verkürzten Nutzungsdauer geführt hat.

3. Nach § 240 Abs. 2 HGB bzw. §§ 140 und 141 AO besteht generell die Verpflichtung, für jeden Bilanzstichtag auch ein Verzeichnis der Gegenstände des Anlagevermögens aufzustellen (= Bestandsverzeichnis). In dieses Bestandsverzeichnis müssen alle Gegenstände des Anlagevermögens aufgenommen werden, auch wenn sie bereits in voller Höhe abgeschrieben sind. Ausnahmen gelten für sogenannte geringwertige Wirtschaftsgüter (GWG) i. S. des § 6 Abs. 2 EStG, für Wirtschaftsgüter, die in einem Sammelposten erfasst werden (§ 6 Abs. 2a EStG) und für die mit einem Festwert angesetzten Wirtschaftsgüter (vgl. R 5.4 Abs. 1 Satz 3 EStR).

Kapitalgesellschaften müssen nach § 268 Abs. 2 HGB entweder innerhalb der Aktivseite der Bilanz oder aber im Anhang die Entwicklung der einzelnen Bilanzposten des Anlagevermögens darstellen; dabei sind, ausgehend von den gesamten Anschaffungs- und Herstellungskosten, die Zugänge, Abgänge, Umbuchungen und Zuschreibungen des Geschäftsjahres anzugeben – ebenso die kumulierten Abschreibungen (direkte Bruttomethode). Die Abschreibungen des laufenden Geschäftsjahres sind bei dem entsprechenden Bilanzposten zu vermerken.

Diese (für Kapitalgesellschaften) geforderte Darstellung der zahlenmäßigen Entwicklung einzelner Bilanzpositionen wird mit Hilfe eines sog. Anlagenspiegels erreicht.

Nun ist X als Einzelkaufmann nicht zur Führung dieses Anlagenspiegels verpflichtet; dennoch wird auch er sich einen Überblick über die Entwicklung einzelner Anlagegüter verschaffen wollen, sodass es auch für ihn zweckmäßig erscheint, eine entsprechende Übersicht zu erstellen.

Bei der – für Kapitalgesellschaften – vorgeschriebenen Form ist zu beachten, dass bei den einzelnen Anlagegütern stets von den historischen Anschaffungs- bzw. Herstellungskosten auszugehen ist.

Die von X angeschaffte Presse würde in einem solchen Anlagenspiegel wie folgt dargestellt werden müssen:

Bilanz-posten	Gesamte Anschaffungs-/Herstellungskosten +	Zugänge +	Abgänge –	Umbuchungen +/–	Abschreibungen kumuliert –	Zuschreibungen +	Buchwert 31.12. Abschlussjahr	Buchwert 31.12. Vorjahr	Abschreibungen Abschlussjahr (nachrichtlich)	Zuschreibungen – kumuliert – (nachrichtlich)
Jahr 01 (Anschaffungsjahr):										
Maschinen	48.400				6.050		42.350	–	6.050	
Jahr 02:										
Maschinen	48.400				24.200		24.200	42.350	a) 6.050* b) 12.100	

* a) = normale AfA
  b) = Absetzung für außergewöhnliche technische Abnutzung (AfaA)

Fall 51

Anschaffungskosten und AfA bei Gebäuden

Sachverhalt

Zachäus Zimmermann (Z) betreibt eine Großbäckerei und ermittelt seinen Gewinn durch Betriebsvermögensvergleich; sein Wirtschaftsjahr entspricht dem Kalenderjahr. Als Unternehmer ist er zum vollen Vorsteuerabzug berechtigt. Zur Erweiterung seines Betriebs hat er vom Verkäufer Valentin Vogel (V) mit notariellem Kaufvertrag vom 15.03.15 ein bebautes Grundstück zum Kaufpreis von 600.000 Euro umsatzsteuerfrei erworben. Besitz, Nutzen und Lasten sind am 01.07.15 auf Z übergegangen; das Amtsgericht trug den Eigentumswechsel am 02.09.15 in das Grundbuch ein.

Z überwies am 01.07.15 von seinem betrieblichen Bankkonto 412.000 Euro an V. Den restlichen Kaufpreis finanzierte er durch Aufnahme eines Darlehens bei der Sparkasse i. H. von 200.000 Euro, das mit dem Auszahlungsbetrag von 94 % = 188.000 Euro ebenfalls am 01.07.15 an V überwiesen wurde.

Das Darlehen ist für die gesamte Laufzeit von 10 Jahren mit 3 % jährlich verzinst und in einem Betrag fällig. Dafür wurden bei Auszahlung 6 % Disagio (= 12.000 Euro) von der Sparkasse einbehalten. Die Zinsen für 15 (insgesamt 3.000 Euro) hat Z monatlich pünktlich per Banküberweisung bezahlt.

Zur Absicherung des Darlehens wurde das Grundstück zugunsten der Sparkasse mit einer Grundschuld i. H. von 200.000 Euro belastet.

Z sind in 15 noch folgende Kosten entstanden, die er alle sofort vom betrieblichen Bankkonto überwiesen hat:

- Notargebühren Kaufvertrag   4.760 € inkl. 760 € USt
- Notargebühren Grundschuld   714 € inkl. 114 € USt
- Maklerprovision   35.700 € inkl. 5.700 € USt
- Grundbuchgebühren Kaufvertrag (Amtsgericht)   3.000 €
- Grundbuchgebühren Grundschuld (Amtsgericht)   500 €
- Grunderwerbsteuer (Finanzamt)   30.000 €
- Grundsteuer B (Stadt)   1.200 €

Auf dem Grundstück befindet sich ein Produktionsgebäude, das zum 01.10.02 fertig gestellt worden war (Bauantrag 01) und in 15 noch eine restliche Nutzungsdauer von 50 Jahren hat.

Von dem Kaufpreis entfallen 20 % auf den Verkehrswert des Grund und Bodens.

Frage

1. Wie ist das erworbene Grundstück im Zugangszeitpunkt zu bewerten?
2. Wie ist das Grundstück in der Steuerbilanz zum 31.12.15 anzusetzen?

3. In welcher Höhe kann Z in 15 Aufwendungen im Zusammenhang mit dem Grundstück sofort als Betriebsausgaben abziehen?

Antwort

1. Ansätze im Zugangszeitpunkt 01.07.15:
   a) Grund und Boden = 133.400 Euro
   b) Gebäude =   533.600 Euro
2. Bilanzansätze zum 31.12.15:
   a) Grund und Boden = 133.400 Euro
   b) Gebäude =   525.596 Euro
3. Die Betriebsausgaben in 15 betragen insgesamt 13.904 Euro.

Begründung

1. Das Grundstück besteht aus den beiden unbeweglichen Wirtschaftsgütern Grund und Boden sowie Gebäude, die beide dem Betrieb dauerhaft dienen sollen und daher zum Anlagevermögen gehören (§ 247 Abs. 2 HGB). Der Grund und Boden ist nicht abnutzbar, da er keinem Wertverzehr unterliegt, währenddessen das Gebäude einer regelmäßigen Abnutzung unterliegt.

Mit Übergang von Besitz, Nutzen und Lasten am 01.07.15 sind beide Wirtschaftsgüter Z als wirtschaftlichem Eigentümer gemäß § 39 Abs. 2 Nr. 1 AO zuzurechnen.

Sie sind in diesem Zugangszeitpunkt auch beide mit den Anschaffungskosten zu bewerten, sowohl handels- wie steuerrechtlich (vgl. § 253 Abs. 1 HGB und § 6 Abs. 1 Nr. 1 bzw. Nr. 2 EStG).

Bei bebauten Grundstücken sind die Anschaffungskosten zunächst insgesamt zu ermitteln und danach nach dem Verhältnis der Verkehrswerte oder Teilwerte auf die beiden Wirtschaftsgüter aufzuteilen (vgl. H 7.3 [Kaufpreisaufteilung] EStH).

Zu den Anschaffungskosten des Grundstücks insgesamt gehört zunächst der Kaufpreis i. H. von 600.000 Euro, auch wenn er z. T. fremdfinanziert wird (§ 255 Abs. 1 Satz 1 HGB). Nach § 255 Abs. 1 Satz 2 HGB gehören auch die Nebenkosten dazu, die mit dem Erwerb unmittelbar in Zusammenhang stehen und Einzelkostencharakter haben. Die Umsatzsteuerbeträge gehören gemäß § 9b Abs. 1 EStG nicht dazu, da sie von Z als Vorsteuern gemäß § 15 Abs. 1 UStG abgezogen werden können.

Kaufpreis: 600.000 €

Als Nebenkosten sind zu erfassen:
- Notargebühren Kaufvertrag (netto)   4.000 €
- Maklerprovision (netto)   30.000 €
- Grundbuchgebühren Kaufvertrag   3.000 €
- Grunderwerbsteuer   30.000 €
- Anschaffungskosten insgesamt: 667.000 €

Die Kosten für die Finanzierung stehen zwar mittelbar mit dem Erwerb des Grundstücks in Zusammenhang, aber nicht so unmittelbar, dass sie bei den o. g. Wirtschaftsgütern zu berücksichtigen wären. Vielmehr entsteht durch diesen von der Anschaffung zu trennenden Vorgang ein eigenes Wirtschaftsgut „Darlehen". Die Kosten für die Darlehensaufnahme und die Zinsen sind als Geldbeschaffungskosten bzw. Finanzierungskosten sofort abzugsfähige Betriebsausgaben, soweit sie auf das jeweilige Wirtschaftsjahr entfallen. Ebenso die Grundsteuer (vgl. zu 3.).

Das Darlehen ist in der Bilanz mit dem vollen Erfüllungsbetrag von 200.000 Euro auszuweisen, auch wenn der Auszahlungsbetrag mit 188.000 Euro niedriger war (vgl. H 6.10 [Damnum] EStH).

Entsprechend des Anteils am Verkehrswert des Grundstücks entfallen auf den Grund und Boden Anschaffungskosten von 133.400 Euro (20 % von 667.000 Euro) und auf das Gebäude 533.600 Euro (80 % von 667.000 Euro).

2. Der Grund und Boden ist als nicht abnutzbares Wirtschaftsgut am Bilanzstichtag weiterhin mit den Anschaffungskosten von 133.400 Euro anzusetzen (§ 6 Abs. 1 Nr. 2 EStG). Anhaltspunkte für den Ansatz eines niedrigeren Teilwerts sind nicht vorhanden.

Beim Gebäude sind planmäßige Abschreibungen vorzunehmen (§ 253 Abs. 3 Satz 1 und 2 HGB). Dabei sind die Anschaffungskosten auf die Jahre zu verteilen, in denen der Gegenstand voraussichtlich genutzt werden kann, hier also die 50 Jahre Nutzungsdauer. In der Steuerbilanz sind die AfA-Vorschriften des § 7 EStG zwingend zu beachten, wodurch der Maßgeblichkeitsgrundsatz durchbrochen wird (§ 6 Abs. 1 Nr. 1 und § 5 Abs. 6 EStG).

Der für das Produktionsgebäude anzuwendende AfA-Satz beträgt abweichend von der tatsächlichen Nutzungsdauer 3 %, da es zum Betriebsvermögen des Z gehört, nicht Wohnzwecken dient und der Bauantrag in 01 und somit nach dem 31.03.1985 gestellt wurde (§ 7 Abs. 1 und Abs. 4 Satz 1 Nr. 1 EStG).

Die tatsächliche Nutzungsdauer des Gebäudes könnte nur dann berücksichtigt werden, wenn sie kürzer als die durch den AfA-Satz von 3 % unterstellten 33,33 Jahre wäre (§ 7 Abs. 4 Satz 2 EStG).

Die Jahres-AfA beträgt somit: 3 % von 533.600 Euro = 16.008 Euro.

Erst ab dem Zeitpunkt der Lieferung am 01.07.15 (§ 9a EStDV) ist Z auch AfA-Berechtigter.

Daher wird der AfA-Jahresbetrag um die sechs Monate gekürzt, die der Anschaffung vorausgehen (§ 7 Abs. 1 Satz 4 EStG). Für 15 beträgt die AfA daher: $^6/_{12}$ von 16.008 Euro = 8.004 Euro.

Berechnung des Bilanzansatzes zum 31.12.15:

> 533.600 € ⁒ 8.004 € AfA = 525.596 €.

3. Als Betriebsausgaben können die Geldbeschaffungskosten, die Finanzierungskosten sowie die Aufwendungen der laufenden Nutzung des Grundstücks sofort von Z abgezogen werden.

Wie bei den Anschaffungskosten gehören die abzugsfähigen Vorsteuerbeträge auch nicht zu den Betriebsausgaben.

Allerdings ist nach dem Aufwands- und Ertragsprinzip des § 252 Abs. 1 Nr. 5 HGB zu prüfen, ob die Aufwendungen das jeweilige Wirtschaftsjahr betreffen.

Bei den einmaligen Kosten für die Grundschuld ist das unstreitig der Fall und bei den laufenden Zinsen für 15 auch, da diese monatlich entrichtet worden sind.

Das einbehaltene Damnum (Disagio) ist als zinsähnlicher Aufwand aber auf die gesamte Darlehenslaufzeit von 10 Jahren zu verteilen, da hierdurch die Höhe des Zinssatzes beeinflusst wird. Davon entfallen sechs Monate auf 15, sodass als Aufwendungen in 15 zu berücksichtigen sind:

$$12.000 \ € \times \text{\textonesuperior}/_{10} \times \text{^{6}}/_{12} = 600 \ €.$$

Die restliche Höhe des Damnums ist als Rechnungsabgrenzungsposten zu aktivieren und über die Darlehenslaufzeit aufzulösen (vgl. dazu auch die Fälle 66 und 67).

Bei der Grundsteuer handelt es sich bereits um laufende Aufwendungen der Nutzung, da diese permanent erhoben wird. Hier kann unterstellt werden, dass die Beträge sich durch die i. d. R. quartalsmäßige Bezahlung auf das Jahr 15 beziehen.

Insgesamt kann Z in 15 damit als Betriebsausgaben abziehen:

- Notargebühren Grundschuld (netto)   600 €
- Grundbuchgebühren Grundschuld   500 €
- Darlehenszinsen   3.000 €
- Anteil Disagio   600 €
- Grundsteuer   1.200 €
- AfA Gebäude   8.004 €
- insgesamt: 13.904 €

Fall 52

AfA nach Maßgabe der Leistung

Sachverhalt

Astrid Appel (A) ist Inhaberin eines Werkzeughersteller-Betriebs. Sie ermittelt ihren Gewinn nach § 5 EStG; umsatzsteuerrechtlich ist sie zum vollen Vorsteuerabzug berechtigt. Ihr Wirtschaftsjahr entspricht dem Kalenderjahr.

Für ihren Betrieb hat sie am 15.11.01 eine Spezialbohrmaschine mit eingebautem Zählwerk gekauft; die Maschine wurde am 20.11.01 geliefert und wird ab diesem Zeitpunkt im Betrieb auch schon genutzt. Der Rechnungsbetrag i. H. von 11.900 Euro (einschließlich gesondert ausgewiesener Umsatzsteuer von 19 %) wurde durch Banküberweisung am 31.12.01 bezahlt.

Die Gesamtzahl der Betriebsstunden ist mit 10.000 vom Lieferwerk angegeben; Frau Appel beabsichtigt, die AfA nach § 7 Abs. 1 Satz 6 EStG zu berechnen, weil gerade diese Maschine unterschiedlich stark genutzt wird (= Leistungs-AfA). Laut Zählwerk sind im Jahr 01 = 150 und im Jahr 02 = 2.850 Betriebsstunden festgestellt worden. Wegen der geringen Betriebsstunden hatte Frau A im Jahr 01 die AfA außer Betracht gelassen und für die gesamten (bis zum 31.12.02) angefallenen 3.000 Maschinenstunden die AfA nach Maßgabe der Leistung im Jahr 02 erfasst.

Frage

1. Mit welchen Werten ist die Maschine in den Bilanzen zum 31.12.01 und 31.12.02 zu erfassen?

2. Kann im Jahr 01 auf eine AfA gänzlich verzichtet werden?

Antwort

1. Bilanzansatz zum 31.12.01:   9.850 Euro
   Bilanzansatz zum 31.12.02:   7.000 Euro

2. Grundsätzlich kann auf eine Erfassung der AfA im Jahr 01 nicht verzichtet werden.

Begründung

1. Die angeschaffte Spezialbohrmaschine gehört zum beweglichen abnutzbaren Anlagevermögen; sie ist zum Zeitpunkt der Lieferung mit den Anschaffungskosten zu aktivieren (§ 253 Abs. 1 i. V. m. § 255 Abs. 1 HGB). Anschaffungskosten sind hier die 10.000 Euro; die Umsatzsteuer gehört nicht zu den Anschaffungskosten, weil Frau A als Unternehmerin zum vollen Vorsteuerabzug berechtigt ist (§ 9b Abs. 1 EStG).

Buchungssatz:

Maschinen	10.000 €	
VoSt	1.900 €	
an Sonstige Verbindlichkeiten		11.900 €

Die Bezahlung am 31.12.01 führt zu folgendem Buchungssatz:

Sonstige Verbindlichkeiten	11.900 €	
an Bank		11.900 €

Die leistungsbedingte Abschreibungsmethode erfolgt entsprechend der Inanspruchnahme des Gegenstandes und beruht auf der Schätzung des zu erwartenden Gesamtleistungsumfangs; je nach der festgestellten Beanspruchung ist dann der anteilige Jahres-Abschreibungsbetrag rechnerisch zu ermitteln.

Auch bei dieser Abschreibungsmethode handelt es sich um eine planmäßige Abschreibung i. S. von § 253 Abs. 3 HGB, denn der so ermittelte Abschreibungsbetrag geht von einer möglichst periodengerechten Aufwandsverteilung aus und entspricht damit den Grundsätzen ordnungsmäßiger Buchführung.

Frau A kann von der Methode der AfA nach Maßgabe der Leistung Gebrauch machen; es handelt sich um ein bewegliches Wirtschaftsgut des Anlagevermögens, und der Umfang der Leistung wird nachgewiesen (vgl. § 7 Abs. 1 Satz 6 EStG und R 7.4 Abs. 5 EStR).

Die AfA nach Maßgabe der Leistung berechnet sich dabei nach dem jeweils nachgewiesenen Leistungsumfang. Bei einer Stundenleistung von 150 Stunden im Jahr 01 entspricht dies einem AfA-Betrag von 150 Euro; für das Jahr 02 beträgt der AfA-Betrag demnach 2.850 Euro.

Buchungssätze:

a) für 01:

AfA	150 €	
an Maschinen		150 €

b) für 02:

AfA	2.850 €	
an Maschinen		2.850 €

Das Konto Maschinen zeigt damit folgende Entwicklung:

Anschaffungskosten 15.11.01	10.000 €
⁄ AfA für 01	150 €
Bilanzansatz zum 31.12.01	9.850 €
⁄ AfA für 02	2.850 €
Bilanzansatz zum 31.12.02	7.000 €

2. Grundsätzlich ist die AfA nach Maßgabe der Leistung entsprechend dem angefallenen Umfang der Leistung zu erfassen; eine willkürliche Verlagerung würde diesem Grundsatz widersprechen, sodass hier die anteilige AfA für das Jahr 01 i. H. von 150 Euro auch in 01 zu erfassen ist.

AfA-Beträge, die versehentlich in den entsprechenden Jahren nicht zutreffend berücksichtigt wurden (also unterlassen – oder überhöht angesetzt – wurden), sind grundsätzlich in der Weise zu korrigieren, dass die noch nicht abgesetzten Beträge nach der bisher angewandten Absetzungsmethode verteilt werden.

Lediglich in Fällen, bei denen die AfA unterblieben ist, um dadurch unberechtigte Steuervorteile zu erlangen, darf die AfA nicht nachgeholt werden (vgl. H 7.4 – Unterlassene oder überhöhte AfA – EStH).

Fall 53

AfA bei nachträglichen Anschaffungs- bzw. Herstellungskosten

Sachverhalt

Florian Faden (F) ist bilanzierender Kaufmann und betreibt eine Weberei und Spinnerei; sein Wirtschaftsjahr entspricht dem Kalenderjahr. Als Unternehmer ist er zum vollen Vorsteuerabzug berechtigt. Am 20.01.01 hat Faden eine Kreuzspulmaschine für 28.000 Euro + 5.320 Euro Umsatzsteuer gekauft und sofort durch Banküberweisung bezahlt. Die Maschine wurde am 31.01. ausgeliefert und ab Mitte Februar im Betrieb auch genutzt. Die betriebsgewöhnliche Nutzungsdauer beträgt zehn Jahre; nach einem Jahr stellte sich heraus, dass diese Spulmaschine den betrieblichen Anforderungen nicht mehr gerecht wurde. Aufgrund eines entsprechenden Angebots ließ Faden diese Maschine Ende 12.02 so umbauen, dass sie einer Präzisionskreuzspulmaschine gleichwertig war. Die Umbaukosten betrugen 6.000 Euro + 1.140 Euro Umsatzsteuer; dieser Betrag wurde, nachdem diese Umbaumaßnahme noch in 12.02 abgeschlossen war, am 31.12.02 durch Banküberweisung bezahlt.

Die Nutzungsdauer der Maschine hat sich durch den Umbau nicht verändert.

Frage

Mit welchen Werten ist die Maschine in die Bilanzen zum 31.12.01 und 31.12.02 aufzunehmen?

Antwort

Bilanzansatz zum 31.12.01: 25.200 Euro
Bilanzansatz zum 31.12.02: 27.733 Euro

Begründung

Die Kreuzspulmaschine gehört zum abnutzbaren Anlagevermögen; sie ist daher im Zeitpunkt der Lieferung nach § 253 HGB mit den Anschaffungskosten zu aktivieren – steuerrechtlich nach § 6 Abs. 1 Nr. 1 EStG. Die Umsatzsteuer gehört nach § 9b Abs. 1 EStG nicht zu den Anschaffungskosten, weil F zum vollen Vorsteuerabzug berechtigt ist.

Buchungssatz:

Maschinen	28.000 €	
Vorsteuer	5.320 €	
an Bank		33.320 €

Ab dem Zeitpunkt der Lieferung ist F abschreibungsberechtigt; da dieser Zeitpunkt im Januar liegt, ist die volle Jahres-AfA anzusetzen. Danach kann die volle Jahres-AfA angesetzt werden. Bei einer betriebsgewöhnlichen Nutzungsdauer von zehn Jahren beträgt der lineare AfA-Satz 10 % und damit der Jahres-AfA-Betrag 2.800 Euro.

Buchungssatz:

AfA 2.800 €
an Maschinen 2.800 €

Die im Jahr 02 angefallenen Umbaukosten sind zu aktivieren; es handelt sich dabei zweifelsfrei nicht um Erhaltungsaufwand (wie z. B. bei notwendigen Reparaturen), sondern um nachträglichen Herstellungsaufwand, denn nach § 255 Abs. 2 Satz 1 HGB gehören zu den Herstellungskosten alle Aufwendungen, die bei einer Erweiterung oder für eine – über den ursprünglichen Zustand hinausgehende – wesentliche Verbesserung entstehen.

Infolge der Umbaumaßnahme sind zwar Herstellungskosten entstanden, die jedoch das bisherige Wirtschaftsgut offensichtlich nicht so tiefgreifend verändert haben, dass sie es im Wesen verändert hätten; somit sind die Umbaukosten als „nachträgliche" Herstellungskosten anzusehen.

In diesen Fällen bemisst sich die weitere AfA nach dem Buchwert (Restwert) zzgl. der nachträglichen Herstellungskosten, sofern die Abschreibung gemäß § 7 Abs. 1 oder 2 ESG vorgenommen wird (H 7.3 – Nachträgliche Anschaffungs- oder Herstellungskosten – EStH).

Bei der Bemessung der AfA für das Jahr der Entstehung von nachträglichen Anschaffungs- bzw. Herstellungskosten sind diese so zu berücksichtigen, als wären sie zu Beginn des Jahres aufgewendet worden (R 7.4 Abs. 9 Satz 3 EStR).

Für die entsprechenden Herstellungskosten bei Wirtschaftsgütern, die nach § 7 Abs. 1 bzw. 2 abgeschrieben werden, ist die Restnutzungsdauer nach Beendigung der Umbaumaßnahme neu zu schätzen (vgl. R 7.4 Abs. 9 Satz 1 EStR). Im vorliegenden Fall ist also die Restnutzungsdauer Ende 02 neu zu schätzen; da sich diese aber durch den Umbau nicht verändert hat, verbleibt es folglich insgesamt bei der zehnjährigen Nutzungsdauer.

Danach ergibt sich folgende Berechnung:	€
Anschaffungskosten beim Zugang im Jahr 01	28.000
∕. AfA für 01	2.800
= Buchwert zum 31.12.01	25.200
+ nachträglich angefallener Herstellungsaufwand im Jahr 02 (ohne USt, weil § 9b Abs. 1 EStG)	6.000
Ausgangswert für die Berechnung der AfA ab dem Jahr 02	31.200
∕. AfA für 02 (31.200 € : 9 Jahre Restlaufzeit =)	3.467
= Buchwert zum 31.12.02	27.733

Buchungssätze für 02:

a) Maschinen 6.000 €
   Vorsteuer 1.140 €
   an Bank 7.140 €
b) AfA 3.467 €
   an Maschinen 3.467 €

Fall 54

Abschreibung von geringwertigen Wirtschaftsgütern und Bildung eines Sammelpostens

Sachverhalt

Zacharias Zander (Z) ist selbständiger Gewerbetreibender; er ermittelt seinen Gewinn nach § 5 EStG. Als Unternehmer ist er zum vollen Vorsteuerabzug berechtigt. Für seine geschäftlichen Tätigkeiten hat er in den Jahren 01 bis 04 folgende bewegliche abnutzbare Wirtschaftsgüter (WG) des Anlagevermögens mit den jeweils angegebenen Werten erworben; die Bezahlung erfolgte stets vom betrieblichen Bankkonto.

a) im Jahr 01 – Anlagegegenstand für den Bürobereich = 166,60 Euro einschließlich 19 % Umsatzsteuer;

b) im Jahr 02 – Anlagegegenstand für den Werkstattbereich mit 8 Jahren Nutzungsdauer = 737,80 Euro einschließlich 19 % Umsatzsteuer;

c) im Jahr 03 – Anlagegegenstand für den EDV-Bereich = 1.285,20 Euro einschließlich 19 % Umsatzsteuer;

d) im Jahr 04 hat Zander für die umfangreiche Ausgangspost eine Frankiermaschine für den Bürobereich gekauft (Nutzungsdauer 8 Jahre); die Rechnung lautete wie folgt:

	€
Frankiermaschine – Typ SO	1.100,00
∕ Rabatt	90,00
	1.010,00
+ 19 % USt	191,90
	1.201,90

Bei Zahlung innerhalb von zehn Tagen hatte der Lieferant eine zusätzliche Skontokürzung von 3 % zugelassen; Z hat diese Möglichkeit genutzt und die Rechnung unter Abzug des Skontobetrags in 04 mit 1.165,85 Euro überwiesen.

Frage

1. Was soll mit den besonderen Abschreibungsvorschriften für geringwertige Wirtschaftsgüter des Anlagevermögens erreicht werden?

2. Unter welchen Voraussetzungen können die verschiedenen Abschreibungsvorschriften für geringwertige Wirtschaftsgüter und Sammelposten angewendet werden?

3. Liegen die Voraussetzungen für die Behandlung der von Z erworbenen Wirtschaftsgüter als geringwertige Wirtschaftsgüter oder als Sammelposten vor und wie erfolgt die buchungsmäßige Erfassung?

4. Welche Besonderheiten gelten für die Bildung eines Sammelpostens und wie entwickeln sich die Bilanzansätze in diesen Fällen?

Antwort und Begründung

1. Im Zuge der wirtschaftlichen Betätigung eines Unternehmens fallen im Lauf der Zeit eine Vielzahl von Beschaffungsvorgängen von Anlagegütern an, die auch laufend Buchungsvorgänge verursachen. Nicht selten handelt es sich dabei um Anlagegüter, die betragsmäßig keine erheblichen Kosten verursachen, also geringwertig i. S. von „geringerem" Wert sind. Solche Wirtschaftsgüter müssten grundsätzlich aktiviert werden und die entstandenen Anschaffungs- bzw. Herstellungskosten wären dann als Aufwand auf die Dauer der Nutzung des Anlageguts zu verteilen.

Mit den nachfolgend einzeln aufgeführten Vorschriften des Einkommensteuergesetzes wurden Vereinfachungsregelungen geschaffen, wonach solche Anlagegüter unter festgelegten Voraussetzungen – ungeachtet ihrer Nutzungsdauer – bereits im Jahr der Anschaffung bzw. Herstellung in vollem Umfang als Betriebsausgabe (= als Aufwand) abgeschrieben werden müssen oder pauschaliert über einen festgelegten Zeitraum gleichmäßig gewinnmindernd zu berücksichtigen sind.

Die betriebliche Rechnungslegung soll somit nicht über Jahre hinweg durch die Aufnahme von geringwertigen Wirtschaftsgütern unnötig belastet werden.

2. Durch verschiedene Gesetzesänderungen wurde u. a. die Abschreibung von sog. „geringwertigen Wirtschaftsgütern" (GWG) und Sammelposten für Steuerpflichtige mit Gewinneinkünften neu geregelt.

Es gelten nunmehr ab dem Jahr 2010 – kurz zusammengefasst – folgende Regelungen:

- Eine Sofortabschreibung für GWG kommt generell nur in Betracht bei Wirtschaftsgütern des beweglichen Anlagevermögens, die einer selbständigen Nutzung fähig sind (vgl. R 6.13 EStR und H 6.13 EStH).

- Die jeweilige Betragsgrenze für eine vereinfachte Behandlung orientiert sich gemäß § 6 Abs. 2 EStG an den Anschaffungs- oder Herstellungskosten (AK/HK), vermindert um einen darin enthaltenen Vorsteuerbetrag (§ 9b EStG) oder den nach § 6 Abs. 1 Nr. 5 und 6 EStG an deren Stelle tretenden Wert für das einzelne Wirtschaftsgut.

- Wirtschaftsgüter mit Anschaffungs-/Herstellungskosten bis zu 410 Euro können sofort im Wirtschaftsjahr der Anschaffung/Herstellung voll als Betriebsausgabe (Aufwand) abgesetzt werden (vgl. § 6 Abs. 2 Satz 1 EStG).

- Für Wirtschaftsgüter mit Anschaffungs-/Herstellungskosten über 150 Euro bis maximal 1.000 Euro (netto) kann bei Gewinneinkünften gemäß § 6 Abs. 2a EStG für Zugänge eines jeden Jahres ein Sammelposten gebildet werden; entscheidend sind die Zugänge eines ganzen Jahres – unabhängig davon, zu welchem Zeitpunkt der Zugang genau erfolgte. Dieser zu bildende Sammelposten (= Pool) ist im Jahr der Bildung und den folgenden vier Jahren mit jeweils einem Fünftel (also insgesamt über fünf Jahre) abzuschreiben und aufzulösen – unabhängig von der Nutzungsdauer der Wirtschaftsgüter.

- Wirtschaftsgüter mit Anschaffungs-/Herstellungskosten über 1.000 Euro sind ohne weitere Besonderheiten nach den allgemeinen Grundsätzen zu aktivieren und abzuschreiben.
- Das Gleiche gilt für die Wirtschaftsgüter, bei denen die o. g. Wahlrechte nicht ausgeübt werden.

3. Zum Fall a)

Da für die Prüfung der Anwendung von § 6 Abs. 2 EStG die Vorsteuer stets aus dem Rechnungsbetrag herauszurechnen ist (vgl. R 9b Abs. 1 EStR), betragen hier die Anschaffungs-/Herstellungskosten 140 Euro; dieser Betrag übersteigt nicht den Grenzwert von 410 Euro; somit können gemäß § 6 Abs. 2 EStG die Anschaffungskosten von 140 Euro als Betriebsausgaben abgesetzt werden. Da auch der Wert von 150 Euro nicht überschritten wird, braucht der Zugang nicht im Anlageverzeichnis aufgenommen zu werden (§ 6 Abs. 2 Satz 4 EStG).

Buchungssatz zum Zeitpunkt des Zugangs:

Abschreibungen auf gering- wertige Wirtschaftsgüter	140,00 €	
Vorsteuer	26,60 €	
an Bank		166,60 €

Es besteht auch die Möglichkeit, die Zugänge eines Jahres auf einem aktiven Bestandskonto zu sammeln und die Abschreibung im Rahmen der Jahresabschlussarbeiten in voller Höhe aller Zugänge als Aufwand zu erfassen.

Zum Fall b)

Hier errechnen sich die Anschaffungskosten mit 620 Euro (737,80 Euro ./. Vorsteuer 117,80 Euro). Dieser Betrag übersteigt den Grenzwert von 410 Euro (in § 6 Abs. 2 EStG), liegt jedoch noch innerhalb der Grenzwerte von 1.000 Euro von § 6 Abs. 2a EStG.

Mithin kann dieser Wert im Jahr des Zugangs nicht voll abgeschrieben werden; jedoch kann gemäß § 6 Abs. 2a Satz 1 EStG ein Sammelposten (= Pool) gebildet werden. Dieser Sammelposten ist im Wirtschaftsjahr der Bildung (= also im Jahr des Zugangs 02) und den folgenden vier Wirtschaftsjahren mit jeweils einem Fünftel gewinnmindernd aufzulösen.

Buchungssatz beim Zugang:

Sammelposten 02	620,00 €	
Vorsteuer	117,80 €	
an Bank		737,80 €

Buchungssatz zum Jahresabschluss:

Pool-AfA
(= 1/5 von 620 € für das Jahr 02)   124,00 €
an Sammelposten 02   124,00 €

Zum Fall c)

Das in diesem Jahr erworbene Anlagegut für den EDV-Bereich war einschließlich Umsatzsteuer für 1.285,20 Euro eingekauft worden.

Damit übersteigen die verbleibenden Anschaffungskosten von 1.080 Euro (netto) den 1.000 Euro-Grenzwert; demzufolge muss das Wirtschaftsgut damit grundsätzlich entsprechend der individuellen Nutzungsdauer abgeschrieben werden.

Buchungssatz zum Zeitpunkt des Zugangs:

Anlagegut   1.080,00 €
Vorsteuer   205,20 €
an Bank   1.285,20 €

Buchungssatz zum Jahresabschluss:

AfA –
(zeitanteilig nach Nutzungsdauer) .... €
an Anlagegut   .... €

Zum Fall d)

Die Bezahlung der Rechnung erfolgte unter Abzug von 3 % Skonto, sodass sich dadurch die Anschaffungskosten mindern. Gleichzeitig ist aber auch die in Rechnung gestellte Umsatzsteuer gemäß § 17 Abs. 1 UStG wegen Änderung der Bemessungsgrundlage zu berichtigen.

Berechnung:

	lt. Rechnung €	Skonto 3 % €	Zahlungsbetrag €
netto	1.010,00	30,30	979,70
19 % USt	191,90	5,75	186,15
brutto	1.201,90	36,05	1.165,85

Infolge des Skontoabzugs betragen die endgültigen Anschaffungskosten für diese Frankiermaschine 979,70 Euro; die in Rechnung gestellte Umsatzsteuer wurde zwar auch geändert, bleibt aber für die Prüfung der 1.000-Euro-Grenze nach § 6 Abs. 2a EStG außer Betracht.

Buchungstechnisch wird in solchen Fällen zunächst (regelmäßig bei Lieferung) der Anlagen-Zugang erfasst. In einem zweiten Schritt wird dann mit dem Zahlungsvorgang die Rechnungskürzung gebucht; erst jetzt entscheidet sich die weitere steuerliche Behandlung, nachdem feststeht, dass das neu erworbene Anlagegut als ein geringwertiges Wirtschaftsgut i. S. von § 6 Abs. 2a EStG einzustufen ist.

Durch die Minderung (Skontoabzug bei Zahlung) liegen die Anschaffungskosten der Maschine mit 979,70 Euro in den Grenzwerten von § 6 Abs. 2a EStG und Z hat wieder ein Wahlrecht wie im Fall b).

Im nachfolgenden dritten Schritt erfolgt dann die Umbuchung des neu erworbenen Wirtschaftsguts vom „normalen" Anlagekonto auf das neu einzurichtende Konto „Sammelposten 04".

Buchungsfolge – 1. Schritt:

	€	€
Anlagegut	1.010,00	
Vorsteuer	191,90	
an Sonstige Verbindlichkeiten		1.201,90

Buchungsfolge – 2. Schritt:

	€	€
Sonstige Verbindlichkeiten	1.201,90	
an Bank		1.165,85
Anlagegut		30,30
Vorsteuer		5,75

Buchungsfolge – 3. Schritt:

	€	€
Sammelposten 04	979,70	
an Anlagegut		979,70

Der auf dem Konto „Sammelposten 04" erfasste Wert von 979,70 Euro ist nun auf die Jahre 04 bis 08 zu verteilen und jeweils mit einem Fünftel = 195,94 Euro anzusetzen; das geschieht mit folgendem Buchungssatz:

Buchungsfolge – 4. Schritt:

	€	€
Pool – AfA	195,94	
an Sammelposten 04		195,94

4. Für abnutzbare bewegliche Wirtschaftsgüter des Anlagevermögens, die einer selbständigen Nutzung fähig sind, kann im Wirtschaftsjahr des Zugangs zum Betriebsvermögen ein entsprechender Sammelposten als Bilanzposten gebildet werden, sofern für das einzelne Wirtschaftsgut die Anschaffungs- bzw. Herstellungskosten – vermindert um einen darin enthaltenen Vorsteuerbetrag – zwar 150 Euro, aber nicht 1.000 Euro übersteigen.

In diesem Sammelposten (Pool) werden alle nach der Vorschrift des § 6 Abs. 2a EStG eingestuften geringwertigen Wirtschaftsgüter eines Jahres zusammengefasst, sodass sich der Pool-Wert, der in der Bilanz erscheint, aus der Summe aller für die einzelnen Anlagegüter verbleibenden Werte ergibt.

Der Sammelposten ist auf die Dauer von fünf Jahren – beginnend mit dem Zugangsjahr und den vier folgenden Jahren – gleichmäßig gewinnwirksam aufzulösen, also mit jeweils 20 % abzuschreiben.

Damit erlangt dieser Sammelposten durch die Pool-Bewertung eine funktionelle Eigenständigkeit, weil alle in diesem Bilanzposten zusammengezogenen Wirtschaftsgüter als Einheit betrachtet werden.

Folgerichtig wirken sich bestimmte Vorgänge, die sich auf ein einzelnes in der Bilanzposition „Sammelposten" erfasstes Anlagegut beziehen, gemäß § 6 Abs. 2a Satz 3 EStG buchungsmäßig nicht mehr aus.

In solchen Fällen, wie z. B. Wertminderungen, Änderungen der Nutzungsdauer, Entnahmen oder Verkäufe, wird der Wert eines solchen Anlageguts innerhalb des Sammelpostens nicht berührt; vielmehr erfolgt die normale Abschreibung innerhalb des 5-Jahres-Zeitraums und eingetretene wertändernde Vorgänge sind völlig getrennt davon als sonstige betriebliche Vorgänge zu erfassen – in aller Regel als sonstige betriebliche Erträge.

Nach § 240 Abs. 2 HGB und §§ 140 und 141 AO besteht die Verpflichtung, für jeden Bilanzstichtag auch ein Verzeichnis der Gegenstände des beweglichen Anlagevermögens (= Bestandsverzeichnis) aufzustellen. In dieses Bestandsverzeichnis müssen sämtliche bewegliche Gegenstände des Anlagevermögens aufgenommen werden, auch wenn sie bereits in voller Höhe abgeschrieben sind.

Ausnahmen gelten jedoch:

– für geringwertige Wirtschaftsgüter i. S. von § 6 Abs. 2 EStG,

– für Wirtschaftsgüter, die mit einem Sammelposten i. S. von § 6 Abs. 2a EStG erfasst werden

– und für die mit einem Festwert angesetzten Wirtschaftsgüter (vgl. R 5.4 Abs. 1 Satz 3 EStR).

Für die buchmäßige Darstellung wird für jedes Zugangsjahr ein jahrgangsbezogener Sammelposten zu bilden sein, der separat abzuschreiben ist (R 6.13 Abs. 5 EStR).

So wird in den o. g. Fällen Folgendes zu veranlassen sein, wenn Z die Wahlrechte in Anspruch nehmen möchte, was gerade bei Wirtschaftsgütern mit einer längeren Nutzungsdauer als 5 Jahren i. d. R. sinnvoll ist:

Im Fall b) ist ein Sammelposten (Zugangsjahr 09) einzurichten, und zwar für die Jahre 09 bis 13.

Für den Fall d) ist ein Sammelposten (Zugangsjahr 11) einzurichten, und zwar für die Jahre 11 bis 15.

Da eine weiter gehende Dokumentation von geringwertigen Wirtschaftsgütern nicht vorgesehen ist, entfällt aber eine gesonderte Erfassung von diesen Wirtschaftsgütern in einem Anlagenspiegel (vgl. R 5.4 Abs. 1 Satz 3 EStR).

Der zu bildende Sammelposten i. S. von § 6 Abs. 2a EStG stellt aber kein eigenständiges Wirtschaftsgut dar, sondern ist lediglich eine Rechengröße; damit ist z. B. auch eine Teilwertabschreibung nicht möglich (R 6.13 Abs. 6 EStR).

Für die Jahre 09 und 11 bedeutet dies:

Zum 31.12.09 weist der Bilanzposten „Sammelposten – Zugangsjahr 09" einen Betrag von 496 Euro aus, nachdem zuvor die AfA i. H. von 124 Euro gebucht wurde.

Zum 31.12.11 weist der Bilanzposten „Sammelposten – Zugangsjahr 11" einen Betrag von 783,94 Euro aus, nachdem hier die AfA von 195,76 Euro gebucht ist.

Zusätzlich ist in der Bilanz zum 31.12.11 aber auch der fortgeführte Bilanzposten „Sammelposten – Zugangsjahr 09" mit 248 Euro zu erfassen, nachdem zunächst auch hier die 4. AfA-Rate i. H. von 124 Euro gebucht wurde.

Fall 55

Entnahmen von Waren für private Zwecke

Sachverhalt

Casimir Close (C) ist Fotohändler und bilanzierender Kaufmann (Wirtschaftsjahr = Kalenderjahr). Umsatzsteuerrechtlich ist er zum vollen Vorsteuerabzug berechtigt. Sein ältester Sohn hat am 18.05.05 seinen 18. Geburtstag; aus diesem Anlass schenkt C seinem Sohn, der begeisterter Fotoamateur ist, eine Spiegelreflexkamera Marke „Minella". Kameras vom gleichen Typ verkauft C regelmäßig für 832 Euro. Der Einkaufspreis dieser Kamera betrug 380 Euro zzgl. 72,20 Euro Umsatzsteuer. Diese Kamera hatte C bereits im Herbst 04 erworben. Inzwischen hat ihm das Lieferwerk den neuen Preiskatalog zugeschickt; danach beträgt der Einkaufspreis ab 01.01.05 400 Euro zzgl. Umsatzsteuer.

Frage

1. Warum muss (spätestens) im Rahmen der vorbereitenden Abschlussbuchungen eine Abgrenzung von betrieblich und privat veranlassten Geschäftsvorfällen und Vorgängen erfolgen?

2. Welche Umbuchungen sind beim Fotohändler Close zur richtigen Gewinnermittlung notwendig?

Antwort und Begründung

1. Bemessungsgrundlage für die Einkommensteuer ist, soweit es die Einkunftsarten Land- und Forstwirtschaft, Gewerbebetrieb und selbständige Arbeit betrifft, der Gewinn. Gewinn wiederum ist nach dem Sinn des Einkommensteuergesetzes der durch den Betrieb erwirtschaftete Erfolg (unter Berücksichtigung der einkommensteuerlichen Vorschriften). Keinesfalls dürfen sich dabei Vorgänge, die privat veranlasst sind, auf die Höhe des Gewinns auswirken.

162

Auch handelsrechtlich ist dies durch § 5 Abs. 4 PublG geregelt, wonach bei Einzelkaufleuten und Personenhandelsgesellschaften solche Aufwendungen und Erträge, die auf das Privatvermögen entfallen, nicht in die GuV-Rechnung aufgenommen werden dürfen.

In der Praxis wird in einer Reihe von Geschäftsvorfällen, die ganz oder teilweise privat veranlasst sind, im Laufe des Wirtschaftsjahres eine genaue Trennung nicht vorgenommen; häufig ist im Einzelfall eine konkrete und genaue Trennung zwischen betrieblicher und privater Sphäre kaum möglich. Um aber doch zu einem (steuerlich) richtigen Gewinn zu kommen, ist im Rahmen der vorbereitenden Abschlussbuchungen eine diesbezügliche Abgrenzung erforderlich.

2. Bei dem hier zu beurteilenden Vorgang handelt es sich um eine Entnahme i. S. von § 4 Abs. 1 Satz 2 EStG (vgl. auch R 4.3 Abs. 2 EStR); C hat ein Wirtschaftsgut des Umlaufvermögens für betriebsfremde Zwecke entnommen. Entnahmen sind nach § 6 Abs. 1 Nr. 4 EStG mit dem Teilwert anzusetzen. Die obere Grenze für den Teilwert stellen die sog. Wiederbeschaffungskosten dar. Da beim Ausscheiden von Wirtschaftsgütern aus dem Betriebsvermögen der Grundsatz gilt, dass die stillen Reserven aufzudecken sind, müssen hier die Wiederbeschaffungskosten als Entnahmewert angesetzt werden. Die Wiederbeschaffungskosten betragen hier 400 Euro, und somit stellt der Differenzbetrag zu den ursprünglichen Anschaffungskosten einen sonstigen betrieblichen Ertrag dar; sofern sich C als Einzelkaufmann an der Gliederung der GuV-Rechnung orientiert, die sich aus § 275 HGB (für Kapitalgesellschaften) ergibt, darf der entstandene Differenzbetrag von 20 Euro zwischen Einkaufs- und Entnahmewert nicht als außerordentlicher Ertrag erfasst werden. In diesem Fall handelt es sich dann um einen sonstigen betrieblichen Ertrag, weil nach § 277 Abs. 4 HGB außerordentliche Aufwendungen und Erträge nur außerhalb der gewöhnlichen Geschäftstätigkeit anfallen. Dieser Entnahmewert ist gemäß § 12 Nr. 1 EStG als Privatentnahme anzusetzen, denn dieser aufgewendete Betrag darf den Gewinn nicht mindern. Zu beachten ist, dass dieser Vorgang gleichzeitig umsatzsteuerlich zu beurteilen ist.

Nach § 3 Abs. 1b Satz 1 Nr. 1 UStG ist die Entnahme eines Gegenstands durch den Unternehmer für Zwecke, die außerhalb des Unternehmens liegen, einer Lieferung gegen Entgelt gleichgestellt; die Voraussetzung für diese fiktive Lieferung, dass der Gegenstand ursprünglich zum Vorsteuerabzug berechtigt war, ist ebenfalls erfüllt (§ 3 Abs. 1b Satz 2 UStG).

Bemessungsgrundlage ist dabei gemäß § 10 Abs. 4 Nr. 1 UStG der Einkaufspreis zzgl. der Nebenkosten für den Gegenstand, und zwar zum Zeitpunkt des Umsatzes – also hier zum Zeitpunkt der Entnahme.

Somit ist als Bemessungsgrundlage der Wert von 400 Euro zugrunde zu legen. Der Steuersatz beträgt gemäß § 12 Abs. 1 UStG 19 %, sodass die Umsatzsteuer 76 Euro beträgt.

Diese Umsatzsteuer (für Umsätze, die Entnahmen sind) darf nach § 12 Nr. 3 EStG den Gewinn nicht mindern; dies wird buchungsmäßig dadurch erreicht, dass auch dieser Betrag zusätzlich neben der eigentlichen Wertabgabe als Privatentnahme zu erfassen ist.

Privatentnahmen	476 €	
an Aufwendungen für bezogene Waren		380 €
Sonstige betriebliche Erträge		20 €
USt		76 €

Fall 56

Private Nutzung eines betrieblichen Kraftfahrzeugs

Sachverhalt

Dirk Dürr (D) ist Bäckermeister; er führt eine eigene Bäckerei in Marburg und ermittelt seinen Gewinn durch Betriebsvermögensvergleich nach § 5 EStG (Wirtschaftsjahr = Kalenderjahr). Er ist bezüglich der Umsatzsteuer zum vollen Vorsteuerabzug berechtigt.

D hat am 15.01.01 für 42.000 Euro + 7.980 Euro Umsatzsteuer einen fabrikneuen PKW für seinen Betrieb erworben; die Vorsteuer hat er in voller Höhe abgezogen. Im Kalenderjahr 01 hat D den PKW zu 30 % für private Fahrten eingesetzt. Dies ist durch ein ordnungsgemäß geführtes Fahrtenbuch nachgewiesen. Die Nutzungsdauer des PKW beträgt sechs Jahre.

Fahrten zwischen Wohnung und Betrieb sind keine angefallen, da D mit seiner Familie im 1. Obergeschoss über der Bäckerei wohnt.

Die im Laufe des Jahres 01 angefallenen Kosten wurden insgesamt (also einschließlich der Kosten für Privatfahrten) auf entsprechenden Aufwandskonten gebucht, am Ende des Wirtschaftsjahres 01 weisen die Konten folgende Aufwands-Salden aus:

Kfz-Kosten	5.900 €	(vorsteuerbelastet)
Reparaturen	1.000 €	(vorsteuerbelastet)
Kfz-Steuern	300 €	
Kfz-Versicherungen	700 €	

Die damit im Zusammenhang stehenden Vorsteuern wurden voll abgezogen.

Die AfA für das Jahr 01 ist aber noch nicht gebucht worden. Außerdem liegt vom Monat 12.01 noch eine unbezahlte Rechnung (die ebenfalls noch nicht gebucht war) über Benzin von 100 Euro + 19 Euro Umsatzsteuer vor; diese Rechnung wurde erst Anfang 01.02 bezahlt; das damit gekaufte Benzin war noch im alten Jahr voll verbraucht worden.

Frage

1. Welche ertragsteuerrechtlichen und umsatzsteuerrechtlichen Besonderheiten gelten für die Zuordnung von Wirtschaftsgütern, die sowohl betrieblich wie auch privat genutzt werden?

2. Wie lassen sich betrieblich und privat veranlasste Aufwendungen eines Wirtschaftsguts (z. B. PKW) abgrenzen und ermitteln?

3. Wie erfolgt die umsatzsteuerlich zutreffende Erfassung eines auch privat genutzten Fahrzeugs?

4. Welche Umbuchungen sind zur richtigen Gewinnermittlung notwendig, wenn der Stpfl. Dürr die sog. „Fahrtenbuch-Methode" anwenden möchte?

Antwort und Begründung

1. Ertragsteuerrechtlich hängt die Zuordnung zum Betriebsvermögen vom Umfang der jeweiligen betrieblichen Nutzung ab; dabei gelten – wie bereits schon erwähnt (vgl. Fall 26) – folgende Regeln:

– Bei einer betrieblichen Nutzung von über 50 % liegt notwendiges Betriebsvermögen vor;

– bei einem betrieblichen Nutzungsanteil von weniger als 10 % liegt notwendiges Privatvermögen vor;

– bei einem betrieblichen Nutungsanteil zwischen 10 % und 50 % hat der Stpfl. ein Wahlrecht, ob er einen PKW als gewillkürtes Betriebsvermögen oder als Privatvermögen behandeln will.

Umsatzsteuerrechtlich gilt Folgendes:

– Hier hat der Unternehmer bei einem unternehmerischen Nutzungsanteil von 10 % und mehr ein Wahlrecht, ein solches Fahrzeug

  – im vollen Umfang oder

  – mit einem entsprechenden Anteil oder

  – überhaupt nicht

als umsatzsteuerliches Unternehmensvermögen zu erfassen.

– Bei einem geringeren als zehnprozentigen unternehmerischen Nutzungsanteil darf ein PKW nicht dem Unternehmensvermögen zugeordnet werden (§ 15 Abs. 1 Satz 2 UStG).

2. Wird ein betrieblicher PKW privat genutzt, ist sicherzustellen, dass sich die infolge der Privatnutzung angefallenen Kosten zutreffend bei der Einkommensteuer und der Umsatzsteuer auswirken. Im Laufe des Jahres werden regelmäßig zunächst alle angefallenen Kosten als Betriebsausgaben erfasst; ertragsteuerlich müssen aber alle entstandenen Kosten untersucht und insoweit aufgeteilt werden, wie sie auf betriebliche und private Nutzung anteilig entfallen.

Der privat veranlasste Nutzungsanteil erfüllt den Entnahmetatbestand des § 4 Abs. 1 Satz 2 EStG.

Als Entnahme ist danach jede Wertabgabe des Betriebs für außerbetriebliche Zwecke anzusehen (vgl. R 4.3 Abs. 3 und 4 EStR). Man unterscheidet dabei zwischen:

- Geldentnahmen (Barentnahmen)
- Sachentnahmen
- Nutzungsentnahmen
- Leistungsentnahmen

3. Umsatzsteuerrechtlich gibt es Tatbestände, die einer Lieferung bzw. sonstigen Leistung gegen Entgelt gleichgestellt werden (vgl. § 3 Abs. 1b und 9a UStG). Solche Leistungen an den außerunternehmerischen Privatbereich (wie z. B. die private PKW-Nutzung eines betrieblichen Fahrzeugs) haben mit dem einkommensteuerrechtlichen Begriff der Entnahme zwar vieles gemeinsam, trotzdem sind sie aber nicht identisch.

Zum Beispiel ist die Ermittlung der Höhe der Entnahmen bei der privaten Kfz-Nutzung in § 6 Abs. 1 Nr. 4 EStG gesetzlich genau festgelegt, während bei der Ermittlung der umsatzsteuerlichen Bemessungsgrundlage nach § 10 Abs. 4 Nr. 2 UStG auch Schätzungen zulässig sind.

Umsatzsteuerrechtlich wird somit durch eine unentgeltliche Wertabgabe i. S. von § 3 Abs. 9a Nr. 1 UStG die erforderliche Korrektur erzielt.

Je nach dem Umfang des privaten Nutzungsanteils an einem PKW hat der Stpfl. verschiedene Wahlmöglichkeiten zur Ermittlung des anzusetzenden Werts.

Einkommensteuerrechtlich kann ein Stpfl., der einen PKW zu mehr als 50 % betrieblich nutzt,

- entweder die 1 %-Regelung oder
- die „Fahrtenbuch-Methode"

anwenden.

Lediglich für Umsatzsteuerzwecke hat er darüber hinaus die Möglichkeit, die anteiligen (privaten) Kosten nach der Schätzungsmethode zu ermitteln.

4. Hier sind zunächst alle bisher buchungsmäßig für das Jahr 01 noch nicht gebuchten Vorgänge zu erfassen:

a)	Kfz-Kosten	100 €	
	Vorsteuer	19 €	
	an Sonstige Verbindlichkeiten		119 €
b)	AfA	7.000 €	
	an Fuhrpark		7.000 €

Da der zum Betriebsvermögen gehörende PKW teils betrieblich und teils privat genutzt wird, sind die entsprechenden Kosten aufzuteilen, weil die durch Privatnutzung angefallenen Kosten gemäß § 4 Abs. 4 und § 12 Nr. 1 EStG den Gewinn nicht mindern dürfen.

Bei der vom Stpfl. gewählten Fahrtenbuch-Methode sind dabei zuerst alle gewöhnlichen Kosten festzustellen (vgl. hierzu BMF-Schreiben vom 18.11.2009 und vom 15.11.2012 – vgl. Anhang 16 III EStH). Außergewöhnliche Kosten sind dagegen vorab der betrieblichen oder privaten Nutzung zuzuordnen und ggf. komplett als Privatentnahme zu erfassen.

Die Anschaffungskosten des PKW werden dabei nach den allgemeinen Regeln über die jährlich anteiligen Abschreibungsbeträge kostenmäßig erfasst. Die lineare AfA beträgt bei einer Nutzungsdauer von sechs Jahren für das Jahr 01 = $\frac{1}{6}$ der Anschaffungskosten von 42.000 Euro = somit 7.000 Euro.

Alle gebuchten bzw. nachgebuchten Kfz-Aufwendungen sind um den Anteil zu korrigieren, der auf die Privatnutzung entfällt; das sind hier 30 %. Lediglich für die kostenmäßig zu erfassenden Abschreibungsbeträge gilt eine gesonderte Berechnungsregelung, wobei zusätzlich zwischen der ertragsteuerlichen und der umsatzsteuerlichen Auswirkung getrennt werden muss, denn für die ertragsteuerliche Seite ist von einer sechsjährigen und für die umsatzsteuerliche Seite von einer fünfjährigen Nutzungsdauer auszugehen.

Die danach erforderliche Korrekturbuchung erfolgt über das Konto „Privatentnahmen"; die dementsprechende Gegenbuchung erfolgt dann auf den jeweiligen Kostenkonten und führt damit zu einer entsprechenden Minderung der Aufwendungen.

In der Praxis wird oft ein separates Erlöskonto (als Sammelkonto) eingerichtet, obwohl genau genommen gar keine Betriebseinnahmen vorliegen, sondern lediglich die betrieblich veranlassten Aufwendungen richtiggestellt werden.

Gleichzeitig wird der (ertragsteuerliche) Tatbestand der Privatentnahme umsatzsteuerrechtlich einer sonstigen Leistung gegen Entgelt gleichgestellt (§ 3 Abs. 9a Satz 1 Nr. 1 UStG).

Da der Stpfl. D lt. Sachverhalt beim Kauf des Fahrzeugs die Vorsteuer in voller Höhe abgezogen hat, ist der Umsatz steuerbar (§ 3 Abs. 9a Satz 2 UStG); der steuerpflichtige Umsatz unterliegt dem Regelsteuersatz von 19 %.

Bemessungsgrundlage sind in diesem Fall die durch die Privatnutzung entstandenen Ausgaben, allerdings nur insoweit, wie sie mit Vorsteuern belastet sind (§ 10 Abs. 4 Nr. 2 UStG). Folglich sind alle Kosten aus der Bemessungsgrundlage auszuscheiden, bei denen kein Vorsteuerabzug möglich ist.

Abweichend von den ertragsteuerlichen Möglichkeiten der AfA-Ermittlung sind die Anschaffungs- oder Herstellungskosten eines auch privat genutzten Wirtschaftsguts gleichmäßig auf den nach § 15a UStG maßgeblichen Berichtigungszeitraum zu verteilen, sofern sie mindestens 500 Euro betragen.

Dieser Zeitraum beträgt fünf Jahre bei Wirtschaftsgütern, die keine Grundstücke sind; dies trifft hier zu, sodass also bei dem PKW für das Jahr 01 von 8.400 Euro (= $^1/_5$ von 42.000 Euro) auszugehen ist.

Berechnung der zu berücksichtigenden Werte (alle Werte in Euro):

Kostenart	insgesamt	Bemessungsgrundlage für EStG – privat		Bemessungsgrundlage für USt – vorsteuerbelastet	
Kfz-Kosten (5.900 + 100)	6.000	30 %	1.800,00	30 %	1.800,00
Reparaturen	1.000	30 %	300,00	30 %	300,00
Steuern	300	30 %	90,00		—
Versicherungen	700	30 %	210,00		—
AfA – Ausgangswert = $^1/_6$ – linear – von AK von 42.000	7.000	30 %	2.100,00		
AfA – Ausgangswert = $^1/_5$ von AK 42.000 für den Berichtigungszeitraum bei der USt	8.400			30 %	2.520,00
a) Bemessungsgrundlage für die USt = 19 %				19 %	4.620,00 877,80
b) Bemessungsgrundlage für die ESt + ermittelte USt			4.500,00 + 877,80	←	
= Entnahmen insgesamt			5.377,80		

Im Jahr 01 sind also 8.400 Euro (= $^1/_5$ der Anschaffungskosten von 42.000 Euro) zu berücksichtigen; davon entfallen 30 % = 2.520 Euro auf die private Nutzung.

Als Bemessungsgrundlage für die Umsatzsteuer sind lt. Berechnung 4.620 Euro anzusetzen. Somit beträgt die Umsatzsteuer 877,80 Euro (= 19 % von 4.620 Euro). Dieser Betrag erhöht gemäß § 12 Nr. 3 EStG den Wert der Privatentnahmen, die somit insgesamt mit 5.377,80 Euro anzusetzen sind. Der Betrag von 877,80 Euro ist vom Stpfl. als Umsatzsteuer an das Finanzamt abzuführen.

Buchungssatz:

Privatentnahmen	5.377,80 €	
an Erträge aus Privatentnahmen		4.500,00 €
USt-Schuld		877,80 €

Fall 57

Warenentnahmen unter Anwendung der Pauschbeträge für unentgeltliche Wertabgaben

Sachverhalt

Am Ende des Wirtschaftsjahres hat der Bäckermeister D (vgl. Fall 56) auch die im Laufe des Jahres erfolgten Entnahmen von Backwaren noch nicht erfasst. Er will dafür die von der Finanzverwaltung aufgestellten Pauschbeträge für unentgeltliche Wertabgaben in Anspruch nehmen. Zu seiner Familie gehören insgesamt fünf Personen: das Ehepaar D und drei Kinder im Alter von einem, sechs und dreizehn Jahren. Daneben wird dem Meistergesellen, der im Betrieb beschäftigt ist, ebenfalls volle Verpflegung gewährt.

Frage

1. Welche Bedeutung haben die von der Finanzverwaltung aufgestellten „Pauschbeträge für unentgeltliche Wertabgaben (Sachentnahmen)"?

2. Welche Umbuchungen sind im Rahmen der vorbereitenden Abschlussbuchungen zur Erfassung der privaten Warenentnahmen erforderlich?

   Zur Errechnung der anzusetzenden Pauschbeträge ist die amtliche Zusammenstellung der Finanzverwaltung in der Antwort zu 1. abgedruckt.

Antwort und Begründung

1. Grundsätzlich müssen Entnahmen von Gegenständen (also auch von Waren) einzeln festgehalten werden. In bestimmten Branchen (wie z. B. Bäckerei, Metzgerei, Lebensmitteleinzelhandel) ist es aber schwer möglich, die Warenentnahmen für private Zwecke laufend zu buchen. Andererseits ist unbestritten, dass Warenentnahmen vorliegen. Die Warenentnahmen können daher anhand der von der Finanzverwaltung aufgestellten Pauschbeträge für unentgeltliche Wertabgaben angesetzt werden; diese Pauschbeträge beruhen auf Erfahrungswerten. Macht ein Unternehmer von dieser Möglichkeit Gebrauch, stellt für ihn dieses Verfahren eine wesentliche Erleichterung dar, denn er ist damit von einer laufenden Aufzeichnung von Warenentnahmen freigestellt.

Sofern keine Einzelaufzeichnungen gemacht werden, kann der Stpfl. die von der Finanzverwaltung aufgestellten Pauschbeträge in Anspruch nehmen. Hierbei ist zuerst eine genaue Feststellung der Branche erforderlich; in diesem Fall sind die Pauschbeträge für die Branche „Bäckerei" zu verwenden.

Die dort genannten Werte sind Jahreswerte für eine Person; bei mehreren Personen ist eine Umrechnung auf die Anzahl der vorhandenen Personen erforderlich. Bezüglich der Kinder gilt Folgendes: Für das einjährige Kind wird überhaupt kein Wert angesetzt; für das sechsjährige Kind wird die Hälfte des Werts und für das dreizehnjährige Kind der volle Wert angesetzt.

**Pauschbeträge für unentgeltliche Wertabgaben (Sachentnahmen)
für das Kalenderjahr 2015**

Gewerbezweig	Jahreswert für eine Person – ohne USt –		
	ermäßigter Steuer- satz €	voller Steuer- satz €	insgesamt €
Bäckerei	1.192	402	1.594
Fleischerei/Metzgerei	925	831	1.756
Gaststätten aller Art			
a) mit Abgabe von kalten Speisen	1.166	978	2.144
b) mit Abgabe von kalten und warmen Speisen	1.608	1.755	3.363
Getränkeeinzelhandel	94	295	389
Café und Konditorei	1.152	643	1.795
Milch, Milcherzeugnisse, Fettwaren und Eier (Eh.)	643	67	710
Nahrungs- und Genussmittel (Eh.)	1.313	750	2.063
Obst, Gemüse, Südfrüchte und Kartoffeln (Eh.)	295	215	510

In den Vorbemerkungen zu dieser Aufstellung werden u. a. zusätzlich folgende Hinweise aufgeführt:

• Die Pauschbeträge für unentgeltliche Wertabgaben werden auf der Grundlage der vom Statistischen Bundesamt ermittelten Daten festgesetzt.

• Sie beruhen auf Erfahrungswerten und bieten dem Steuerpflichtigen die Möglichkeit, die Warenentnahmen monatlich pauschal zu verbuchen. Sie entbinden ihn damit von der Aufzeichnung einer Vielzahl von Einzelentnahmen.

• Diese Regelung dient der Vereinfachung und lässt keine Zu- und Abschläge wegen individueller persönlicher Ess- oder Trinkgewohnheiten zu. Auch Krankheit oder Urlaub rechtfertigen keine Änderung der Pauschbeträge.

• Die Pauschbeträge sind Jahreswerte für eine Person. Für Kinder bis zum vollendeten 2. Lebensjahr entfällt der Ansatz eines Pauschbetrags. Bis zum vollendeten 12. Lebensjahr ist die Hälfte des jeweiligen Werts anzusetzen.

• Tabakwaren sind in den Pauschbeträgen nicht enthalten. Soweit diese entnommen werden, sind die Pauschbeträge zu erhöhen (Schätzung).

• Die pauschalen Werte berücksichtigen im jeweiligen Gewerbezweig das allgemein übliche Sortiment.

• Bei gemischten Betrieben (Metzgerei oder Bäckerei mit Lebensmittelangebot oder Gast- wirtschaft) ist nur der jeweils höhere Pauschbetrag der entsprechenden Gewerbeklasse anzusetzen.

Die Verpflegungskosten für den Meistergesellen dürfen in diese Berech- nung der Pauschbeträge für unentgeltliche Wertabgaben nicht mit einbezo- gen werden. Insoweit liegt keine Wertabgabe für private Zwecke vor, denn es handelt sich um betrieblich veranlasste Aufwendungen; bei diesen Ver- pflegungskosten liegt Lohnaufwand vor, der für den Meistergesellen Sach- lohn darstellt.

2. Berechnung der anzusetzenden Werte:

Da diese Sachentnahmen gleichzeitig der Umsatzsteuer nach § 3 Abs. 1b Nr. 1 UStG unterliegen, muss auch die Umsatzsteuer berechnet werden. Dies erfolgt zweckmäßigerweise gleichzeitig mit der Ermittlung des einkommensteuerlich anzusetzenden Werts.

Berechnung der Pauschbeträge:

a) ermäßigter Steuersatz:
Jahreswert (ohne USt) = 1.192 € × 3,5 Personen
(3 Personen über 12 und 1 Kind zwischen 2 und 12 Jahren) = 4.172,00 €

b) voller Steuersatz:
Jahreswert (ohne USt) = 402 € × 3,5 Personen = 1.407,00 €

5.579,00 €

+ USt:
ermäßigter Steuersatz = 7 % von 4.172,00 € = 292,04 €
voller Steuersatz = 19 % von 1.407,00 € = 267,33 € = 559,37 €

Jahreswert für die ESt = 6.138,37 €

Buchungssatz:

Privatentnahmen	6.138,37 €	
an Aufwendungen für Waren		5.579,00 €
USt – 7 %		292,04 €
USt – 19 %		267,33 €

Die pauschale Buchung von Waren (unentgeltliche Wertabgaben) berührt die Ordnungsmäßigkeit der Buchführung nicht, da die Anwendung der Pauschsätze durch die Verwaltung zugelassen ist; sie entbindet den Unternehmer von der Aufzeichnung einer Vielzahl von Einzelentnahmen; die Warenentnahmen sind aber dennoch monatlich pauschal zu buchen.

Fall 58

Entnahme von Leistungen für private Zwecke

Sachverhalt

Stefan Streicher (S) ist Malermeister und betreibt ein Maler- und Tapeziergeschäft; er ist bilanzierender Unternehmer und zum vollen Vorsteuerabzug berechtigt. Zu einer Zeit, in der keine größeren Aufträge vorliegen, beauftragt er einen seiner Gesellen damit, seine Wohnräume im eigenen Einfamilienhaus (der Familie Streicher) zu tapezieren. Der Geselle führt diese Arbeiten ausschließlich während seiner normalen Arbeitszeit aus. Die Lohn- und sonstigen Aufwendungen, die in dieser Zeit für den Gesellen und die Arbeitsgeräte angefallen sind, betragen 530 Euro. Daneben hat der Geselle eine Aufstellung über alle verbrauchten Kleinmaterialien (Grundiermasse, Kleister usw.) gemacht, die er für das Tapezieren benötigt hat. Der Einkaufspreis dieser entnommenen Materialien betrug (ohne Umsatzsteuer) 32 Euro. Die erforderlichen Tapeten hatte S von seinen Eltern aus Anlass seines 50. Geburtstags geschenkt bekommen.

Frage

Welche Umbuchungen sind erforderlich, damit der einkommensteuerrechtlich richtige Gewinn festgestellt werden kann?

Antwort

Buchungssatz:

Privatentnahmen	668,78 €	
an Lohnaufwand (und evtl.		
anderweitige Kosten)		530,00 €
Materialaufwand		32,00 €
USt		106,78 €

Begründung

Soweit der Malermeister einen seiner Gesellen mit dem Tapezieren seiner Wohnräume beauftragt, liegt einkommensteuerrechtlich eine Leistungsentnahme vor. Die Verrichtung von Tätigkeiten im privaten Interesse des Stpfl. stellt eine solche Leistungsentnahme dar; denn insoweit handelt es sich um Leistungen des Betriebs für Privatzwecke des Unternehmers.

In solchen Fällen bestimmt sich die Höhe der Entnahme durch die Wertabgabe des Betriebs. Die dafür anfallenden Kosten dürfen gemäß § 12 Nr. 1 EStG den Gewinn nicht mindern. Diese Entnahmen des S für betriebsfremde Zwecke sind nach § 6 Abs. 1 Nr. 4 EStG mit dem Teilwert anzusetzen; der Teilwert entspricht damit den tatsächlichen Lohn- und Sachkosten. Die Teilwertansätze dienen bei solchen Nutzungs- und Leistungsentnahmen der zutreffenden Trennung des betrieblichen vom privaten Bereich. Folglich müssen die dafür angefallenen Lohn- und sonstigen Aufwendungen als Privatentnahme erfasst werden (§ 4 Abs. 1 Satz 2 EStG, R 4.3 Abs. 4 EStR).

Hinweis: Die eigene Arbeitskraft des Unternehmers kann aber nicht Gegenstand von Entnahmen sein.

Umsatzsteuerrechtlich liegt eine sog. fiktive Leistung i. S. von § 3 Abs. 9a Nr. 2 UStG vor, denn einer sonstigen Leistung gegen Entgelt ist gleichgestellt die unentgeltliche Erbringung einer (anderen) sonstigen Leistung durch den Unternehmer für Zwecke, die außerhalb des Unternehmens liegen.

Da bei der Bearbeitung des Gegenstands nur sog. Nebenstoffe verwendet wurden (Kleister, Grundiermasse usw.), handelt es sich unter Berücksichtigung des Grundsatzes der Einheitlichkeit der Leistung insgesamt um eine Leistung (Werkleistung – und nicht um eine Lieferung bzw. Werklieferung)

– vgl. § 3 Abs. 4 UStG. Bemessungsgrundlage sind die bei der Ausführung dieser Umsätze entstandenen Ausgaben (§ 10 Abs. 4 Nr. 3 UStG) – unabhängig davon, ob sie zum Vorsteuerabzug berechtigt haben oder nicht (wie z. B. die Lohnaufwendungen); als anteilige Ausgaben sind hiernach anzusetzen:

		€
Anteilige Kosten für Lohn und Gebrauch der Arbeitsgeräte		530,00
+ Materialkosten		32,00
		562,00
Darauf entfällt nach § 12 Abs. 1 UStG 19 % USt		106,78
		668,78

Die anfallende Umsatzsteuer darf ebenfalls den Gewinn nicht mindern (vgl. § 12 Nr. 3 EStG), sodass der Gesamtbetrag buchungsmäßig als Privatentnahme zu erfassen ist.

Fall 59

Verrechnung eines Einkommensteuer-Erstattungsanspruchs mit einer bestehenden Umsatzsteuerschuld

Sachverhalt

Gerold Guthmann (G) ist Gewerbetreibender und bilanzierender Kaufmann. Für das Kalenderjahr 02 war ihm am 10.02.04 der Einkommensteuerbescheid zugeschickt worden, wonach ein Erstattungsanspruch von 1.200 Euro gegeben ist. Noch am gleichen Tag beantragt G beim zuständigen Finanzamt, diesen Erstattungsbetrag mit der fälligen Umsatzsteuer für Januar 04 zu verrechnen; die mit gleichem Schreiben dem Finanzamt eingereichte Umsatzsteuer-Voranmeldung für Januar 04 weist eine Umsatzsteuerzahllast von 1.480 Euro aus. Um den danach noch verbleibenden Differenzbetrag zu begleichen, hat G einen Verrechnungsscheck i. H. von 280 Euro beigefügt.

Frage

1. Wie ist dieser Vorgang buchungsmäßig zu behandeln, damit der einkommensteuerrechtlich richtige Gewinn ermittelt wird?
2. Wie wirkt sich der Buchungssatz auf das Kapital und den Erfolg aus?

Antwort

1. Buchungssatz:

USt	1.480 €	
an Privateinlage		1.200 €
Bank		280 €

2. Kapitalauswirkung: + 1.200 €
  Gewinnauswirkung: 0 €

Begründung

Einkommensteuerzahlungen sind gemäß § 12 Nr. 3 EStG nichtabzugsfähige Ausgaben; sie können deshalb nicht als Betriebsausgabe abgesetzt werden, weil sie nicht betrieblich, sondern privat veranlasst sind (vgl. H 12.4 – Personensteuern – EStH). Umgekehrt sind auch Erstattungsbeträge aus überzahlter Einkommensteuer nicht Betriebseinnahmen, sondern stellen im Zeitpunkt des Geldzugangs Privateinlagen dar, wenn sie auf einem betrieblichen Bankkonto gutgeschrieben werden (§ 4 Abs. 1 Satz 8 EStG).

Im vorliegenden Fall ist der Einkommensteuererstattungsanspruch mit der fälligen Umsatzsteuer verrechnet worden. Auch dieser Vorgang ist nicht anders zu beurteilen, sondern ist ebenfalls in Höhe des Erstattungsbetrags als Privateinlage zu erfassen.

Zu dem gleichen Ergebnis kommt man zwangsläufig, wenn man unterstellt, dass der Erstattungsbetrag zunächst auf dem Bankkonto gutgeschrieben worden wäre (Kapitalauswirkung: + 1.200 Euro; Erfolgsauswirkung: 0) und in einem zweiten Schritt dann – zusammen mit dem verbleibenden Differenzbetrag – in einer Summe die volle Umsatzsteuerzahllast mit 1.480 Euro überwiesen worden wäre (Kapital- und Erfolgsauswirkung: = 0).

Fall 60

Verkauf von Umlaufvermögen (Waren) mit Skontoabzug

Sachverhalt

Roland Rassel (R) hat von seinem Lieferanten Waren gekauft; die Rechnung lautet über 1.000 Euro zzgl. 190 Euro Umsatzsteuer. Da R die Rechnung sofort bei Lieferung bar bezahlte, kürzte er den Rechnungsbetrag um 2 % Skonto.

Für die Anlieferung der Ware musste R Rollgeld i. H. von 30 Euro zzgl. 5,70 Euro Umsatzsteuer bar bezahlen.

Den gesamten Warenposten veräußerte er vier Wochen später an den Kunden Flink. Diese Verkaufsrechnung lautete über 1.800 Euro zzgl. 342 Euro Umsatzsteuer. Flink zahlte ebenfalls sofort bar und kürzte diesen Rechnungsbetrag um 3 % Skonto.

R ermittelt seinen Gewinn durch Betriebsvermögensvergleich; er ist zum vollen Vorsteuerabzug berechtigt und wendet das Drei-Konten-Modell an.

Frage

1. Wie lauten die Buchungssätze für den Einkauf und den Verkauf der Waren?

2. Welche Auswirkung haben diese Vorgänge insgesamt auf den Erfolg?

Antwort

1. Buchungssätze:

		€	€
aa)	Aufwendungen für bezogene Waren	1.000,00	
	Vorsteuer	186,20	
	an Kasse		1.166,20
	Lieferanten-Skonti		20,00
ab)	Lieferanten-Skonti	20,00	
	an Aufwendungen für bezogene Waren		20,00
ba)	Rollgeld	30,00	
	VoSt	5,70	
	an Kasse		35,70
bb)	Aufwendungen für bezogene Waren	30,00	
	an Rollgeld		30,00
ca)	Kasse	2.077,74	
	Kunden-Skonti	54,00	
	an Umsatzerlöse		1.800,00
	USt		331,74
cb)	Umsatzerlöse	54,00	
	an Kunden-Skonti		54,00

Die Buchungssätze a), b) und c) hätten auch jeweils zu einem Buchungssatz zusammengefasst werden können. Aus Gründen der besseren Kalkulation ist es für den Unternehmer jedoch zweckdienlicher, zusätzliche Aufwendungen (wie hier z. B. Bezugsnebenkosten = Rollgeld) oder Minderungen der Umsatzerlöse (Kunden-Skonti) und auch Minderungen der Warenbezugskosten (Lieferanten-Skonti) zunächst auf gesonderten Konten zu erfassen.

2. Die Gewinnauswirkung beträgt insgesamt + 736 Euro.

Begründung

1. Bei dem Wareneinkauf handelt es sich um einen Zugang von Wirtschaftsgütern des Umlaufvermögens (vgl. R 6.1 Abs. 2 EStR). Nach § 253 Abs. 1 HGB sind diese Wirtschaftsgüter mit den Anschaffungskosten (§ 255 HGB) anzusetzen; steuerrechtlich kommt nach § 6 Abs. 1 Nr. 2 EStG der gleiche Wert zum Ansatz.

Die in Rechnung gestellte Umsatzsteuer gehört nach § 9b Abs. 1 EStG nicht zu den Anschaffungskosten, weil R zum vollen Vorsteuerabzug berechtigt ist. Hinsichtlich des Skontoabzugs bei der Einkaufsrechnung liegt eine

Minderung der Anschaffungskosten vor, sodass dieser Betrag auf dem Konto „Aufwendungen für bezogene Waren" gebucht werden müsste. Aus Gründen der Übersichtlichkeit (bessere Kalkulations- und Vergleichsmöglichkeit) werden gewährte Lieferanten-Skonti zunächst auf gesonderten Konten erfasst und erst später über das „Warenbezugskosten-Konto" abgeschlossen. Die gezahlten Rollgelder stellen Beschaffungsnebenkosten dar und gehören damit zu den Anschaffungskosten der Waren (vgl. H 6.2 – Nebenkosten – EStH).

Die bei den Warenverkäufen an Kunden gewährten Kunden-Skonti führen zu Minderungen der Umsatzerlöse (= Erlösschmälerungen); auch diese Beträge werden zunächst auf gesonderten Konten erfasst und erst später auf das Konto „Umsatzerlöse" übertragen.

Die vorgenommenen Skontoabzüge führen aber in beiden Fällen zu einer Änderung der Bemessungsgrundlage (gegenüber den in den Rechnungen ausgewiesenen Umsatzsteuerbeträgen) gem. § 17 Abs. 1 UStG; das hat zur Folge, dass die entsprechenden Beträge aufzuteilen sind.

Berechnung beim Wareneinkauf:

brutto	./. 2 % Skonto	netto
1.000 €	20,00 €	980,00 €
190 €	3,80 €	186,20 €
1.190 €	23,80 €	1.166,20 €

Berechnung beim Warenverkauf:

brutto	./. 3 % Skonto	netto
1.800 €	54,00 €	1.746,00 €
342 €	10,26 €	331,74 €
2.142 €	64,26 €	2.077,74 €

2. Berechnung der Gewinnauswirkung:

	€	€
Aufwendungen für bezogene Waren:	1.000	
+ Rollgeld	30	
	1.030	
./. Lieferanten-Skonti	20	
verbleiben = 1.010	→	1.010
Umsatzerlöse:	1.800	
./. Kunden-Skonti	54	
verbleiben = 1.746	→	1.746
Gewinnauswirkung insgesamt:		+ 736

Fall 61

Ausscheiden eines Wirtschaftsguts des abnutzbaren Anlagevermögens

Sachverhalt

Robert Rieger (R), der ein Handelsunternehmen (Baumarkt) betreibt, ermittelt seinen Gewinn durch Betriebsvermögensvergleich; umsatzsteuerrechtlich ist er zum vollen Vorsteuerabzug berechtigt. R will sein Kassensystem umstellen; eine dadurch nicht mehr benötigte elektronische Registrierkasse veräußert er daher bei einer günstigen Gelegenheit für 1.200 Euro zzgl. 228 Euro Umsatzsteuer. Zum letzten Bilanzstichtag hatte diese Registrierkasse noch einen Buchwert von 1.400 Euro; bis zum Zeitpunkt der Veräußerung ist noch die AfA mit 800 Euro zu buchen. Der vereinbarte Kaufpreis wurde am Tag der Veräußerung von R bar vereinnahmt.

Frage

Welche buchungsmäßigen Folgen ergeben sich aus diesem Veräußerungsvorgang?

Antwort

Buchungssätze:

a)	AfA	800 €	
	an Geschäftsausstattung		800 €
b)	Kasse	1.428 €	
	an Geschäftsausstattung		600 €
	Erträge aus Anlageverkäufen		600 €
	USt		228 €

Begründung

Bei diesem Veräußerungsvorgang handelt es sich um ein sog. Hilfsgeschäft; als Hilfsgeschäfte werden solche Vorgänge bezeichnet, die nicht Ausfluss der regulären wirtschaftlichen Betätigung sind (hier z. B. Erlöse aus Verkäufen des Baumarktes), aber trotzdem dem betrieblichen Bereich zuzuordnen sind.

Hier veräußert R ein Wirtschaftsgut des abnutzbaren Anlagevermögens, das damit aus dem Betriebsvermögen gänzlich ausscheidet. In diesen Fällen ist zunächst der Buchwert zum Zeitpunkt der Veräußerung festzustellen (vgl. R 6b.1 Abs. 2 EStR). Ausgangswert ist dabei der Wert dieser Registrierkasse in der letzten Bilanz; hiervon ist die zeitanteilige AfA abzuziehen, sodass dann der Buchwert verbleibt. Dieser Buchwert ist dem Netto-Veräußerungserlös gegenüberzustellen; in dem Differenzbetrag drückt sich die in diesem

Wirtschaftsgut vorhandene stille Reserve aus; diese stille Reserve hat sich im Laufe der Zeit – offensichtlich durch die zwingend vorgeschriebene planmäßige AfA – gebildet. Die stille Reserve ist hier im Zeitpunkt der Veräußerung aufzudecken (Realisationszeitpunkt); der dabei entstehende Veräußerungsgewinn gehört zum laufenden Gewinn des Betriebs und ist auf dem Erfolgskonto „Erträge aus Anlageverkäufen" zu erfassen.

Berechnung:

	€
Wert zum letzten Bilanzstichtag	1.400
∕ AfA bis zum Zeitpunkt der Veräußerung	800
Buchwert zum Zeitpunkt der Veräußerung	600
Netto-Veräußerungserlös	1.200
Erträge aus Anlageverkäufen	600

Alternativlösung:

In der Praxis wird häufig ein anderer Buchungsweg beschritten, bei dem der Restbuchwert als Aufwand erfasst wird. Dabei wird der gesamte Nettoerlös als Ertrag ausgewiesen.

Die dementsprechenden Buchungssätze lauten dann:

a) Kasse   1.428 €
   an Erlöse aus Anlageverkäufen   1.200 €
        USt   228 €

b) Aufwand aus Anlageabgang   600 €
   an Geschäftsausstattung   600 €

Diese Form der buchungsmäßigen Darstellung ist zulässig, denn durch diesen Lösungsweg wird die bestehende Verpflichtung zur Aufzeichnung der Bemessungsgrundlage für Zwecke der Umsatzsteuer (vgl. § 22 UStG) deutlich dokumentiert.

Gleichzeitig wird dem Saldierungsverbot nach § 246 Abs. 2 HGB Rechnung getragen.

Der Veräußerungsvorgang stellt umsatzsteuerrechtlich einen Hilfsumsatz dar, den der eigentliche Geschäftsbetrieb üblicherweise mit sich bringt. Es liegt somit ein Umsatz i. S. von § 1 Abs. 1 Nr. 1 UStG vor; Bemessungsgrundlage ist nach § 10 Abs. 1 UStG das Entgelt, das R für diesen Verkauf erhält – das sind 1.200 Euro. Die Steuer ist nach § 12 Abs. 1 UStG mit dem vollen Steuersatz zu berechnen, sodass die Umsatzsteuer 228 Euro (19 % von 1.200 Euro) beträgt.

Fall 62

Entnahme eines voll abgeschriebenen Anlageguts

Sachverhalt

Im Betriebsvermögen des Einzelunternehmers Simon Sauer (S), der einen Dachdeckerbetrieb führt, befindet sich ein älterer PKW, der ursprünglich mit Vorsteuerabzug angeschafft worden war, jetzt aber bereits bis auf den Erinnerungswert von 1 Euro abgeschrieben ist. Diesen PKW hat S seinem Sohn geschenkt, weil dieser eine Prüfung erfolgreich abgelegt hat. Zum Zeitpunkt der Übergabe an den Sohn werden Kraftfahrzeuge dieses Typs noch mit 400 Euro zzgl. Umsatzsteuer gehandelt.

Frage

Wie ist dieser Geschäftsvorgang buchungsmäßig zu behandeln?

Antwort

Buchungssatz:

Privatentnahmen	476 €	
an Anlagevermögen (Kfz)		1 €
Erträge aus Anlage-Entnahmen		399 €
USt		76 €

Begründung

Hierbei handelt es sich um eine Entnahme – § 4 Abs. 1 Satz 2 EStG. Die Bewertung der Entnahmen erfolgt gemäß § 6 Abs. 1 Nr. 4 EStG mit dem Teilwert; dadurch soll verhindert werden, dass durch eine Entnahme stille Reserven, die sich in der Zeit der Zugehörigkeit dieses Wirtschaftsguts zum Betriebsvermögen gebildet haben, der Besteuerung entgehen.

Die stillen Reserven drücken sich hier in der Tatsache aus, dass gleichartige Kfz noch mit (netto) 400 Euro gehandelt werden, obwohl durch die planmäßige Abschreibung tatsächlich dieser PKW bis auf den Erinnerungswert abgeschrieben ist.

Die zulässigerweise angesammelten stillen Reserven werden hier im Zeitpunkt der Entnahme aufgedeckt; der dadurch entstehende Entnahmegewinn gehört zum laufenden Gewinn des Betriebs (vgl. H 4.3 – Gewinnrealisierung – EStH).

Der Entnahmegewinn errechnet sich wie folgt:

	€
Entnahmewert	400
./. Buchwert	+ 1
Differenz = Entnahmegewinn	+ 399

Der verbleibende Differenzbetrag ist als Ertrag aus Anlage-Entnahmen zu erfassen.

Umsatzsteuerrechtlich wird die Entnahme einer entgeltlichen Lieferung gleichgestellt – § 3 Abs. 1b Nr. 1 UStG. Dieser Tatbestand wird jedoch nur dann der Umsatzsteuer unterworfen, wenn der Gegenstand beim Erwerb – ursprünglich – zum vollen oder teilweisen Vorsteuerabzug berechtigt hat – § 3 Abs. 1b Satz 2 UStG; dies ist im vorliegenden Fall erfüllt. Bemessungsgrundlage für die Berechnung der Umsatzsteuer ist nach § 10 Abs. 4 Nr. 1 UStG der Einkaufspreis zzgl. der Nebenkosten des entnommenen Gegenstands oder der Einkaufspreis für einen gleichwertigen Gegenstand – jeweils ohne Umsatzsteuer.

Der Nettoeinkaufspreis für einen Gegenstand zzgl. der Nebenkosten zum Zeitpunkt des Umsatzes entspricht regelmäßig den Wiederbeschaffungskosten; bei gebrauchten Gegenständen sind dabei die derzeitigen Preise für entsprechend gebrauchte Gegenstände heranzuziehen, hier also die 400 Euro. Der Steuersatz beträgt 19 %, mithin beträgt die anfallende Umsatzsteuer 76 Euro. Die entsprechende Umsatzsteuer darf den Gewinn nicht mindern – § 12 Nr. 3 EStG. Das wird dadurch erreicht, dass S diese anfallende Umsatzsteuer ebenfalls als Privatentnahme bucht.

Alternativlösung – vgl. Fall 61:

Als Alternativlösung können auch folgende Buchungen in Betracht kommen:

a) Privatentnahmen	476 €		
an Erlöse aus Anlagenverkäufen		400 €	
USt		76 €	
b) Aufwendungen aus Anlageabgängen	1 €		
an Kfz		1 €	

Fall 63

Ausscheiden eines Anlageguts und Erwerb eines neuen Anlageguts im Wege des Tauschs mit Baraufgabe

Sachverhalt

Theobald Thron (T) besitzt eine Fertigungsmaschine, die er im Rahmen seines Betriebs nicht mehr zweckentsprechend einsetzen kann. Er kauft daher ein neues Modell und gibt dabei seine gebrauchte Maschine in Zahlung. Vom Lieferanten erhält T folgende Rechnung:

	€	€
1 Fertigungsmaschine Typ 0077		62.000
+ 19 % USt		11.780
		73.780
./. in Zahlung genommene Maschine		
lt. Vereinbarung	11.000	
+ 19 % USt	2.090	13.090
		60.690

180

Zum Zeitpunkt des Erwerbs der neuen Maschine hatte die in Zahlung gegebene alte Maschine noch einen Buchwert von 8.000 Euro. Den verbleibenden – noch zu zahlenden – Betrag von 60.690 Euro tilgte T wie folgt:

10.690 Euro wurden sofort bar aus der Geschäftskasse bezahlt. Über die verbleibenden 50.000 Euro wurden vier Schuldwechsel über je 10.000 Euro ausgestellt und 10.000 Euro wurden von T aus dem Privatvermögen gezahlt. T ermittelt seinen Gewinn durch Betriebsvermögensvergleich; er ist zum vollen Vorsteuerabzug berechtigt.

Frage

1. Was versteht man unter „Tausch" und „Tausch mit Baraufgabe"?

2. Welche ertragsteuerrechtlichen Besonderheiten ergeben sich beim Tausch?

3. Wie berechnen sich die Anschaffungskosten beim Tausch mit Baraufgabe:

   a) bei demjenigen, der eine Zahlung leistet,

   und

   b) bei demjenigen, der die Zahlung erhält?

4. Wie ist der Vorgang bei T ertragsteuerlich zu behandeln, und wie lauten die Buchungssätze zur Erfassung des Tauschvorgangs?

Antwort und Begründung

1. Ein Tauschgeschäft liegt vor, wenn die Gegenleistung für ein erworbenes Wirtschaftsgut – ganz oder teilweise – in einer Hingabe eines anderen (= weggetauschten) Wirtschaftsguts besteht.

Zivilrechtlich finden gem. § 480 BGB die Vorschriften für den Kauf entsprechende Anwendung.

Sofern sich ein solcher Vorgang im betrieblichen Bereich ereignet, beinhaltet der Tausch damit einen Zugang eines Wirtschaftsguts in das Betriebsvermögen und gleichzeitig einen Abgang eines Wirtschaftsguts aus diesem Betriebsvermögen. Im Ergebnis ist also beim Tausch sowohl ein Anschaffungsgeschäft wie auch ein Veräußerungsgeschäft gegeben (vgl. § 6 Abs. 6 EStG und H 4.2 Abs. 1 – Wirtschaftsgut – Eingetauschte Wirtschaftsgüter – EStH).

Sind die getauschten Wirtschaftsgüter wertgleich, was nur selten der Fall sein wird, so spricht man von einem (reinen) „Tausch"; sind sie aber nicht wertgleich, so wird i. d. R. zum Ausgleich der Wertdifferenz von einem Geschäftspartner eine Zuzahlung geleistet.

In diesen Fällen spricht man von einem „Tausch mit Baraufgabe".

2. Handelsrechtlich sind bei dem erworbenen Wirtschaftsgut nach § 253 Abs. 1 HGB die Anschaffungskosten anzusetzen; steuerrechtlich bemessen sich die Anschaffungskosten nach dem gemeinen Wert des weggetauschten Wirtschaftsguts (vgl. § 6 Abs. 6 EStG).

Die Berücksichtigung des gemeinen Werts beim abgegebenen Wirtschaftsgut führt damit zwangsläufig zur Aufdeckung evtl. vorhandener stiller Reserven, soweit der gemeine Wert über dem Buchwert zum Zeitpunkt des Tauschs liegt.

Umsatzsteuerrechtlich liegen beim Tausch zwei Umsätze vor – ein Einkaufs-Umsatz und ein Verkaufs-Umsatz (vgl. § 3 Abs. 12 UStG).

Als Bemessungsgrundlage gilt nach § 10 Abs. 2 UStG dabei der Wert jedes Umsatzes als Entgelt für den anderen Umsatz; die Umsatzsteuer gehört jedoch nicht zum Entgelt. Für den zutreffenden Vorsteuerabzug ist es aber erforderlich, das der – eine Rechnung oder Gutschrift ausstellende – Unternehmer die Umsatzsteuer in der richtigen Höhe ausweist.

3. Beim Tausch mit Baraufgabe berechnen sich die Anschaffungskosten wie folgt:

Bei demjenigen, der eine Zuzahlung leistet:

Gemeiner Wert des hingegebenen Wirtschaftsguts			....
∕. der darin enthaltenen USt			....
+ geleisteter Zuzahlung	....		
∕. darin enthaltener USt	....	....	
= Anschaffungskosten			....

Bei demjenigen, der eine Zuzahlung erhält:

Gemeiner Wert des hingegebenen Wirtschaftsguts			....
∕. der darin enthaltenen USt			....
∕. erhaltener Zuzahlung	....		
∕. darin enthaltener USt	....	....	
= Anschaffungskosten			....

4. Die von T angeschaffte Fertigungsmaschine ist dem abnutzbaren Anlage-vermögen zuzurechnen. Die Bewertung ist handelsrechtlich nach § 253 Abs. 1 HGB und steuerrechtlich nach § 6 Abs. 6 EStG vorzunehmen, sodass die Anschaffungskosten anzusetzen sind.

Da die Bezahlung dieser Maschine zum Teil mit einer Gegenlieferung erfolgt, liegt ein Tausch mit Baraufgabe vor. Die Anschaffungskosten der gekauften Maschine berechnen sich dabei nach dem gemeinen Wert der hingegebenen Maschine (abzgl. der Umsatzsteuer) und den geleisteten Zuzahlungen.

Berechnung im Einzelnen:

	€	€
Gemeiner Wert der hingegebenen Maschine		13.090
∕ darin enthaltener USt		2.090
		11.000
+ geleisteter Zuzahlungen bzw. Verpflichtungen:		
Barzahlung	10.690	
private Zahlung	10.000	
Schuldwechsel	40.000	
	60.690	
∕ darin enthaltener USt		
(60.690 € ÷ 119 × 100)	9.690	51.000
Anschaffungskosten =		62.000

Die Umsatzsteuer gehört gemäß § 9b Abs. 1 EStG nicht zu den Anschaffungskosten, weil T zum vollen Vorsteuerabzug berechtigt ist.

Buchungssatz:

Maschinen (neu)	62.000 €	
VoSt	11.780 €	
an Maschinen (alt)		8.000 €
Erträge aus Anlageverkäufen		3.000 €
USt		2.090 €
Kasse		10.690 €
Privateinlage		10.000 €
Schuldwechsel		40.000 €

Die in Zahlung gegebene alte Maschine scheidet aus dem Betriebsvermögen
aus, sodass im Zeitpunkt des Ausscheidens die stillen Reserven aufzudecken
sind. Die stillen Reserven errechnen sich wie folgt:

	€
Verkaufserlös (= Wert, zu dem die alte Maschine in Zahlung genommen wurde)	13.090
∕ darin enthaltener USt	2.090
	11.000
∕ Buchwert zum Zeitpunkt des Ausscheidens aus dem Betriebsvermögen	8.000
Erträge aus den Anlageverkäufen =	3.000

Die Bezahlung von 10.000 Euro aus dem Privatvermögen stellt eine Privateinlage dar, die nach § 6 Abs. 1 Nr. 5 EStG mit dem Teilwert anzusetzen ist;
der Teilwert entspricht gemäß § 4 Abs. 1 Satz 8 EStG dem Nennwert, der
hier bei einer Geldeinlage dem Nennbetrag von 10.000 Euro entspricht.

Fall 64

Ausscheiden eines Wirtschaftsguts infolge Schenkung

Sachverhalt

Ulf Unger (U) betreibt eine Buchdruckerei und Buchbinderei. Er ermittelt seinen Gewinn nach § 5 EStG; umsatzsteuerlich ist er zum vollen Vorsteuerabzug berechtigt. Für seine Buchdruckerei hatte Unger vor Jahren eine Schüttelmaschine gekauft; diese Schüttelmaschine hatte zum 31.12.01 noch einen Buchwert von 120 Euro. Da U sich zwischenzeitlich ein neueres Modell angeschafft hatte, schenkt er diese gebrauchte Maschine am 02.01.02 seinem Geschäftsfreund Kolbe (K), der ebenfalls einen kleinen Buchdruckereibetrieb führt. U und K arbeiten gelegentlich zusammen, insbesondere dann, wenn es um Eilaufträge geht und U allein nicht termingerecht leisten kann.

Zum Zeitpunkt der Schenkung hat die Schüttelmaschine noch einen Teilwert von 150 Euro.

Frage

Wie lautet der Buchungssatz zur steuerlich richtigen Erfassung dieses Schenkungsvorgangs bei U?

Antwort

Abgang Restbuchwert (Geschenkaufwand)	120,00 €	
Entnahmen	28,50 €	
an Betriebseinrichtung		120,00 €
USt		28,50 €

Begründung

Die Schenkung ist offensichtlich betrieblich veranlasst. Bei U gehörte die Schüttelmaschine zum abnutzbaren Anlagevermögen; infolge der Schenkung scheidet sie nun aus dem Betriebsvermögen aus, sodass sie ab diesem Zeitpunkt auch nicht mehr aktiviert werden darf. Vielmehr ist der noch vorhandene Restbuchwert abzuschreiben bzw. als Aufwand zu erfassen. Zu prüfen bleibt, ob sich diese Aufwandsbuchung einkommensteuerrechtlich gewinnmindernd auswirken darf. Durch den Schenkungsvorgang entsteht ein Aufwand i. H. von 120 Euro. Gemäß § 4 Abs. 5 Nr. 1 EStG dürfen Betriebsausgaben den Gewinn nicht mindern, wenn Aufwendungen für Geschenke an solche Personen entstehen, die nicht Arbeitnehmer des Schenkenden sind, und die dort genannte Freigrenze von 35 Euro überschritten ist; das Abzugsverbot gilt aber dann nicht, wenn das zugewendete Wirtschaftsgut beim Empfänger ausschließlich betrieblich genutzt werden kann (R 4.10 Abs. 2 Satz 4 EStR). Diese Voraussetzung dürfte bei der hingegebenen Schüttelmaschine gegeben sein, sodass infolgedessen der durch die Schenkung verursachte Aufwand als Betriebsausgabe zulässigerweise den Gewinn mindern kann.

Zu prüfen bleibt außerdem, ob dieser Schenkungsvorgang umsatzsteuerlich zu berücksichtigen ist.

Infolge der Schenkung liegt zwar eine Lieferung i. S. von § 1 Abs. 1 Nr. 1 UStG vor, die jedoch unentgeltlich erfolgte; infolgedessen kann es insoweit nicht zu einer Besteuerung kommen, weil es an einem entsprechenden Entgelt mangelt.

Die Schenkung wird aber andererseits einer Lieferung gegen Entgelt gleichgestellt, da sie eine unentgeltliche Zuwendung darstellt und es sich nicht um geringwertige Geschenke oder Warenmuster handelt (§ 3 Abs. 1b Nr. 3 UStG).

Allerdings unterliegt dieser Tatbestand nur dann der Umsatzsteuer, wenn die Anschaffungs- oder Herstellungskosten zum Vorsteuerabzug berechtigt haben (§ 3 Abs. 1b Satz 2 UStG); das ist in diesem Fall erfüllt. Damit soll ein umsatzsteuerlich unbelasteter Letztverbrauch vermieden werden.

Trotzdem entfällt die Steuerbarkeit aber auch dann nicht, wenn der Empfänger die zugewendeten Geschenke in seinem Unternehmen verwendet.

Bemessungsgrundlage sind gem. § 10 Abs. 4 Nr. 1 UStG die Wiederbeschaffungskosten (Einkaufspreis) im Zeitpunkt des Umsatzes (hier des Schenkungsvorgangs), also der Teilwert von 150 Euro. Bei einem Steuersatz von 19 % beträgt die zu zahlende Umsatzsteuer = 28,50 Euro.

Dieser Fall führt umsatzsteuerlich und ertragsteuerlich zu verschiedenen Ergebnissen. Obwohl weder eine Entnahme noch eine nichtabzugsfähige Betriebsausgabe vorliegt, darf die zu zahlende Umsatzsteuer ertragsteuerlich den Gewinn nicht mindern.

Dies wird buchungstechnisch – vereinfachend – am ehesten dadurch erreicht, dass i. H. der Umsatzsteuerverbindlichkeit von 28,50 Euro eine Privatentnahme gebucht wird, um damit die korrekte Gewinnauswirkung von (minus) 120 Euro zu erreichen.

Fall 65

Ausscheiden von Wirtschaftsgütern, die als (Werbe-)Geschenke kostenlos abgegeben werden

Sachverhalt

Viktor Veit (V) ist Handelsvertreter und gleichzeitig Inhaber eines Handelsunternehmens. Er ist aus beruflichen Gründen an einer guten Zusammenarbeit mit einer Vielzahl von Geschäftspartnern interessiert. So hat er z. B.

aus Anlass des 40. Geburtstages des Buchhalters der Firma Knolle KG diesem am 02.04.01 einen Karton mit 12 Flaschen Wein der Marke „Hattenheimer Hassel-Auslese" überreicht. Die einzelnen Flaschen tragen auf der Rückseite einen dauerhaft angebrachten Aufkleber, der auf die Firma Veit hinweist. V selbst hatte diese 12 Flaschen am 31.03.01 bei dem Großhändler Rebe in Rüdesheim für 100 Euro zzgl. 19 Euro gesondert ausgewiesener Umsatzsteuer (auf Rechnung) gekauft. Der normale Verkaufspreis für diesen Wein beträgt 19,10 Euro pro Flasche.

Frage

Wie ist dieser Sachverhalt steuerlich zu beurteilen und wie lauten die Buchungssätze zur steuerlich zutreffenden Erfassung?

Antwort und Begründung

Hier liegt eine unentgeltliche Zuwendung an eine Person vor, die nicht als Arbeitnehmer bei dem Betriebsinhaber beschäftigt ist. Der Anlass der Zuwendung liegt offensichtlich im betrieblichen Bereich, denn im Vordergrund steht die Kontaktpflege zu Händlern und Geschäftspartnern.

Insoweit handelt es sich um nichtabzugsfähige Betriebsausgaben, weil die Anschaffungskosten 35 Euro übersteigen.

> Ein Betriebsausgabenabzug käme nach § 4 Abs. 5 Satz 1 Nr. 1 EStG nur in Betracht, wenn
>
> – die Anschaffungskosten/Herstellungskosten pro Empfänger und Wirtschaftsjahr insgesamt 35 Euro (= Freigrenze) nicht übersteigen oder der Geschenkgegenstand ausschließlich betrieblich genutzt werden könnte (vgl. R 4.10 Abs. 2 EStR)
>
> und
>
> – die Aufwendungen einzeln und getrennt von den sonstigen Betriebsausgaben aufgezeichnet würden (§ 4 Abs. 7 EStG).

Bei Berechnung der Freigrenze von 35 Euro ist § 9b Abs. 1 EStG zu beachten, wonach die Vorsteuer nur dann zu den Anschaffungs- bzw. Herstellungskosten zählt, soweit sie nichtabzugsfähig ist.

Der Gesamtwert des Geschenks übersteigt hier die in § 4 Abs. 5 Satz 1 Nr. 1 EStG genannte Freigrenze von 35 Euro; eine ausschließlich betriebliche Verwendung bzw. Nutzung dürfte ebenfalls nicht in Betracht kommen, sodass diese Aufwendungen den Gewinn nicht mindern dürfen – es handelt sich somit um nichtabzugsfähige Betriebsausgaben i. H. von 119 Euro.

Die in der Rechnung gesondert ausgewiesene Umsatzsteuer berechtigt den Handelsvertreter V grundsätzlich zum Vorsteuerabzug. Nach § 15 Abs. 1a Satz 1 UStG sind jedoch Vorsteuerbeträge nicht abziehbar, wenn sie auf solche Aufwendungen entfallen, bei denen das Abzugsverbot des § 4 Abs. 5 Satz 1 Nr. 1 EStG greift.

Somit ist beim Erwerb der 12 Flaschen Wein die in der Rechnung ausgewiesene Umsatzsteuer von 19 Euro nicht als Vorsteuer abziehbar.

Sofern für V die dementsprechende Verwendung als Geschenk bereits zum Zeitpunkt des Erwerbs des Weins feststand, musste er wie folgt buchen:

Werbeaufwand		
(= nichtabzugsfähige Betriebsausgaben)	119 €	
an Sonstige Verbindlichkeiten		119 €

Eine buchungsmäßige Erfassung auf einem gesonderten Aufwandskonto ist regelmäßig wegen der besonderen Aufzeichnungspflicht gemäß § 4 Abs. 7 EStG erforderlich.

Da die Geschenkkosten insoweit über ein betriebliches Aufwandskonto erfasst wurden, jedoch in der gebuchten Höhe von 119 Euro aber keine Gewinnminderung erzielt werden darf, kann ein Ausgleich nur dadurch erreicht werden, dass der gebuchte Betrag am Ende des Wirtschaftsjahres – außerhalb der Bilanz – dem steuerlich ermittelten Bilanzgewinn wieder hinzugerechnet wird.

Stand jedoch im Zeitpunkt des Erwerbs eines Gegenstands eine mögliche Verwendung als Geschenk noch nicht fest, so wird in einem solchen Fall der Erwerbsvorgang normal – unter Berücksichtigung des vollen Vorsteuerabzugs – buchungsmäßig erfasst werden.

Bei einer späteren Verwendung als Geschenk i. S. von § 4 Abs. 5 Satz 1 Nr. 1 EStG (= nicht abziehbare Betriebsausgabe) müsste umsatzsteuerrechtlich eine Vorsteuerkorrektur nach § 17 Abs. 2 Nr. 5 UStG durchgeführt werden; eine solche Korrektur muss in dem Voranmeldungszeitraum veranlasst werden, in dem die Voraussetzungen nach § 4 Abs. 5 Satz 1 Nr. 1 EStG eingetreten sind.

Ertragsteuerlich müsste in einem solchen Fall ebenfalls eine Gewinnkorrektur – wie oben dargestellt – außerhalb der Bilanz durchgeführt werden.

Fall 66

Pachtzahlungen als Rechnungsabgrenzungsposten

Sachverhalt

Irene Ittel (I) betreibt einen Getränkegroßhandel. Sie ermittelt ihren Gewinn nach § 5 EStG; das Wirtschaftsjahr entspricht dem Kalenderjahr. Am 14.06.01 hat Frau I mit Herrn Jammer (J) einen Pachtvertrag über einen nahe gelegenen Lagerplatz abgeschlossen, um auf diesem Platz einen Teil ihrer Fahrzeuge abzustellen. Nach diesem Vertrag steht I die Nutzung dieses Lagerplatzes für die nächsten fünf Jahre zu. Der Pachtzins ist lt.

Vertrag jeweils am 01.07. eines Kalenderjahres für ein ganzes Jahr im Voraus fällig. Den ersten Jahres-Pachtzins i. H. von 1.800 Euro hat I am 02.07.01 vom betrieblichen Bankkonto an J überwiesen.

Frage

1. Unter welchen Voraussetzungen können Rechnungsabgrenzungsposten (RAP) im Allgemeinen gebildet werden?
2. Wie ist der Geschäftsvorfall richtig zu buchen?
3. Wie wirkt sich die Buchung auf das Kapital und den Erfolg aus?

Antwort

1. Es müssen drei Voraussetzungen vorliegen:

– Es muss sich um eine Betriebseinnahme oder eine Betriebsausgabe vor dem Bilanzstichtag handeln.

– Die geleistete Betriebseinnahme bzw. Betriebsausgabe muss zum Teil wirtschaftlich ein nachfolgendes Wirtschaftsjahr betreffen (der Erfolg darf zum Teil erst nach dem Abschlussstichtag wirksam werden).

– Der Erfolg (also Ertrag oder Aufwand) muss eine bestimmte Zeit nach dem Bilanzstichtag betreffen.

2. Buchungssatz:

Pachtaufwendungen	900 €	
Aktive Rechnungsabgrenzung	900 €	
an Bank		1.800 €

3. Kapitalauswirkung: ⁒ 900 €
Gewinnauswirkung: ⁒ 900 €

Begründung

Rechnungsabgrenzungsposten dienen dem Grundsatz der periodengerechten Gewinnermittlung. Nach § 242 Abs. 2 HGB hat der Kaufmann für den Schluss eines jeden Geschäftsjahres eine GuV-Rechnung aufzustellen und darin die Aufwendungen und Erträge „des Geschäftsjahres" gegenüberzustellen; dabei sind nach § 252 Abs. 1 Nr. 5 HGB die Aufwendungen und Erträge unabhängig von dem Zeitpunkt der entsprechenden Zahlung zu berücksichtigen. Geschäftsvorfälle sind somit zunächst dem entsprechenden Geschäftsjahr zuzuordnen. Ertragsteuerrechtlich ergibt sich diese Zuordnung aus § 4a EStG, der die Regelungen über den Gewinnermittlungszeitraum beinhaltet; der dabei im Steuerrecht verwendete Begriff „Wirtschaftsjahr" entspricht dem handelsrechtlichen Begriff „Geschäftsjahr".

Der Grundsatz der periodengerechten Gewinnermittlung ist handelsrechtlich im Einzelnen in § 250 HGB geregelt; die vergleichbare steuerrechtliche Regelung ergibt sich aus § 5 Abs. 5 EStG. Hiernach kommen Rechnungsabgrenzungsposten nur für sog. transitorische Posten in Betracht, d. h., nur Ausgaben oder Einnahmen vor dem Bilanzstichtag (für eine bestimmte Zeit danach) können insoweit berücksichtigt werden.

Sogenannte antizipative Posten (Ausgaben oder Einnahmen nach dem Bilanzstichtag, die Aufwand oder Ertrag für einen Zeitraum vor diesem Tag darstellen) dürfen als Rechnungsabgrenzungsposten ertragsteuerlich nur in den Fällen des § 5 Abs. 5 Satz 2 EStG ausgewiesen werden; im Übrigen sind sie als Forderungen oder Verbindlichkeiten zu erfassen (vgl. R 5.6 Abs. 3 EStR).

Im vorgegebenen Sachverhalt ist am 02.07.01 eine Ausgabe geleistet worden, bei der es sich um eine Betriebsausgabe i. S. von § 4 Abs. 4 EStG handelt, denn die Zahlung ist betrieblich veranlasst. Diese Zahlung betrifft wirtschaftlich zum Teil das Jahr 01 und zum Teil das Jahr 02. Zur Ermittlung des steuerlich richtigen (periodengerechten) Gewinns darf sich für das Wirtschaftsjahr 01 nur der Anteil gewinnmindernd auswirken, der Aufwand dieses Jahres darstellt. Aufwand jedoch liegt nur in der Höhe der Pachtzahlungen vor, soweit sie sich auf die Monate Juli bis Dezember 01 beziehen (900 Euro). Die restlichen 900 Euro stellen Aufwand des Jahres 02 dar und müssen deshalb zur richtigen Gewinnermittlung abgegrenzt werden, weil der Zahlungsvorgang noch im Jahr 01 liegt. Insoweit, als sich diese Betriebsausgabe (vor dem 31.12.01) auf die Zeit von Januar 02 bis Juni 02 bezieht und damit Aufwand des Wirtschaftsjahres 02 darstellt, ist handelsrechtlich nach § 250 Abs. 1 HGB und steuerrechtlich nach § 5 Abs. 5 Nr. 1 EStG ein aktiver Rechnungsabgrenzungsposten zu bilden – weil für eine bestimmte Zeit nach dem Abschlussstichtag (vgl. R 5.6 Abs. 2 EStR). Da von vornherein feststeht, dass der am 02.07.01 gezahlte Betrag wirtschaftlich das Jahr 01 und das Jahr 02 betrifft, kann sofort bei Bezahlung eine entsprechende Aufteilung vorgenommen werden.

Alternativlösung

Würde im Zeitpunkt der Zahlung (02.07.01) der volle Betrag zunächst auf das Konto „Pachtaufwendungen" gebucht, so müsste der entsprechende Buchungssatz wie folgt lauten:

Pachtaufwendungen	1.800 €	
an Bank		1.800 €
Kapitalauswirkung:	⁒ 1.800 €	
Erfolgsauswirkung:	⁒ 1.800 €	

In diesem Fall müsste zur richtigen Gewinnermittlung im Rahmen der vorbereitenden Abschlussbuchungen folgende Umbuchung vorgenommen werden:

Aktive Rechnungsabgrenzung	900 €	
an Pachtaufwendungen		900 €
Kapitalauswirkung:	+ 900 €	
Erfolgsauswirkung:	+ 900 €	

Fall 67

Mietzahlungen als Rechnungsabgrenzungsposten

Sachverhalt

Klaus Kunz (K) ist Buchhändler; er ermittelt seinen Gewinn durch Betriebs-vermögensvergleich. Sein Wirtschaftsjahr entspricht dem Kalenderjahr. K hat in seinem Betriebsgebäude in der Innenstadt ein ganzes Stockwerk an den Rechtsanwalt Lemmer (L) vermietet. Laut Mietvertrag ist die Miete jeweils monatlich am 1. eines Monats fällig. Da L nach Weihnachten eine Weltreise antreten möchte, hat er die Januar-Miete für das Jahr 02 dem K mit der Dezember-Miete am 01.12.01 bar ausgehändigt. K hat diesen Betrag i. H. von insgesamt 1.600 Euro dazu verwendet, seiner Ehefrau ein Weih-nachtsgeschenk zu kaufen.

Frage

1. Wann werden Rechnungsabgrenzungsposten gebildet und wann werden sie wieder aufgelöst?

2. Wie ist dieser Geschäftsvorfall zutreffend zu buchen?

3. Wie wirkt sich die Buchung auf das Kapital und den Erfolg aus?

Antwort und Begründung

1. Erforderliche Rechnungsabgrenzungsposten werden im Allgemeinen im Rahmen der vorbereitenden Abschlussbuchungen gebildet. Sie können jedoch auch schon im Laufe des Wirtschaftsjahres gebildet werden, wenn zu erkennen ist, dass bei Geschäftsvorfällen Betriebseinnahmen oder Betriebs-ausgaben sich zum Teil wirtschaftlich auf ein folgendes Wirtschaftsjahr beziehen.

In einer Bilanz ausgewiesene Rechnungsabgrenzungsposten haben die Auf-gabe, Betriebseinnahmen und Betriebsausgaben buchungsmäßig in das Jahr zu übertragen, in das sie wirtschaftlich (als Ertrag oder Aufwand) gehören.

Daraus ergibt sich als Folge, dass solche gebildeten Rechnungsabgrenz-ungsposten in dem Folgejahr aufzulösen sind, in dem sie tatsächlich Ertrag bzw. Aufwand darstellen; die Auflösung der gebildeten Rechnungsabgrenz-ungsposten geschieht regelmäßig sofort nach den Eröffnungsbuchungen am Jahresanfang.

2. Bei den von L erhaltenen Mieten handelt es sich um Betriebseinnahmen, denn sie sind betrieblich veranlasst. Die am 01.12.01 vereinnahmte Miete für den Januar 02 stellt damit im Zeitpunkt der Vereinnahmung zwar eine Betriebseinnahme dar, sie ist wirtschaftlich aber dem Jahr 02 zuzuordnen. Es handelt sich dabei um eine Betriebseinnahme vor dem Bilanzstichtag, die

190

aber Ertrag für eine bestimmte Zeit danach ist. Folglich muss K handels-rechtlich nach § 250 Abs. 2 HGB und steuerrechtlich gemäß § 5 Abs. 5 Nr. 2 EStG insoweit einen passiven Rechnungsabgrenzungsposten bilden.

Da das vereinnahmte Geld für private Zwecke verwendet wurde, liegt gleichzeitig eine Privatentnahme vor; entnommen wurde das Bargeld. Privatentnahmen sind nach § 6 Abs. 1 Nr. 4 EStG mit dem Teilwert anzu-setzen; der Teilwert entspricht hier dem Nennbetrag von 1.600 Euro.

Buchungssätze:

a) Kasse   1.600 €
   an Passive Rechnungsabgrenzung   800 €
       Mieterträge   800 €
b) Privatentnahmen   1.600 €
   an Kasse   1.600 €

Man könnte diesen Vorgang auch in einem Buchungssatz zusammenfassen, der dann wie folgt lautet und auch zur gleichen Kapital- und Gewinnaus-wirkung führt:

Privatentnahmen   1.600 €
an Passive Rechnungsabgrenzung   800 €
    Mieterträge   800 €

3. Die Buchung des Rechnungsabgrenzungspostens ist erfolgsneutral, die Privatentnahme jedoch vermindert das Kapital um 1.600 Euro. Nur die Dezember-Miete i. H. von 800 Euro erhöht den Gewinn und das Kapital des Jahres 01.

Fall 68

Fällige Mietzahlungen als sonstige Forderungen

Sachverhalt

Der Buchhändler Kunz (K) (vgl. Fall 67) hat zwei weitere Büroräume in sei-nem Betriebsgebäude an den Kunsthändler Faul (F) vermietet. Die monat-liche Miete beträgt 200 Euro und ist jeweils am letzten Tag des Monats fällig. F ist regelmäßig mit seiner Miete im Rückstand. Die Miete für die Monate November 01 und Dezember 01 hat F zusammen mit der Miete für Januar 02 (insgesamt also 600 Euro) erst am 03.02.02 bar bezahlt.

Frage

1. Worin besteht der Unterschied zwischen Rechnungsabgrenzungsposten einerseits und sonstigen Forderungen und sonstigen Verbindlichkeiten andererseits?

2. Wie ist der Vorgang zu buchen:
   a) im Rahmen der vorbereitenden Abschlussbuchungen?
   b) im Zeitpunkt der Zahlung?
3. Wie wirken sich die Buchungen auf das Kapital und den Erfolg aus?

Antwort und Begründung

1. Einnahmen und Ausgaben (also Betriebseinnahmen oder Betriebsausgaben), die vor dem Abschlussstichtag geleistet werden, jedoch Ertrag bzw. Aufwand für eine bestimmte Zeit nach diesem Tag darstellen, führen zur Bildung von Rechnungsabgrenzungsposten (sogenannte transitorische Posten – vgl. R 5.6 Abs. 1 EStR).

Abgrenzungsposten in Form von sonstigen Forderungen und sonstigen Verbindlichkeiten sind dagegen zu bilden, wenn Betriebseinnahmen bzw. Betriebsausgaben nach dem Bilanzstichtag geleistet werden, die jedoch Ertrag bzw. Aufwand für einen Zeitraum vor diesem Bilanzstichtag darstellen; insoweit handelt es sich um sogenannte antizipative Posten (vgl. hierzu R 5.6 Abs. 3 EStR).

2. Die Mieteinnahmen stellen Betriebseinnahmen dar, denn sie sind betrieblich veranlasst. Dabei ist zu beachten, dass diese Mieten dem Wirtschaftsjahr zuzuordnen sind, zu dem sie gehören (in dem ihr Anlass bzw. ihre Ursache liegt). Folglich sind die Mieten für die Monate November 01 und Dezember 01 auch in diesem Jahr zu erfassen. Ein Zahlungsvorgang in diesem abgelaufenen Jahr 01 ist nicht feststellbar; tatsächlich ist diese rückständige Miete ja auch erst im Februar 02 bezahlt worden. Die noch ausstehende Miete für die beiden Monate November 01 und Dezember 01 muss daher im Rahmen der vorbereitenden Abschlussbuchungen erfolgsmäßig erfasst und als sonstige Forderung ausgewiesen werden.

Beim tatsächlichen Zahlungseingang ist die Forderung dann wieder (erfolgsneutral) aufzulösen. Die am 03.02.02 gleichzeitig eingegangene Miete für 01.02 stellt Ertrag des Wirtschaftsjahres 02 dar und ist auf dem Mietertrags-Konto zu buchen.

Buchungssatz per 31.12.01:

a) Sonstige Forderungen	400 €	
an Mieterträge		400 €

Buchungssatz per 03.02.02:

b) Kasse	600 €	
an Sonstige Forderungen		400 €
Mieterträge		200 €

3.
a) Kapitalauswirkung:	+	400 €	
Erfolgsauswirkung:	+	400 €	
b) Kapitalauswirkung:	+	200 €	
Erfolgsauswirkung:	+	200 €	

Fall 69

Sonstige Verbindlichkeiten im Zusammenhang mit der Lohnzahlung

Sachverhalt

Max Meixel (M) ist Kohle- und Heizöl-Händler; er ermittelt seinen Gewinn nach § 5 EStG; das Wirtschaftsjahr entspricht dem Kalenderjahr. Infolge der Arbeitsbelastung im Dezember 01 konnte M seinen Arbeitnehmern den Lohn für diesen Monat nicht bis zum 31.12.01 einzeln berechnen. Deshalb zahlte er am 31.12.01 einen Lohnabschlag i. H. von 28.000 Euro durch Banküberweisung. Der Buchhalter errechnete in den ersten Tagen des Januar 02 die genauen Löhne und ermittelte folgende Werte für den Monat Dezember 01:

	€
Bruttolöhne einschließlich Weihnachtsgeld	38.200
einzubehaltende Abzugsbeträge:	
a) Lohnsteuer	3.400
b) Kirchensteuer	200
c) Beiträge zur Sozialversicherung	4.200

Der Arbeitgeberanteil zur gesetzlichen Sozialversicherung wurde mit 4.200 Euro errechnet. Die über die Abschlagszahlung hinausgehenden Beträge wurden am 10.01.02 (soweit es die Löhne betraf) bar ausbezahlt, und die einbehaltenen Abzugsbeträge wurden am 14.01.02 vom betrieblichen Bankkonto überwiesen.

Frage

1. Wann sind sonstige Forderungen und sonstige Verbindlichkeiten zu bilden und aufzulösen?

2. Wie sind die im Sachverhalt angegebenen Vorgänge zu buchen:

   a) im Jahr 01?
   b) im Jahr 02?

Antwort und Begründung

1. Bei zu erfassenden sonstigen Forderungen und sonstigen Verbindlichkeiten handelt es sich um Betriebseinnahmen bzw. Betriebsausgaben nach dem Bilanzstichtag, die Ertrag bzw. Aufwand für einen Zeitraum vor diesem Tag darstellen. In diesen Fällen ist ein Zahlungsvorgang im abgelaufenen Jahr nicht festzustellen; trotzdem muss jedoch ein entsprechender Ertrag oder Aufwand im alten Jahr ausgewiesen werden, damit der steuerlich richtige (periodengerechte) Gewinn ermittelt werden kann. Folglich müssen im

Rahmen der vorbereitenden Abschlussbuchungen solche sonstigen Forderungen und sonstige Verbindlichkeiten gebucht werden; es werden im Ergebnis Betriebseinnahmen und Betriebsausgaben schon als Ertrag bzw. Aufwand erfasst, obwohl ihre tatsächliche Vereinnahmung und Verausgabung erst nach dem Bilanzstichtag eintritt (sog. antizipative Posten) – vgl. R 5.6 Abs. 3 EStR.

Auch die beiden Konten „Sonstige Forderungen" und „Sonstige Verbindlichkeiten" haben die Aufgabe, Betriebseinnahmen und Betriebsausgaben buchungsmäßig dem Wirtschaftsjahr zuzuordnen, zu dem sie wirtschaftlich gehören.

Die Auflösung dieser Abgrenzungsposten erfolgt dann im Folgejahr, wenn der tatsächliche Zahlungseingang (bei sonstigen Forderungen) bzw. der Zahlungsausgang (bei sonstigen Verbindlichkeiten) festgestellt wird.

2. Bis zum 31.12.01 sind bezüglich der Löhne noch nicht alle Aufwendungen erfasst; von der Lohnzahlung für Dezember 01 konnte lediglich der Wert der Abschlagszahlung gebucht werden. Zur Ermittlung des steuerlich richtigen Gewinns müssen jedoch alle Aufwendungen, die im Zusammenhang mit der Beschäftigung von Arbeitnehmern anfallen, als Aufwand erfasst werden, soweit sie das abgelaufene Wirtschaftsjahr betreffen. Die noch nicht erfassten endgültigen Werte (noch ausstehende Lohnzahlung, einbehaltene Abzugsbeträge und Arbeitgeberanteil zur gesetzlichen Sozialversicherung) stellen danach auch noch Aufwand des Wirtschaftsjahres 01 dar; sie müssen (spätestens) im Rahmen der vorbereitenden Abschlussbuchungen noch buchungsmäßig erfasst und als sonstige Verbindlichkeiten ausgewiesen werden.

Zur Ermittlung der zum 31.12.01 noch zu erfassenden Werte sind die Aufwendungen zu berechnen und aufzugliedern:

		€
Bruttolöhne		38.200
∕. Abschlagszahlung		28.000
verbleibt noch zu erfassender Lohnaufwand		10.200
hiervon sind einzubehalten:		
a) Lohnsteuer	3.400	
b) Kirchensteuer	200	
c) Beiträge zur Sozialversicherung	4.200	7.800
noch auszuzahlende Löhne		2.400

Im Zeitpunkt der Abschlagszahlung (am 31.12.01) ist wie folgt zu buchen:

Lohnaufwand	28.000 €	
an Bank		28.000 €

Nachdem die genauen Werte ermittelt sind, ist nachträglich zum 31.12.01 wie folgt zu buchen:

Lohnaufwand	10.200 €	
an Sonstige Verbindlichkeiten (noch abzuführende Lohnsteuer)		3.400 €
Sonstige Verbindlichkeiten (noch abzuführende Kirchensteuer)		200 €
Sonstige Verbindlichkeiten (noch abzuführende Sozialversicherungsbeiträge)		4.200 €
Sonstige Verbindlichkeiten (noch auszuzahlende Löhne)		2.400 €

Daneben muss – ebenfalls zum 31.12.01 – auch noch der Arbeitgeberanteil zur gesetzlichen Sozialversicherung aufwandsmäßig erfasst werden, denn auch diese Kosten sind wirtschaftlich dem Jahr 01 zuzuordnen:

Gesetzliche soziale Aufwendungen	4.200 €	
an Sonstige Verbindlichkeiten (noch abzuführende Sozialversicherungsbeiträge)		4.200 €

Bei Barauszahlung der Restlöhne bzw. Überweisung der noch abzuführenden Beträge im Januar 02 ist wie folgt zu buchen:

Sonstige Verbindlichkeiten (noch zu zahlende Löhne)	2.400 €	
an Kasse		2.400 €
Sonstige Verbindlichkeiten (noch abzuführende Lohnsteuer und Kirchensteuer)	3.600 €	
an Bank		3.600 €
Sonstige Verbindlichkeiten (noch abzuführende Sozialversicherungsbeiträge)	8.400 €	
an Bank		8.400 €

Fall 70

Abgrenzung zwischen Rechnungsabgrenzungsposten und laufenden Aufwendungen

Sachverhalt

Nepomuk Nägele (N) führt einen Eisenwarengroßhandel; er ermittelt seinen Gewinn nach § 5 EStG; sein Wirtschaftsjahr entspricht dem Kalenderjahr. Als Unternehmer ist er zum vollen Vorsteuerabzug berechtigt. N sind in den Monaten November 01 und Dezember 01 insgesamt 12.000 Euro Kosten für Werbezwecke + 2.280 Euro Umsatzsteuer entstanden. Es handelt sich dabei um eine Werbeschrift, mit der er seiner Kundschaft ein neues Heimwerker-Sortiment vorstellen will, das ganz neu auf dem Markt erschienen ist. Da sich nach Ansicht von N der wirtschaftliche Erfolg der Werbung für diese neuen Erzeugnisse zum größeren Teil in den kommenden Jahren auswirken wird, will N diese Aufwendungen auf die Jahre 02 bis 06 verteilen. Aus diesem Grund hat er diese Aufwendungen bei Bezahlung im Dezember 01 wie folgt gebucht:

Werbeaufwand	2.000 €	
Aktive Rechnungsabgrenzung	10.000 €	
Vorsteuer	2.280 €	
an Bank		14.280 €

Frage

Hat N die Werbeaufwendungen richtig gebucht?

Antwort

Nein; hier konnte ein Rechnungsabgrenzungsposten nicht gebildet werden.

Begründung

Sowohl nach handelsrechtlichen (§ 250 Abs. 1 und Abs. 2 HGB) als auch nach steuerrechtlichen Grundsätzen (§ 5 Abs. 5 EStG) kommen Rechnungsabgrenzungsposten nur unter bestimmten Voraussetzungen zum Ansatz. Ausgehend von den allgemeinen Grundsätzen der Gewinnermittlung durch Betriebsvermögensvergleich sind dabei Betriebseinnahmen und Betriebsausgaben immer dem Wirtschaftsjahr (als Ertrag und Aufwand) zuzuordnen, zu dem sie wirtschaftlich gehören.

Die im Sachverhalt angesprochenen Werbeaufwendungen sind zwar transitorische Posten (im weiteren Sinn), aber sie stellen nicht Aufwendungen für eine bestimmte Zeit nach dem Abschlussstichtag dar. Diese Aufwendungen sind im Jahr 01 entstanden und damit auch diesem Jahr zuzurechnen. Eine Aufteilung und wirtschaftliche Zuordnung auf die Jahre bis 06 wäre nur dann möglich, wenn konkrete Anhaltspunkte für eine solche Aufteilung vorliegen würden, d. h., wenn von vornherein ein bestimmter Zeitabschnitt bestimmbar wäre. Nur dann wäre die Bildung eines Rechnungsabgrenzungspostens zulässig, weil dann insoweit dem Grundsatz der periodengerechten Gewinnermittlung Rechnung getragen wird; eine solche „bestimmte Zeit" nach dem Abschlussstichtag liegt hier aber nicht vor, weil die abzugrenzenden Ausgaben nicht für einen (abgrenzbar messbaren) Zeitraum gezahlt werden.

Wenn sich – wie hier – ein Zeitraum nur im Schätzungsweg ermitteln lässt, reicht dies ebenfalls nicht aus (vgl. H 5.6 – Bestimmte Zeit nach dem Abschlussstichtag – EStH).

Aus diesem Grund ist eine Abgrenzung nicht möglich und die Bildung eines Rechnungsabgrenzungspostens unzulässig; vielmehr stellen die Werbeaufwendungen in vollem Umfang Aufwand des Wirtschaftsjahres 01 dar.

Infolgedessen muss die vorgenommene Buchung mit dem folgenden Buchungssatz korrigiert werden:

> Werbeaufwand   10.000 €
> **an** Aktive Rechnungsabgrenzung   10.000 €

Fall 71

Zeitpunkt der Erfassung einer Garantie-Rückstellung

Sachverhalt

Der Maschinenhersteller Olaf Oller (O) ermittelt seinen Gewinn nach § 5 EStG (Wirtschaftsjahr = Kalenderjahr).

Bei der Spezialanfertigung einer Werkzeugmaschine hat O einem seiner – für ihn geschäftlich wichtigen – Kunden gegenüber eine einjährige Garantieverpflichtung in Aussicht gestellt, da dieser Kunde angedeutet hat, dass er noch weitere Maschinen des gleichen Modells bestellen will. Oller möchte aus diesem Grund zum 31.12.03 eine Rückstellung i. H. von 2.000 Euro bilden, zumal er bei drei vergleichbaren Maschinen in den letzten Jahren jeweils aufgrund nicht genau erkennbarer Mängel in der Anfangsphase des Maschineneinsatzes einen Nachlass i. H. von etwa 3.000 Euro zugestanden hatte. Damit wollte O rein vorsorglich das Risiko einer tatsächlichen Inanspruchnahme aus der gegebenen Zusage abfangen.

Frage

1. Was soll mit der Bildung einer Rückstellung erreicht werden?
2. Worin unterscheiden sich Rückstellungen von Verbindlichkeiten?
3. Wann und wie erfolgt die Bildung einer Rückstellung?
4. Welche Buchungen sind aufgrund der genannten Vorgänge im Rahmen der vorbereitenden Abschlussbuchungen für den Jahresabschluss zum 31.12.03 erforderlich?

Antwort und Begründung

1. Rückstellungen im eigentlichen Sinn sind kapital- und gewinnmindernde Posten der Passivseite einer Bilanz; solche Rückstellungen kommen allgemein in Betracht für ungewisse Verbindlichkeiten, die das abgelaufene Geschäftsjahr betreffen und aber dem Grunde bzw. der Höhe nach noch ungewiss sind. Die Bildung einer Rückstellung hat letztlich zum Ziel, den periodengerecht richtigen Gewinn zu ermitteln. Die Notwendigkeit der

Bildung solcher Rückstellungen ergibt sich aus dem sog. Aufwands- und Ertragsprinzip. Durch die Bildung einer Rückstellung im Wege einer Aufwandsbuchung und der damit verbundenen Bildung eines Passivpostens „Rückstellungen für . . ." in der Bilanz wird der Gewinn des betreffenden Jahres in dieser Höhe gemindert.

Handelsrechtlich sind Rückstellungen nach § 249 HGB zu bilden. Steuerrechtlich sind Rückstellungen, die handelsrechtlich geboten sind, aufgrund des Maßgeblichkeitsgrundsatzes (§ 5 Abs. 1 Satz 1 EStG) ebenfalls zwingend zu passivieren, soweit steuerliche Sondervorschriften dem nicht entgegenstehen. Solche Rückstellungen, für die in der Handelsbilanz aber nur ein Passivierungswahlrecht besteht, dürfen in der Steuerbilanz nicht ausgewiesen werden. Bei der Bewertung von Rückstellungen in der Steuerbilanz sind noch weitere Besonderheiten zu beachten. Grundsätzliche Anweisungen für den Ansatz von Rückstellungen sind in R 5.7 EStR zusammengestellt, die nachfolgend im Einzelnen kurz aufgelistet werden.

Vom Grundsatz her sind Rückstellungen nur zulässig, wenn der Unternehmer zum Bilanzstichtag ernsthaft mit einer künftigen Belastung rechnen muss und entsprechende Tatsachen, die eine zukünftige Belastung begründen, auch bereits am Bilanzstichtag vorhanden waren (= wirtschaftlich verursacht).

Im Einzelnen:

R 5.7 Abs. 1 EStR = Bilanzieller Ansatz von Rückstellungen:

Die nach den handelsrechtlichen Grundsätzen ordnungsmäßiger Buchführung gemäß § 249 HGB anzusetzenden Rückstellungen sind auch in der steuerlichen Gewinnermittlung (Steuerbilanz) zu bilden, soweit eine betriebliche Veranlassung besteht und steuerlich Sondervorschriften nicht entgegenstehen. Dabei sind die nachfolgend aufgeführten Grundsätze zu beachten.

R 5.7 Abs. 2 EStR = Grundsätze für Rückstellungen für ungewisse Verbindlichkeiten:

Danach sind Rückstellungen für ungewisse Verbindlichkeiten nur zu bilden, wenn

1. es sich um eine Verbindlichkeit gegenüber einem anderen oder eine öffentlich-rechtliche Verpflichtung handelt,

2. die Verpflichtung vor dem Bilanzstichtag wirtschaftlich verursacht ist,

3. mit einer unmittelbaren Inanspruchnahme aus einer nach ihrer Entstehung oder Höhe ungewissen Verbindlichkeit ernsthaft zu rechnen ist und

4. die Aufwendungen in künftigen Wirtschaftsjahren nicht zu Anschaffungs- oder Herstellungskosten für ein Wirtschaftsgut führen.

R 5.7 Abs. 3 EStR = Verpflichtung gegenüber einem anderen:

Die Bildung einer Rückstellung für ungewisse Verbindlichkeiten setzt – als Abgrenzung zur Aufwandsrückstellung – eine Verpflichtung gegenüber einem anderen voraus. Die Verpflichtung muss den Verpflichteten wirtschaftlich wesentlich belasten; dies ist nicht nach dem Aufwand für das einzelne Vertragsverhältnis, sondern nach der Bedeutung der Verpflichtung für das Unternehmen zu beurteilen.

R 5.7 Abs. 4 EStR = Öffentlich-rechtliche Verpflichtung:

Zur Abgrenzung von reinen Aufwandsrückstellungen kann auch eine öffentlich-rechtliche Verpflichtung Grundlage für eine Rückstellung sein, Voraussetzung ist jedoch, dass die Verpflichtung ausreichend konkretisiert ist, d. h.,

– es muss ein inhaltlich bestimmtes Handeln durch Gesetz oder Verwaltungsakt

– innerhalb eines bestimmten Zeitraums vorgeschrieben und

– an die Verletzung der Verpflichtung müssen Sanktionen geknüpft sein.

Bei Vorgängen aufgrund von Verwaltungsakten ist Voraussetzung für eine Rückstellung für eine ungewisse Verbindlichkeit, dass die zuständige Behörde einen vollziehbaren Verwaltungsakt erlassen hat.

R 5.7 Abs. 5 EStR = Wirtschaftliche Verursachung:

Rückstellungen für ungewisse Verbindlichkeiten sind erstmals im Jahresabschluss des Wirtschaftsjahres zu bilden, in dem sie wirtschaftlich verursacht sind. Diese Annahme setzt voraus, dass der Tatbestand, an den das Gesetz bzw. der Vertrag die Verpflichtung knüpft, im Wesentlichen verwirklicht ist.

R 5.7 Abs. 6 EStR = Wahrscheinlichkeit der Inanspruchnahme:

Rückstellungen für ungewisse Verbindlichkeiten setzen in tatsächlicher Hinsicht voraus, dass die Verbindlichkeiten, die den Rückstellungen zugrunde liegen, bis zum Bilanzstichtag mit einiger Wahrscheinlichkeit entstehen werden und der Stpfl. spätestens bei Bilanzaufstellung ernsthaft damit rechnen muss, hieraus unmittelbar in Anspruch genommen zu werden. Die so geforderte Wahrscheinlichkeit ist aufgrund objektiver – spätestens bei Bilanzaufstellung – erkennbarer Tatsachen zu beurteilen (es müssen mehr Gründe dafür als dagegen sprechen).

R 5.7 Abs. 7 EStR = Rückstellungen für Erfüllungsrückstand bei schwebenden Geschäften:

Schwebende Geschäfte sind gegenseitige Verträge i. S. der §§ 320 ff. BGB (z. B. Dauerschuldverhältnisse wie z. B. auch Arbeits- und Mietverträge, die von den Beteiligten noch nicht voll erfüllt sind). Verpflichtungen aus schwebenden Geschäften werden grundsätzlich nicht passiviert; es sei denn, dass das Gleichgewicht von Leistung und Gegenleistung durch Erfüllungsrückstände gestört ist; in diesen Fällen sind Rückstellungen für Erfüllungsrückstände auszuweisen.

R 5.7 Abs. 8 EStR = Erfüllungsrückstand:

Ein Erfüllungsrückstand entsteht, wenn ein Vertragspartner seine Leistung erbracht hat, der andere Vertragspartner die entsprechende Gegenleistung aber noch schuldet. Eine Fälligkeit der vertraglich geschuldeten Leistung zum Bilanzstichtag ist nicht erforderlich. Die wirtschaftliche Verursachung der Verpflichtung richtet sich nach Absatz 5.

R 5.7 Abs. 9 EStR = Einzelfall: Leistungen aufgrund eines Sozialplans:

Rückstellungen aufgrund eines Sozialplans (§§ 111, 112 Betriebsverfassungsgesetz) sind insbesondere unter Beachtung der Grundsätze der Absätze 5 und 6 im Allgemeinen ab dem Zeitpunkt zulässig, in dem der Unternehmer den Betriebsrat über die geplante Betriebsänderung unterrichtet hat. Die Voraussetzungen für die Bildung von solchen Rückstellungen (für ungewisse Verbindlichkeiten) liegen am Bilanzstichtag auch vor, wenn der Betriebsrat erst nach dem Bilanzstichtag, aber vor Aufstellung oder Feststellung der Bilanz unterrichtet wird und der Unternehmer sich bereits vor dem Bilanzstichtag zur Betriebsänderung entschlossen oder schon vor dem Bilanzstichtag eine wirtschaftliche Notwendigkeit bestanden hat, eine zur Aufstellung eines Sozialplans verpflichtende Maßnahme durchzuführen. Soweit vorzeitig betriebliche Pensionsleistungen bei alsbaldigem Ausscheiden infolge der Betriebsänderung erbracht werden, richtet sich die Rückstellungsbildung ausschließlich nach § 6a EStG. Die vorstehenden Grundsätze gelten sinngemäß für Leistungen, die aufgrund einer auf Tarifvertrag oder Betriebsvereinbarung beruhenden vergleichbaren Vereinbarung zu erbringen sind.

R 5.7 Abs. 10 EStR = Einzelfall: Patent-, Urheber- oder ähnliche Rechte:

Rückstellungen für ungewisse Verbindlichkeiten wegen Benutzung einer offengelegten, aber noch nicht patentgeschützten Erfindung sind nur unter den Voraussetzungen zulässig, die nach § 5 Abs. 3 EStG für Rückstellungen wegen Verletzung eines Patentrechts gelten.

R 5.7 Abs. 11 EStR = Einzelfall: Instandhaltung und Abraumbeseitigung:

Die nach den Grundsätzen des § 249 Abs. 1 Satz 2 Nr. 1 HGB gebildete Rückstellung ist auch in der Steuerbilanz anzusetzen. Das Gleiche gilt für die Bildung von Rückstellungen für unterlassene Aufwendungen für Abraumbeseitigung, die im folgenden Wirtschaftsjahr nachgeholt werden. Bei unterlassener Instandhaltung muss es sich um Erhaltungsarbeiten handeln, die bis zum Bilanzstichtag bereits erforderlich gewesen wären, aber erst nach dem Bilanzstichtag durchgeführt (d. h. abgeschlossen) werden. Rückstellungen für Abraumbeseitigungen aufgrund rechtlicher Verpflichtungen sind nach § 249 Abs. 1 Satz 1 HGB (ungewisse Verbindlichkeiten) zu bilden.

R 5.7 Abs. 12 EStR = Einzelfall: Kulanzleistungen:

Rückstellungen nach § 249 Abs. 1 Satz 2 Nr. 2 HGB für Gewährleistungen, die ohne rechtliche Verpflichtung erbracht werden, sind nur zulässig, wenn sich der Kaufmann den Gewährleistungen aus geschäftlichen Erwägungen nicht entziehen kann.

R 5.7 Abs. 13 EStR = Auflösung von Rückstellungen:

Danach sind Rückstellungen aufzulösen, soweit die Gründe hierfür entfallen sind.

2. Rückstellungen sind ungewisse Schulden; sie sind deshalb ungewiss, weil die genaue Höhe bzw. die endgültige Entstehung oder Fälligkeit noch offen sind. Bei Verbindlichkeiten sind dagegen diese angesprochenen Punkte nicht mehr ungewiss und damit handelt es sich um echte Schulden. Die Wahrscheinlichkeit einer tatsächlichen Inanspruchnahme des passivierten Werts ist demzufolge bei Rückstellungen geringer als bei Verbindlichkeiten. Unter welchen Voraussetzungen für ungewisse Verbindlichkeiten eine Rückstellung ertragsteuerlich gebildet werden darf, ist in R 5.7 Abs. 2 EStR näher geregelt.

Handels- und steuerrechtlich sind Rückstellungen mit dem Erfüllungsbetrag anzusetzen, der nach vernünftiger kaufmännischer Beurteilung notwendig ist (vgl. § 253 Abs. 1 Satz 2 HGB).

Gemäß § 253 Abs. 1 Satz 2 HGB sind Rückstellungen in der Handelsbilanz allerdings mit dem notwendigen Erfüllungsbetrag einschließlich künftiger Preis- und Kostensteigerungen zu bewerten. In der Steuerbilanz sind dagegen die Wertverhältnisse am Bilanzstichtag maßgebend; künftige Preis- und Kostensteigerungen dürfen ausdrücklich nicht berücksichtigt werden, § 6 Abs. 1 Nr. 3a Buchst. f EStG. Da Rückstellungen also ungewisse Schulden darstellen, muss der Wert einer zu bildenden Rückstellung regelmäßig im Wege der Schätzung ermittelt werden. Aus diesen Gründen sind Rückstellungen in der Bilanz auch getrennt von den Verbindlichkeiten auszuweisen.

3. Rückstellungen werden regelmäßig im Rahmen der vorbereitenden Abschlussbuchungen für den Jahresabschluss gebildet. Dabei wird der (meist geschätzte) Betrag auf einem Aufwandskonto gebucht; die erforderliche Gegenbuchung erfolgt auf dem Konto „Rückstellungen ...". Damit wird erreicht, dass sich der entsprechende Betrag (als Aufwand) in der Erfolgsrechnung des laufenden Jahres auswirkt und gleichzeitig ein Ausweis in der Bilanz erfolgt, denn das Konto Rückstellungen erscheint als Passivposten in der Schlussbilanz.

4. Hinsichtlich der vom Maschinenhersteller Oller eingeräumten Garantieverpflichtung gegenüber seinem Kunden gilt Folgendes:

Wird einem Kunden in Aussicht gestellt, dass bei auftretenden Fehlern
(Arbeits- bzw. Materialfehlern) die dabei entstehenden Nachteile zulasten
des Lieferanten gehen, so handelt es sich um eine sog. Gewährleistungs-
verpflichtung, die ohne rechtliche Verpflichtung eingegangen wurde. Handelsrechtlich ist nach § 249 Abs. 1 Nr. 2 HGB eine dementsprechende Rückstellung zu bilden; steuerrechtlich ist nach § 6 Abs. 1 Nr. 3a EStG zu beachten, dass bei Rückstellungen für gleichartige Verpflichtungen auf der
Grundlage der Vergangenheit aus der Abwicklung solcher Verpflichtungen
die Wahrscheinlichkeit zu berücksichtigen ist, dass der Unternehmer Oller
zu einem Teil der Summe der Verpflichtung in Anspruch genommen werden
wird.

Für entsprechende – sinngemäß den ungewissen Verbindlichkeiten zuzu-
ordnende – Zusagen ist demzufolge eine Rückstellung zu bilden, sofern
am Bilanzstichtag Tatsachen vorliegen, aus denen sich mit einer gewissen
Wahrscheinlichkeit eine spätere Inanspruchnahme ableiten lässt (vgl. R 5.7
Abs. 12 EStR). Aufgrund der in der Vergangenheit gemachten Erfahrungen
kann bei O aber mit einer Inanspruchnahme gerechnet werden, sodass insoweit die Voraussetzungen für die Bildung einer Rückstellung wohl gegeben
sind. Die Bewertung der Rückstellung kann somit auf der Grundlage der
bisherigen Erfahrungen mit 2.000 Euro angesetzt werden.

Buchungssatz:

Garantie-Aufwand	2.000 €	
an Garantie-Rückstellungen		2.000 €

Fall 72

Bildung einer Rückstellung wegen zu erwartender Prozesskosten

Sachverhalt

Philipp Packer (P) ist Bauunternehmer; er ermittelt seinen Gewinn durch
Betriebsvermögensvergleich. Sein Wirtschaftsjahr entspricht dem Kalenderjahr. Wegen angeblich mangelhafter Bauausführung hat ihn sein Auftrag-
geber Bert Brohm (B) verklagt. Die Klage ist im November 01 erhoben
worden; die mündliche Verhandlung soll im Oktober 02 stattfinden. Da P
feststellen musste, dass tatsächlich gewisse Mängel bei dem fertig gestellten
Bau vorliegen, beabsichtigt er, zum 31.12.01 eine Rückstellung für Prozesskosten (Prozesskosten-Rückstellung) i. H. von 1.000 Euro zu bilden.

Die im Oktober 02 durchgeführte mündliche Verhandlung führte zur Verurteilung des P; ihm wurden daraufhin Kosten i. H. von 1.500 Euro auferlegt. P war mit dem Urteilsspruch jedoch nicht einverstanden und legte daher noch im Oktober Berufung ein. Der Prozess in der 2. Instanz fand erst im August 03 statt. Zum 31.12.02 schätzt P die endgültig zu erwartenden Prozesskosten auf 2.000 Euro. Nach Rechtskraft des Urteils der 2. Instanz wurden die Prozesskosten am 14.12.03 auf 2.420 Euro festgesetzt. Diesen Betrag hat P am 03.01.04 von seinem betrieblichen Bankkonto überwiesen.

Frage

1. Wann sind früher gebildete Rückstellungen wieder aufzulösen?

2. Worin unterscheiden sich Rückstellungen von Rechnungsabgrenzungsposten?

3. Welche Buchungen sind vorzunehmen, um zur richtigen Gewinnauswirkung zu kommen, und wann sind diese Buchungen zu veranlassen?

Antwort und Begründung

1. Rückstellungen sind nur dann aufzulösen, wenn sie ihren Zweck erfüllt haben und damit gegenstandslos geworden sind – d. h., dass für sie der Rückstellungsgrund nicht mehr besteht (R 5.7 Abs. 13 EStR). Das ist regelmäßig dann der Fall, wenn die Ungewissheiten beseitigt sind, wenn also eine „echte" Verbindlichkeit entstanden ist oder wenn feststeht, dass eine endgültige Schuld überhaupt nicht entstanden ist.

Die Auflösungsnotwendigkeit einer gebildeten Rückstellung ergibt sich dabei selbst dann, wenn erst nach dem Bilanzstichtag – jedoch vor Bilanzerstellung – Umstände bekannt werden, die eine abschließende Beurteilung der früher gebildeten Rückstellung zulassen.

Sind also die Voraussetzungen einer Rückstellung nicht mehr gegeben, muss die Rückstellung gewinnerhöhend aufgelöst werden. Da die Bildung einer Rückstellung stets auf einer Schätzung beruht, wird der endgültige Aufwand selten mit dem Rückstellungsbetrag übereinstimmen. Erfahrungsgemäß ergibt sich entweder ein Ertrag, wenn die Rückstellung bei ihrer ursprünglichen Bildung zu hoch bemessen wurde, oder ein zusätzlicher Aufwand, wenn sie zu niedrig festgesetzt wurde; im zuletzt genannten Fall bucht man regelmäßig auf dem entsprechenden Aufwandskonto (wie z. B. Prozesskosten); bei Auflösung einer Rückstellung entstandene Erträge werden auf dem Konto „Sonstige betriebliche Erträge" erfasst (vgl. § 275 Abs. 2 Nr. 4 bzw. Abs. 3 Nr. 6 HGB).

Zu beachten ist, dass Rückstellungen, die im Laufe mehrerer Wirtschaftsjahre angewachsen sind, bei einer notwendigen Auflösung dann zu einer „zusammengeballten" Besteuerung im Jahr der Erfassung als sonstige Erträge führen können.

2. Rückstellungen sind nach Handelsrecht (§ 249 HGB) für konkret festgelegte Fälle zu bilden – vgl. hierzu Ausführungen zu Fall 71.

Wie bereits dort aufgezeigt, ist die ertragsteuerliche Bildung von Rückstellungen nach dem Einkommensteuergesetz gegenüber den handelsrechtlich bestehenden Möglichkeiten eingeschränkt.

Liegen die Voraussetzungen für die Bildung einer Rückstellung aber vor, so soll durch die buchungsmäßige Erfassung ein entsprechender Aufwand dem Wirtschaftsjahr zugeordnet werden, in dem dieser Aufwand verursacht wurde; die erforderliche tatsächliche Zahlung erfolgt aber erst später.

Bei den Rechnungsabgrenzungsposten ist dies umgekehrt. Hier erfolgte bereits eine Zahlung, und durch die Bildung eines Rechnungsabgrenzungspostens soll bilanzmäßig zum Ausdruck gebracht werden, dass die gebuchten Beträge Aufwendungen und Erträge des nachfolgenden Jahres darstellen.

In einem Punkt sind Rückstellungen und Rechnungsabgrenzungsposten jedoch gleich: Sie dienen dem Ausweis des periodengerechten Gewinns.

3. Bei Rechtsstreitigkeiten ist Voraussetzung für die Bildung einer Rückstellung, dass der Streitgegenstand eine Beziehung zur betrieblichen Tätigkeit hat; dabei kann es sein, dass der Unternehmer Beklagter ist, aber auch in Fällen, in denen er als Kläger auftritt, kann eine Rückstellungsbildung notwendig werden.

Beim schwebenden Rechtsstreit sind die sich abzeichnenden Kosten im Wege einer Rückstellung zu berücksichtigen, sobald die Streitsache rechtshängig geworden ist; es handelt sich insoweit um ungewisse Verbindlichkeiten i. S. von § 249 Abs. 1 HGB. In diesen Fällen muss die Wahrscheinlichkeit der Inanspruchnahme zu jedem Bilanzstichtag neu geprüft und der eventuell anzusetzende Wert neu geschätzt werden.

Zum 31.12.01 hat P die zu erwartenden Aufwendungen mit 1.000 Euro geschätzt, sodass in dieser Höhe eine Rückstellung zu bilden ist.

Im Oktober 02 ist zwar das Urteil gefällt worden, sodass danach bezüglich der Prozesskosten eine Rückstellung nicht mehr zulässig wäre, denn die Höhe und Fälligkeit der Kosten steht ja fest. Da P jedoch Berufung einlegte, könnte für den Fall, dass P in der 2. Instanz diesen Prozess ganz oder teilweise gewinnt, ein Erstattungsanspruch entstehen; daraus wird deutlich, dass letztlich das gesamte Prozessverfahren noch offen ist und P zum 31.12.02 die Höhe der Rückstellung (hinsichtlich der endgültig zu erwartenden Prozesskosten) neu schätzen kann. Da in der Vorjahresbilanz bereits eine Rückstellung mit 1.000 Euro gebildet worden war, ist jetzt lediglich der Differenzbetrag bis zu 2.000 Euro aufwandsmäßig in 02 zu erfassen.

Am 14.12.03 schließlich stehen die endgültigen Prozesskosten fest; zu diesem Zeitpunkt ist das Konto Rückstellungen aufzulösen, weil die Voraussetzungen dafür nicht mehr vorliegen (R 5.7 Abs. 13 EStR). Jetzt ist eine echte Verbindlichkeit auszuweisen. Gleichzeitig sind die durch die bisherige Rückstellung noch nicht erfassten 420 Euro als Aufwand des Jahres 03 zu buchen.

Buchungssatz zum 31.12.01:

Prozesskosten	1.000 €	
an Rückstellungen für Prozesskosten		1.000 €

Buchungssatz zum 31.12.02:

Prozesskosten	1.000 €	
an Rückstellungen für Prozesskosten		1.000 €

Buchungssatz am 14.12.03:

Prozesskosten	420 €	
Rückstellungen für Prozesskosten	2.000 €	
an Sonstige Verbindlichkeiten		2.420 €

Bei Bezahlung am 03.01.04 ist wie folgt zu buchen:

Sonstige Verbindlichkeiten	2.420 €	
an Bank		2.420 €

Fall 73

Buchungsmäßige Erfassung tatsächlich geleisteter Garantiearbeiten nach Bildung einer Rückstellung

Sachverhalt

Philipp Packer (vgl. Fall 72) ist als Bauunternehmer verpflichtet, die Bauwerke so zu erstellen, dass sie die zugesicherten Eigenschaften haben (§ 633 BGB). Ist das hergestellte Bauwerk mit Mängeln behaftet, so kann der Besteller die Beseitigung der Mängel verlangen (= Gewährleistungspflicht). In der Vergangenheit ist P nur in wenigen Fällen zu Garantieleistungen verpflichtet gewesen. Bezogen auf seinen Sollumsatz betrugen die entstandenen Kosten für ausgeführte Garantieleistungen durchschnittlich 0,3 % des Sollumsatzes. Zum 31.12.02 will P eine Garantierückstellung i. H. von 7.120 Euro bilden. Im Jahr 03 ist P mit 5.000 Euro Garantieleistungen in Anspruch genommen worden.

Die geleisteten Garantiearbeiten (Nachholarbeiten) sind nicht auf einem gesonderten „Garantiearbeiten-Konto" gebucht, sondern auf normalen Aufwandskonten erfasst, und zwar:

a) mit 3.500 Euro auf dem Aufwandskonto „Fertigungslöhne"

und

b) mit 1.500 Euro auf dem Aufwandskonto „Fertigungsmaterial".

Zum 31.12.03 will P wiederum eine Rückstellung für Garantieleistungen bilden, und zwar i. H. von 6.300 Euro. Die angegebenen Werte sind unstreitig.

Frage

Wie lauten die Buchungen zur steuerlich richtigen Erfassung der Geschäfts-vorfälle?

Antwort

Buchungssatz zum 31.12.02:

Garantieaufwand	7.120 €	
an Rückstellung für Garantie-verpflichtungen		7.120 €

Buchungssatz im Laufe des Jahres 03:

Rückstellungen für Garantie-verpflichtungen	5.000 €	
an Fertigungslöhne		3.500 €
Fertigungsmaterial		1.500 €

Buchungssatz zum 31.12.03:

Garantieaufwand	4.180 €	
an Rückstellungen für Garantie-verpflichtungen		4.180 €

Begründung

Nach § 249 Abs. 1 Nr. 2 HGB sind selbst für solche Gewährleistungen, die ohne rechtliche Verpflichtung erbracht werden (= Garantieleistungen aus Kulanzgründen), Rückstellungen zu bilden. Steuerrechtlich sind Rückstel-lungen für Gewährleistungen, die ohne rechtliche Verpflichtung erbracht werden, nur zulässig, wenn eine sittliche Verpflichtung vorliegt, der sich der Kaufmann aus geschäftlichen Erwägungen nicht entziehen kann (vgl. R 5.7 Abs. 12 EStR).

Selbstverständlich sind dann für Garantieleistungen, für die der Unter-nehmer eine gesetzliche Verpflichtung trägt, ebenfalls Rückstellungen zu bilden, und zwar i. S. von § 249 Abs. 1 HGB als ungewisse Verbindlich-keiten.

Grundsätzlich ist davon auszugehen, dass Rückstellungen gebildet werden, um später anfallende Kosten daraus zu decken; das gilt auch für die sog. Garantie-Rückstellungen (oder besser: Rückstellungen für Garantiever-pflichtungen). Daraus folgt, dass die später ausgeführten Garantiearbeiten (Nachholarbeiten) zulasten der Rückstellung gebucht werden müssen.

Mit den gebildeten Garantie-Rückstellungen sollen die Risiken künftig entstehender Aufwendungen gesetzlicher oder vertraglicher Gewährleis-tungen erfasst werden; solche Gewährleistungsverpflichtungen können ent-stehen:

– durch kostenlose Nacharbeiten,
– durch entsprechende Ersatzlieferungen,

- durch (Kaufpreis-)Minderungen oder
- durch Schadensersatzleistungen z. B. wegen mangelnder Erfüllung.

Voraussetzung für die Bildung einer Rückstellung ist in jedem Fall, dass sich zum Bilanzstichtag eine Inanspruchnahme wegen drohender Gewährleistung abzeichnet.

Die Entscheidung, in welcher Höhe für am Bilanzstichtag drohende Garantieverpflichtungen eine Rückstellung gebildet werden kann, ist weitgehend dem Ermessen des Stpfl. überlassen. Die Höhe muss aber gerechtfertigt erscheinen und einer objektiven Beurteilung der Umstände am Bilanzstichtag auch standhalten. Maßgebend dürfte auch hierbei die durchschnittliche Inanspruchnahme in der Vergangenheit sein.

Da die im Laufe des Jahres 03 ausgeführten Garantiearbeiten zulasten normaler Aufwandskonten gebucht wurden, muss dies zunächst richtiggestellt werden; insoweit ist eine entsprechende Aufwandsbuchung im Laufe des Jahres 02 bereits erfolgt, sodass diese Aufwendungen für Garantiearbeiten jetzt zulasten der gebildeten Rückstellung gebucht werden müssen.

In der Bilanz zum 31.12.03 soll wiederum eine Rückstellung für Garantieverpflichtungen gebildet werden, und zwar i. H. von 6.300 Euro. Nachdem die ausgeführten Garantiearbeiten mit dem Konto Rückstellungen verrechnet wurden, steht auf diesem Konto noch ein Betrag von 2.120 Euro (7.120 Euro ∕. 5.000 Euro).

Um zu einem Wertansatz von 6.300 Euro zu kommen, muss zum 31.12.03 der Differenzbetrag von 4.180 Euro (6.300 Euro ∕. 2.120 Euro) als Garantieaufwand gebucht werden.

Alternativlösung

Zu dem gleichen Ergebnis gelangt man, wenn der auf dem Konto „Rückstellungen für Garantieverpflichtung" verbliebene Betrag von 2.120 Euro zum 31.12.03 aufgelöst wird, weil die Voraussetzungen für die Bildung dieser – auf den 31.12.02 abgestellten – Rückstellung zum 31.12.03 nicht mehr vorliegen.

Buchungssatz:

Rückstellungen für Garantie- verpflichtungen	2.120 €
an Erträge aus Auflösung von Rückstellungen	2.120 €

Der zum 31.12.03 ermittelte Wert der Rückstellung müsste dann mit dem folgenden Buchungssatz erfasst werden:

Garantieaufwand	6.300 €
an Rückstellungen für Garantie- verpflichtungen	6.300 €

Fall 74

Berechnung und Bildung einer Gewerbesteuer-Rückstellung

Sachverhalt

Quirinus Quirl (Q) ist Inhaber eines Großhandelsunternehmens für Farben und Tapeten. Anhand der Hauptabschlussübersicht ist für das Jahr 02 ein vorläufiger Gewinn von 190.000 Euro ermittelt worden.

Das Wirtschaftsjahr entspricht dabei dem Kalenderjahr. Die Gewerbesteuer-Vorauszahlungen sind i. H. von 8.000 Euro gewinnmindernd berücksichtigt. Die gezahlten Zinsen für Bankkredite (Schulden i. S. von § 8 Nr. 1 GewStG) betrugen im Jahr 02 insgesamt = 104.020 Euro.

Für das Betriebsgrundstück, das ausschließlich betrieblich genutzt wird, ist der Einheitswert zuletzt auf den 01.01.01 mit 41.000 Euro festgestellt worden. Der Hebesatz für die Gewerbesteuer beträgt in der Gemeinde, in der sich der gewerbliche Betrieb befindet, 400 %.

Frage

Welcher Betrag ist als Gewerbesteuer-Rückstellung in der Handels- und Steuerbilanz zum 31.12.02 noch zu erfassen und wie ist diese zu errechnende Rückstellung zu buchen?

Antwort

Die Rückstellung in der Handels- und Steuerbilanz 31.12.02 beträgt 16.332 Euro.

Der Buchungssatz lautet:

Gewerbesteuer-Aufwand	16.332 €	
an Gewerbesteuer-Rückstellung		16.332 €

Begründung

Bei der Gewerbesteuer ist in der Handelsbilanz nach den Grundsätzen ordnungsmäßiger Buchführung für eine sich ergebende Abschlusszahlung (wenn also die endgültige Gewerbesteuer höher ist als die Summe aller geleisteten Vorauszahlungen) eine Rückstellung in der Bilanz anzusetzen, weil der Aufwand betrieblich veranlasst ist.

Dies gilt gemäß § 5 Abs. 1 Satz 1 EStG auch für die Steuerbilanz. Gemäß § 4 Abs. 5b EStG ist zwar der Gewerbesteueraufwand (hier insgesamt = 24.332 Euro) nicht als Betriebsausgabe abzugsfähig und somit dem steuerlichen Gewinn außerbilanziell hinzuzurechnen, ein Passivierungsverbot ergibt sich daraus jedoch nicht (vgl. R 5.7 Abs. 1 Satz 2 EStR).

Berechnung der Gewerbesteuer-Rückstellung:

a) **Vorläufiger Gewerbeertrag** €

vorläufiger Gewinn lt. Hauptabschlussübersicht 190.000

+ gewinnmindernd gebuchte Gewerbesteuer-Vorauszahlungen 8.000

Gewinn (ohne Berücksichtigung der Gewerbesteuer) 198.000

Hinzurechnungen:

+ ein Viertel der Zinsen für Schulden i. S. von § 8 Nr. 1 GewStG
(nach Abzug des Freibetrags von 100.000 €) = 25 % von 4.020 € 1.005

199.005

Kürzungen:

∕. 1,2 % des Einheitswertes des Betriebsgrundstücks
(berechnet für die Zeit der Geltungsdauer der auf Wertverhältnisse vom 1. Jan. 1964 beruhenden Einheitswerte des
Grundbesitzes gem. § 121a BewG – mit 140 % des Einheits-
werts) = 57.400 € – § 9 Nr. 1 GewStG 688

= vorläufiger Gewerbeertrag 198.317

= vorläufiger Gewerbeertrag (abgerundet) 198.300

	€	€
b) **Vorläufige Gewerbesteuer**		
vorläufiger Gewerbeertrag	198.300	
∕. Freibetrag – § 11 Abs. 1 GewStG	24.500	
	173.800	
Der Messbetrag (Steuermesszahl nach § 11 Abs. 2 GewStG für den Gewerbeertrag beträgt 3,5 % von 173.800 € =		6.083
Bei einem Hebesatz von 400 % beträgt die Gewerbesteuer somit		24.332
∕. geleisteter Vorauszahlungen		8.000
Somit verbleibt eine Rückstellung i. H. von		16.332

Fall 75

Abgrenzung zwischen Rückstellungen und sonstigen Verbindlichkeiten

Sachverhalt

Regina Rheumol (R) betreibt einen Einzelhandel mit Sanitätsartikeln in Regensburg und ermittelt ihren Gewinn nach § 5 EStG. Die Firma ist im Handelsregister eingetragen und das Wirtschaftsjahr entspricht dem Kalenderjahr. R ist zum vollen Vorsteuerabzug berechtigt. Die laufende Buchführung sowie den Jahresabschluss erstellt seit Jahren die Omega-Steuerberatungs-GmbH.

Den Jahresabschluss auf den 31.12.09 hat die Steuerberatungsgesellschaft im April 10 aufgestellt und der Mandantin R im Mai 10 die Rechnung über 2.380 Euro (einschließlich 19 % Umsatzsteuer = 380 Euro) übersandt; dies entsprach in etwa auch dem Betrag der Vorjahre.

Die laufenden Buchführungsarbeiten werden R von der Steuerberatungs-gesellschaft am Ende eines jeden Monats pauschal mit 300 Euro zzgl. 19 % Umsatzsteuer in Rechnung gestellt; die Überweisung für Dezember 09 tätigte R aber erst im Januar 10, obwohl die Rechnung bereits am 28.12.09 vorlag.

Frage

1. Welche Bilanzposten sind in der Handels- und Steuerbilanz zum 31.12.09 aufgrund des Sachverhalts zu bilden bzw. zu verändern?

2. Welche Buchungen sind vorzunehmen?

Antwort

Zu 1.

a) Es ist eine Rückstellung für Jahresabschlusskosten i. H. von 2.000 Euro zu bilden.

b) Es ist eine sonstige Verbindlichkeit i. H. von 357 Euro zu bilden.

c) Die Umsatzsteuerzahllast ist um 57 Euro zu vermindern.

Zu 2.

a) Jahresabschlusskosten   2.000 €
    an Rückstellung für Jahresabschlusskosten   2.000 €

b) und c):

    Buchführungskosten   300 €
    Vorsteuer   57 €
    an Sonstige Verbindlichkeiten   357 €

Begründung

Zu a): Da die genaue Höhe der Kosten, die die Steuerberatungsgesellschaft der Mandantin R für die Erstellung des Jahresabschlusses in Rechnung stellen wird, bei Aufstellung des Abschlusses in der Regel noch nicht bekannt ist, liegt bei R eine ungewisse Verbindlichkeit vor.

Da die Arbeiten aber das abgelaufene Wirtschaftsjahr 09 betreffen, ist R verpflichtet, für diese Jahresabschlusskosten bereits zum 31.12.09 sowohl in der Handels- wie auch in der Steuerbilanz eine Rückstellung für ungewisse Verbindlichkeiten zu bilden, auch wenn die tatsächlichen Arbeiten erst im Jahr 10 durchgeführt werden (§ 249 Abs. 1 Satz 1 HGB, § 5 Abs. 1 Satz 1 EStG, R 5.7 Abs. 1 EStR).

Konkret handelt es sich um eine öffentlich-rechtliche Verpflichtung, da R zur Erstellung des Jahresabschlusses gesetzlich verpflichtet ist, § 242 HGB, § 140 AO. Die Inanspruchnahme ist auch sehr wahrscheinlich, da R damit rechnen muss, die entstehenden Kosten tragen zu müssen.

Die Bewertung der Rückstellung erfolgt in Höhe des nach vernünftiger kaufmännischer Beurteilung notwendigen Erfüllungsbetrages, also mit dem voraussichtlich erforderlichen Aufwand, § 253 Abs. 1 Satz 2 HGB. Die Schätzung der Höhe wird sich in der Praxis an dem Aufwand der Vorjahre bzw. gleichartigen Fällen orientieren. Die abziehbare Vorsteuer darf aber nicht bei der Höhe der Rückstellung berücksichtigt werden, da sie für R keinen Aufwand darstellt.

Daher ist die Rückstellung zum 31.12.09 mit 2.000 Euro zu passivieren. Da die Laufzeit weniger als ein Jahr beträgt, ist die Rückstellung nicht abzuzinsen (§ 253 Abs. 2 HGB, § 6 Abs. 1 Nr. 3a Buchst. e) i. V. m. Nr. 3 Satz 2 EStG).

Zu b): Die für Dezember 09 in Rechnung gestellten Kosten für die laufenden Buchführungsarbeiten sind keine ungewisse Verbindlichkeit, da sie dem Grunde und der genauen Höhe nach feststehen. Daher ist dieser Aufwand, der das Wirtschaftsjahr 09 betrifft, im Jahr 09 zu erfassen, unabhängig vom Zeitpunkt der Bezahlung (§ 252 Abs. 1 Nr. 5 HGB).

Dies wird erreicht, indem zum 31.12.09 eine sonstige Verbindlichkeit ausgewiesen wird. Die Bewertung erfolgt mit dem Erfüllungsbetrag, der dem Rückzahlungsbetrag von (brutto) 357 Euro entspricht, § 253 Abs. 1 Satz 2 HGB, § 6 Abs. 1 Nr. 3 i. V. m. Nr. 2 EStG; eine Abzinsung ist wegen der Kurzfristigkeit der Schuld ebenfalls nicht vorzunehmen.

Zu c): Da die Rechnung bereits am 28.12.09 vorlag und die Leistung von der Steuerberatungsgesellschaft erbracht wurde, ist die in Rechnung gestellte Umsatzsteuer (300 Euro × 19 % = 57 Euro) von R in 09 als Vorsteuer abziehbar, § 15 Abs. 1 Satz 1 Nr. 1 UStG.

Damit ist eine bestehende Umsatzsteuerzahllast zum 31.12.09 um 57 Euro zu mindern bzw. eine Umsatzsteuerforderung auszuweisen.

Fall 76

Bildung einer Ersatzbeschaffungs-Rücklage

Sachverhalt

Sturmius Stahl (S) betreibt eine Kfz-Reparaturwerkstatt; er ist bilanzierender Kaufmann, der seinen Gewinn nach § 5 EStG ermittelt, und sein Wirtschaftsjahr entspricht dem Kalenderjahr. Als Unternehmer ist er zum vollen Vorsteuerabzug berechtigt. S hatte vor Jahren eine komplette Diagnose- und Wartungsanlage für seinen Betrieb angeschafft. Infolge eines Schwelbrandes am 20.11.08 ist die gesamte Anlage vernichtet worden; zum Zeitpunkt des Schadensfalles hatte diese Anlage noch einen Buchwert von 25.000 Euro. Da sich diese Anlage im Betrieb bewährt hatte, beauftragte er die ursprüngliche Herstellerfirma mit der Lieferung und Installation einer entsprechenden, jedoch der neueren technischen Entwicklung angepassten Anlage.

Noch im Dezember 08 hat S von der Versicherung für diesen Schadensfall eine Zahlung von 35.000 Euro erhalten. Die Lieferung der neuen Anlage erfolgte am 20.01.09; die Rechnung lautete über 42.000 Euro zzgl. 7.980 Euro Umsatzsteuer.

Frage

1. Worin unterscheiden sich im Allgemeinen Rücklagen von Rückstellungen?
2. In welcher Höhe kann S in der Bilanz zum 31.12.08 eine Rücklage für Ersatzbeschaffung ausweisen?

Antwort und Begründung

1. Rückstellungen dienen der richtigen zeitgerechten Gewinnermittlung; sie werden für Aufwendungen oder auch für Verluste gebildet, die wirtschaftlich das abgelaufene Geschäftsjahr betreffen, ihrer Höhe oder Fälligkeit nach aber noch ungewiss sind. Durch die Rückstellung werden damit die erst später zu leistenden Ausgaben durch Einstellung eines entsprechenden Passivpostens bereits dem abgelaufenen Geschäftsjahr (gewinnmindernd) zugerechnet.

Eine ganz andere Funktion haben dagegen die Rücklagen. Rücklagen sind grundsätzlich Teil des Eigenkapitals, die aus erzielten – und grundsätzlich auch versteuerten – Gewinnen gebildet werden; Teile des Gewinns werden zur Bildung entsprechender Rücklagen eben „zurückgelegt" und nicht ausgeschüttet bzw. entnommen. Daran wird deutlich, dass Rücklagen eigentlich „Reserven" des Unternehmens darstellen und folglich auch nicht mit Fremdkapital (Schulden oder auch Rückstellungen) verwechselt werden dürfen.

Eine regelmäßig auftretende Erscheinungsform der Rücklagen sind die sog. stillen Rücklagen (= stillen Reserven); diese stillen Rücklagen entstehen durch Unterbewerten der Vermögenswerte (z. B. höhere Abschreibungen) oder durch Überbewerten von Schulden. Als stille Rücklagen werden derartige Vorgänge deshalb so bezeichnet, weil sie für Außenstehende aus der Bilanz nicht erkennbar sind und man über das Vorhandensein und die Höhe solcher stillen Reserven nur Vermutungen anstellen kann.

Im Gegensatz dazu gibt es die offenen Rücklagen, die in der Bilanz ausgewiesen sind (daher = offen). Hinsichtlich der Bildung von Rücklagen unterscheidet man zwischen gesetzlichen Rücklagen (z. B. bei Aktiengesellschaften erforderlich) und freien Rücklagen, die freiwillig für beliebige Zwecke gebildet werden können.

2. Rücklagen können – wie bereits ausgeführt – grundsätzlich nur aus dem bereits versteuerten Jahresgewinn gebildet werden.

Von diesem Grundsatz gibt es jedoch Ausnahmen. So können z. B. Rücklagen für den Ersatz von Anlagegütern, die durch höhere Gewalt ausgeschieden sind, steuerfrei – d. h. steuermindernd auf das Jahresergebnis bezogen – gebildet werden (vgl. R 6.6 EStR). Damit soll erreicht werden, dass diejenigen stillen Reserven, die auf dem vernichteten Gegenstand ruhten, auf das neu anzuschaffende Ersatzwirtschaftsgut übertragen werden können, ohne dass sie als Ertrag gesondert zu erfassen sind; vom Grundsatz her müssten derartig gebildete stille Reserven im Zeitpunkt ihrer Aufdeckung (= hier im Zeitpunkt des Ausscheidens) erfolgsmäßig als Ertrag erfasst werden (vgl. § 252 Abs. 1 Nr. 4 HGB).

Die infolge des Schwelbrandes am 20.11.08 ausgeschiedene Anlage ist mit dem noch vorhandenen Buchwert auszubuchen:

Aufwand-Anlagenabgang	25.000 €	
an Wartungsanlage		25.000 €

Zum Zeitpunkt der Zahlung der Versicherungsentschädigung ist der entsprechende Betrag wie folgt zu erfassen:

Bank	35.000 €	
an Sonstige betriebliche Erträge		35.000 €

Die von S bereits bestellte neue Wartungsanlage erfüllt die gleiche wirtschaftliche Aufgabe wie die ausgeschiedene Anlage; infolgedessen handelt es sich um ein Ersatzwirtschaftsgut. Nach R 6.6 Abs. 4 EStR kann S daher in der Steuerbilanz zum 31.12.08 eine steuerfreie Rücklage für Ersatzbeschaffung bilden, denn die Ersatzbeschaffung ist ernstlich geplant; das Ersatzwirtschaftsgut ist zu diesem Zweck in der Bilanz des Wirtschaftsjahres, in dem das Ersatzwirtschaftsgut angeschafft oder hergestellt worden ist, mit den Anschaffungs- oder Herstellungskosten abzgl. des Betrags anzusetzen, um den die Entschädigung den Buchwert des ausgeschiedenen Wirtschaftsguts übersteigt. Die Höhe dieser Rücklage berechnet sich wie folgt:

	€
Buchwert des ausgeschiedenen Wirtschaftsguts	25.000
Erhaltene Entschädigung	35.000
Differenz (= Rücklage)	10.000

Diese Rücklage für Ersatzbeschaffung ist im Rahmen der vorbereitenden Abschlussbuchungen (entgegen der normalen Rücklagenbildung – hier aufwandsmäßig) wie folgt zu erfassen:

Sonstige betriebliche Aufwendungen	10.000 €	
an Rücklage für Ersatzbeschaffung		10.000 €

Zum Zeitpunkt der Lieferung und Rechnungsstellung am 20.01.09 ist die zum 31.12.08 gebildete Rücklage dann auf das Ersatzwirtschaftsgut zu übertragen. Das geschieht zweckmäßigerweise durch zwei getrennte Buchungen:

a) Lieferung:

Wartungsanlage	42.000 €	
Vorsteuer	7.980 €	
an Sonstige Verbindlichkeiten		49.980 €

b) Übertragung der Rücklage:

Rücklage für Ersatzbeschaffung	10.000 €	
an Wartungsanlage		10.000 €

Damit ist erreicht, dass die infolge des Ausscheidens der alten Wartungsanlage und der entsprechenden Entschädigungszahlung offengelegten stillen Reserven auf das Ersatzwirtschaftsgut übertragen wurden.

Die Rücklage für Ersatzbeschaffung ist ausschließlich in der Steuerbilanz passivierungsfähig. Die Übernahme in die Handelsbilanz ist nicht mehr möglich.

Zu beachten ist ferner, dass ab dem Zeitpunkt der Anschaffung des Ersatzwirtschaftsguts auch die entsprechenden Abschreibungen (nach der betriebsgewöhnlichen Nutzungsdauer) vorzunehmen sind, um zu den zutreffenden Bilanzansätzen für das angeschaffte Wirtschaftsgut für die nachfolgenden Bilanzstichtage zu kommen.

Als AfA-Bemessungsgrundlage sind die – um die Rücklage geminderten – Anschaffungskosten anzusetzen, hier also 32.000 Euro (= 42.000 Euro ∕ 10.000 Euro); vgl. R 7.3 Abs. 4 EStR.

Fall 77

Investitionsabzugsbetrag und Sonderabschreibung nach § 7g EStG

Sachverhalt

Steinmetz Sargon Sattler (S) betreibt seit Jahren ein Einzelunternehmen in Kassel und ermittelt seinen Gewinn nach § 5 EStG. Das Wirtschaftsjahr entspricht dem Kalenderjahr. Das Betriebsvermögen des S beträgt zum 31.12.01 230.000 Euro und zum 31.12.02 350.000 Euro.

S möchte grundsätzlich einen möglichst niedrigen Gewinn ausweisen.

Er erwirbt am 10.01.02 von einem LKW-Händler einen Anhänger zur Auslieferung von Waren für netto 50.000 Euro und nutzt ihn in den Folgejahren bestimmungsgemäß. Der Händler hatte den Anhänger ein Jahr lang zu Vorführzwecken genutzt; die restliche Nutzungsdauer beträgt noch zehn Jahre.

Frage

1. Kann S im Jahr 01 für den Anhänger einen Investitionsabzugsbetrag nach § 7g Abs. 1 EStG in Anspruch nehmen, wenn er den Kauf bereits in 01 geplant hat?

2. Wenn Frage 1 bejaht wird: Welche Folgen ergeben sich für 02 und wie hoch ist die AfA dann ab dem Jahr 02?

3. Kann S im Jahr 02 für den Anhänger eine Sonderabschreibung nach § 7g Abs. 5 EStG in Anspruch nehmen?

4. Wenn Frage 3 bejaht wird: Welche Folgen ergeben sich für die AfA-Beträge der Folgejahre?

Antwort

1. S kann im Jahr 01 für den Anhänger einen Investitionsabzugsbetrag i. H. von maximal 20.000 Euro nach § 7g Abs. 1 EStG in Anspruch nehmen.

2. In 02 ist der in Anspruch genommene Investitionsabzugsbetrag dem Gewinn außerhalb der Bilanz hinzuzurechnen. Weiterhin kann S die Anschaffungskosten des Anhängers im Jahr 02 in Höhe des Investitionsabzugsbetrags (also max. 20.000 Euro) gewinnmindernd herabsetzen. In diesem Fall mindert sich die Bemessungsgrundlage für AfA und Sonderabschreibungen entsprechend. Die AfA beträgt dann pro Jahr 3.000 Euro.

3. S kann im Jahr 02 für den Anhänger die Sonderabschreibung nach § 7g Abs. 5 EStG i. H. von 6.000 Euro in Anspruch nehmen.

4. S kann ab dem Jahr 07 nur noch 1.800 Euro AfA pro Jahr in Anspruch nehmen.

Begründung

1. Der Investitionsabzugsbetrag nach § 7g Abs. 1 bis 4 EStG mindert den steuerlichen Gewinn nicht mehr wie vor 2008 die „§ 7g-Rücklage" innerhalb der Bilanz, sondern außerbilanziell und hat damit keinen Einfluss mehr auf die zu erfüllenden Größenmerkmale für einen Investitionsabzugsbetrag selbst und auf Sonderabschreibungen nach § 7g EStG.

Begünstigt sind nur abnutzbare bewegliche Wirtschaftsgüter des Anlagevermögens, die auch nicht mehr neu sein müssen. Der Stpfl. muss beabsichtigen, das begünstigte Wirtschaftsgut innerhalb der nächsten drei Wirtschaftsjahre anzuschaffen/herzustellen und es mindestens bis zum Ende des auf die Anschaffung/Herstellung folgenden Wirtschaftsjahres in einer inländischen Betriebsstätte mindestens fast ausschließlich betrieblich zu nutzen. Auch muss er es dem Finanzamt gegenüber der Funktion nach benennen.

Weiterhin darf der Betrieb am Schluss des Wirtschaftsjahres, in dem der Abzug vorgenommen werden soll, die folgenden Größenmerkmale nicht überschreiten:

- Bei bilanzierenden Gewerbebetrieben oder der selbständigen Arbeit dienenden Betrieben, die ihren Gewinn nach § 4 Abs. 1 oder § 5 EStG ermitteln, ein Betriebsvermögen von 235.000 Euro;
- bei Betrieben der Land- und Forstwirtschaft einen Wirtschaftswert oder Ersatzwirtschaftswert von 125.000 Euro;
- bei Unternehmen mit Einnahmenüberschussrechnung nach § 4 Abs. 3 EStG ein Gewinn von 100.000 Euro – ebenfalls ohne Berücksichtigung des Investitionsabzugsbetrags, § 7g Abs. 1 Satz 2 Nr. 1 EStG.

Wenn diese Voraussetzungen vorliegen, darf der Stpfl. maximal 40 % der voraussichtlichen Anschaffungs-/Herstellungskosten gewinnmindernd abziehen. Dabei dürfen aber innerhalb von drei Wirtschaftsjahren insgesamt nicht mehr als 200.000 Euro in Anspruch genommen werden.

Da der Betrieb des S am Ende des Jahres 01 mit einem Betriebsvermögen von 230.000 Euro die Grenze von 235.000 Euro nicht überschreitet und auch die sonstigen Voraussetzungen bei dem für 02 geplanten Kauf des Anhängers (= bewegliches Wirtschaftsgut des Anlagevermögens) vorliegen, kann der Abzugsbetrag in Anspruch genommen werden.

Der Abzugsbetrag beträgt maximal 40 % der voraussichtlichen Anschaffungskosten. Da bei Erstellung des Jahresabschlusses 01 im Jahr 02 bereits die genauen Anschaffungskosten von 50.000 Euro bekannt sind, können davon 40 % = maximal 20.000 Euro in Anspruch genommen werden; dies wird S aufgrund der gewünschten Gewinnminimierung auch ausschöpfen. Dieser Betrag mindert den steuerlichen Gewinn 01, nicht aber das Betriebsvermögen.

2. Wenn S in 01 den Investitionsabzugsbetrag in Anspruch nimmt, muss er im Wirtschaftsjahr der Anschaffung (02) seinen Gewinn wiederum außerbilanziell um diesen Betrag von 20.000 Euro erhöhen. Um dies zu kompensieren, darf S in 02 die Anschaffungskosten des Anhängers wiederum sofort um bis zu 40 % (hier also 20.000 Euro) gewinnmindernd herabsetzen.

Dadurch sinkt allerdings auch die Bemessungsgrundlage für die AfA und für Sonderabschreibungen um diesen Betrag.

Dies bedeutet, dass S die lineare AfA nach § 7 Abs. 1 EStG ab 02 wie folgt berechnen muss:

Anschaffungskosten des Anhängers am 10.01.02	50.000 €
gewinnmindernde Herabsetzung der AK (40 %)	./. 20.000 €
= Bemessungsgrundlage für AfA, Sonderabschreibung	30.000 €
lineare AfA nach § 7 Abs. 1 EStG: 10 % von 30.000 €	3.000 €

3. Da der Betrieb des S am Ende des der Anschaffung des Anhängers vorangegangenen Jahres 01 ein Betriebsvermögen von 230.000 Euro, also von nicht mehr als 235.000 Euro, hat und S den Anhänger in 02 und auch in den Folgejahren in seinem inländischen Betrieb nutzt, kann er die Sonderabschreibung nach § 7g Abs. 5 EStG in Anspruch nehmen.

Dies gilt unabhängig davon, ob er für das Wirtschaftgut den Investitions-abzugsbetrag nach § 7g Abs. 1 EStG in Anspruch genommen hat. Ebenfalls ohne Bedeutung ist, ob die Betriebsvermögensgrenze am Schluss des Wirt-schaftsjahres 02 überschritten ist.

Die Sonderabschreibung nach § 7g Abs. 5 EStG gilt ebenfalls auch für ge-brauchte Wirtschaftsgüter wie den Anhänger und kann im Jahr der Anschaf-fung (02) oder in den vier folgenden Jahren vorgenommen werden; die Ver-teilung ist dabei beliebig.

Die Sonderabschreibung beträgt maximal 20 % der Anschaffungskosten; da S aber in 02 bereits die Anschaffungskosten um 20.000 Euro gewinnmin-dernd herabgesetzt hat, ist nur der verbleibende Betrag von 30.000 Euro die Bemessungsgrundlage (siehe zu 2.).

Somit kann S 20 % von 30.000 Euro = 6.000 Euro Sonderabschreibung vor-nehmen; aufgrund der gewünschten Gewinnminimierung wird er dies bereits in voller Höhe in 02 tun. Die AfA nach § 7 Abs. 1 EStG bleibt hiervon unberührt. Bei Inanspruchnahme des maximalen Sonderabschreibungs-betrags ergibt sich folgende Wertentwicklung für den Anhänger:

Anschaffungskosten am 10.01.02		50.000 €
gewinnmindernde Herabsetzung der AK (40 %)	⁄	20.000 €
= Bemessungsgrundlage für AfA, Sonderabschreibung		30.000 €
lineare AfA nach § 7 Abs. 1 EStG: 10 % von 30.000 €		3.000 €
Sonderabschreib. § 7g Abs. 5 EStG: 20 % von 30.000 €	⁄	6.000 €
= Buchwert am 31.12.02		21.000 €

4. Wenn für ein Wirtschaftsgut Sonderabschreibungen in Anspruch ge-nommen worden sind, bemessen sich nach Ablauf des maßgebenden Begünstigungszeitraums die AfA bei beweglichen Wirtschaftsgütern nach dem Restwert und der Restnutzungsdauer (§ 7a Abs. 9 EStG). Da die Son-derabschreibungen nach § 7g Abs. 5 EStG im Wirtschaftsjahr des Zugangs und in den vier folgenden Jahren vorgenommen werden können, beträgt der Begünstigungszeitraum fünf Jahre (02–06). Danach muss der Restwert auf die Restnutzungsdauer des Wirtschaftsguts verteilt werden.

Der Abschreibungsbetrag kann wie folgt ermittelt werden:

$$\text{Abschreibung ab dem 6. Jahr} = \frac{\text{Restwert}}{\text{Restnutzungsdauer}}$$

Der Restwert ist der Buchwert des Anhängers am Ende des fünften Jahres (06). Um ihn zu errechnen, werden von dem Buchwert zum 31.12.02 (21.000 Euro; siehe zu 3.) die AfA-Beträge für die Jahre 03 bis 06 (4 × 3.000 Euro = 12.000 Euro) abgezogen, sodass der Buchwert zum 31.12.06 planmäßig 9.000 Euro beträgt.

Die Restnutzungsdauer ist die ursprüngliche Nutzungsdauer von zehn Jahren abzgl. des fünfjährigen Nutzungszeitraums, wenn die Nutzungsdauer nicht vom Stpfl. neu geschätzt wird. Bei Verteilung des Restwerts auf die Restnutzungsdauer von fünf Jahren ergibt sich für die Jahre ab 07 ein jährlicher AfA-Betrag von 1.800 Euro (9.000 Euro : 5).

Fall 78

Eingetretene Forderungsverluste

Sachverhalt

Nicola Neumann (N) ist Inhaberin eines Kürschnereibetriebs. Sie ermittelt ihren Gewinn nach § 5 EStG; das Wirtschaftsjahr entspricht dem Kalenderjahr. Der Steuersatz bei der Umsatzsteuer beträgt 19 %. Zum Bilanzstichtag 31.12.05 ermittelte N einen Gesamtforderungsbestand von 157.080 Euro; in diesem Gesamtforderungsbestand ist eine Einzelforderung gegenüber dem Kunden Baierle (B) i. H. von 33.796 Euro enthalten.

Da diese Forderung bereits seit dem Jahr 02 besteht und immer noch nicht beglichen wurde, hatte N bereits vor längerer Zeit eine Wirtschaftsauskunftei mit entsprechenden Nachforschungen beauftragt. Dabei stellte sich heraus, dass bereits im Jahr 03 ein Antrag auf Eröffnung eines Insolvenzverfahrens gestellt worden war. Weiterhin wurde von der Auskunftei mitgeteilt, dass zwischenzeitlich das Insolvenzgericht diesen Antrag auf Eröffnung des Insolvenzverfahrens abgelehnt hat, da das Vermögen des Schuldners Baierle nicht ausreichen würde, die Kosten des Verfahrens zu decken.

Weitere Besonderheiten bezüglich der übrigen Forderungen bestehen nicht.

Frage

1. Mit welchem Wert sind die Kundenforderungen in der Bilanz zum 31.12.05 zu erfassen?
2. Welche anderen Umstände können weiterhin dazu führen, dass Forderungen als uneinbringlich anzusehen sind?
3. Sind Umstände, die auf die Uneinbringlichkeit (Zahlungsunfähigkeit) oder Zweifelhaftigkeit einer Forderung hinweisen, auch dann zu berücksichtigen, wenn sie zwar schon am Bilanzstichtag vorgelegen haben, aber erst danach bekannt geworden sind?

Antwort und Begründung

1. Forderungen gehören zum Umlaufvermögen. Sie sind handelsrechtlich nach § 253 Abs. 1 HGB grundsätzlich mit den Anschaffungskosten (= Wert des Entstehens der Forderung) anzusetzen; beim Umlaufvermögen gilt jedoch das strenge Niederstwertprinzip (vgl. § 253 Abs. 4 HGB), wonach ein niedrigerer Wert als die ursprünglichen Anschaffungskosten anzusetzen ist, sofern der Wert der Forderung gesunken ist; insoweit sind dann von den ursprünglichen Anschaffungskosten entsprechende Abschreibungen vorzunehmen. Dieser evtl. erforderliche niedrigere Wertansatz entspricht auch dem Grundsatz der Vorsicht als einem Prinzip der allgemeinen Grundsätze ordnungsmäßiger Buchführung (vgl. auch § 252 Abs. 1 Nr. 4 HGB).

Steuerrechtlich sind Forderungen gem. § 6 Abs. 1 Nr. 2 EStG mit den Anschaffungskosten oder dem niedrigeren Teilwert zu bewerten; allerdings kann der Teilwert nur dann angesetzt werden, wenn er voraussichtlich dauerhaft niedriger ist. Bei der Bewertung von Forderungen ist grundsätzlich von der Einzelbewertung (jeder einzelnen Forderung) auszugehen (vgl. § 252 Abs. 1 Nr. 3 HGB). Bei diesem Sachverhalt ist hinsichtlich der Forderung gegenüber dem B eine solche Einzelbewertung vorzunehmen. Da zum Bilanzstichtag feststeht, dass mit dem Eingang dieser Forderung ernsthaft nicht mehr gerechnet werden kann, muss diese Forderung voll abgeschrieben werden, weil im Ergebnis der Teilwert dieser Forderung = 0 Euro beträgt. Durch die Nichteröffnung des Insolvenzverfahrens ist die Forderung auch dauerhaft im Wert gemindert. Dabei ist zu beachten, dass die Umsatzsteuer gemäß § 17 Abs. 1 Satz 1 UStG zu berichtigen ist, denn die Bemessungsgrundlage hat sich nachträglich geändert. Es handelt sich hierbei um eine Einzelbewertung, sodass auch direkt auf dem entsprechenden Kunden-Forderungskonto mit dem folgenden Buchungssatz gegengebucht werden kann:

Forderungsverluste	28.400 €	
USt	5.396 €	
an Forderungen (Baierle)		33.796 €

In der Schlussbilanz zum 31.12.05 sind die Gesamtforderungen nach Erfassung dieses Forderungsverlustes nun mit (157.080 Euro ✗ 33.796 Euro =) 123.284 Euro aufzunehmen.

2. Forderungen sind ferner als uneinbringlich anzusehen, wenn z. B. einer der folgenden Umstände festgestellt wird:

– Der Schuldner hat unter Vorlage eines Vermögensverzeichnisses eine eidesstattliche Versicherung über seine Vermögenslosigkeit abgegeben.

– Der Schuldner ist verstorben oder (unbekannt) verzogen, ohne Vermögenswerte zu hinterlassen.

– Der Schuldner wendet mit Recht die Einrede der Verjährung ein.

3. Entscheidend sind die Verhältnisse am **Bilanzstichtag.** Besondere Umstände, die zu diesem Zeitpunkt tatsächlich vorliegen und auf die Bewertung von Forderungen Auswirkungen haben, müssen berücksichtigt werden. Voraussetzung ist allerdings, dass derartige Umstände auch bekannt sind. Nach dem Bilanzstichtag bekannt gewordene Tatsachen müssen berücksichtigt werden, wenn sie bis zum Tag der **Bilanzaufstellung** bekannt geworden sind. Man spricht in diesen Fällen vom sogenannten Grundsatz der Wertaufhellung (vgl. H 5.2 – Grundsätze ordnungsmäßiger Buchführung – EStH).

Fall 79

Bewertung von Kundenforderungen unter Berücksichtigung der Einzelwertberichtigung und der Pauschalwertberichtigung

Sachverhalt

Christian Carosse (C) betreibt einen Kraftfahrzeughandel (Neuwagen und Gebrauchtwagen). Er ermittelt seinen Gewinn durch Betriebsvermögensvergleich; das Wirtschaftsjahr entspricht dem Kalenderjahr. Die Umsätze unterliegen dem allgemeinen Steuersatz von 19 %. C hat zum 31.12.02 einen Gesamtforderungsbestand von 649.978 Euro ermittelt; in diesem Gesamtbestand sind die zweifelhaften Forderungen gegenüber den nachfolgend genannten Kunden noch mit ihren vollen Werten enthalten. Hinsichtlich der Bewertung der Forderungen ist jedoch noch Folgendes zu beachten:

Bei dem Kunden Faul wurde festgestellt, dass dieser bereits im Dezember 02 das Insolvenzverfahren beantragt hatte; nach dem derzeitigen Stand der Ermittlungen rechnet C damit, dass seine Forderungen nur zu 30 % befriedigt werden. Die Forderung an diesen Kunden beträgt zum 31.12.02 – unbereinigt – 4.998 Euro.

Bei dem Kunden Grimmig ist im Dezember 02 ebenfalls ein Insolvenzverfahren eingeleitet worden. Nach dem vorliegenden Ergebnis ist mit dem Eingang der zum 31.12.02 noch immer ausstehenden Forderung von 21.420 Euro nur noch zu 50 % zu rechnen.

Im Übrigen will C wegen des gestiegenen Ausfallrisikos eine pauschale Wertberichtigung zum 31.12.02 i. H. von 1 % ansetzen; dieser Prozentsatz beruht auf Erfahrungen der Vergangenheit und ist nicht zu beanstanden. In der Bilanz zum 31.12.01 war eine Pauschalwertberichtigung nicht berücksichtigt worden.

Frage

1. Gilt auch für die Bewertung der Forderungen der allgemeine Bewertungsgrundsatz der Einzelbewertung?
2. Was sind Gründe für die Bildung einer Pauschalwertberichtigung, und welche Besonderheiten sind bei der Berechnung einer solchen Wertberichtigung zu beachten?
3. Welche Werte sind in der Bilanz zum 31.12.02 zur richtigen Erfassung der Kundenforderungen auszuweisen?

Antwort und Begründung

1. Für die Bewertung des gesamten Betriebsvermögens, also auch bei der Bewertung von Kundenforderungen, gilt der Grundsatz der Einzelbewertung (vgl. § 252 Abs. 1 Nr. 3 HGB). Das Verfahren der Einzelbewertung bei Kundenforderungen beinhaltet zwar die größtmögliche Aussicht auf die Richtigkeit des ermittelten Werts, setzt aber voraus, dass die finanziellen Verhältnisse des Kunden einschätzbar sind. Ist dagegen der Kundenkreis groß und sind vor allem die wirtschaftlichen und finanziellen Verhältnisse der Kunden nicht bekannt, ist auch keine Möglichkeit einer Einzelbewertung gegeben. Sind trotzdem Risiken bezüglich des Eingangs solcher Forderungen vorhanden, so kann dies nur im Wege einer pauschalen Wertberichtigung berücksichtigt werden.

2. Nach allgemeinen handelsrechtlichen Grundsätzen ordnungsmäßiger Buchführung ist die Bildung einer Pauschalwertberichtigung wegen des allgemeinen Ausfallrisikos nicht zu beanstanden, insbesondere in den Fällen, in denen die Erfahrungen der Vergangenheit entsprechende Ausfälle belegen (vgl. Vorsichtsprinzip nach § 252 Abs. 1 Nr. 4 HGB). Damit sind alle Umstände gemeint, die zu einem teilweisen oder völligen Ausfall der bestehenden Forderungen führen können. Die Bildung einer Pauschalwertberichtigung erfolgt im Allgemeinen nach einem Prozentsatz; für die Höhe dieses Prozentsatzes, der im Ergebnis nur geschätzt werden kann, sind die Erfahrungen der Vergangenheit ein wesentlicher Anhaltspunkt.

Bemessungsgrundlage für die Berechnung einer Pauschalwertberichtigung unter Anwendung eines Prozentsatzes (Erfahrungssatzes) ist der Gesamtforderungsbestand zum Bilanzstichtag. Soweit eine Wertberichtigung wegen voraussichtlicher Forderungsausfälle erfolgt, ist Folgendes zu beachten:

In dem Gesamtforderungsbestand ist anteilig Umsatzsteuer enthalten; da bei einem evtl. tatsächlich eintretenden Forderungsausfall die Umsatzsteuer gemäß § 17 UStG zu berichtigen ist, kann der Unternehmer insoweit auch nicht belastet sein. Die pauschale Wertberichtigung ist daher vom verbleibenden Nettobetrag der Forderung, nachdem die Umsatzsteuer herausgerechnet wurde, zu berechnen.

3. Bei der Bewertung der Forderungen gliedert man diese zweckmäßigerweise in die folgenden drei Gruppen:

a) vollwertige Forderungen:

Diese sind mit den Anschaffungskosten (= Nennwert) zu bewerten.

b) zweifelhafte Forderungen (auch dubiose Forderungen genannt):

Diese zweifelhaften Forderungen sind mit dem Wert anzusetzen, der ihnen zum Abschlussstichtag beizulegen ist (vgl. § 253 HGB); der dabei als uneinbringlich geschätzte Teil der Forderung ist abzuschreiben.

c) uneinbringliche Forderungen:

Diese Forderungen sind voll abzuschreiben.

Die Gesamtforderungen müssen nun zum 31.12.02 daraufhin überprüft werden, mit welchem Wert diese in der Bilanz anzusetzen sind. Aus Gründen der Bilanzklarheit bedarf es dabei zunächst eines getrennten Ausweises derjenigen Forderungen, die als zweifelhaft anzusehen sind; dies trifft auf die Forderungen gegenüber den Kunden Faul und Grimmig zu.

Erforderlicher Buchungssatz:

Zweifelhafte Forderung – Kunde Faul	4.998 €	
Zweifelhafte Forderung – Kunde Grimmig	21.420 €	
an Forderungen – Kunde Faul		4.998 €
Forderungen – Kunde Grimmig		21.420 €

Bei den Forderungen gegenüber diesen beiden Kunden Faul und Grimmig ist eine Einzelbewertung möglich. Sie muss deshalb auch durchgeführt werden. In beiden Fällen steht ein endgültiger Ausfall zum Zeitpunkt der Bilanzerstellung noch nicht fest, aber mit einem teilweisen Ausfall ist ernsthaft zu rechnen. Nach § 6 Abs. 1 Nr. 2 EStG sind deshalb diese Forderungen mit dem niedrigeren Teilwert anzusetzen (§ 253 Abs. 4 HGB ist die entsprechende handelsrechtliche Vorschrift). Niedrigerer Teilwert ist hierbei der Wert, mit dessen wahrscheinlichem Eingang gerechnet werden kann. Bei der Ermittlung des jeweiligen Wertansatzes ist zu berücksichtigen, dass die Forderungen sich zusammensetzen aus:

a) den Nettowerten der Lieferungen bzw. sonstigen Leistungen

und

b) dem darauf entfallenden Wert der Umsatzsteuer.

Diese beiden anteiligen Werte sind bei der Wertfindung der Forderungen aus folgender Überlegung getrennt zu beurteilen:

Wird nämlich über das Vermögen eines Unternehmers ein Insolvenzverfahren eröffnet, werden die gegen ihn gerichteten Forderungen spätestens in diesem Zeitpunkt in voller Höhe als uneinbringlich i. S. von § 17 Abs. 2 Nr. 1 UStG eingestuft, unbeschadet von einer möglichen künftigen positiven Insolvenzquote (vgl. hierzu Abschn. 17.1 Abs. 16 Satz 1 UStAE).

Infolge der Änderung der Bemessungsgrundlage (auf 0 Euro) ist daher im vorliegenden Sachverhalt bei den beiden Kunden die Umsatzsteuer zu berichtigen, und zwar jeweils im Zeitpunkt der Eröffnung des Insolvenzverfahrens – spätestens also zum 31.12.02.

Da dies bisher noch nicht erfolgte, sind zunächst die dementsprechenden Korrekturbuchungen der Umsatzsteuer zu veranlassen; die jeweils anteilig in den Forderungen enthaltenen Umsatzsteuerbeträge sind mit folgenden Werten auszubuchen:

beim Kunden Faul –	USt-Schuld	798 €
an	Zweifelhafte For-derungen Kunde Faul	798 €

beim Kunden Grimmig –	USt-Schuld	3.420 €
an	Zweifelhafte For-derungen Kunde Grimmig	3.420 €

Gleichzeitig – bzw. spätestens bei Bilanzerstellung zum 31.12.02 – muss darüber hinaus einkommensteuerrechtlich bzw. handelsrechtlich im Wege einer Einzelwertberichtigung die zutreffende Bewertung der zweifelhaften Forderungen unter Berücksichtigung der zu erwartenden Verluste durchgeführt werden.

Dazu folgende Berechnung:

	Kunde Faul €	Kunde Grimmig €
ursprüngliche Bruttoforderung	4.998	21.420
./. bereits ausgebuchte USt bei Insolvenzeröffnung	798	3.420
verbleibende Nettoforderung	4.200	18.000
zu erwartender Verlust = Höhe der Einzelwertberichtigung = Kunde Faul mit 70 % = Kunde Grimmig mit 50 %	= 2.940	= 9.000

Der entsprechende Buchungssatz lautet:

Abschreibungen auf Forderungen	11.940 €	
an Zweifelhafte Forderung – Faul		2.940 €
Zweifelhafte Forderung – Grimmig		9.000 €

Die verbleibenden zweifelhaften Forderungen der beiden Kunden betragen somit:

	Kunde Faul €	Kunde Grimmig €
	4.200	18.000
./. Abschreibung	2.940	9.000
Bilanzwert zum 31.12.02	1.260	9.000

Für die restlichen Forderungen erfolgt keine Einzelbewertung mehr; hier ist eine pauschale Wertberichtigung durch Bildung eines Wertberichtigungspostens vorzunehmen.

Da durch die Einzelwertberichtigung bei den zweifelhaften Forderungen insoweit bereits eine Wertkorrektur vorgenommen wurde, müssen diese anteiligen Forderungen aus der Bemessungsgrundlage für die pauschale Wertberichtigung wie folgt herausgerechnet werden:

Berechnung: €

Gesamtforderungsbestand	649.978
./. einzeln bewertete Forderungen (= zweifelhafte Forderungen)	26.418
verbleibende Forderungen	623.560
./. darin enthaltene USt (623.560 € ÷ 1,19 × 19 %)	99.560
verbleibende Netto-Forderung	524.000
Wertberichtigung = 1 % von 524.000 € =	5.240

Die Berechnung der pauschalen Wertberichtigung erfolgt ebenfalls vom Netto-Forderungsbestand (ohne Umsatzsteuer), weil auch hier bei einem späteren tatsächlichen Forderungsausfall die Umsatzsteuer gemäß § 17 UStG zu berichtigen ist.

Der dafür erforderliche Buchungssatz lautet:

Abschreibungen auf Forderungen	5.240 €
an Forderungen	5.240 €

Früher wurden Wertberichtigungsposten im Wege einer indirekten Abschreibung auf der Passivseite der Bilanz als gedanklicher Schuldposten (sozusagen als Korrektivposten zur Bilanzposition „Forderungen" auf der Aktivseite) ausgewiesen; dieser Bilanzposten wurde auch als „Delkredere" bezeichnet.

Diese Form der indirekten Abschreibung wird nicht mehr für zulässig angesehen, weil die rechtfertigende Vorschrift des Aktiengesetzes (§ 152 Abs. 6 AktG a. F.) weggefallen ist. In der für Kapitalgesellschaften vorgeschriebenen Gliederung (vgl. § 266 HGB) dürfen in der Bilanz keine passiven Wertberichtigungsposten ausgewiesen werden; diese Darstellungsform hat sich auch für Einzelkaufleute und Personengesellschaften weitestgehend durchgesetzt.

Das hat zur Folge, dass ein errechneter Wertberichtigungsposten somit auf dem Konto „Forderungen" gegengebucht wird, wodurch allerdings die Aussagekraft dieses Kontos leidet, da insoweit aus dem Zahlenwerk nicht mehr nachvollzogen werden kann, in welchem Umfang sich Abschläge durch Wertberichtigung ausgewirkt haben.

Betriebsintern wird aus diesen Gründen nicht selten trotzdem ein gesondertes Unterkonto für derartige Abschläge eingerichtet.

Konto – Forderungen	=	618.320 €
Konto – Zweifelhafte Forderungen	=	10.260 €

Die Werte ermitteln sich wie folgt:

	Konto Forderungen:	€	€
	Gesamtforderungen =		649.978
	∕. zweifelhafte Forderungen =		26.418
			623.560
	∕. Pauschalwertberichtigung =		5.240
	Bilanzansatz zum 31.12.02 =		618.320
Konto	Zweifelhafte Forderungen:		
	Kunde Faul		4.998
	Kunde Grimmig		21.420
			26.418
	∕. USt-Korrektur:		
	Kunde Faul	798	
	Kunde Grimmig	3.420	4.218
			22.200
	∕. Einzelwertberichtigungen:		
	Kunde Faul	2.940	
	Kunde Grimmig	9.000	11.940
	Bilanzansatz zum 31.12.02		10.260

Fall 80

Forderungsverluste im Zusammenhang mit einer pauschalen Wertberichtigung

Sachverhalt

Dieser Sachverhalt ist die Fortführung des vorangegangenen Falles 79. Im Wirtschaftsjahr 03 hat Carosse hinsichtlich der Kundenforderungen folgende Feststellungen getroffen:

Zweifelhafte Forderungen:

Der Kunde Grimmig hat überraschenderweise die volle Forderung mit 21.420 Euro durch Banküberweisung am 30.12.03 bezahlt; dieser Vorgang war noch nicht gebucht worden.

Das Insolvenzverfahren bei dem Kunden Faul ist inzwischen abgeschlossen; das Insolvenzgericht hat den Antrag auf Eröffnung eines Insolvenzverfahrens endgültig abgelehnt, weil das Vermögen offensichtlich nicht ausreichte, die Kosten des Verfahrens zu decken.

Den verbleibenden Forderungsbestand am 31.12.03 hat C mit 755.412 Euro ermittelt. Darin ist eine Forderung aus dem Verkauf eines Gebrauchtwagens i. H. von 11.900 Euro enthalten; dieser Kunde hatte den PKW am 28.03.03 gekauft. Bei Überprüfung der Außenstände stellt sich heraus, dass dieser Kunde inzwischen gestorben ist und keinerlei Vermögenswerte hinterlassen hat.

Infolge der wirtschaftlichen Rezession und des damit verbundenen höheren Ausfallrisikos will C zum 31.12.03 eine pauschale Wertberichtigung i. H. von 1,5 % (dieser Prozentsatz ist nicht zu beanstanden) ansetzen.

Frage

Welcher Wert ist in der Bilanz zum 31.12.03 zur richtigen Erfassung der Kundenforderungen auszuweisen?

Antwort

Kundenforderungen   734.140 €

Begründung

Zum 31.12.03 sind wiederum die Kundenforderungen zu bewerten; es sind dabei alle Umstände zu berücksichtigen, die bis zu diesem Bilanzstichtag tatsächlich eingetreten sind.

Die Forderung gegenüber Grimmig war im Vorjahr hinsichtlich der Umsatzsteuer voll ausgebucht und hinsichtlich des Netto-Forderungsbestands mit 50 % als uneinbringlich abgeschrieben worden. Da im Jahr 03 die volle Forderung eingeht, ist dies jetzt richtigzustellen.

Umsatzsteuerrechtlich kommt § 17 Abs. 2 Nr. 1 Satz 2 zum Tragen, denn das Entgelt wird nachträglich vereinnahmt, sodass der Umsatzsteuerbetrag erneut zu berichtigen und als Umsatzsteuerschuld zu erfassen ist.

Die in 02 erfasste Abschreibung i. H. von 50 % der Nettoforderung (= 9.000 Euro) ist rückgängig zu machen und als Ertrag in 03 zu buchen.

Damit ergibt sich folgender Buchungssatz:

Bank	21.420 €	
an USt-Schuld		3.420 €
Zweifelhafte Forderungen Grimmig		9.000 €
Sonstige betriebliche Erträge		9.000 €

Infolge der Nicht-Eröffnung des Insolvenzverfahrens bei dem Kunden Faul fällt nunmehr die gesamte Forderung aus.

Da bereits im Vorjahr hinsichtlich der Umsatzsteuer wegen Änderung der Bemessungsgrundlage die Berichtigung i. H. von 798 Euro gebucht worden war, ist insoweit umsatzsteuerlich nichts mehr zu veranlassen.

Ertragsteuerlich war der Wert der Forderung im Wege der Einzelwertberichtigung bereits in 02 auf eine verbleibende Restforderung von 1.260 Euro (= 4.998 Euro ⁄ 798 Euro Umsatzsteuer und ⁄ 2.940 Euro Abschreibung) gemindert worden; dieser noch verbliebene Wert von 1.260 Euro ist jetzt endgültig auszubuchen – mit dem Buchungssatz:

Abschreibungen auf Forderungen 1.260 €	
an Zweifelhafte Forderungen	
Kunde Faul	1.260 €

Hinsichtlich der Forderung aus dem Verkauf des Gebrauchtwagens ist festzustellen, dass mit dem Eingang dieser Kundenforderung ernsthaft nicht mehr gerechnet werden kann; der Teilwert beträgt zum 31.12.03 zweifellos 0 Euro, sodass diese Forderung über das Konto „Forderungsverluste" auszubuchen ist. Gleichzeitig muss die Umsatzsteuer berichtigt werden, denn die Bemessungsgrundlage hat sich nachträglich geändert (vgl. § 17 Abs. 1 Satz 1 UStG).

Buchungssatz:

Forderungsverluste	10.000 €	
USt	1.900 €	
an Forderungen		11.900 €

Für den verbleibenden Forderungsbestand ist eine pauschale Wertberichtigung vorzunehmen.

	€
Forderungsbestand 31.12.03	755.412
∕ ausgebuchte Forderungen	11.900
Verbleibende Forderungen	743.512
∕ darin enthaltene USt	118.712
Verbleibende Netto-Forderung	624.800
Wertberichtigung = 1,5 % von 624.800 €	9.372

Eine solche pauschale Wertberichtigung soll neben den speziellen Kreditrisiken das allgemeine Ausfallrisiko berücksichtigen. Die Höhe einer dementsprechenden Wertberichtigung richtet sich nach einem unternehmensindividuell zu bestimmenden Prozentsatz, der auf den konkreten Erfahrungen der Vergangenheit beruht.

Daher ist es üblich, alle Forderungen von einer pauschalen Wertberichtigung auszunehmen, die bereits wegen bestimmter Risikofaktoren eigens abgewertet wurden.

Die Abschreibungen auf Forderungen müssen stets aktivisch vorgenommen werden, unabhängig davon, ob es sich um Einzel- oder Pauschalwertberichtigungen handelt; das bedeutet, dass der Abschreibungsbetrag auf dem (aktiven) Forderungskonto direkt gegengebucht wird.

Dieser Pflicht zur direkten Abschreibung steht aber nicht entgegen – wie bereits im vorangegangenen Fall dargestellt –, dass unternehmensintern die Abschreibung über ein gesondert einzurichtendes Unterkonto „passives Wertberichtigungskonto" erfolgt, damit der Unternehmer ein eindeutiges Bild über den Nennwert seiner Forderungen erhält.

Der lt. Sachverhalt errechnete Wert für die pauschale Wertberichtigung müsste folglich mit folgendem Buchungssatz erfasst werden:

Abschreibungen auf Forderungen	9.372 €	
an Forderungen		9.372 €

Hätte der Unternehmer aus betriebsinterner Interessenlage die Buchungsform der Zwischenschaltung eines Wertberichtigungskontos gewählt, so
wären dann jedoch folgende zwei Buchungen notwendig:

1. Abschreibungen auf Forderungen 9.372 €
   an Wertberichtigungen
   von Forderungen   9.372 €
2. Wertberichtigungen
   von Forderungen   9.372 €
   an Forderungen   9.372 €

Zu beachten bleibt jedoch noch, dass der Forderungsbestand vom 31.12.02
bereits um einen Wertberichtigungsbetrag i. H. von 5.240 Euro gemindert
war; in Höhe dieses Betrags ist auch der jetzt zum 31.12.03 vorhandene Forderungsbestand i. H. von 755.412 Euro automatisch nach wie vor gemindert.

Um zu der errechneten Wertberichtigung von 9.372 Euro zu kommen, ist
lediglich der Differenzbetrag von 4.132 Euro (9.372 Euro ∕ 5.240 Euro) als
zusätzliche Abschreibung wegen Wertberichtigung buchungsmäßig zu
erfassen.

Hinweis: Wäre eine errechnete Pauschalwertberichtigung in einem Folgejahr betragsmäßig geringer als die im Vorjahr gebildete Wertberichtigung,
so müsste der dabei entstehende Differenzbetrag in Form einer Zuschreibung
auf dem Forderungskonto mit folgendem Buchungssatz erfasst werden:

Forderungen
an Sonstige betriebliche Erträge

Nach Buchung der Wertberichtigung auf dem Forderungskonto errechnet
sich zum 31.12.03 auf diesem Konto dann ein verbleibender Forderungsbestand von 734.140 Euro (743.512 Euro ∕ 9.372 Euro).

Fall 81

Ansatz eines niedrigeren Teilwerts bei abnutzbaren Anlagegütern

Sachverhalt

Susi Sittermann (S) betreibt einen Sportartikel-Einzelhandel. Sie ermittelt
ihren Gewinn durch Betriebsvermögensvergleich gemäß § 5 EStG; das Wirtschaftsjahr entspricht dem Kalenderjahr. Umsatzsteuerrechtlich ist sie zum
vollen Vorsteuerabzug berechtigt. S hat sich für ihr Geschäft ein Montage-
und Prüfgerät für Skibindungen angeschafft. Die Rechnung vom 15.01.01
(= Tag der Lieferung) lautet über 4.200 Euro und 798 Euro Umsatzsteuer; den
Rechnungsbetrag hatte S am 19.02.01 unter Abzug von 1 % Skonto durch
Banküberweisung bezahlt.

Die betriebsgewöhnliche Nutzungsdauer dieses Geräts beträgt sechs Jahre. Auf der Sportartikel-Messe in München im Frühherbst 02 musste S feststellen, dass von der gleichen Herstellerfirma ein neues Montage- und Prüfgerät der gleichen Qualität und der gleichen Leistung angeboten wird, dessen Preis – ohne Umsatzsteuer – 2.550 Euro beträgt.

Der Teilwert für das Montage- und Prüfgerät von S beträgt daher zum 31.12.02 nur noch 1.200 Euro.

Frage

1. Kann ein Kaufmann bei einer Bilanzposition den Wertansatz der Vorjahresbilanz ohne Überprüfung übernehmen, auch wenn das Wirtschaftsgut (wie z. B. beim nicht abnutzbaren Anlagevermögen) unverändert seit Jahren mit dem gleichen Wert ausgewiesen wird?

2. Welchen Zweck verfolgen die Bewertungsbestimmungen des Handelsrechts, und welche Zielvorstellungen haben die Bewertungsbestimmungen des (Ertrags-)Steuerrechts – § 6 EStG?

3. Mit welchen Werten ist das Montage- und Prüfgerät in den Bilanzen zum 31.12.01 und 31.12.02 anzusetzen, wenn S möglichst niedrige Bilanzansätze ausweisen will?

Antwort und Begründung

1. Jede Bilanzposition muss zu jedem Bilanzstichtag bewertet werden. War ein Wirtschaftsgut bereits in der Vorjahresbilanz mit einem bestimmten Wert enthalten, so ist trotzdem zu jedem neueren Bilanzstichtag zu prüfen, ob dieser Wert unverändert beibehalten werden kann oder muss.

Liegen z. B. Umstände vor, die einen anderen Wertansatz rechtfertigen, so kann ein solcher veränderter Wert in Betracht kommen; Voraussetzung dafür ist jedoch, dass ein solcher anderer Wertansatz handelsrechtlich und insbesondere steuerlich zulässig ist (vgl. insbesondere § 253 HGB).

2. Die Bewertungsbestimmungen des Handelsrechts dienen in erster Linie dem Gläubigerschutz. Daraus folgt der Grundsatz, dass sich der Kaufmann nicht reicher darstellen darf, als er tatsächlich ist; man spricht in diesem Zusammenhang vom sog. Niederstwertprinzip. Dieses Niederstwertprinzip bedeutet praktisch, dass ein nach Handelsrecht buchführungspflichtiger Kaufmann von mehreren möglichen Wertansätzen einer Bilanzposition den jeweilig niedrigsten Wert ansetzen muss.

Die Bewertungsbestimmungen des Steuerrechts dagegen dienen der Ermittlung des steuerlichen Gewinns; dieser soll als Bemessungsgrundlage für die Besteuerung dienen und einem vorgestellten wirklichen Gewinn entsprechen. Bedingt durch diese Zielvorstellungen sind die Bewertungswahlmöglichkeiten (insbesondere die Bildung stiller Reserven) eingeschränkt.

3. Bilanzansatz zum 31. 12. 01:   3.465 Euro
Bilanzansatz zum 31. 12. 02:   1.200 Euro

Das angeschaffte Montage- und Prüfgerät gehört zum beweglichen abnutzbaren Anlagevermögen; es ist handelsrechtlich nach § 253 Abs. 1 HGB und steuerrechtlich gemäß § 6 Abs. 1 Nr. 1 EStG zum Zeitpunkt der Anschaffung mit den Anschaffungskosten zu aktivieren. Anschaffungskosten sind hier die 4.200 Euro; die Umsatzsteuer gehört nicht zu den Anschaffungskosten, weil S zum vollen Vorsteuerabzug berechtigt ist (vgl. § 9b Abs. 1 EStG). Zum Zeitpunkt der Lieferung ist zu buchen:

Montageeinrichtung	4.200 €	
Vorsteuer	798 €	
an Sonstige Verbindlichkeiten		4.998 €

Bei Bezahlung der Rechnung ist Skonto abgezogen worden; dadurch tritt eine Minderung der Anschaffungskosten ein. Gleichzeitig ist die Umsatzsteuer (Vorsteuer) gemäß § 17 Abs. 1 UStG wegen Änderung der Bemessungsgrundlage zu berichtigen.

Berechnung:

Rechnungs-betrag €	Skonto 1 % €	Zahlungs-betrag €
4.200	42,00	4.158,00
798	7,98	790,02
4.998	49,98	4.948,02

Buchungssatz:

Sonstige Verbindlichkeiten	4.998 €	
an Montageeinrichtung		42,00 €
VoSt		7,98 €
Bank		4.948,02 €

Ab dem Zeitpunkt der Lieferung ist AfA gemäß § 7 Abs. 1 EStG zu berechnen. Da das Wirtschaftsgut im Januar angeschafft wurde, kann die volle Jahres-AfA angesetzt werden.

Berechnung der AfA: Bei einer Nutzungsdauer von sechs Jahren beträgt der AfA-Satz = 16,66 %; das entspricht einem Jahres-AfA-Betrag von 693 Euro (16,66 % von 4.158 Euro).

Buchungssatz zum 31.12.01:

AfA	693 €	
an Montageeinrichtung		693 €

Damit beträgt der Bilanzansatz zum 31.12.01 = 3.465 Euro.

Im Jahr 02 kommt zur zutreffenden Ermittlung des Bilanzansatzes zum nächsten Bilanzstichtag zunächst die gleiche AfA zum Abzug, sodass zum 31.12.02 der Bilanzwert grundsätzlich 2.772 Euro betragen würde (3.465 Euro ⁒ 693 Euro).

Die Feststellung, dass ein Gerät der gleichen Qualität und Leistung mit einem Netto-Wert von 2.550 Euro angeboten wird, lässt den Schluss zu, dass damit der Teilwert des Montagegeräts von S dauerhaft im Wert gemindert ist.

Handelsrechtlich muss S nach dem strengen Niederstwertprinzip (§ 253 Abs. 3 Satz 3 HGB) aufgrund der dauernden Wertminderung eine außerplanmäßige Abschreibung vornehmen. Steuerrechtlich ist gemäß § 6 Abs. 1 Nr. 1 Satz 2 EStG bei einer dauerhaften Wertminderung eine solche Abschreibung auf den niedrigeren Teilwert zulässig, und zwar in Form einer Teilwert-Abschreibung, um buchungstechnisch auf den niedrigeren Teilwert zu kommen.

Eine dauerhafte Wertminderung liegt nach der Verwaltungsauffassung bei Wirtschaftsgütern des abnutzbaren Anlagevermögens aber nur vor, wenn der Wert des Wirtschaftsguts am Bilanzstichtag noch mindestens für die halbe Restnutzungsdauer unter dem planmäßigen Restbuchwert liegt (vgl. BMF-Schreiben vom 16.07.2014, BStBl 2014 I S. 1162, Rz. 8).

Dies ist hier bei S erfüllt, da die restliche Nutzungsdauer am 31.12.02 noch vier Jahre beträgt und sich nach der halben Restnutzungsdauer (also zum 31.12.04) folgender planmäßiger Restbuchwert ergibt:

Buchwert 31.12.02: 2.772 Euro $\diagup$ AfA 03 und 04 (jeweils 693 Euro) = 1.386 Euro.

Der Teilwert des Gerätes am 31.12.02 von 1.200 Euro wird also erst nach Ablauf der zwei Jahre unterschritten.

Buchungssätze zum 31.12.02:

AfA (normal)	693 €	
an Montageeinrichtung		693 €
Teilwert-Abschreibung	1.572 €	
an Montageeinrichtung		1.572 €

Hinweis: Das Niederstwertprinzip und weitere Besonderheiten der Anwendung der Bewertungsmaßstäbe werden in nachfolgenden Fällen weiter ausgeführt.

Fall 82

Bewertung eines Anlageguts, das seit mehreren Jahren zum Betriebsvermögen gehört

Sachverhalt

Thomas Trenker (T) hat einen Getränkegroßhandel; er ist bilanzierender Kaufmann. In seinem Betrieb befindet sich seit Jahren eine Flaschenabfüllmaschine, die inzwischen so weit abgeschrieben ist, dass sie in der Bilanz zum 31.12.08 unter Berücksichtigung der normalen AfA nur noch mit 4.600 Euro auszuweisen ist. Am 31.12.08 kommt zufällig ein Geschäftsfreund des T in die Abfüllräume der Großhandlung und sieht u. a. auch diese Abfüllmaschine; er macht dem T ein ernst gemeintes Angebot und bietet netto 5.990 Euro, wenn T ihm diese Maschine innerhalb der nächsten drei Monate verkauft. T hat über einen möglichen Verkauf noch nicht entschieden.

Frage

1. Nach welchen Bewertungsmaßstäben ist bei der Bewertung allgemein zu verfahren?

2. Welche Besonderheiten sind bei der Bewertung der einzelnen Vermögensgegenstände hinsichtlich des Niederstwertprinzips zu beachten?

3. Kann der Getränkegroßhändler die Flaschenabfüllmaschine mit 5.990 Euro in seiner Bilanz zum 31.12.08 ausweisen?

Antwort und Begründung

1. Eine Reihe von allgemeinen Bewertungsgrundsätzen haben sich im Lauf der Zeit als Grundsätze ordnungsmäßiger Buchführung entwickelt. Die wichtigsten dieser Grundsätze sind in § 252 HGB niedergelegt. Danach gelten folgende Einzelgrundsätze, von denen nur in begründeten Ausnahmefällen abgewichen werden darf:

a) Identitätsprinzip (§ 252 Abs. 1 Nr. 1 HGB): Die Wertansätze der Eröffnungsbilanz eines Geschäftsjahres müssen mit den Wertansätzen des vorhergehenden Geschäftsjahres übereinstimmen (Bilanzidentität bzw. Bilanzzusammenhang).

b) Fortführungsprinzip (Going-Concern-Prinzip – § 252 Abs. 1 Nr. 2 HGB): Bei der Bewertung ist von der Fortführung der Unternehmenstätigkeit auszugehen, sofern dem nicht tatsächliche oder rechtliche Gegebenheiten entgegenstehen (z. B. bei einer unmittelbar bevorstehenden Liquidation).

c) Einzelbewertungsprinzip (§ 252 Abs. 1 Nr. 3 HGB): Vermögensgegenstände und Schulden sind zum Abschlussstichtag einzeln zu bewerten – R 6.8 Abs. 3 EStR. Soweit es aber den Grundsätzen ordnungsmäßiger Buchführung entspricht, gibt es gewisse Ausnahmen von diesem Grundsatz; man spricht von Bewertungsvereinfachungsverfahren:

– Bewertungsverfahren zur Bildung eines **Festwerts** (§ 240 Abs. 3 HGB): Bei diesem Verfahren reicht es unter bestimmten Voraussetzungen aus, dass die zu bewertenden Vermögensgegenstände nur alle drei Jahre körperlich aufgenommen (und bewertet) werden; vgl. auch R 5.4 Abs. 3 und 4 EStR.

– **Gruppenbewertung** (§ 240 Abs. 4 HGB): Hiernach dürfen gleichartige Vermögensgegenstände des Vorratsvermögens und andere gleichartige oder annähernd gleichwertige bewegliche Vermögensgegenstände jeweils zu einer Gruppe zusammengefasst und mit einem gewogenen Durchschnittswert angesetzt werden (vgl. auch R 6.8 Abs. 4 EStR).

– **Verbrauchsfolgeverfahren** (§ 256 HGB): Diese Vorschrift erlaubt die Anwendung von Verbrauchsfolgeverfahren auf gleichartige Gegenstände des Vorratsvermögens (z. B. Lifo- und Fifo-Verfahren; vgl. auch R 6.9 EStR).

d) Stichtagsprinzip (§ 252 Abs. 1 Nr. 3 HGB): Hiernach ist grundsätzlich die Bewertung auf der Basis der am Abschlussstichtag geltenden Verhältnisse vorzunehmen. Das gilt für die tatsächlichen und die wertmäßigen Verhältnisse. Bezüglich dieser wertbegründenden Verhältnisse sind jedoch stets bessere (= wertaufhellende) Erkenntnisse im Zeitpunkt der Bilanzerstellung über die tatsächlichen und wertmäßigen Verhältnisse am Bilanzstichtag zu berücksichtigen.

e) Vorsichtsprinzip (§ 252 Abs. 1 Nr. 4 HGB): Es ist vorsichtig zu bewerten. Inhaltlich wird das Vorsichtsprinzip präzisiert durch die beiden folgenden Grundsätze:

– **Imparitätsprinzip:** Hiernach sind bereits alle vorhersehbaren Risiken und Verluste (auch noch nicht realisierte), die bis zum Abschlussstichtag entstanden sind, zu berücksichtigen, auch wenn sie erst zwischen Abschlussstichtag und Tag der Aufstellung des Jahresabschlusses bekannt geworden sind. Für Gewinne gilt dies nicht; daher der Name „Imparität" (= Ungleichheit).

– **Realisationsprinzip:** Danach sind nur die bis zum Abschlussstichtag bereits realisierten Gewinne zu berücksichtigen.

f) Periodenabgrenzungsprinzip (oder Aufwands- und Ertragsprinzip) – § 252 Abs. 1 Nr. 5 HGB: Aufwendungen und Erträge sind unabhängig vom Zeitpunkt der entsprechenden Zahlung im Jahresabschluss zu berücksichtigen.

g) Bewertungsstetigkeitsprinzip (§ 252 Abs. 1 Nr. 6 HGB): Die auf den vorhergehenden Jahresabschluss angewandten Bewertungsmethoden sind beizubehalten.

Hier kommt der Grundgedanke des § 238 Abs. 1 HGB zum Ausdruck, wonach die Buchführung und damit auch der Jahresabschluss einen Überblick über die Lage des Unternehmens vermitteln soll. Die Bewertungsstetigkeit (= materielle Bilanzkontinuität) ist dabei notwendige Voraussetzung zur Sicherung der Vergleichbarkeit von mehreren Abschlüssen.

2. Das Handelsrecht sieht mit § 253 HGB vor, dass abweichend von den Anschaffungs- bzw. Herstellungskosten unter bestimmten Voraussetzungen ein entsprechend niedrigerer Wert anzusetzen ist. Das Handelsgesetzbuch unterscheidet zwischen:

- **strengem Niederstwertprinzip** (§ 253 Abs. 4 HGB): Der niedrigste Wert muss hiernach angesetzt werden, und zwar gilt das immer für das Umlaufvermögen; für das Anlagevermögen gilt dies nur dann, wenn die Wertminderung voraussichtlich von Dauer ist (vgl. § 253 Abs. 3 Satz 3 HGB).

- **gemildertem Niederstwertprinzip** (§ 253 Abs. 3 HGB: Der niedrigere Wert kann wahlweise nur noch für Finanzanlagen des Anlagevermögens angesetzt werden, und zwar auch dann, wenn die eingetretene Wertminderung nicht von Dauer sein wird.

Handelsrechtlich wird als Anhaltspunkt auf die zu findenden niedrigeren Werte in § 253 HGB auf folgende Wertbegriffe verwiesen:

- Börsenpreis,
- Marktpreis oder
- beizulegender Wert – i. S. von § 253 Abs. 3 und 4 HGB.

Im Steuerrecht richtet sich die Bewertung der einzelnen Wirtschaftsgüter grundsätzlich nach den Anschaffungs- oder den Herstellungskosten – und soweit es abnutzbare Wirtschaftsgüter des Anlagevermögens sind –, jeweils vermindert um die Absetzung für Abnutzung. Daneben sieht jedoch § 6 Abs. 1 Nr. 1 EStG als Ausnahmeregelung auch den Ansatz eines Teilwerts vor, sofern dieser niedriger ist als die (evtl. um die AfA verminderten) Anschaffungs- oder Herstellungskosten.

Zur Ermittlung des Teilwerts bestehen lediglich Teilwertvermutungen, da ein solcher Teilwert regelmäßig nur im Wege der Schätzung nach den Verhältnissen des Einzelfalls ermittelt werden kann (vgl. R 6.7 EStR und H 6.7 EStH); man spricht dann von einem sog. „niedrigeren" Teilwert.

Zu beachten ist jedoch, dass ertragsteuerlich nach § 6 Abs. 1 Nr. 1 EStG der Ansatz eines niedrigeren Teilwerts nur zulässig ist bei einer voraussichtlich dauernden Wertminderung des Anlageguts. Buchungstechnisch erfolgt die Erfassung der Wertminderung – zum niedrigeren Teilwert hin – durch eine dementsprechende Teilwert-Wertabschreibung (= also eine gesonderte Abschreibung auf den niedrigeren Teilwert).

Eine in der Handelsbilanz vorgenommene außerplanmäßige Abschreibung wegen einer nur vorübergehenden Wertminderung ist daher in der Steuerbilanz als Teilwertabschreibung nicht zulässig.

Die Berücksichtigung eines niedrigeren Wertansatzes führt zwangsläufig dazu, dass der Unternehmer bei der Bewertung von Bilanzansätzen – schrittweise – mehrere Überlegungen anstellen muss:

a) Zunächst wird er die ursprünglichen Anschaffungs- bzw. Herstellungskosten, evtl. vermindert um die planmäßigen Abschreibungen, ermitteln; dieser Wert bildet die Obergrenze eines möglichen Wertansatzes.

b) Ergeben sich bei den einzelnen Vermögenswerten unter Berücksichtigung des Niederstwertprinzips niedrigere Werte, so sind diese Vergleichswerte den Werten zu a) gegenüberzustellen.

Unter den möglicherweise verschiedenen Wertansätzen für die einzelnen Vermögensgegenstände muss der Unternehmer dann denjenigen zur Bilanzierung heranziehen, der nach handelsrechtlichen und steuerrechtlichen Vorschriften (höchstens oder mindestens) zulässig ist.

3. Nein.

Die Flaschenabfüllmaschine ist in der Bilanz zum 31.12.08 mit dem Wert von 4.600 Euro auszuweisen.

Die Flaschenabfüllmaschine gehört zum abnutzbaren Anlagevermögen (R 6.1 Abs. 1 EStR). Sie ist handelsrechtlich nach § 253 Abs. 3 HGB mit den um die planmäßige Abschreibung geminderten Anschaffungskosten anzusetzen. Im Steuerrecht wird die Maschine gemäß § 6 Abs. 1 Nr. 1 EStG ebenfalls mit den Anschaffungskosten, vermindert um die AfA nach § 7 EStG, bewertet; diese Werte sind zwingend.

§ 6 Abs. 1 Nr. 1 EStG lässt zwar – davon abweichend – auch einen niedrigeren Wertansatz zu; der vorliegende Sachverhalt bietet dafür jedoch keinen Anhaltspunkt.

Das Angebot des Geschäftsfreunds ließe im Gegenteil eher den Schluss zu, dass hier evtl. ein noch höherer Teilwert vorliegt; der Ansatz eines höheren Teilwerts ist aber nach der Grundregel des § 6 Abs. 1 Nr. 1 EStG unzulässig; vielmehr muss der Bilanzwert zum 31.12.08 niedriger sein als der Wert vom 31.12.07, denn T muss die AfA entsprechend der Regelung nach § 7 EStG berücksichtigen.

Folglich ist in der Bilanz zum 31.12.08 die Abfüllmaschine mit 4.600 Euro auszuweisen; hier kommt der Grundsatz der formellen Bilanzkontinuität (= Identitätsprinzip i. S. von § 252 Abs. 1 Nr. 1 HGB) zum Tragen – das bedeutet, dass bei solchen Wirtschaftsgütern, die bereits am Schluss des vorangegangenen Wirtschaftsjahres zum Betriebsvermögen gehört haben, der frühere Bilanzansatz fortzuführen ist.

Steuerrechtlich spricht man vom Wertzusammenhang.

Fall 83

Bewertung von Wirtschaftsgütern des nicht abnutzbaren Anlagevermögens – Teilwertabschreibung und Wertaufholungsgebot

Sachverhalt

Der Autohändler Uwe Unrund (U) ermittelt seinen Gewinn nach § 5 EStG. Zu seinem Betriebsvermögen gehört seit mehreren Jahren ein 1.000 m² großes unbebautes Grundstück, das er für die Ausstellung seiner Gebrauchtwagen nutzt. In der Handels- und Steuerbilanz zum 31.12.02 hat U das Grundstück mit den Anschaffungskosten von 40.000 Euro ausgewiesen.

Im April 03 wurde das Grundstück erstmals vom Hochwasser eines benachbarten Flusses überflutet, woraufhin der Marktpreis für vergleichbare Grundstücke in diesem Gewerbegebiet bis zum 31.12.03 auf 30 Euro/m^2 sank; dieser Preis blieb auch bis zum Zeitpunkt der Erstellung der Bilanz zum 31.12.03 im April 04 bestehen.

Im Juni 04 hat die Stadt beschlossen, das gesamte Gewerbegebiet durch den Bau eines Dammes vor weiterer Überflutung zu schützen. Nach Fertigstellung dieser Maßnahme stiegen die Grundstückspreise in diesem Gewerbegebiet bis zum 31.12.04 auf 45 Euro/m^2 an.

Frage

Mit welchen Werten ist das Grundstück in den Bilanzen zum 31.12.03 und 31.12.04 anzusetzen?

Es ist davon auszugehen, dass U steuerlich den jeweils niedrigsten zulässigen Wert in die Bilanz aufnehmen will.

Antwort

Das unbebaute Grundstück ist mit folgenden Werten anzusetzen:

Bilanzstichtag 31.12.03:   30.000 €
Bilanzstichtag 31.12.04:   40.000 €

Begründung

Das unbebaute Grundstück gehört zum nicht abnutzbaren Anlagevermögen. Handelsrechtlich ist Grund und Boden grundsätzlich mit den Anschaffungskosten anzusetzen, § 253 Abs. 1 HGB. Wenn der Wert am Abschlussstichtag jedoch voraussichtlich dauerhaft niedriger ist, muss dieser in der Handelsbilanz (durch eine außerplanmäßige Abschreibung) zwingend angesetzt werden (§ 253 Abs. 3 Satz 3 HGB). Die Möglichkeit, einen voraussichtlich nur vorübergehend gesunkenen Wert anzusetzen, besteht für alle Unternehmensformen nach dem Bilanzrechtsmodernisierungsgesetz nur noch bei Finanzanlagen des Anlagevermögens.

Steuerrechtlich ist Grund und Boden ebenfalls grundsätzlich mit den Anschaffungskosten anzusetzen (§ 6 Abs. 1 Nr. 2 Satz 1 EStG). Gemäß § 6 Abs. 1 Nr. 2 Satz 2 EStG kann aber auch ein voraussichtlich dauerhaft niedriger Teilwert angesetzt werden; dies stellt ein steuerliches Wahlrecht dar. Aufgrund der Maßgeblichkeit (§ 5 Abs. 1 Satz 1 EStG) muss der Stpfl. in der Steuerbilanz zwar grundsätzlich das Betriebsvermögen nach den handelsrechtlichen Grundsätzen ordnungsmäßiger Buchführung ermitteln, aber gemäß dem 2. Teilsatz dieser Vorschrift kann in Ausübung eines steuerlichen Wahlrechts ein anderer Ansatz gewählt werden. Voraussetzung ist lediglich, dass für die Wirtschaftsgüter, bei denen ein vom Handelsrecht abweichender Ansatz gewählt wird, besondere Aufzeichnungspflichten zu erfüllen sind, § 5 Abs. 1 Satz 2 und 3 EStG.

Zum 31.12.03 ist der Wert des Grundstücks mit 30.000 Euro (1.000 m² ×
30 Euro/m²) unter die ursprünglichen Anschaffungskosten von 40.000 Euro
gesunken. Ob eine voraussichtlich dauernde Wertminderung vorliegt, wird
anhand der tatsächlichen Verhältnisse am Bilanzstichtag zu beurteilen
sein; maßgebend sind dabei aber auch werterhellende Erkenntnisse bis zum
Zeitpunkt der Bilanzerstellung.

Da zum Bilanzerstellungszeitpunkt im April 04 der Marktpreis immer noch
bei 30 Euro/m² lag, ist von einer dauernden Wertminderung auszugehen
und somit der Ansatz des niedrigeren Teilwerts in der Steuerbilanz zum
31.12.03 zulässig und geboten, da U lt. Sachverhalt den jeweils niedrigsten
zulässigen Ansatz in der Steuerbilanz wählen möchte. In der Handelsbilanz
muss U den niedrigeren Marktpreis sogar zwingend ansetzen.

Buchungsmäßig wird dieser niedrigere Wert durch eine entsprechende Aufwandsbuchung erreicht:

Teilwert-Abschreibung	10.000 €	
an Grund und Boden		10.000 €

Zum 31.12.04 ist der Wertansatz des Grundstücks neu zu beurteilen. Der
Teilwert ist zwischenzeitlich auf 45.000 Euro angestiegen (45 Euro/m²).

Handelsrechtlich darf ein niedrigerer Wertansatz in den Folgejahren nicht
mehr beibehalten werden, wenn die Gründe dafür nicht mehr bestehen,
§ 253 Abs. 5 Satz 1 HGB. Ausgenommen sind davon nur entgeltlich erworbene Geschäfts- oder Firmenwerte, bei denen im Gegensatz dazu der
niedrigere Wertansatz zwingend beizubehalten ist.

Steuerrechtlich ist § 6 Abs. 1 Nr. 2 Satz 3 i. V. m. Nr. 1 Satz 4 EStG zu beachten:

Danach sind Wirtschaftsgüter, die bereits am Schluss des vorangegangenen
Wirtschaftsjahres zum Anlagevermögen des Stpfl. gehört haben, in den
nachfolgenden Wirtschaftsjahren grundsätzlich wieder mit den – bei abnutzbaren Wirtschaftsgütern fortgeführten – Anschaffungs- bzw. Herstellungskosten anzusetzen, es sei denn, der Stpfl. weist nach, dass der Ansatz des
niedrigeren Teilwerts immer noch zulässig ist.

Man spricht in diesen Fällen von dem sog. Wertaufholungsgebot, wodurch
letztlich die früher vorgenommene Teilwertabschreibung rückgängig gemacht wird.

Im vorliegenden Sachverhalt hat U somit das Grundstück sowohl in der Han-
dels- wie auch in der Steuerbilanz zum 31.12.04 mit den ursprünglichen
Anschaffungskosten von 40.000 Euro auszuweisen, da die Gründe für den
niedrigeren Teilwert nicht mehr bestehen.

Der Ansatz des Teilwerts von 45.000 Euro würde aber die ursprünglichen Anschaffungskosten übersteigen, was den Grundsatz des Realisationsprinzips nach § 252 Abs. 1 Nr. 4 HGB verletzen würde, wonach nicht verwirklichte Gewinne nicht ausgewiesen werden dürfen.

Den entsprechenden höheren Wertansatz erreicht man buchungsmäßig durch eine Teilwert-Zuschreibung:

Grund und Boden	10.000 €	
an Sonstige betriebliche Erträge		
(Teilwert-Zuschreibung)		10.000 €

Fall 84

Bewertung von Wirtschaftsgütern des Umlaufvermögens

Sachverhalt

Der Textilhändler Volker Vlies (V) hat sich für die Wintersaison 01/02 mit einem großen Posten Damen-Anoraks eingedeckt. Einen Teil dieser Anoraks konnte er bis zum 31.12.01 verkaufen. 120 dieser Anoraks mit einem Einkaufswert von insgesamt 3.840 Euro (Anschaffungskosten) waren am 31.12.01 (Bilanzstichtag) noch vorhanden.

Zum 31.12.02 waren diese Anoraks noch immer auf Lager; da inzwischen ein Modewechsel eingetreten war, bestand für V kaum Aussicht, diese Waren noch zu verkaufen. In der Bilanz zum 31.12.02 will V diesen Warenposten mit dem (unstreitigen) Teilwert von 1.920 Euro ansetzen. Im Dezember 03 setzte plötzlich ein reges Interesse für diese Anoraks ein; danach bestehen beste Aussichten, den gesamten Warenposten zu veräußern, zumal ein befreundeter Ski-Club-Vorsitzender für seinen Verein insgesamt 110 Stück zum ursprünglichen Preis abnehmen will. Zum 31.12.03 sind diese Anoraks aber noch vorhanden.

V ist ein vorsichtiger Kaufmann und möchte deshalb diesen Warenposten – obwohl sich ein Verkauf in naher Zukunft abzeichnet – möglichst niedrig in der Bilanz ausweisen.

Frage

1. Sind Ausnahmen vom Grundsatz der Einzelbewertung zulässig, und welche Bewertungsvereinfachungsverfahren sind allgemein üblich?

2. Mit welchen Werten kann der Textilhändler die Anoraks in den Bilanzen zum 31.12.01, zum 31.12.02 und zum 31.12.03 aufnehmen?

Antwort

1. Grundsätzlich ist bei der Bewertung der im Jahresabschluss ausgewiesenen Vermögensgegenstände und Schulden die Einzelbewertung vorgeschrieben (§ 252 Abs. 1 Nr. 3 HGB – vgl. auch R 6.8 Abs. 3 EStR). Nach den allgemeinen Grundsätzen ordnungsmäßiger Buchführung sind jedoch bestimmte Ausnahmen von diesem Grundsatz zugelassen; die Einzelbewertung findet dort ihre Grenzen, wo der damit verbundene Arbeitsaufwand in keinem Verhältnis mehr zum beabsichtigten Ziel – einer möglichst korrekten Wertermittlung – steht, d. h., wenn es wirtschaftlich nicht mehr gerechtfertigt erscheint.

Neben der Einzelbewertung kennt man deshalb noch folgende andere Bewertungsvereinfachungsverfahren (vgl. auch Fall 82):

- Festbewertung (§ 240 Abs. 3 HGB) und H 6.8 (Festwert) EStH mit Anhang 9 zum Einkommensteuer-Handbuch,
- Gruppenbewertung (§ 240 Abs. 4 HGB) und R 6.8 Abs. 4 EStR,
- Bewertung mittels Verbrauchsfolgeverfahren (§ 256 HGB) und R 6.9 EStR.

Diese Bewertungsverfahren werden auch steuerlich nicht beanstandet, sofern die verfahrensmäßigen Voraussetzungen gegeben sind.

2. Die Anoraks sind zu den einzelnen Bilanzstichtagen mit folgenden Werten aufzunehmen:

Bilanzstichtag 31.12.01:	3.840 Euro
Bilanzstichtag 31.12.02:	1.920 Euro
Bilanzstichtag 31.12.03:	3.840 Euro

Begründung (zu 2.)

Die Anoraks gehören als Teil des Vorratsvermögens (Waren) zum Umlaufvermögen – R 6.1 Abs. 2 EStR; solche dem Umlaufvermögen zuzurechnende Güter sind nicht dazu bestimmt, dem Betrieb auf Dauer zu dienen – sie werden vor allem für den Verkauf oder den Verbrauch vorgehalten.

Umlaufvermögensgegenstände sind gemäß § 253 Abs. 1 HGB und § 6 Abs. 1 Nr. 2 EStG grundsätzlich mit den Anschaffungskosten in der Bilanz anzusetzen. Sofern sich vom Marktpreis her ein niedrigerer Wert zeigt, ist handelsrechtlich nach § 253 Abs. 4 HGB ein solcher niedrigerer Wert am Abschlussstichtag zwingend anzusetzen (strenges Niederstwertprinzip).

Steuerrechtlich ist nach § 6 Abs. 1 Nr. 2 EStG das Umlaufvermögen ebenfalls grundsätzlich mit den Anschaffungs- bzw. Herstellungskosten anzusetzen, sodass es zum Bilanzstichtag 31.12.01 mit dem ausgewiesenen Buchwert von 3.840 Euro zu erfassen ist; Anhaltspunkte für den Ansatz eines niedrigeren Teilwerts sind nicht erkennbar.

Bei den zum 31.12.02 noch vorhandenen Anoraks kommt bei der Beurteilung einer möglichen voraussichtlich dauernden Wertminderung dem Zeitpunkt der Veräußerung bzw. der Verwendung eine stärkere Bedeutung zu;

ein Wertansatz mit den ursprünglichen Anschaffungskosten erscheint nicht mehr gerechtfertigt. Durch die besonderen Umstände (Modewechsel) ist der Marktpreis und damit auch der Wert der Waren gesunken, sodass ein niedrigerer Teilwert anzusetzen ist; hier kann von einer dauernden Wertminderung ausgegangen werden, zumal erst Ende des Jahres 03 sich ein möglicher – wertentsprechender – Verkauf dieser Waren abzeichnet (vgl. § 6 Abs. 1 Nr. 2 Satz 2 EStG). Kaufleute, die den Gewinn nach § 5 EStG ermitteln, müssen entsprechend den handelsrechtlichen Grundsätzen den niedrigeren Teilwert ansetzen; steuerrechtlich ist er zulässig, wenn der Kaufmann V dies wünscht.

Dazu ist folgende Aufwandsbuchung erforderlich:

> Abschreibung auf den niedrigeren Teilwert 1.920 €
> **an** Aufwendungen für bezogene Waren   1.920 €

Zum 31.12.03 ist der Wert dieser Waren offensichtlich wieder höher einzuschätzen. Gemäß § 6 Abs. 1 Nr. 2 Satz 3 i. V. m. Abs. 1 Satz 4 EStG sind in der Steuerbilanz als Werte wieder die ursprünglichen Anschaffungskosten – also 3.840 Euro – anzusetzen; die Waren gehörten bereits zum letzten Bilanzstichtag zum Betriebsvermögen und V wird zum Bilanzstichtag 31.12.03 nicht nachweisen können, dass der Teilwert nach wie vor niedriger ist als die eigentlichen Beschaffungskosten. Endgültige Klarheit könnte jedoch spätestens zum Bilanzaufstellungszeitpunkt bestehen, denn wenn bis dahin Anoraks tatsächlich zum alten Preis verkauft werden konnten, ist eine entsprechende Zuschreibung zum 31.12.03 in jedem Fall vorzunehmen (Prinzip des Wertaufholungsgebots).

Buchungssatz:

> Aufwendungen für bezogene
> Waren (Zuschreibung)   1.920 €
> **an** Sonstige betriebliche Erträge   1.920 €

Handelsrechtlich besteht für Vermögensgegenstände des Umlaufvermögens seit dem Bilanzrechtsmodernisierungsgesetz ein striktes Wertaufholungsgebot, § 253 Abs. 5 HGB. Folglich muss Vlies auch in der Handelsbilanz zum 31.12.03 wieder die ursprünglichen Anschaffungskosten von 3.840 Euro ansetzen.

Fall 85

Organisations- und Gliederungssystem für das Rechnungswesen

Sachverhalt

Der Großhändler Erwin Ehrlich (E) ist bilanzierender Kaufmann und zum vollen Vorsteuerabzug berechtigt.

Im Kontenplan seiner Buchführung sind u. a. folgende Kontenunterarten mit den jeweiligen Konten-Nummern aufgeführt:

Konten-Nr.	Kontenbezeichnung
. . . .	. . . . .
0330	Betriebs- und Geschäftsausstattung
1010	Forderungen aus Lieferungen und Leistungen
1310	Volks- und Raiffeisenbank
1410	Vorsteuer (19 %)
1510	Kasse
1610	Privatentnahmen
1710	Verbindlichkeiten aus Lieferungen und Leistungen
1810	Umsatzsteuer (19 %)
1940	Sonstige Verbindlichkeiten
2110	Zinsaufwand
2410	Außerordentliche Erträge
3010	Wareneinkauf
4030	Aushilfslöhne
4110	Mietaufwand
4400	Werbe- und Reisekosten
4710	Instandhaltungskosten
4810	Bürobedarf
8010	Warenverkauf
8710	Entnahmen von Waren
. . . .	. . . . .

Folgende Geschäftsvorfälle sind angefallen (alle Werte in Euro):

1. Wareneinkauf lt. Eingangsrechnung für 3.400 zzgl. 646 USt;

2. Barauszahlung von Aushilfslöhnen i. H. von 200;

3. Warenverkäufe laut Ausgangsrechnungen über 8.200 zzgl. 1.558 USt;

4. Entnahme von 500 aus der Geschäftskasse für private Zwecke;

5. Banküberweisung einer Reparaturrechnung für Instandsetzungsarbei-ten an der Beleuchtungsanlage im Geschäftsbüro = 120 zzgl. 22,80 USt;

6. Einkauf eines neuen Büro-Computers gegen Bankscheck für 4.850 zzgl. 921,50 USt;

7. Barzahlung der Geschäftsmiete i. H. von 800;

8. Überweisung einer noch offenen Lieferantenrechnung über angelieferte Waren i. H. von 2.100 zzgl. 399 USt;

9. die Bank hat das Bankkonto mit 130 Zinsen belastet;

10. Barabhebung von der Bank und Einlage des Betrags i. H. von 500 in die Geschäftskasse.

Frage/Aufgabe

1. Wie lässt sich die Notwendigkeit eines Ordnungssystems für die Buchführung eines Unternehmens erklären?

2. Worin unterscheiden sich Kontenrahmen und Kontenplan?

3. Nach welchen unterschiedlichen Prinzipien sind die verschiedenen Kontenrahmen gegliedert?

4. Wie unterscheiden sich in der weiteren Untergliederung Kontenklasse, Kontengruppe, Kontenart und Kontenunterart?

5. Wie lauten die zu bildenden Buchungssätze für die im Sachverhalt angegebenen Geschäftsvorfälle bei Verwendung der zutreffenden Kontennummern nach dem angegebenen Kontenplan?

Antwort und Begründung

1. Die Buchführung eines Unternehmers soll eine Vielzahl von Aufgaben erfüllen, so z. B. die Grundlagen schaffen

- für die Beurteilung der Kapital- und Erfolgsstruktur,
- für die Statistik,
- für die Kosten- und Leistungsrechnung,
- für die Planungsrechnung usw.

Dazu bedarf es eines Kontensystems, das die Vielzahl der Konten nach bestimmten Gesichtspunkten gliedert, einheitlich bezeichnet und datengerecht gestaltet.

Damit sollen vor allem Zahlengrundlagen für die Zeit- und Betriebsvergleiche geschaffen werden.

Zeitvergleich = der Vergleich mit den Ergebnissen früherer Geschäftsjahre des eigenen Unternehmens (wird auch als innerer Betriebsvergleich bezeichnet)

Betriebsvergleich = der Vergleich mit den Strukturzahlen anderer Unternehmen der gleichen Branche (wird auch als äußerer Betriebsvergleich bezeichnet)

2. Der Kontenrahmen ist ein Ordnungsschema, das allgemein gültige Aussagen über die zu führenden Konten von Unternehmen eines Wirtschaftszweiges enthält.

Heute allgemein übliche Kontenrahmen sind z. B.:

- Kontenrahmen für den Einzelhandel (EKR)
- Kontenrahmen für den Groß- und Außenhandel (BGA)
- Industriekontenrahmen (IKR)

- Gemeinschaftskontenrahmen der Industrie (GKR)
- Einheitskontenrahmen für das Deutsche Handwerk
- Spezialkontenrahmen (z. B. DATEV-SKR)

Der Kontenplan dagegen ist der auf die Betriebsgröße und die Betriebseigenarten zugeschnittene Organisationsplan (also ein übersichtliches Verzeichnis sämtlicher Konten der Buchhaltung) für die Buchführung des einzelnen Unternehmens.

Mit der Festlegung eines solchen Kontenplans für den Betrieb werden gleichzeitig mehrere Ziele erreicht:

a) Eine Vereinfachung und gleichzeitig eine Vereinheitlichung aller Buchungs- und Abschlussarbeiten

und

b) die Überwachung der Wirtschaftlichkeit durch Zeit- und Betriebsvergleich

werden wesentlich erleichtert.

3. Die verschiedenen Kontenrahmen haben unterschiedliche Gliederungsprinzipien, die sich zunächst an den jeweiligen Wirtschaftszweigen und Unternehmensstrukturen (Handels-, Handwerks-, Industrie- oder Dienstleistungsunternehmen) orientieren.

Die so aufgestellten Rahmen-Strukturen lassen jedoch dem einzelnen Unternehmen so viele Gestaltungsmöglichkeiten, dass die Buchführung ganz auf die Bedürfnisse des einzelnen Betriebs abgestellt werden kann.

In der äußeren Form ist jeder Kontenrahmen nach dem „Zehnersystem" aufgebaut, wobei die Konten in zehn Konten-Klassen gegliedert sind.

Für den inhaltlichen Aufbau gibt es zwei grundsätzliche Prinzipien:

Kontenrahmen nach dem **Prozessgliederungsprinzip**	Kontenrahmen nach dem **Abschlussgliederungsprinzip**
= beruht auf dem sog. „Schmalenbach'schen Kontenrahmen".	= folgt der Jahresabschlussgliederung des Handelsgesetzbuchs.
Diese Form ist auf den Bedürfnissen der Abrechnung des betriebl. Werteflusses (Produktionsablauf) aufgebaut.	Diese Form ist somit auf die handelsrechtliche Gliederung der Bilanz und Gewinn-und-Verlust-Rechnung ausgerichtet.
Damit entspricht dieser Kontenrahmen stärker der Betriebsabrechnung – also der **„Kosten- und Leistungsrechnung"**.	Diese Kontenrahmen sind einfacher gestaltet und damit leichter zu handhaben.
Dazu zählen z. B.: – GKR – DATEV-SKR 03	Dazu gehören z. B.: – IKR – DATEV-SKR 04

Die Inhalte der Kontenklassen sollen an folgenden Auflistungen – aufgegliedert nach Prozess- und Abschlussgliederungsprinzip – beispielhaft aufgezeigt werden:

Kontenklasse	Inhalt der Kontenklasse – Prozessgliederungsprinzip –	Kontenklasse	Inhalt der Kontenklasse – Abschlussgliederungsprinzip –
0	**Anlage- und Kapitalkonten** – Anlagevermögen, langfristiges Fremdkapital und Eigenkapitalkonten	0	**Immaterielle Vermögensgegenstände und Sachanlagen**
1	**Finanzkonten** – Geldvermögen und kurzfristige Forderungen und Verbindlichkeiten	1	**Finanzanlagen** – wie z. B. Beteiligung, Wertpapiere usw.
2	**Abgrenzungskonten** – sachliche Abgrenzung von betrieblichen Erfolgskonten zu neutralen Aufwendungen und Erträgen	2	**Umlaufvermögen und aktive Rechnungsabgrenzung** – Waren, Forderungen und flüssige Mittel
3	**Wareneinkaufs- und Warenbestandskonten** – Materialvorräte, Roh-, Hilfs- und Betriebsstoffe und Fertigerzeugnisse und Handelswaren	3	**Eigenkapital (auch Rücklagen) und Rückstellungen**
4	**Konten der Kostenarten** – Konten der Aufwendungen zur Ermittlung des Betriebsergebnisses	4	**Verbindlichkeiten und passive Rechnungsabgrenzung**
5	**Konten der Kostenstellen** – aufgegliedert für bestimmte Bereiche – z. B. Einkauf, Lager, Vertrieb usw. (werden z. T. auch über einen Betriebsabrechnungsbogen ermittelt)	5	**Erträge – Erlöse** – Umsatzerlöse und andere Erlöse
6	**Konten für Umsatzkostenverfahren** – soweit das Umsatzkostenverfahren angewandt wird	6	**Betriebliche Aufwendungen**
7	**Konten der Bestände an Erzeugnissen bei Fertigungsunternehmen** – bei anderen Unternehmen ist diese Kontenklasse frei	7	**Weitere Aufwendungen** – z. B. Steuern und Zinsen
8	**Warenverkaufskonten – Verkaufserlöse** – hier werden die Ertragskonten erfasst	8	**Ergebnisrechnungen** – Eröffnungs- und Abschlusskonten
9	**Abschlusskonten** – alle Abschlusskonten und Bilanzkonten	9	**Kosten- und Leistungsrechnung** – in der Praxis wird diese jedoch gewöhnlich tabellarisch (mit Betriebsabrechnungsbogen) ermittelt

4. Die Kontenrahmen sind nur eine grobe Gliederung nach bestimmten sachlichen Gesichtspunkten, die aber in sich noch weiter untergliedert werden.

Dabei gilt folgende Zuordnung:

Jede der	10 **Kontenklassen**	(= 1-stellige Zahl)	des Kontenrahmens lässt sich
	in 10 **Kontengruppen**	(= 2-stellige Zahl)	und diese wiederum
	in 10 **Kontenarten**	(= 3-stellige Zahl)	und diese wiederum
	in 10 **Kontenunterarten**	(= 4-stellige Zahl)	untergliedern.

Am Beispiel der Kontenklasse 1 (= Finanzkonten) soll diese Systematik verdeutlicht werden:

Kontenklasse	1	Finanzkonten	= Kontenrahmen	
Kontengruppe	13	Banken	= Kontenrahmen	
Kontenart	131	Kreditinstitute	= Kontenrahmen	
Kontenunterart	1311	Kreissparkasse		= Kontenplan
Kontenunterart	1312	Deutsche Bank		= Kontenplan

Da der Kontenplan nach den Bedürfnisses des jeweiligen Betriebs aufgestellt wird, enthält er somit auch nur die im Unternehmen tatsächlich geführten Konten.

5. Buchungssätze in Kurzform:

5.1	3010 = 3.400 und 1410 = 646,00 **an** 1710 = 4.046,00
5.2	4030 = 200 **an** 1510 = 200,00
5.3	1010 = 9.758 **an** 8010 = 8.200,00 und 1810 = 1.558,00
5.4	1610 = 500 **an** 1510 = 500,00
5.5	4710 = 120 und 1410 = 22,80 **an** 1310 = 142,80
5.6	0330 = 4.850 und 1410 = 921,50 **an** 1310 = 5.771,50
5.7	4110 = 800 **an** 1510 = 800,00
5.8	1710 = 2.499 **an** 1310 = 2.499,00
5.9	2110 = 130 **an** 1310 = 130,00
5.10	1510 = 500 **an** 1310 = 500,00

Fall 86

Jahresabschluss mit Darstellung auf T-Konten

Sachverhalt

Magda Melle (M) betreibt ein Großhandelsgeschäft. Sie ermittelt ihren Gewinn durch Betriebsvermögensvergleich nach § 5 EStG. M versteuert ihre Umsätze nach den allgemeinen Vorschriften des Umsatzsteuergesetzes; sie ist zum vollen Vorsteuerabzug berechtigt. Die Eröffnungsbilanz zum 01.01.07 enthält folgende Werte (alle Werte in Euro):

Geschäftsausstattung	5.200	Wertpapiere	10.000
USt-Schuld	520	Kundenforderungen	23.280*
Warenbestände	35.310	Kasse	2.760
Sonstige Verbindlichkeiten	1.560	Bankguthaben	1.680
Fuhrpark	14.850	Passive Rechnungsabgrenzung	200
Lieferantenschulden	12.800	Rückstellungen	1.000

Die folgenden (z. T. zusammengefassten) Geschäftsvorfälle für das Wirtschaftsjahr 01.01.–31.12.07 sind bisher noch nicht gebucht worden:

1. Am 03.01.07 hat Frau M eine Scanner-Kasse gekauft (2.000 € zzgl. 380 € USt). Das Gerät wurde ab dem Tag der Lieferung auch genutzt. Der Kaufpreis wurde wie folgt beglichen:
   a) Barzahlung am 25.01.07: 380 €;
   b) Überweisung vom privaten Sparkonto der M am 25.01.07: 2.000 €.

2. Wareneinkäufe (zusammengefasst):   €

   a) Wareneinkäufe auf Ziel
      (Januar – November):   232.000,00
                              + USt   44.080,00
                                               276.080,00

   b) Wareneinkäufe auf Ziel (Dezember 07):   66.000,00
                              + USt   12.540,00
                                                78.540,00

3. Warenbezugskosten wurden bar bezahlt: 1.860 € zzgl. 353,40 € USt.

4. Warenverkäufe (zusammengefasst):   €

   a) Warenverkäufe auf Ziel: 336.400,00
                              + USt   63.916,00
                                               400.316,00

   b) Warenverkäufe gegen Barzahlung: 56.720,00
                              + USt   10.776,80
                                                67.496,80

5. Es wurde ein Postbank-Girokonto eingerichtet – Bareinzahlung aus der Geschäftskasse: 150 €.

6. Zahlungseingänge von Kundenforderungen (zusammengefasst):
                                                             €
   a) durch Banküberweisung   222.800,00
   b) durch Postbank-Giroüberweisung   87.240,00
   c) durch Barzahlung   45.212,00

---

* Dieser Betrag ergab sich nach Abzug von 720 € für pauschale Wertberichtigung.

7. Zusammengefasste Zahlungen an verschiedene Lieferanten:

		€
a)	durch Banküberweisung	198.276
b)	durch Postbank-Giroüberweisung	44.320

8. An einen Lieferanten wurde wegen vorhandener Qualitätsmängel ein gesamter Warenposten im Wert von 720 € zzgl. 136,80 € zurückgeschickt; die Rechnung war bisher noch nicht bezahlt worden.

9. Zahlung für allgemeine Verwaltungskosten:

		€
a) durch Banküberweisung		22.240,00
	+ USt	4.225,60
		26.465,60
b) durch Barzahlung		14.968,00
	+ USt	2.843,92
		17.811,92

10. Infolge einer Mängelrüge wurde einem Kunden ein Nachlass von 70 € + 13,30 € USt gewährt; der Kunde hatte seine Rechnung bisher noch nicht bezahlt.

11. Aus dem vorhandenen Bestand an Wertpapieren wurden verschiedene Aktien für 6.200 € verkauft; der Buchwert dieser Aktien zum Zeitpunkt des Verkaufs betrug 4.130 €. Der Betrag von 6.200 € wurde auf dem Bankkonto gutgeschrieben.

12. Am 02.07.07 wurde ein neuer PKW gekauft. Der Kfz-Händler stellte folgende Rechnung aus:

	€	€
Kaufpreis		18.000
+ USt		3.420
		21.420
∕. in Zahlung genommenen PKW	8.000	
+ USt	1.520	9.520
		11.900

Den verbliebenen Betrag hat M durch Banküberweisung bezahlt.
Der Buchwert des in Zahlung gegebenen Fahrzeugs betrug am 01.01.07 noch 8.200 €; die anteilige AfA bis zum Zeitpunkt des Ausscheidens ist buchungsmäßig noch nicht erfasst – sie beträgt 3.800 €.

13. Für einen von M verlorenen Schadensersatzprozess ging der Beschluss über die Gerichtskosten von 850 € ein, die durch Banküberweisung bezahlt wurden. Für diese zu erwartende Zahlung hatte M in der Vergangenheit bereits eine Rückstellung i. H. von 1.000 € gebildet (vgl. Eröffnungsbilanz).

14. Am 31.12.07 entnahm M einen älteren PKW VW, den sie vor Jahren für den Betrieb gekauft hatte, und schenkte ihn ihrem Sohn. In der Eröffnungsbilanz zum 01.01.07 war dieser PKW noch mit einem Erinnerungswert von 1 € enthalten. Der Teilwert zum Zeitpunkt der Entnahme beträgt 400 €.

15. Ab 01.12.07 hatte M eine kaufm. Angestellte eingestellt. Daraufhin ergab sich für den Monat Dezember 07 folgende Lohnabrechnung:

	€
Bruttolohn	3.500,00
Einbehaltene Abzugsbeträge:	
– Lohnsteuer	740,00
– Kirchensteuer	66,60
– Sozialversicherung	670,00

Der Nettolohn wurde am 31.12.07 bar mit 2.023,40 € ausbezahlt. Der Arbeitgeberanteil i. H. von 670 € wurde zusammen mit den einbehaltenen Abzugsbeträgen am 15.01.08 überwiesen.

16. Im Laufe des Jahres hatte M folgende Entnahmen für private Zwecke getätigt:

a) Warenentnahmen 1.840 €   Anschaffungskosten; der Teilwert (die Wiederbeschaffungskosten) dieser Waren betragen 1.960 €

b) Bargeldentnahmen aus der Geschäftskasse 8.400 €

17. Bankeinzahlungen aus der Geschäftskasse (zusammengefasst) 70.000 €.

18. Banküberweisung von fälliger USt an das Finanzamt 4.800 €.

Angaben zur Erstellung des Jahresabschlusses:

19. Die Jahres-AfA für die Geschäftsausstattung (Altbestand) beträgt 1.200 €. Die neu erworbene Scanner-Kasse (Tz. 1) hat eine betriebsgewöhnliche Nutzungsdauer von sechs Jahren; die AfA ist linear zu berechnen.

20. Die Jahres-AfA für den Fuhrpark (Altbestand, ohne den in Zahlung gegebenen PKW – Tz. 12) beträgt 2.400 €. Der neu erworbene PKW hat eine betriebsgewöhnliche Nutzungsdauer von fünf Jahren; auch hier ist die AfA linear zu berechnen.

21. Der auf dem Konto „Passive Rechnungsabgrenzung" ausgewiesene Betrag i. H. von 200 € betrifft die bereits im Dezember 06 eingegangene gewerbliche Miete (umsatzsteuerfrei) für den Monat Januar 07.

22. Zum Bilanzstichtag wird festgestellt, dass eine Kundenforderung i. H. von 1.666 € (einschließlich 19 % Umsatzsteuer) uneinbringlich geworden ist, weil dieser Kunde verstorben ist.

Die pauschale Wertberichtigung wegen des allgemeinen Kreditrisikos soll von den vorhandenen Kundenforderungen mit 2 % berechnet werden.

23. Der Warenbestand zum 31.12.07 beträgt lt. Inventur 4.200 €.

Frage

1. Was ist Aufgabe des Jahresabschlusses im Rahmen der Buchführung?
2. Erfolgt der Jahresabschluss immer zum 31.12. eines Kalenderjahres?
3. Wie lautet der Gewinn für das Wirtschaftsjahr 07?

Bei der Ermittlung des Gewinns ist wie folgt vorzugehen:

a) Es ist die Eröffnungsbilanz zum 01.01.07 zu erstellen.
b) Für die Geschäftsvorfälle und die Abschlussangaben sind die Buchungssätze zu bilden. Soweit erforderlich, sind sie rechnerisch darzustellen.
c) Die für die Buchung dieser Vorgänge erforderlichen Konten sind einzurichten. Die Anfangsbestände sind vorzutragen und alle Geschäftsvorfälle und Abschlussangaben buchungsmäßig auf den T-Konten zu erfassen. Anschließend sind die T-Konten abzuschließen und die Schlussbilanz ist zu erstellen. Das Wareneinkaufskonto ist dabei als gemischtes Warenkonto zu führen.
d) Der Gewinn für den Zeitraum 01.01.–31.12.07 ist zusätzlich auch durch den Betriebsvermögensvergleich i. S. von § 5 i. V. m. § 4 Abs. 1 EStG zu ermitteln.

Antwort und Begründung

1. Zu Beginn eines Wirtschaftsjahres wird die Eröffnungsbilanz in der Form aufgelöst, dass die (Anfangs-)Bestände auf die einzelnen Konten vorgetragen werden. Auf den Konten werden dann die laufenden Geschäftsvorfälle erfasst. Zur Ermittlung des Gewinns ist es nun notwendig, das Kapital zum Ende des Wirtschaftsjahres festzustellen. Dazu müssen zunächst die einzelnen Konten wieder zur Schlussbilanz zusammengefasst werden.

Aufgabe des Jahresabschlusses ist damit die Erstellung der Schlussbilanz, um dadurch die Ermittlung des Gewinns zu ermöglichen.

2. Der Gewinn bei Land- und Forstwirten und bei Gewerbetreibenden ist gem. § 4a EStG nach dem Wirtschaftsjahr zu ermitteln. Was Wirtschaftsjahr in diesem Sinn ist, regelt § 4a Abs. 1 EStG; danach gelten grundsätzlich folgende Regeln:

- bei Gewerbetreibenden, deren Firma im Handelsregister eingetragen ist, ist Wirtschaftsjahr der Zeitraum, für den sie regelmäßig Abschlüsse machen (sie können also ein vom Kalenderjahr abweichendes Wirtschaftsjahr haben);
- bei anderen Gewerbetreibenden ist das Wirtschaftsjahr identisch mit dem Kalenderjahr;
- bei Land- und Forstwirten ist Wirtschaftsjahr der Zeitraum vom 01.07. bis 30.06.; für einzelne Gruppen von Land- und Forstwirten sind andere Zeiträume bestimmt (vgl. § 8c EStDV).

3. Der Gewinn für das Wirtschaftsjahr 07 beträgt 18.456,67 Euro.

a) Eröffnungsbilanz

Aktiva	Bilanz zum 01.01.07 der Großhandlung Magda Melle	Passiva

	€		€
A. Anlagevermögen		A. Eigenkapital	77.000
1. Geschäftsausstatt.	5.200	B. Rückstellungen	1.000
2. Fuhrpark	14.850	C. Verbindlichkeiten	
3. Wertpapiere	10.000	1. Verbindlichkeiten	
B. Umlaufvermögen		aus Lieferungen	
1. Waren – Vorräte	35.310	und Leistungen	12.800
2. Forderungen aus		2. Sonstige Verbind-	
Lieferungen und		lichkeiten	1.560
Leistungen	23.280	3. USt-Verbind-	
3. Flüssige Mittel:		lichkeiten	520
Kasse	2.760	D. Rechnungs-	
Bankguthaben	1.680	abgrenzung	200
	93.080		93.080

b) Buchungssätze (Buchungsliste):

			€	€
1.	a)	Geschäftsausstattung	2.000,00	
		Vorsteuer	380,00	
		an Sonstige Verbindlichkeiten		2.380,00
	b)	Sonstige Verbindlichkeiten	2.380,00	
		an Kasse		380,00
		Privateinlage		2.000,00
2.	a)	Aufwendungen für bezogene Waren	232.000,00	
		Vorsteuer	44.080,00	
		an Lieferantenschulden		276.080,00
	b)	Aufwendungen für bezogene Waren	66.000,00	
		Vorsteuer	12.540,00	
		an Lieferantenschulden		78.540,00
3.		Warenbezugskosten	1.860,00	
		Vorsteuer	353,40	
		an Kasse		2.213,40
4.	a)	Kundenforderungen	400.316,00	
		an Umsatzerlöse		336.400,00
		USt		63.916,00
	b)	Kasse	67.496,80	
		an Umsatzerlöse		56.720,00
		USt		10.776,80
5.		Postbank	150,00	
		an Kasse		150,00

		€	€
6.	a) Bank	222.800,00	
	an Kundenforderungen		222.800,00
	b) Postbank	87.240,00	
	an Kundenforderungen		87.240,00
	c) Kasse	45.212,00	
	an Kundenforderungen		45.212,00
7.	a) Lieferantenschulden	198.276,00	
	an Bank		198.276,00
	b) Lieferantenschulden	44.320,00	
	an Postbank		44.320,00
8.	Lieferantenschulden	856,80	
	an Aufwendungen für bezogene Waren		720,00
	Vorsteuer		136,80
9.	a) Allgemeine Verwaltungskosten	22.240,00	
	Vorsteuer	4.225,60	
	an Bank		26.465,60
	b) Allgemeine Verwaltungskosten	14.968,00	
	Vorsteuer	2.843,92	
	an Kasse		17.811,92
10.	Umsatzerlöse	70,00	
	USt	13,30	
	an Kundenforderungen		83,30
11.	Bank	6.200,00	
	an Wertpapiere		4.130,00
	Sonstige betriebliche Erträge		2.070,00
12.	a) AfA	3.800,00	
	an Fuhrpark		3.800,00
	b) Fuhrpark	18.000,00	
	Vorsteuer	3.420,00	
	an Bank		11.900,00
	Fuhrpark		4.400,00
	Sonstige betriebliche Erträge		3.600,00
	USt		1.520,00
13.	Rückstellungen	1.000,00	
	an Bank		850,00
	Sonstige betriebliche Erträge		150,00
14.	Privatentnahmen	476,00	
	an Fuhrpark		1,00
	Sonstige betriebliche Erträge		399,00
	USt		76,00
15.	a) Gehälter	3.500,00	
	an Kasse		2.023,40
	Sonstige Verbindlichkeiten		1.476,60
	b) Gesetzlicher Sozialaufwand	670,00	
	an Sonstige Verbindlichkeiten		670,00

	€	€
16. a) Privatentnahmen	2.332,40	
an Aufwendungen für bezogene Waren		1.840,00
Sonstige betriebliche Erträge		120,00
USt		372,40
b) Privatentnahmen	8.400,00	
an Kasse		8.400,00
17. Bank	70.000,00	
an Kasse		70.000,00
18. USt	4.800,00	
an Bank		4.800,00

19. AfA-Berechnung für die Scanner-Kasse:
16,66 % von 2.000 € = 333,33 €; hinzu
kommt der AfA-Altbestand = 1.200 €,
sodass die Gesamt-AfA mit 1.533,33 €
zu erfassen ist.

AfA	1.533,33	
an Geschäftsausstattung		1.533,33

20. a) Die AfA für den Altbestand „Fuhrpark"
beträgt 2.400 € – Buchungssatz:

AfA	2.400,00	
an Fuhrpark		2.400,00

b) Für den neu erworbenen PKW ist die
AfA für die Zeit vom 01.07.07.–31.12.07
wie folgt zu berechnen: $^6/_{12}$ der Jahres-
AfA; die Jahres-AfA beträgt 20 % von
18.000 € = 3.600 € und hiervon
sind anzusetzten = $^6/_{12}$ = 1.800 €.

AfA	1.800,00	
an Fuhrpark		1.800,00
21. Passive Rechnungsabgrenzung	200,00	
an Mieterträge		200,00
22. a) Forderungsverluste	1.400,00	
USt	266,00	
an Kundenforderungen		1.666,00

Berechnung des neu zu bildenden
Delkredere-Postens:

Forderungsbestand zum 31.12.07	67.314,70
⁒ darin enthaltene USt	10.747,70
= Forderungs-Nettobestand	56.567,00

Delkredere = 2 % vom Nettobestand –
entspricht = 1.131 €.

	€		€
Auflösung des alten Delkredere-Postens:			
b) Delkredere	720,00		
an Sonstige betriebliche Erträge			720,00
Bildung und Buchung des neu berechneten Delkredere-Postens:			
c) Abschreibungen auf Forderungen	1.131,00		
an Delkredere			1.131,00

Anmerkung: Zum besseren Verständnis wurde die aus betriebsinterner Sicht deutlichere Buchungsform mit Zwischenschaltung eines Wertberichtigungskontos (Delkredere) gewählt; in der Bilanz erscheint somit der Forderungsbestand aber letztlich gemindert um den berichtigten Wertberichtigungsbetrag i. H. von 66.183,70.

	€		€
23. Buchung des Inventur-Warenbestands:			
Waren-Vorräte	4.200,00		
an Aufwendungen für bezogene Waren			4.200,00

c) Erfassung der Geschäftsvorfälle und Abschlussangaben:

S	Geschäftsausstattung		H	S	Fuhrpark		H
AB	5.200	19.	1.533,33	AB	14.850	12 a.	3.800,00
1 a.	2.000	S-B	5.666,67	12 b.	18.000	12 b.	4.400,00
	7.200		7.200,00			14.	1,00
						20 a.	2.400,00
						20 b.	1.800,00
						S-B	20.449,00
					32.850		32.850,00

S	Aufwendungen für bezogene Waren		H	S	Forderungen aus Lieferungen und Leistungen		H
AB	35.310	8.	720	AB	24.000	6 a.	222.800,00
2 a.	232.000	16 a.	1.840	4 a.	400.316	6 b.	87.240,00
2 b.	66.000	GuV-				6 c.	45.212,00
Warenbe-		Konto	328.410			10.	83,30
zugsk.	1.860	23. S-B	4.200			22 a.	1.666,00
	335.170		335.170			22 c.	1.131,00
						S-B	66.183,70
					424.316		424.316,00

S	Wertpapiere		H	S	Delkredere		H
AB	10.000	11.	4.130	22 b.	720	AB	720
		S-B	5.870	Kunden-		22 c.	1.131
	10.000		10.000	forder.	1.131		
					1.851		1.851

S	Kasse		H
AB	2.760,00	1 b.	380,00
4 b.	67.496,80	3.	2.213,40
6 c.	45.212,00	5.	150,00
		9 b.	17.811,92
		15 a.	2.023,40
		16 b.	8.400,00
		17.	70.000,00
		S-B	14.490,08
	115.468,80		115.468,80

S	Bank		H
AB	1.680	7 a.	198.276,00
6 a.	222.800	9 a.	26.465,60
11.	6.200	12 b.	11.900,00
17.	70.000	13.	850,00
		18.	4.800,00
		S-B	58.388,40
	300.680		300.680,00

S	Eigenkapital		H
Priv.-Ent-		AB	77.000,00
nahm.	11.208,40	Privatein-	
S-B	86.248,27	lagen	2.000,00
		Gewinn	
		(lt. GuV-	
		Konto)	18.456,67
	97.456,67		97.456,67

S	Verbindlichkeiten aus Lieferungen und Leistungen		H
7 a.	198.276,00	AB	12.800
7 b.	44.320,00	2 a.	276.080
8.	856,80	2 b.	78.540
S-B	123.967,20		
	367.420,00		367.420,00

S	Sonstige Verbindlichkeiten		H
1 b.	2.380,00	AB	1.560,00
S-B	3.706,60	1 a.	2.380,00
		15 a.	1.476,60
		15 b.	670,00
	6.086,60		6.086,60

S	Umsatzsteuer		H
10.	13,30	AB	520,00
18.	4.800,00	4 a.	63.916,00
22 a.	266,00	4 b.	10.776,80
Vor-		12 b.	1.520,00
steuer	67.706,12	14.	76,00
S-B	4.395,78	16 a.	372,40
	77.181,20		77.181,20

S	Vorsteuer		H
1 a.	380,00	8.	136,80
2 a.	44.080,00	USt	67.706,12
2 b.	12.540,00		
3.	353,40		
9 a.	4.225,60		
9 b.	2.843,92		
12 b.	3.420,00		
	67.842,92		67.842,92

S	Gehälter		H
15 a.	3.500	GuV	3.500
	3.500		3.500

S	Gesetzlicher Sozialaufwand		H
15 b.	670	GuV	670
	670		670

S	Passive Rechnungsabgrenzung	H		S	Rückstellungen	H
21.	200	AB	200	13.	1.000	AB	1.000
SB	0			S-B	0		
	200		200		1.000		1.000

S	Umsatzerlöse	H		S	Warenbezugskosten	H
10.	70	4 a.	336.400	3.	1.860	Aufwendungen	
GuV	393.050	4 b.	56.720			für bezogene	
	393.120		393.120			Waren	1.860
					1.860		1.860

S	Postbank	H		S	Allg. Verwaltungskosten	H
5.	150	7 b.	44.320	9 a.	22.240	GuV-	
6 b.	87.240	S-B	43.070	9 b.	14.968	Konto	37.208
	87.390		87.390		37.208		37.208

S	Privateinlagen	H		S	Privatentnahmen	H
Kapital	2.000	1 b.	2.000	14.	476,00	Kapital 11.208,40
	2.000		2.000	16 a.	2.332,40	
				16 b.	8.400,00	
					11.208,40	11.208,40

S	Sonstige betriebliche Erträge	H		S	AfA	H
GuV	7.059	11.	2.070	12 a.	3.800,00	GuV-	
		12 b.	3.600	19.	1.533,33	Konto	9.533,33
		13.	150	20 a.	2.400,00		
		14.	399	20 b.	1.800,00		
		16 a.	120		9.533,33		9.533,33
		22 b.	720				
	7.059		7.059				

S	Forderungsverluste	H
22 a.	1.400	GuV	1.400,00
	1.400		1.400,00

S	Mieterträge	H		S	Abschreibg. auf Forderungen	H
GuV	200	21.	200	22 c.	1.131	GuV	1.131
	200		200		1.131		1.131

S	GuV-Konto		H
	€		€
Materialaufwand:		Umsatzerlöse	393.050,00
Aufwendungen für		Sonstige betriebliche	
bezogene Waren	328.410,00	Erträge	7.059,00
Personalaufwand:		Mieterträge	200,00
Löhne und Gehälter	3.500,00		
Sozialaufwendungen	670,00		
Abschreibungen:			
Absetzungen für			
Abnutzung	9.533,33		
Abschreibungen auf			
Forderungen	1.131,00		
Forderungsverluste	1.400,00		
Sonstige betriebliche			
Aufwendungen:			
Allg. Verwaltungskosten	37.208,00		
Gewinn (= Kapital)	18.456,67		
	400.309,00		400.309,00

Aktiva	Bilanz zum 31.12.07 der Großhandlung Magda Melle		Passiva
	€		€
A. Anlagevermögen:		A. Eigenkapital	86.248,27
1. Geschäftsausstattung	5.666,67	B. Rückstellungen	0,00
2. Fuhrpark	20.449,00	C. Verbindlichkeiten:	
3. Wertpapiere	5.870,00	1. Verbindlichkeiten	
B. Umlaufvermögen:		aus Lieferungen	
1. Waren-Vorräte	4.200,00	und Leistungen	123.967,20
2. Forderungen aus		2. Sonstige Verbind-	
Lieferungen und		lichkeiten	3.706,60
Leistungen	66.183,70	3. Umsatzsteuer-	
3. Flüssige Mittel:		verbindlichkeiten	4.395,78
Kasse	14.490,08	D. Rechnungs-	
Bankguthaben	58.388,40	abgrenzung	0,00
Postbank	43.070,00		
	218.317,85		218.317,85

d) Berechnung des Gewinns nach § 5 i. V. m. § 4 Abs. 1 EStG (Betriebsvermögensvergleich):

Betriebsvermögen am Schluss des Wirtschaftsjahres 07	86.248,27 €
∕ Betriebsvermögen am Schluss des vorangegangenen Wirtschaftsjahres (bzw. 01.01.07)	77.000,00 €
Betriebsvermögensänderung = hier Erhöhung	9.248,27 €
+ Privatentnahmen im Jahr 07	11.208,40 €
	20.456,67 €
∕ Privateinlagen im Jahr 07	2.000,00 €
Gewinn für 07	18.456,67 €

Fall 87

Jahresabschluss mit Hilfe der Betriebsübersicht (Hauptabschlussübersicht)

Sachverhalt

Tobias Trommler (T) betreibt einen Einzelhandel mit Musikinstrumenten. Die Firma ist im Handelsregister eingetragen. Die Gewinnermittlung erfolgt nach § 5 EStG. Zur Vorbereitung für den Jahresabschluss zum 31.12.02 hat Trommler das gesamte Zahlenwerk (Verkehrszahlen) seiner Buchführung bereits zusammengestellt. Danach ergeben sich folgende Werte (alle Werte in Euro):

Betriebsübersicht für das Jahr 02 – Firma T. Trommler

Kontenbezeichnung	Vorträge lt. Bilanz zum 31.12.01		Verkehrszahlen vom 01.01. bis 31.12.02	
	Aktivposten	Passivposten	Soll	Haben
Grund und Boden	19.000,00			
Gebäude	68.000,00			
Geschäftsausstattung	7.130,00		1.400,00	
Fuhrpark	14.220,00			
Waren-Vorräte	38.270,00			
Bestandsveränderung				
Aufwendungen für bezogene Waren			372.120,00	1.840,00
Kundenforderungen	8.332,00		80.889,78	68.978,20
Delkredere, Wertber.		200,00	200,00	300,00
Bank	37.118,00		336.992,35	341.827,16
Kasse	379,80		221.945,12	218.439,45
Darlehensschulden		30.000,00	2.000,00	
Lieferantenschulden		28.372,00	401.232,00	406.501,20
Sonst. Verbindlichk.		3.430,00	9.677,00	12.430,00

Kontenbezeichnung	Vorträge lt. Bilanz zum 31.12.01		Verkehrszahlen vom 01.01. bis 31.12.02	
	Aktivposten	Passivposten	Soll	Haben
USt		338,40	76.771,12	78.134,00
Rückstellungen		1.400,00	1.400,00	2.900,00
Kapital		128.709,40		
Privatentnahmen			29.280,00	
Privateinlagen				1.000,00
Vorsteuer			55.752,00	55.752,00
Umsatzerlöse				520.896,78
Sonstige Erlöse				2.420,00
Löhne und Gehälter			80.370,50	
Sozialer Aufwand			7.960,00	
Grundsteuer			3.100,00	
Zinsen, Gebühren			3.460,00	
Allg. Verwaltungsk.			26.868,92	
AfA				
	192.449,80	192.449,80	1.711.418,79	1.711.418,79

Die angegebenen Buchwerte entsprechen den ermittelten Inventurwerten. Noch nicht erfasst sind lediglich folgende AfA-Beträge:

1. AfA für Gebäude   1.500 €
2. AfA für Geschäftseinrichtung   1.800 €
3. AfA für Fuhrpark   2.130 €

Der inventurmäßig ermittelte Warenendbestand beträgt 37.270 Euro.

Frage/Aufgabe

1. Welche Vorteile bestehen bei der Erstellung des Jahresabschlusses, wenn dieser durch die Aufstellung einer Betriebsübersicht (Hauptabschlussübersicht) vorbereitet wird?

2. Wie errechnet sich der Gewinn für das Wirtschaftsjahr 02?

   Bei der Ermittlung des Gewinns ist wie folgt vorzugehen:
   Aufgrund der vorgegebenen Werte sind die Schlussbilanz und die GuV-Rechnung im Wege einer Betriebsübersicht zu erstellen; dazu sind folgende Spalten einzurichten:

Summen-bilanz		Salden-bilanz I		Um-buchungen		Salden-bilanz II		Schluss-bilanz		Erfolgs-rechnung	
S	H	S	H	S	H	S	H	Aktiva	Passiva	Aufw.	Ertrag

Zur Ermittlung des zutreffenden Gewinns sind zusätzlich noch die dafür erforderlichen Umbuchungen vorzunehmen, und zwar:

a) Buchung der AfA;

b) zutreffende Erfassung des Forderungsbestands unter Berücksichtigung des Wertberichtigungspostens (Delkredere);

c) Erfassung der Bestandsveränderungen (lt. Inventurwerten) bei den Warenvorräten;

d) zutreffende Erfassung der Aufwendungen für bezogene Waren;

e) Umbuchung der Privateinlagen und Privatentnahmen auf das Kapitalkonto.

Antwort und Begründung

1. Die Betriebsübersicht ist eine zusammenfassende Übersicht über das gesamte Geschäftsjahr. Diese Übersicht zeigt die Entwicklung aller Bestandskonten und Erfolgskonten vom Beginn bis zum Ende des Wirtschaftsjahres; damit ist ein relativ genauer Einblick in den Betriebsablauf möglich.

Zusammenfassend kann festgehalten werden, dass die Betriebsübersicht im Wesentlichen folgenden Zwecken dient:

• Erleichterung bei der Vorbereitung und Durchführung des Jahresabschlusses;

• zahlenmäßige Zusammenstellung des abgelaufenen Wirtschaftsjahres, insbesondere zur Information für den Betriebsinhaber;

• Kontrolle über die rechnerische Richtigkeit der Buchführung.

In der Praxis werden derartige (etwas vereinfachte) Betriebsübersichten oft sogar monatlich erstellt.

Häufig ist eine solche Betriebsübersicht in die Organisation der Buchführung integriert. Dabei werden dann i. d. R. auf den einzelnen Sachkonten nur noch die Verkehrszahlen gebucht; die Summen der einzelnen Kontenseiten (Soll- und Habenseiten) werden addiert und – unsaldiert – in die Betriebsübersicht übernommen. Auch Anfangs- und Endbestände werden dann nicht mehr auf einzelnen Konten gebucht.

Unbeschränkt Steuerpflichtige haben (unter bestimmten Voraussetzungen) eine jährliche Einkommensteuererklärung für das abgelaufene Wirtschaftsjahr abzugeben (§ 56 EStDV). Ermitteln Steuerpflichtige ihren Gewinn nach § 4 Abs. 1 oder § 5 bzw. § 5a EStG, so ist der Erklärung eine Abschrift der Vermögensübersicht (= Bilanz), die auf dem Zahlenwerk der Buchführung beruht, beizufügen; werden Bücher geführt, die den Grundsätzen der doppelten Buchführung entsprechen, ist eine Gewinn-und-Verlust-Rechnung beizufügen (§ 60 Abs. 1 EStDV).

Früher war die zusätzliche Vorlage (neben Bilanz und Verlust-und-Gewinn-Rechnung) einer sog. Hauptabschlussübersicht auf Verlangen des Finanzamts vorgesehen.

Dies ist heute nach § 60 Abs. 1 EStDV nicht mehr gefordert, trotzdem hat sich die Erstellung einer dementsprechenden Betriebsübersicht in der Praxis bewährt; sie ist im Ergebnis sogar regelmäßig Bestandteil von Buchführungen, die auf automationsgesteuerten Wegen erstellt werden.

Der Vorteil solcher Betriebsübersichten ist, dass der Unternehmer damit relativ schnell und zeitnah eine zutreffende Information über die finanzielle Situation seines Unternehmens erzielen kann.

2. Der Gewinn für das Wirtschaftsjahr 02 beträgt 24.847,36 Euro.

Die Darstellung der Ermittlung des Gewinns ergibt sich im Einzelnen aus der nachfolgend vervollständigten Hauptabschlussübersicht; die Umbuchungsspalte enthält folgende Umbuchungen:

a) AfA   5.430 €
    an Gebäude   1.500 €
         Geschäftsausstattung   1.800 €
         Fuhrpark   2.130 €

b) Delkredere – Wertberichtigungen   300 €
    an Kundenforderungen   300 €

c) Erfassung der Bestandsveränderungen bei den Warenvorräten:

                Bestand 31.12 01   =   38.270 €
                Bestand 31.12.02   =   37.270 €

                Bestandsveränderung
                (hier = Minderung)   1.000 €

     Bestandsveränderungen   1.000 €
    an Waren-Vorräte   1.000 €

d) Aufwendungen für bezogene Waren   1.000 €
    an Bestandsveränderungen   1.000 €

e) Privateinlagen   1.000 €
    an Kapital   1.000 €

f) Kapital   29.280 €
    an Privatentnahmen   29.280 €

Vervollständigte Übersicht – siehe Seite 261.

Musikinstrumenten-Handlung Tobias Trommler

Kontenbezeichnung	Summen-Bilanz Soll	Summen-Bilanz Haben	Saldenbilanz I Soll	Saldenbilanz I Haben	Umbuchungen Soll	Umbuchungen Haben	Saldenbilanz II Soll	Saldenbilanz II Haben	Bilanz zum 31.12.02 Aktiva	Bilanz zum 31.12.02 Passiva	Erfolgsrechnung 01.01.–31.12.02 Aufwendg.	Erfolgsrechnung 01.01.–31.12.02 Erträge
Grund und Boden	19.000,00		19.000,00				19.000,00		19.000,00			
Gebäude	68.000,00		68.000,00			a) 1.500,00	66.500,00		66.500,00			
Geschäftsausstattung	8.530,00		8.530,00			a) 1.800,00	6.730,00		6.730,00			
Fuhrpark	14.220,00		14.220,00			a) 2.130,00	12.090,00		12.090,00			
Waren-Vorräte	38.270,00		38.270,00			c) 1.000,00	37.270,00		37.270,00			
Bestandsveränderung					c) 1.000,00	d) 1.000,00						
Aufwendungen für bezogene Waren	372.120,00	1.840,00	370.280,00		d) 1.000,00		371.280,00				371.280,00	
Kundenforderungen	89.221,78	68.978,20	20.243,58			b) 300,00	19.943,58		19.943,58			
Delkredere (Wertberichtigung)	200,00	500,00		300,00	b) 300,00							
Bank	374.110,35	341.827,16	32.283,19				32.283,19		32.283,19			
Kasse	222.324,92	218.439,45	3.885,47				3.885,47		3.885,47			
Darlehensschulden	2.000,00	30.000,00		28.000,00				28.000,00		28.000,00		
Lieferantenschulden	401.232,00	434.873,20		33.641,20				33.641,20		33.641,20		
Sonstige Verbindlichkeiten	9.677,00	15.860,00		6.183,00				6.183,00		6.183,00		
USt	76.771,12	78.472,40		1.701,28				1.701,28		1.701,28		
Rückstellungen	1.400,00	4.300,00		2.900,00				2.900,00		2.900,00		
Kapital		128.709,40		128.709,40	f) 29.280,00	e) 1.000,00		100.429,40		100.429,40		
Privatentnahmen	29.280,00		29.280,00			f) 29.280,00						
Privateinlagen		1.000,00		1.000,00	e) 1.000,00							
Vorsteuer	55.752,00	55.752,00										
Umsatzerlöse		520.896,78		520.896,78				520.896,78				520.896,78
Sonstige Erlöse		2.420,00		2.420,00				2.420,00				2.420,00
Löhne und Gehälter	80.370,50		80.370,50				80.370,50				80.370,50	
Sozialaufwendungen	7.960,00		7.960,00				7.960,00				7.960,00	
Grundsteuer	3.100,00		3.100,00				3.100,00				3.100,00	
Zinsen, Gebühren	3.460,00		3.460,00				3.460,00				3.460,00	
Allgemeine Verwaltungskosten	26.868,92		26.868,92				26.868,92				26.868,92	
AfA					a) 5.430,00		5.430,00				5.430,00	
	1.903.868,59	1.903.868,59	725.751,66	725.751,66	38.010,00	38.010,00	696.171,66	696.171,66	197.702,24	172.854,88	498.469,42	523.316,78
										24.847,36	24.847,36	
									197.702,24	197.702,24	523.316,78	523.316,78

Gewinn =

261

Fall 88

Jahresabschluss mit Hilfe der Betriebsübersicht (Hauptabschlussübersicht) unter Einbeziehung von vorbereitenden Abschlussbuchungen

Sachverhalt

Der Möbeleinzelhändler Konrad Knauf (K) ermittelt als Kaufmann seinen Gewinn durch Betriebsvermögensvergleich gemäß § 5 i. V. m. § 4 Abs. 1 EStG. Umsatzsteuerrechtlich unterliegt er dem Regelsteuersatz; er ist zum vollen Vorsteuerabzug berechtigt.

Zur Vorbereitung für den Jahresabschluss hat K die Verkehrszahlen für das Wirtschaftsjahr 08 bereits in der Betriebsübersicht eingetragen und die Werte bis zur Saldenbilanz I zusammengestellt. Siehe Seite 263.

Zur Ermittlung der endgültigen Bilanz sind die folgenden Angaben für den Jahresabschluss noch zu berücksichtigen (alle Werte in Euro):

1. K hatte im Dezember eine komplette Kinderzimmer-Einrichtung entnommen; der Netto-Einkaufswert (= Entnahmewert) betrug 2.300; der normale Laden-Verkaufspreis liegt bei ca. 3.850.

2. Am 30.12.08 wurde im Verkaufsraum durch einen Kunden ein Garderobenspiegel beschädigt; der Einkaufspreis dieses zum Verkauf bestimmten Spiegels betrug (ohne Umsatzsteuer) 200.

   Einen Erstattungsanspruch gegenüber dem Kunden wollte K aus Kulanzgründen nicht geltend machen.

3. Die Jahres-AfA-Beträge für die abnutzbaren Wirtschaftsgüter des Anlagevermögens wurden von K mit folgenden Werten ermittelt:

Gebäude	4.900 €
Maschinen	3.080 €
Kraftfahrzeuge	14.900 €
Geschäftsausstattung	400 €

4. Die Forderung an einen Kunden i. H. von 1.118,60 (einschließlich 178,60 Umsatzsteuer) ist uneinbringlich geworden, weil dieser Kunde verstorben ist, ohne Vermögenswerte zu hinterlassen, und keine Erben ermittelt werden konnten.

5. K beabsichtigt bei den bestehenden Kundenforderungen erstmals eine pauschale Wertberichtigung i. H. von 300 zu berücksichtigen; der Wert kann anerkannt werden.

6. Der durch die Inventur ermittelte Warenendbestand beträgt 288.632. Alle übrigen Bestände stimmen mit den jeweiligen Buchbeständen überein.

Firma: Möbeleinzelhandlung Konrad Knauf, Bad Homburg – Abschlussübersicht (Teil I) –

Kontenbezeichnung	Eröffnungsbilanz zum 01.01.08		Verkehrszahlen 01.01.01.–31.12.08		Summenbilanz		Saldenbilanz I	
	Vermögen	Schulden	Soll	Haben	Soll	Haben	Soll	Haben
Grund und Boden	36.000,00		2.200,00		38.200,00		38.200,00	
Gebäude	160.000,00				160.000,00		160.000,00	
Maschinen	8.400,00		7.400,00	600,00	15.800,00	600,00	15.200,00	
Kraftfahrzeuge	41.800,00		44.000,00	6.400,00	85.800,00	6.400,00	79.400,00	
Geschäftsausstattung	9.220,00		2.100,00		11.320,00		11.320,00	
Warenvorräte	326.400,00				326.400,00		326.400,00	
Bestandsveränderung								
Aufwendungen für bezogene Waren								
Wareneinsatz			666.000,00	800,00	666.000,00	800,00	665.200,00	
Kundenforderungen	31.870,00		907.200,00	895.178,00	939.070,00	895.178,00	43.892,00	
Sonstige Forderungen	468,12		5.000,00	5.068,12	5.468,12	5.068,12	400,00	
Bank I	20.602,10		869.670,12	850.382,60	890.272,22	850.382,60	39.889,62	
Kasse	2.126,36		212.038,40	210.500,00	214.164,76	210.500,00	3.664,76	
Kapital		115.228,33				115.228,33		115.228,33
Darlehensschulden		196.000,00	4.000,00		4.000,00	196.000,00		192.000,00
Bank II		38.776,00	240.008,00	250.576,25	240.008,00	289.352,25		49.344,25
Lieferantenschulden		276.449,00	735.094,00	745.920,00	735.094,00	1.022.369,00		287.275,00
Sonstige Verbindlichkeiten		703,25	5.343,25	10.294,00	5.343,25	10.997,25		5.654,00
USt		4.060,00	53.688,00	148.518,40	53.688,00	152.578,40		98.890,40
Haftpflicht-Schaden – Rückstellung		2.000,00	2.000,00		2.000,00	2.000,00		0,00
Wertber. v. Forderungen (Delkredere)								
Rechnungsabgrenzung		3.670,00	3.670,00		3.670,00	3.670,00		0,00
Privatentnahmen			28.400,00		28.400,00		28.400,00	
Privateinlagen				500,00		500,00		500,00
Vorsteuer			108.255,60	96,00	108.255,60	96,00	108.159,60	
Umsatzerlöse			1.400,00	991.520,00	1.400,00	991.520,00		990.120,00
Löhne und Gehälter			124.678,00		124.678,00		124.678,00	
Gesetzliche Sozialleistungen			11.976,00		11.976,00		11.976,00	
Forderungsverluste								
Abschreibung von Forderungen								
Allgemeine Verwaltungskosten			44.130,00		44.130,00		44.130,00	
Grundstückskosten – allg.			24.812,00		24.812,00		24.812,00	
Abschreibungen (AfA)			1.800,00		1.800,00		1.800,00	
Sonstiger betrieblicher Aufwand								
Kfz-Kosten			16.960,00	5.470,00	16.960,00	5.470,00	11.490,00	
Summen	636.886,58	636.886,58	4.121.823,37	4.121.823,37	4.758.709,95	4.758.709,95	1.739.011,98	1.739.011,98

Frage

Wie lautet der Gewinn für das Wirtschaftsjahr 08?

Bei der Ermittlung ist wie folgt vorzugehen:

Es sollten zunächst auf einem gesonderten Blatt die für die Erstellung der Bilanz notwendigen Umbuchungen vorgenommen werden.

Anschließend ist die Betriebsübersicht bis zur Bilanz und der Erfolgsrechnung fertig zu stellen, wobei die in der Lösung dargestellte Form als Orientierung dienen kann.

(Fortsetzung der noch zu berücksichtigenden Angaben):

    7. Das Konto „Vorsteuer" ist über das Konto „Umsatzsteuer" abzuschließen.

    8. Die Privatkonten sind über das Konto „Kapital" abzuschließen.

    9. Der Abschluss der Warenkonten erfolgt zweckmäßigerweise über das eingerichtete Konto „Wareneinsatz".

Antwort und Begründung

Der Gewinn für das Wirtschaftsjahr 08 beträgt = 46.046 Euro.

Die Darstellung der Ermittlung des Gewinns mit den erforderlichen Abschlussbuchungen ergibt sich im Einzelnen aus der auf Seite 265 wiedergegebenen vervollständigten Hauptabschlussübersicht.

Zum besseren Verständnis der vorgenommenen Umbuchungen und Abschlussbuchungen in der Umbuchungsspalte werden die Buchungssätze nochmals gesondert wiedergegeben und sich ergebende notwendige Berechnungen aufgezeigt.

		€	€
1.	Privatentnahmen	2.737,00	
	an Aufwendungen für bezogene Waren		2.300,00
	USt		437,00
2.	Sonstige betriebliche Aufwendungen	200,00	
	an Aufwendungen für bezogene Waren		200,00
3.	AfA	23.280,00	
	an Gebäude		4.900,00
	Maschinen		3.080,00
	Kraftfahrzeuge		14.900,00
	Geschäftsausstattung		400,00
4.	Forderungsverluste	940,00	
	USt	178,60	
	an Kundenforderungen		1.118,60
5.	a) Abschreibungen auf Forderungen	300,00	
	an Wertberichtigung von Forderungen		300,00
	b) Wertberichtigung von Forderungen	300,00	
	an Kundenforderungen		300,00

Lösung Fall 88   Firma: Möbeleinzelhandlung Konrad Knauf, Bad Homburg – Abschlussübersicht (Teil II) –

Kontenbezeichnung	Umbuchungen Soll	Umbuchungen Haben	Vorgang Nr.	Saldenbilanz II Soll	Saldenbilanz II Haben	Schlussbilanz zum 31.12.08 Aktiva Vermögen	Schlussbilanz zum 31.12.08 Passiva Schulden	Erfolgsrechnung 01.01.08–31.12.08 Aufwand	Erfolgsrechnung 01.01.08–31.12.08 Ertrag
Grund und Boden				38.200,00		38.200,00			
Gebäude		4.900,00	3	155.100,00		155.100,00			
Maschinen		3.080,00	3	12.120,00		12.120,00			
Kraftfahrzeuge		14.900,00	3	64.500,00		64.500,00			
Geschäftsausstattung		400,00	3	10.920,00		10.920,00			
Warenvorräte		37.768,00	6 a	288.632,00		288.632,00			
Bestandsveränderungen	37.768,00	37.768,00	6 a und 6 b						
Aufwendungen für bezogene Waren	37.768,00	702.968,00	1, 2 und 6 c						
Wareneinsatz	700.468,00		6 c	700.468,00				700.468,00	
Kundenforderungen		1.418,60	4, 5 b	42.473,40		42.473,40			
Sonstige Forderungen				400,00		400,00			
Bank I				39.889,62		39.889,62			
Kasse				3.664,76		3.664,76			
Kapital	31.137,00	500,00	8 a und 8 b		84.591,33		84.591,33		
Darlehensschulden					192.000,00		192.000,00		
Bank II					49.344,25		49.344,25		
Lieferantenschulden					287.275,00		287.275,00		
Sonstige Verbindlichkeiten					5.654,00		5.654,00		
USt	108.338,20	437,00	1, 4 und 7	9.010,80		9.010,80			
Haftpflicht-Schaden – Rückstellung		300,00	5 a und 5 b						
Wertbericht. von Forderungen (Delkredere)	300,00								
Rechnungsabgrenzung	2.737,00	31.137,00	1 und 8 a						
Privatentnahmen	500,00		8 b						
Privateinlagen			7						
Vorsteuer		108.159,60							
Umsatzerlöse					990.120,00				990.120,00
Löhne und Gehälter				124.678,00				124.678,00	
Gesetzliche Sozialleistungen				11.976,00				11.976,00	
Forderungsverluste	940,00		4	940,00				940,00	
Abschreibung von Forderungen	300,00		5 a	300,00				300,00	
Allgemeine Verwaltungskosten				44.130,00				44.130,00	
Grundstückskosten – allg.				24.812,00				24.812,00	
Abschreibungen (AfA)	23.280,00		3	23.280,00				23.280,00	
Grundsteuer			2	1.800,00				1.800,00	
Sonstiger betrieblicher Aufwand	200,00			200,00				200,00	
Kfz-Kosten				11.490,00				11.490,00	
Summen	943.736,20	943.736,20		1.608.984,58	1.608.984,58	664.910,58	618.864,58	944.074,00	990.120,00
							46.046,00	46.046,00	
						664.910,58	664.910,58	990.120,00	990.120,00

265

Berechnung des Wareneinsatzes:

	€
Waren-Anfangsbestand	326.400,00
Waren-Endbestand	288.632,00
Bestandsveränderung (Minderung)	37.768,00
+ Aufwendungen für bezogene Waren	665.200,00
	702.968,00
∕. Entnahmen (Vorgang 1)	2.300,00
∕. Sonstiger betrieblicher Aufwand (Vorgang 2)	200,00
Wareneinsatz =	700.468,00

		€	€
6.	a) Bestandsveränderungen	37.768,00	
	an Warenvorräte		37.768,00
	b) Aufwendungen für bezogene Waren	37.768,00	
	an Bestandsveränderungen		37.768,00
7.	USt	108.159,60	
	an Vorsteuer		108.159,60
8.	a) Kapital	31.137,00	
	an Privatentnahmen		31.137,00
	b) Privateinlagen	500,00	
	an Kapital		500,00
9.	Wareneinsatz	700.468,00	
	an Aufwendungen für bezogene Waren		700.468,00

Fall 89

Ermittlung von Kennzahlen für die Verprobung

Sachverhalt

Horst Holzbein (H) ist Möbeleinzelhändler. Er ermittelt seinen Gewinn durch Betriebsvermögensvergleich nach § 5 EStG. Er ist Regelbesteuerer und zum vollen Vorsteuerabzug berechtigt; der Steuersatz beträgt 19 %.

Im Laufe des Wirtschaftsjahres 01 haben sich bei ihm u. a. die folgenden Geschäftsvorfälle ergeben (alle Werte in Euro):

1. Gesammelte Wareneinkäufe auf Ziel 248.000 zzgl. 47.120 Umsatzsteuer.

2. Gesammelte Warenverkäufe (bar) i. H. von 529.788 (brutto).

3. Die gesamten Warenverkäufe auf Ziel betrugen 74.256 (brutto).

4. Der Kunde Treulos hat Waren im Wert von 4.783,80 (einschließlich Umsatzsteuer) zurückgeschickt; da die Waren bisher noch nicht bezahlt waren, stornierte H diese Rechnung.

5. Wareneinkäufe, die sofort bar bezahlt wurden = 38.000 + 7.220 Umsatzsteuer.

6. H schenkte seiner Tochter anlässlich ihrer Hochzeit eine komplette Wohnzimmereinrichtung. Die Möbel wurden vom Lieferanten unmittelbar an die Tochter geliefert; die Rechnung über 4.900 + 931 Umsatzsteuer bezahlte H von seinem betrieblichen Bankkonto. Vergleichbare Wohnzimmergarnituren werden von H regelmäßig für brutto 7.200 verkauft; guten Kunden räumt er jedoch einen Rabatt von bis zu 5 % ein.

7. Ein Teil einer Warenlieferung war bei der Anlieferung beschädigt worden. H schickte diese Waren an den Lieferanten zurück. Da die Warenrechnung bisher noch nicht bezahlt war, stellte der Lieferant lediglich eine Gutschrift über 1.200 + 228 Umsatzsteuer aus.

8. Eine Warenrechnung über 2.700 + 513 Umsatzsteuer des Lieferanten B. Buche (enthalten in Tz. 1) wurde von H dadurch beglichen, dass er einen seltenen antiquarischen Schreibtisch aus seinem vorhandenen Warenlager lieferte. Damit wurden 2.380 (einschließlich 380 Umsatzsteuer) verrechnet; den verbleibenden Restbetrag i. H. von 833 zahlte H durch Überweisung von seinem betrieblichen Bankkonto.

9. Von den Zielverkäufen (der Tz. 3) haben drei Kunden zulässigerweise ihre Rechnungen unter Abzug von 2 % Skonto bezahlt, und zwar durch Banküberweisung:

Gesamt-Rechnungsbeträge	16.898,00 €
∕. Skonto-Abzug	337,96 €
überwiesene Beträge	= 16.560,04 €

10. Am 01.04.01 ist im Warenlager des Stpfl. eingebrochen worden. Das polizeiliche Untersuchungsverfahren ist ohne Ergebnis eingestellt worden. Nach den Feststellungen des Stpfl. ist dabei eine Wäschetruhe gestohlen worden; der Einkaufswert dieser Truhe betrug 400 + 76 Umsatzsteuer.

11. Alle übrigen Aufwendungen (sonstige Betriebsausgaben) betragen 142.100 + anteilig 8.022 Umsatzsteuer; diese Beträge sind alle immer sofort bar bezahlt worden.

12. Die im Rahmen der Inventur festgestellten Warenbestände betragen:
am 01.01.01   88.000 €
am 31.12.01   72.000 €

Frage

1. Kann anhand bestimmter Kennzahlen und Formeln die Richtigkeit einer Bilanz und damit die Richtigkeit des ermittelten Gewinns festgestellt werden?

2. Welche Bedeutung haben die durch die Finanzverwaltung aufgestellten Richtsätze (Richtsatz-Sammlung)? – Vergleiche hierzu nachfolgenden Auszug aus der Richtsatz-Sammlung. –

Auszug aus der **Richtsatz-Sammlung 2013** (BStBl 2014 I S. 1075):

Bezeichnung der Gewerbeklasse in alphabetischer Reihenfolge	Nr. der Klassifikation der Wirtschaftszweige	Rohgewinnaufschlag auf den Wareneinsatz bzw. Waren- u. Materialeinsatz (Umrechn. Rohgew. I der Sp. 4)	Rohgewinn I	Rohgewinn II	Halbreingewinn	Reingewinn	Bemerkungen
				(vgl. Nr. 5 der Vorbemerkungen) in % des wirtsch. Umsatzes			
1	2	3	4	5	6	7	8
Möbel und sonstige Einrichtungsgegenstände, Eh.	47591.0	49–138 **75**	33–58 **43**		17–37 **26**	3–22 **11**	
Nahrungs- und Genussmittel versch. Art einschl. Reformwaren (Naturkost), Eh. Wirtsch. Umsatz A bis 400.000 €	47110.0 47290.0	27–122 **54**	21–55 **35**		13–41 **24**	5–23 **14**	
B über 400.000 €		22–45 **33**	18–31 **25**		10–24 **17**	2–9 **6**	
Obst, Gemüse, Südfrüchte und Kartoffeln, Eh. Wirtsch. Umsatz A bis 200.000 €	47210.0	35–96 **61**	26–49 **38**		12–36 **25**	5–32 **17**	
B über 200.000 €		32–92 **54**	24–48 **35**		13–32 **22**	5–18 **12**	
Optiker	47781.0	144–270 **194**	59–73 **66**		34–58 **45**	10–38 **23**	

3. Wie lauten die Formeln für die Kennzahlen:

   a) wirtschaftlicher Wareneinsatz,

   b) wirtschaftlicher Umsatz,

   c) wirtschaftlicher Rohgewinn,

   d) wirtschaftlicher Rohgewinnaufschlagsatz,

   e) Rohgewinnsatz,

   f) wirtschaftlicher Reingewinn,

   g) Reingewinnsatz?

Zur Berechnung und Darstellung der Wertermittlungen ist von den im Sachverhalt vorgegebenen Werten auszugehen; dabei sind die zu ermittelnden Prozentsätze auf eine Stelle hinter dem Komma auf- bzw. abzurunden.

Zweckmäßigerweise sollte hierbei schrittweise vorgegangen werden:

1. Schritt = Erfassung der Geschäftsvorfälle in einer Buchungsliste;

2. Schritt = Erfassung aller Buchungen auf T-Konten;

3. Schritt = Abschließen der Konten, soweit sie für die Ermittlung der zu berechnenden Werte benötigt werden. Die Warenkonten sind getrennt darzustellen (Warenbestandskonto und Konto „Aufwendungen für bezogene Waren") und diese beiden Konten sind dann nach der Nettomethode abzuschließen.

4. Welche Besonderheiten sind bei den Einzelsachverhalten Tz. 6, Tz. 9 und Tz. 10 zu beachten?

5. Ergeben sich bei dem Vergleich mit den Kennzahlen der Richtsatz-Sammlung eventuell Anhaltspunkte für eine notwendige Überprüfung des erklärten Gewinns des Möbeleinzelhändlers?

Antwort und Begründung

1. Nein! Kennzahlen und Formeln bieten die Möglichkeit, bestimmtes Zahlenmaterial einer Buchführung mit anderweitig festgestellten Erfahrungssätzen zu vergleichen (= äußerer Betriebsvergleich); bei einem solchen Vergleich können als Ergebnis gewisse Schlussfolgerungen gezogen werden. Solche Verhältniszahlen – als Vergleichswerte – geben also im beschränkten Umfang Aufschluss über die wahrscheinliche Richtigkeit der erklärten Besteuerungsgrundlagen.

Die endgültige Richtigkeit kann regelmäßig nur anhand der gesamten Buchführung an Ort und Stelle festgestellt werden; dies geschieht seitens der Finanzverwaltung durch die Außenprüfung (Betriebsprüfung).

2. Die von der Finanzverwaltung aufgestellten Richtsätze sind ein Hilfsmittel (Anhaltspunkt), um Gewinne und Umsätze vergleichbarer Betriebe zu verproben; sie stellen damit ein Vergleichsmittel im Rahmen des Steuerfestsetzungsverfahrens dar. Neben der eigentlichen Verprobung können die Richtsätze außerdem als Grundlagenmaterial im Fall einer notwendigen Schätzung der Besteuerungsgrundlagen (§ 162 AO) herangezogen werden, wenn andere geeignete Unterlagen fehlen (R 4.1 Abs. 2 Satz 3 EStR).

Die Richtsätze werden (als Richtsatz-Sammlung) regelmäßig veröffentlicht und dienen damit auch der Information für Betriebsinhaber und deren steuerliche Berater.

3. Buchmäßige Erfassung der Geschäftsvorfälle

3.1 Buchungsliste

		€	€
1.	Aufwendungen für bezogene Waren	248.000,00	
	Vorsteuer	47.120,00	
	an Lieferantenschulden		295.120,00
2.	Kasse	529.788,00	
	an Umsatzerlöse		445.200,00
	USt		84.588,00
3.	Kundenforderungen	74.256,00	
	an Umsatzerlöse		62.400,00
	USt		11.856,00
4.	Umsatzerlöse	4.020,00	
	USt	763,80	
	an Lieferantenschulden		4.783,80
5.	Aufwendungen für bezogene Waren	38.000,00	
	Vorsteuer	7.220,00	
	an Kasse		45.220,00
6.	a) Aufwendungen für bezogene Waren	4.900,00	
	Vorsteuer	931,00	
	an Bank		5.831,00
	b) Privatentnahmen	5.831,00	
	an Aufwendungen für bezogene Waren		4.900,00
	USt		931,00
7.	Lieferantenschulden	1.428,00	
	an Aufwendungen für bezogene Waren		1.200,00
	Vorsteuer		228,00
8.	Lieferantenschulden	3.213,00	
	an Umsatzerlöse		2.000,00
	USt		380,00
	Bank		833,00
9.	Bank	16.560,04	
	Skontoaufwand	284,00	
	USt	53,96	
	an Kundenforderungen		16.898,00
10.	Sonstiger betrieblicher Aufwand	400,00	
	an Aufwendungen für bezogene Waren		400,00
11.	Übrige Aufwendungen (gesammelt)	142.100,00	
	Vorsteuer	8.022,00	
	an Kasse		150.122,00

3.2 Buchungen auf T-Konten

3.3 Abschluss der Konten

S	Waren-Vorräte		H
AB	88.000	EB	72.000
		Bestandsver-ändg.	16.000
	88.000		88.000

S	Bestandsveränderungen		H
Bestandsver-ändg.	16.000	Warenein-satz	16.000
	16.000		16.000

S	Aufwendungen für bezogene Waren		H
1.	248.000	6 b.	4.900
5.	38.000	7.	1.200
6 a.	4.900	10.	400
		Warenein-satz	284.400
	290.900		290.900

S	Vorsteuer		H
1.	47.120	7.	228
5.	7.220		
6 a.	931		
11.	8.022		

S	Umsatzerlöse		H
4.	4.020	2.	445.200
Skonto-aufwand	284	3.	62.400
GuV-Konto	505.296	8.	2.000
	509.600		509.600

S	Umsatzsteuer		H
4.	763,80	2.	84.588
9.	53,96	3.	11.856
		6 b.	931
		8.	380

S	Lieferantenschulden		H
7.	1.428	1.	295.120
8.	3.213		

S	Kasse		H
2.	529.788	5.	45.220
		11.	150.122

S	Kundenforderungen		H
3.	74.256	4.	4.783,80
		9.	16.898,00

S	Bank		H
9.	16.560,04	6 a.	5.831
		8.	833

S	Privatentnahmen		H
6 b.	5.831		

S	Skontoaufwand		H
9.	284	Umsatz-erlöse	284
	284		284

271

S	Sonstige betriebliche Aufwendungen	H
10. 400	GuV-Konto 400	
400	400	

S	übrige Aufwendungen (gesammelt)	H
11. 142.100	GuV-Konto 142.100	
142.100	142.100	

S	Wareneinsatz	H
Bestands- verändg. (Minder.) 16.000	Saldo = GuV-Konto 300.400	
Aufwend. für bezogene Waren 284.400		
300.400	300.400	

S	GuV-Konto		H
	€		€
Wareneinsatz	300.400	Umsatzerlöse	505.296
Sonstige betriebliche Aufwendungen	400		
Übrige Aufwendungen	142.100		
Gewinn	62.396		
	505.296		505.296

3.3 a) Wirtschaftlicher Wareneinsatz

Unter wirtschaftlichem Wareneinsatz versteht man den zur Veräußerung gelangten Teil der Waren aus Anfangsbestand und Wareneingängen.

Lässt man Besonderheiten wie z. B. Eigenverbrauch, Schwund, Verderb, Diebstahl außer Betracht, so kann der wirtschaftliche Wareneinsatz in einer Kurzformel wie folgt dargestellt werden:

Warenanfangsbestand
+ Wareneingänge
./. Warenendbestand

= wirtschaftlicher Wareneinsatz

Der Wareneinsatz ergibt sich hier unmittelbar aus dem dafür eingerichteten Konto „Wareneinsatz" und beträgt 300.400 Euro.

Der Wareneinsatz i. S. der Richtsätze umfasst die steuerlichen Anschaffungskosten – also ohne abziehbare Vorsteuer; zum Wareneinsatz gehören aber auch alle Nebenkosten bis zur Einlagerung (z. B. Frachten, Porti, Warenumschließung, Zölle usw.).

3.3 b) Wirtschaftlicher Umsatz

Wirtschaftlicher Umsatz ist die Jahresleistung des Betriebs (= Umsatzerlöse zu Verkaufspreisen), jedoch ohne Umsatzsteuer und abzgl. von Preisnachlässen.

3.3 c) Wirtschaftlicher Rohgewinn

Wirtschaftlicher Rohgewinn ist der Unterschiedsbetrag, um den der wirtschaftliche Umsatz den wirtschaftlichen Wareneinsatz übersteigt (bei Handelsbetrieben).

Bei Fertigungsbetrieben ist es der Unterschiedsbetrag zwischen wirtschaftlichem Umsatz einerseits und wirtschaftlichem Materialeinsatz, Einsatz an Fertigungslöhnen und Fremdleistungen andererseits.

Auf eine Kurzformel gebracht lässt sich der wirtschaftliche Rohgewinn wie folgt darstellen:

wirtschaftlicher Umsatz
⁒ wirtschaftlicher Wareneinsatz
= wirtschaftlicher Rohgewinn (bei Handelsbetrieben)

Der Rohgewinn berechnet sich hier wie folgt:

Umsatzerlöse	505.296 €
⁒ Wareneinsatz	300.400 €
= Rohgewinn	204.896 €

3.3 d) Rohgewinnaufschlagsatz

Der Rohgewinnaufschlagsatz ist (bei Handelsbetrieben) die Verhältniszahl des wirtschaftlichen Rohgewinns zum wirtschaftlichen Wareneinsatz.

In der Formel kann er wie folgt dargestellt werden:

$$\frac{\text{wirtschaftlicher Rohgewinn} \times 100}{\text{wirtschaftlicher Wareneinsatz}} = \text{Rohgewinnaufschlagsatz in \%}$$

Der Rohgewinnaufschlagsatz berechnet sich hier wie folgt:

$$\frac{204.896 \times 100}{300.400} = 68,2 \%$$

3.3 e) Rohgewinnsatz

Rohgewinnsatz ist (bei Handelsbetrieben) die Verhältniszahl des wirtschaftlichen Rohgewinns zum wirtschaftlichen Umsatz:

$$\frac{\text{wirtschaftlicher Rohgewinn} \times 100}{\text{wirtschaftlicher Umsatz}} = \text{Rohgewinnsatz in \%}$$

Der Rohgewinnsatz berechnet sich hier wie folgt:

$$\frac{204.896 \times 100}{505.296} = 40,5\ \%$$

3.3 f) Wirtschaftlicher Reingewinn

Wirtschaftlicher Reingewinn ist der wirtschaftliche Rohgewinn abzgl. der in ihm noch nicht berücksichtigten Betriebsausgaben, die auf diesen Rechnungsabschnitt entfallen (ohne abziehbare Vorsteuer).

In einer Kurzformel kann der wirtschaftliche Reingewinn wie folgt dargestellt werden:

> wirtschaftlicher Rohgewinn
> ⁒ alle übrigen Betriebsausgaben
> = wirtschaftlicher Reingewinn

Der Reingewinn beträgt hier 62.396 Euro (vgl. GuV-Konto).

3.3 g) Reingewinnsatz

Der Reingewinnsatz ist die Verhältniszahl des wirtschaftlichen Reingewinns zum wirtschaftlichen Umsatz.

Die Formel lautet:

$$\frac{\text{wirtschaftlicher Reingewinn} \times 100}{\text{wirtschaftlicher Umsatz}} = \text{Reingewinnsatz in \%}$$

Der Reingewinnsatz berechnet sich hier wie folgt:

$$\frac{62.396 \times 100}{505.296} = 12,3\ \%$$

Weitere Einzelheiten über den Aufbau und die Anwendung der Richtsätze enthalten die allgemeinen Vorbemerkungen zu den jeweiligen Richtsatzsammlungen.

4. Zu Geschäftsvorfall Nr. 6 des Sachverhalts: Hierbei handelt es sich um eine Privatentnahme; dabei spielt es keine Rolle, dass die Möbel unmittelbar an die Tochter ausgeliefert wurden, denn der Stpfl. konnte diese Möbel nicht als Privatmann, sondern nur als Unternehmer anschaffen. Infolgedessen war die Lieferung zunächst als Wareneingang zu erfassen; danach musste die Privatentnahme gebucht werden, wobei zusätzlich Umsatzsteuer zu berechnen war, weil die Entnahme eines Gegenstands für Zwecke, die außerhalb des Unternehmens liegen, einer Lieferung gegen Entgelt gleichgestellt ist (§ 3 Abs. 1b UStG). Einkommensteuerrechtlich ist die Entnahme der Möbel mit dem Teilwert anzusetzen, das sind hier 4.900 Euro (= Wiederbeschaffungskosten). Diese 4.900 Euro stellen gleichzeitig gemäß § 10 Abs. 4 Nr. 1 UStG die Bemessungsgrundlage für die Berechnung der Umsatzsteuer dar, sodass die Umsatzsteuer 931 Euro beträgt.

Zu Geschäftsvorfall Nr. 9 des Sachverhalts: Skontoabzüge durch Kunden führen zwar zu einer Minderung der Warenverkaufserlöse, die entsprechenden Beträge werden jedoch zunächst nicht auf dem Konto „Umsatzerlöse" gebucht, sondern auf gesonderten Aufwandskonten (Kunden-Skonti); da derartige Skontoabzüge durch Kunden eine Minderung der Erlöse darstellen, werden diese Aufwendungen dann im Rahmen der vorbereitenden Abschlussbuchungen auf das Konto „Umsatzerlöse" übertragen. Zusätzlich ist zu beachten, dass dieser Skontoabzug anteilig zu einer Minderung der Bemessungsgrundlage für die Berechnung der Umsatzsteuer führt (§ 17 UStG); der Kürzungsbetrag ist demzufolge wie folgt aufzuteilen:

	€
Bruttobetrag der Kürzung	337,96
./. darin enthaltene USt	53,96 (337,96 € ÷ 1,19 × 19 %)
Netto-Kundenskonti	284,00

Zu Geschäftsvorfall Nr. 10 des Sachverhalts: Der Diebstahlverlust ist als gesonderter Aufwand (sonstige betriebliche Aufwendungen) buchungsmäßig zu erfassen; würde eine entsprechende Buchung nicht erfolgen, wäre zwangsläufig der danach festzustellende Wareneinsatz falsch, denn die gestohlene Ware konnte ja nicht mehr veräußert werden.

5. Beim Vergleich der ermittelten Werte mit den Vergleichszahlen der Richtsatzsammlung lässt sich Folgendes feststellen:

		Kennzahlen lt. Richtsatzsammlung	Ermittelte Werte des H
		in % des wirtschaftl. Umsatzes	in % des wirtschaftl. Umsatzes
Rohgewinnaufschlag:	Rahmensatz	49 – 138	68,2
	Mittelsatz	**75**	
Rohgewinn:	Rahmensatz	33 – 58	40,5
	Mittelsatz	**43**	
Reingewinn:	Rahmensatz	3 – 22	12,3
	Mittelsatz	**11**	

Da die Werte des Möbeleinzelhändlers in der Nähe der Werte des Mittelsatzes der Richtsatzsammlung liegen, ergeben sich unmittelbar daraus keine Anhaltspunkte für eine erforderliche Überprüfung.

Fall 90

Ermittlung von Kennzahlen für die Verprobung bei zum Teil vorgegebenen Werten

Sachverhalt

Gustav Gnom (G) ist Möbeleinzelhändler; zur Vorbereitung für den Jahresabschluss (Wirtschaftsjahr 07) hat er eine Reihe wichtiger Zahlen aus seiner Buchführung zusammengestellt. Er möchte, bevor er den Abschluss endgültig fertig stellt, schon einige Erkenntnisse ziehen.

G hat im Jahr 07 alle Waren zunächst auf Ziel gekauft. Die Zahlungen für diese Wareneinkäufe betrugen im gesamten Jahr 112.630 Euro (ohne Umsatzsteuer); in dieser Summe steckt eine Anzahlung i. H. von 4.000 Euro an einen seiner Lieferanten, der die entsprechende Ware erst am 05.01.08 liefern konnte.

Die Höhe der Lieferantenschulden betrug:

am 31.12.06	14.589,40 €	(einschließlich 2.329,40 € USt)
am 31.12.07	17.100,30 €	(einschließlich 2.730,30 € USt)

Weiterhin hat G folgende Feststellungen getroffen:

Warenbestand 31.12.06	18.200 €
Warenbestand 31.12.07	19.430 €

Im Laufe des Jahres 07 ist bezüglich der Waren noch zu berücksichtigen, dass bei einem Transport zu einem Kunden ein Wohnzimmerschrank total beschädigt wurde; der Einkaufswert (ohne Umsatzsteuer) betrug 2.040 Euro. Außerdem hat G für private Zwecke einen Schreibtisch entnommen (Verkaufspreis 680 Euro einschließlich Umsatzsteuer), Einkaufspreis 370 Euro (ohne Umsatzsteuer). Beide Vorgänge sind bisher noch nicht erfasst.

Abschließend stellt G noch fest, dass die gesamten Umsatzerlöse 162.490 Euro betragen. Die Summe aller übrigen Aufwendungen (neben dem Wareneinsatz) beträgt 53.876 Euro. Umsatzsteuerrechtlich ist G Regelbesteuerer und im Übrigen zum vollen Vorsteuerabzug berechtigt.

Frage

1. Welches sind besondere Merkmale für einen als „Normalbetrieb" geltenden Betrieb i. S. der Richtsatz-Sammlung?

2. Wie errechnet sich der Rohgewinn (mit Rohgewinnaufschlagsatz und Rohgewinnsatz) und der Reingewinn (mit Reingewinnsatz)? Liegen die ermittelten Werte im Rahmen der Vergleichswerte der Richtsatz-Sammlung (vgl. Fall Nr. 89)?

Antwort und Begründung

1. Die von der Finanzverwaltung aufgestellten Richtsätze stellen auf Verhältnisse in einem Normalbetrieb ab.

Bereits bei der Emittlung der Richtsätze sind daher die Ergebnisse der für Richtsatzzwecke geprüften Betriebe (Richtbetriebe) „normalisiert" – also vergleichbar gemacht worden.

Als Normalbetrieb gilt insoweit ein Einzelunternehmen mit Gewinnermittlung durch Bestands-(Betriebsvermögens-)Vergleich. Diese – auf einen Normalbetrieb ausgerichteten – Grundsätze sind aber auch bei der Anwendung der Richtsätze (Verprobung) zu beachten; die Richtsätze gelten aber nicht für Großbetriebe.

Dabei können diese Richtsätze bei Betrieben von Einzelunternehmen, aber auch von Personengesellschaften und Körperschaften angewandt werden, wobei jedoch bei einem Vergleich mit einem Normalbetrieb vor allem die Besonderheiten des Körperschaftsteuerrechts zu berücksichtigen sind.

Die sog. Richtsätze (= Orientierungssätze) sind als Prozentsätze zusammengestellte Vergleichswerte, die als Basisgrundlage der Berechnung sich stets auf den wirtschaftlichen Umsatz beziehen.

Von dieser Bezugsgröße – dem wirtschaftlichen Umsatz – ausgehend, werden dann die Prozentsätze für folgende Kennzahlen ermittelt:

a) Prozentsatz des wirtschaftlichen Umsatzes für den **Rohgewinn,** und zwar

   als **Rohgewinn I** bei Handelsbetrieben – in Spalte 4 der Richtsatz-Sammlung für die einzelnen Gewerbeklassen

   und

   als **Rohgewinn II** bei Handwerks- und gemischten Betrieben (Handwerk mit Handel) – in Spalte 5 der Richtsatz-Sammlung;

b) Prozentsatz des wirtschaftlichen Umsatzes für den **Halbreingewinn** – in Spalte 6 der Richtsatz-Sammlung;

c) Prozentsatz des wirtschaftlichen Umsatzes für den **Reingewinn** – in Spalte 7 der Richtsatz-Sammlung.

Bei Handelsbetrieben wird daneben noch der **Rohgewinnaufschlagsatz** angegeben – in Spalte 3 der Richtsatz-Sammlung.

Für Handwerks- und gemischte Betriebe ist nachrichtlich auch ein durchschnittlicher Rohgewinn I – in Spalte 4 der Richtsatz-Sammlung – verzeichnet, der als Anhalt für den Waren- und Materialeinsatz dienen soll.

Der Aufbau der Richtsätze ist dabei im Einzelnen in einem als Anlage in der Richtsatz-Sammlung abgedruckten Schema dargestellt.

Als Normalbetrieb i. S. der Richtsatz-Sammlung gilt demnach ein Betrieb dann, wenn bei ihm bestimmte sachliche und personelle Merkmale vorliegen; dazu folgende Hinweise auf einige Besonderheiten:

Der **wirtschaftliche Umsatz** i. S. der Richtsätze ist die Jahresleistung des Betriebs zu Verkaufspreisen ohne Umsatzsteuer und abzgl. der Preisnachlässe und Forderungsverluste.

Zum wirtschaftlichen Umsatz zählen jedoch nicht:

– Einnahmen aus Hilfsgeschäften,

– Einnahmen aus in Vorjahren ausgebuchten Kundenforderungen,

– Einnahmen aus nicht branchenüblichen Leistungen.

Der **Waren-/Materialeinsatz** i. S. der Richtsätze wird mit den steuerlichen Anschaffungs- bzw. Herstellungskosten ohne abziehbare Vorsteuer angesetzt. Dazu gehören auch Nebenkosten bis zur Einlagerung und auch Werklieferungen und Werkleistungen fremder Unternehmen.

Zum Waren- und Materialeinsatz zählen aber nicht Betriebsstoffe.

Zu den **Löhnen und Gehältern** gehören die Bruttobezüge – einschließlich aller Sachbezüge und sonstigen Lohnentgelte –, nicht jedoch der Arbeitgeberanteil zur gesetzlichen Sozialversicherung der Arbeitnehmer.

Es wird davon ausgegangen, dass ein Betriebsinhaber ohne Entlohnung arbeitet.

Arbeiten dagegen Ehegatten oder weitere Mitgesellschafter im Betrieb mit, so wird unterstellt, dass sie angemessen entlohnt werden.

Bei **sonstigen Betriebsaufwendungen** ist zu beachten, dass z. B. außergewöhnliche Aufwendungen unberücksichtigt bleiben; ebenso zählen außergewöhnliche Absetzungen für Abnutzungen und Sonderabschreibungen auch nicht dazu.

(Genaue Angaben sind in den jeweiligen Vorbemerkungen der Richtsatzsammlung enthalten.)

Soweit die überprüften Betriebe diesen Merkmalen nicht entsprechen, müssen die im Einzelfall sich ergebenden Zahlen den Verhältnissen des Normalbetriebes angepasst (normalisiert) werden, damit man vergleichbare und damit aussagefähige Werte erhält.

2. Der Rohgewinn beträgt 55.390 Euro. Der Reingewinn beträgt 1.514 Euro. Um diese Werte ermitteln zu können, ist es erforderlich, zunächst den Wareneingang und den Wareneinsatz zu erfassen.

Ermittlung des Wareneingangs €

Warenbezahlungen	112.630
+ Warenschulden 31.12.07 (netto)	14.370
	127.000
⁒ Warenschulden 31.12.06 (netto)	12.260
	114.740
⁒ Anzahlungen für Waren am 31.12.07	4.000
= Wareneingang im Jahr 07	110.740

Ermittlung des wirtschaftlichen Wareneinsatzes   €

Warenbestand 31.12.06		18.200
+ Wareneingang (vgl. oben)		110.740
		128.940
∕ Warenbestand 31.12.07	19.430	
∕ Warenverlust (Totalschaden)	2.040	
∕ Warenentnahmen	370	21.840
= wirtschaftlicher Wareneinsatz		107.100

Ermittlung des Rohgewinns

Umsatzerlöse	162.490
∕ wirtschaftlicher Wareneinsatz	107.100
Rohgewinn	55.390

Berechnung des Rohgewinnsatzes:

$$\frac{55.390 \times 100}{162.490} = 34{,}0 \ \%$$

Berechnung des Rohgewinnaufschlagsatzes:

$$\frac{55.390 \times 100}{107.100} = 51{,}7 \ \%$$

Ermittlung des Reingewinns

Rohgewinn	55.390
∕ Summe aller übrigen Aufwendungen	53.876
= Reingewinn	1.514

Berechnung des Reingewinnsatzes:

$$\frac{1.514 \times 100}{162.490} = 0{,}9 \ \%$$

Beim Vergleich der ermittelten Werte und Kennzahlen mit den Vergleichszahlen der Richtsatz-Sammlung lässt sich Folgendes feststellen:

		Kennzahlen lt. Richtsatzsammlung	Ermittelte Werte des G
		in % des wirtschaftl. Umsatzes	in % des wirtschaftl. Umsatzes
Rohgewinnaufschlag:	Rahmensatz	49 – 138	51,7
	Mittelsatz	**75**	
Rohgewinn:	Rahmensatz	33 – 58	34,1
	Mittelsatz	**43**	
Reingewinn:	Rahmensatz	3 – 22	0,9
	Mittelsatz	**11**	

Der Rohgewinn liegt zwar im unteren Bereich des Rahmensatzes der Richt-satz-Sammlung, gibt aber für sich allein noch keinen unmittelbaren Anhalts-punkt für eine notwendige Überprüfung. Jedoch im Zusammenhang mit dem ermittelten Reingewinnsatz sollte eine genauere Untersuchung schon angezeigt sein, zumal der Reingewinn weit unterhalb der Werte der Richt-satz-Sammlung liegt. Bei G liegt das an den im Verhältnis zum Rohgewinn offensichtlich viel zu hohen übrigen Aufwendungen. Hier wäre z. B. zu prüfen, was die Ursachen dieses relativ niedrigen Reingewinns sind. Ansatz wäre z. B. eine genauere Überprüfung der gebuchten Aufwendungen – auch hinsichtlich der Frage, ob evtl. unzulässigerweise Buchungen von privaten Kosten über betriebliche Aufwandskonten erfolgt sind.

Fall 91

Ermittlung des wirtschaftlichen Wareneinsatzes

Sachverhalt

Der Stpfl. Dieter Doll (D) ermittelt seinen Gewinn durch Betriebsvermögens-vergleich. Er ist umsatzsteuerrechtlich Regelbesteuerer und zum vollen Vor-steuerabzug berechtigt; alle umsatzsteuerlichen Vorgänge unterliegen dem Regelsteuersatz. Für das Wirtschaftsjahr 02 hat er folgende Bilanzen und GuV-Rechnung mit zum Teil zusammengefassten Werten dem Finanzamt eingereicht:

Bilanzen zum:	31.12.01 €	31.12.02 €
Aktiva		
Fuhrpark	40.000	38.000
Waren	55.000	52.000
Forderungen	90.174	180.348
Bank	20.400	22.600
Kasse	13.200	2.120
	218.774	295.068
Passiva		
Kapital	107.962	148.444
Darlehen	67.961	65.322
Lieferantenschulden	40.341	80.682
USt-Schuld	2.510	620
	218.774	295.068

GuV-Rechnung für 02:

Erträge

Rohgewinn		186.000

Aufwendungen

Warenverderb	2.000	
AfA	2.000	
übrige Betriebsausgaben	142.000	
	146.000	146.000
Gewinn		40.000

Im Wirtschaftsjahr 02 wurden sämtliche Wareneinkäufe zunächst auf Ziel getätigt und regelmäßig erst nach Ablauf von mindestens acht Wochen bezahlt; die Zahlungen an Lieferanten betrugen im Jahr 02 insgesamt 119.000 Euro. Im Laufe des Jahres wurden Waren für 2.000 Euro (= Teilwert) für private Zwecke entnommen.

Frage

Wie hoch ist der wirtschaftliche Wareneinsatz für das Wirtschaftsjahr 02?

Antwort

Der wirtschaftliche Wareneinsatz für 02 beträgt 132.900 Euro.

Begründung

In aller Regel ergeben sich die für Vergleichszwecke notwendigen Werte nicht unmittelbar aus den Bilanzen bzw. den Erfolgsrechnungen; vielfach muss man erst die aus verschiedenen Quellen zutreffenden Berechnungsgrundlagen zusammenstellen, um entsprechende Vergleiche durchführen zu können.

Auch in diesem Fall ist es so, dass zunächst der Wareneingang ermittelt werden muss und erst danach der wirtschaftliche Wareneinsatz berechnet werden kann.

Berechnung des Wareneingangs

	€		€
Lieferantenschulden 31.12.02	80.682		
∕. darin enthaltene USt	12.882	=	67.800
+ Zahlungen an Lieferanten im Jahr 02	119.000		
∕. darin enthaltene USt	19.000	=	100.000
Zwischensumme			167.800
∕. Lieferantenschulden 31.12.01	40.341		
∕. darin enthaltene USt	6.441		33.900
Wareneingänge im Jahr 02			133.900

Berechnung des Wareneinsatzes

	€	€
Waren-Anfangsbestand 31.12.01		55.000
+ Wareneingang (vgl. oben)		133.900
		188.900
⅟ Warenverderb	2.000	
⅟ Warenentnahme für private Zwecke	2.000	4.000
		184.900
⅟ Waren-Endbestand 31.12.02		52.000
Wirtschaftlicher Wareneinsatz		132.900

Fall 92

Korrekturen von Positionen der Bilanz

Sachverhalt

Egon Eigner (E) ist Inhaber eines im Handelsregister eingetragenen Farben- und Tapeten-Einzelhandelsgeschäfts. E ermittelt seinen Gewinn durch Betriebsvermögensvergleich gemäß § 5 EStG; sein Wirtschaftsjahr entspricht dem Kalenderjahr.

E versteuert seine Umsätze nach den allgemeinen Vorschriften des Umsatzsteuergesetzes (Regelsteuersatz); hinsichtlich der Vorsteuer ist er zum vollen Vorsteuerabzug berechtigt.

Die Bilanz zum 31.12.02 weist u. a. folgende Werte aus:

Unbebautes Grundstück	30.000,00 €
Fuhrpark	48.300,00 €
Warenbestand	78.200,00 €
Kassenbestand	1.876,30 €
Sonstige Verbindlichkeiten	4.320,00 €
USt-Schuld	7.423,00 €
Kundenforderungen	2.400,00 €

Das zuständige Finanzamt überprüfte im Rahmen der Veranlagungstätigkeit auch die eingereichte Bilanz und die GuV-Rechnung für das Wirtschaftsjahr 02; dabei wurden folgende Feststellungen getroffen:

a) In der Bilanz zum 31.12.02 ist ein am 27.12.02 gelieferter PKW (Klein-Kombi) nicht enthalten. Nach Auskunft des Stpfl. wurde dieser PKW aber bereits ab dem 27.12.02 in vollem Umfang betrieblich genutzt. Die Rechnung vom 27.12.02 (Eingang beim Stpfl. bei Lieferung) hat E erst am 15.01.03 bezahlt und deswegen diesen PKW auch nicht mehr im abgelaufenen Jahr aktiviert.

Die Rechnung enthielt folgende Werte:

	€
Listenpreis	40.0000
+ Sonderausstattung	4.000
+ Überführungskosten	300
	44.300
+ USt	8.417
	52.717
+ Zulassungsgebühr	100
Gesamtrechnungsbetrag	52.817

Der PKW hat eine betriebsgewöhnliche Nutzungsdauer von sechs Jahren.

b) Das in der Bilanz zum 31.12.02 ausgewiesene unbebaute Grundstück ist mit 30.000 Euro bewertet; der Bilanzansatz zum 31.12.01 betrug noch 40.000 Euro. Auf Rückfrage bestätigte der Stpfl., dass er hier eine Absetzung für Abnutzung vorgenommen habe, weil auf diesem Grundstück ausschließlich die Kraftfahrzeuge des Betriebs abgestellt werden und damit der Wert beeinträchtigt sei.

c) Im Jahr 02 sind keine Warenentnahmen buchungsmäßig erfasst worden. Nach Auskunft des Stpfl. wurde aber ein Paket Tapetenrollen entnommen; mit diesen Tapeten hat E sein Wohnzimmer neu tapeziert. Diese Tapeten waren ursprünglich für 240 + 45,60 Euro eingekauft worden; zwischenzeitlich ist der Einkaufswert dieser Tapeten aber auf 280 Euro (ohne Umsatzsteuer) angestiegen; der normale Verkaufspreis im Laden beträgt 380 Euro.

d) In der Bilanz zum 31.12.02 sind Kundenforderungen mit 2.400 Euro ausgewiesen. Der Gesamtforderungsbestand zu diesem Stichtag betrug 3.400 Euro. Auf Rückfrage hin gibt E die Auskunft, dass sich diese Forderungen auf einen bestimmten Kunden beziehen, der auch am 09.01.03 die Forderung voll bezahlt hat. Wegen des zum Bilanzstichtag bestehenden Ausfallrisikos habe er jedoch eine pauschale Wertberichtigung von 1.000 Euro vorgenommen und demzufolge in der Bilanz die Forderungen nur mit 2.400 Euro ausgewiesen.

e) Die Portokasse enthielt nach Inventuraufzeichnungen zum 31.12.02 Briefmarken im Wert von 520 Euro; dieser Bestand ist versehentlich nicht im Kassenbestand zum 31.12.02 miterfasst worden. Um buchungsmäßig die (angeblich vorhandene) Differenz ausgleichen zu können, hatte der Stpfl. den entsprechenden Betrag über das Konto „Sonstige betriebliche Aufwendungen" ausgebucht.

Frage

1. Welche Bedeutung hat die Bilanz im Rahmen der Steuererklärungspflicht?

2. Worin unterscheidet sich eine Bilanzberichtigung von einer Bilanzänderung?

3. Kann eine Bilanzberichtigung auch noch dann vorgenommen werden, wenn der Steuerbescheid, bei dem das Bilanzergebnis als Besteuerungsgrundlage gedient hat, bereits bestandskräftig ist?

4. Wie verändern sich die Bilanzpositionen durch die getroffenen Feststellungen, und wie wirken sich die einzelnen Vorgänge auf das Kapital und den Erfolg aus?

Antwort und Begründung

1. Steuererklärungen sind elektronisch zu übermitteln oder auf amtlich vorgeschriebenen Vordrucken abzugeben. Wird (einkommensteuerrechtlich) der Gewinn eines Unternehmers nach § 4 Abs. 1 oder § 5 EStG ermittelt, so schreibt § 5b Abs. 1 EStG vor, dass der Steuererklärung eine Abschrift der Bilanz (und regelmäßig auch der Gewinn-und-Verlust-Rechnung) beizufügen ist bzw. der Inhalt elektronisch zu übermitteln ist. Damit ist die Bilanz notwendiger Bestandteil der Steuererklärung.

2. Ist ein Bilanzansatz unrichtig, kann der Stpfl. gemäß § 4 Abs. 2 Satz 1 EStG diesen Fehler durch eine Mitteilung an das Finanzamt berichtigen (= **Bilanzberichtigung**). Unrichtig ist ein Bilanzansatz immer dann, wenn er gegen zwingende Vorschriften des Einkommensteuergesetzes oder des Handelsgesetzbuchs bzw. gegen handelsrechtliche Grundsätze einer ordnungsmäßigen Buchführung verstößt – also unzulässig ist. Ebenfalls unter die Bilanzberichtigung fällt die falsche oder unterbliebene Erfassung von Privatentnahmen oder Privateinlagen.

Nach der geänderten Rechtsprechung des BFH liegt eine fehlerhafte Bilanz immer bei objektiver Unrichtigkeit vor (vgl. BFH vom 31.01.2013 GrS 1/10, BStBl 2013 II S. 317). Unerheblich ist, ob der Stpfl. subjektiv richtig bilanziert hat oder ob er sich im Zeitpunkt der Bilanzaufstellung auf eine Auffassung der Finanzverwaltung berufen konnte oder auf eine Rechtsprechung, die erst später geändert wurde. So kann sowohl eine Änderung der Rechtsprechung wie auch die erstmalige Entscheidung des BFH zu einer konkreten Frage die Bilanz nachträglich fehlerhaft machen. Allerdings sind natürlich bei der Korrektur der fehlerhaften Bilanzen die verfahrensrechtlichen Möglichkeiten zu beachten.

Soweit eine Bilanzberichtigung nach den Vorschriften der Abgabenordnung nicht mehr möglich ist, ist der falsche Bilanzansatz grundsätzlich in der ersten Schlussbilanz des ersten Jahres richtigzustellen, dessen Veranlagung noch geändert werden kann (vgl. R 4.4 Abs. 1 EStR).

Eine **Bilanzänderung** kommt in Betracht, wenn ein handels- oder steuerrechtlicher Wertansatz eines Bilanzpostens durch einen anderen handels- oder steuerrechtlichen zulässigen Wertansatz ersetzt werden soll. Der Unternehmer trifft mit der Einreichung seiner Steuererklärung beim Finanzamt grundsätzlich seine Entscheidung.

Eine Bilanzänderung liegt nicht vor, wenn sich einem Stpfl. erst nach Einreichung der Bilanz die Möglichkeit eröffnet, erstmalig sein Wahlrecht auszuüben.

Eine Bilanzänderung ist zulässig, wenn sie in einem engen zeitlichen oder sachlichen Zusammenhang mit einer Bilanzberichtigung steht und soweit die Auswirkung der Bilanzberichtigung auf den Gewinn reicht.

Ein enger zeitlicher und sachlicher Zusammenhang setzt voraus, dass sich beide Maßnahmen auf dieselbe Bilanz beziehen und die Bilanzänderung unverzüglich nach der Bilanzberichtigung vorgenommen wird (vgl. R 4.4 Abs. 2 EStR).

3. Nach Bestandskraft des Steuerbescheids ist eine Bilanzberichtigung nur noch insoweit zulässig, als die Steuerfestsetzung nach den Vorschriften der Abgabenordnung geändert werden kann oder die beabsichtigte Berichtigung sich auf die Höhe der festgesetzten Steuer nicht auswirken würde (vgl. § 4 Abs. 2 Satz 1 Halbsatz 2 EStG).

Soweit aber eine Bilanzberichtigung nicht mehr möglich ist, muss der falsche Bilanzansatz grundsätzlich in der Schlussbilanz des ersten Jahres erfolgswirksam richtiggestellt werden, für das der Steuerbescheid noch geändert werden kann.

4. Veränderungen der Bilanzwerte zum 31.12.02 infolge der einzelnen Vorgänge

		€		€
a)	Fuhrpark	92.083,00		
	USt(-Guthaben)	994,00		
	Sonstige Verbindlichkeiten	57.137,00		
	Kapitaländerung:		./.	617,00
	Erfolgsänderung:		./.	617,00
b)	Unbebautes Grundstück	40.000,00		
	Kapitaländerung:		+	10.000,00
	Erfolgsänderung:		+	10.000,00
c)	USt(-Guthaben)	994,00		
	Kapitaländerung:		./.	53,20
	Erfolgsänderung:		+	280,00
d)	Kundenforderungen	3.400,00		
	Kapitaländerung:		+	1.000,00
	Erfolgsänderung:		+	1.000,00
e)	Kasse	2.396,30		
	Kapitaländerung:		+	520,00
	Erfolgsänderung:		+	520,00

4 a. Fuhrpark

Bei dem am 27.12.02 gelieferten PKW liegt ab diesem Zeitpunkt wirtschaftliches Eigentum (§ 39 AO) vor; da der PKW in vollem Umfang dem Betrieb dient, handelt es sich um notwendiges Betriebsvermögen. Der PKW ist dem abnutzbaren Anlagevermögen zuzurechnen (R 6.1 EStR), weil er dazu bestimmt ist, dem Betrieb auf Dauer zu dienen, und seine Nutzungsdauer zeitlich begrenzt ist.

Gemäß § 253 Abs. 1 HGB und § 6 Abs. 1 Nr. 1 EStG ist der PKW im Zeitpunkt der Anschaffung mit den Anschaffungskosten (AK) zu aktivieren; Anschaffungskosten sind alle Kosten, die dem E dadurch entstehen, dass er den PKW von der fremden in die eigene Verfügungsmacht überführt. Hierzu zählen: Listenpreis, Zulassungsgebühr, Kosten der Sonderausstattung und die Überführungskosten – somit = 44.400 Euro. Die in Rechnung gestellte Umsatzsteuer gehört nicht zu den Anschaffungskosten, weil E zum vollen Vorsteuerabzug berechtigt ist (§ 9b Abs. 1 EStG).

Da der PKW dem abnutzbaren Anlagevermögen zuzurechnen ist, muss er gemäß § 253 Abs. 3 HGB und § 6 Abs. 1 Nr. 1 EStG zum 31.12.02 mit den Anschaffungskosten abzgl. der AfA in die Bilanz aufgenommen werden; ein dauerhaft niedrigerer Teilwert liegt nicht vor.

Die AfA berechnet sich grundsätzlich nach der betriebsgewöhnlichen Nutzungsdauer – hier also für einen Zeitraum von sechs Jahren, was einem AfA-Satz von 16,66 % pro Jahr entspricht. Die Jahres-AfA beträgt folglich $\frac{1}{6}$ von 44.400 Euro = 7.400 Euro.

Da E das Wirtschaftsgut erst am Ende des Jahres 02 angeschafft hat, kann die AfA auch nur zeitanteilig mit dem Teil abgesetzt werden, der dem Zeitraum zwischen Anschaffung und dem Ende des Wirtschaftsjahres entspricht – § 7 Abs. 1 Satz 4 EStG; das bedeutet, dass nur $\frac{1}{12}$ der Jahres-AfA = 617 Euro als anteiliger Abschreibungsbetrag absetzbar ist.

Durch den Kauf des PKW ist für E eine Verpflichtung (Schuld) entstanden, denn der Kraftfahrzeug-Händler hatte mit der Lieferung des Fahrzeugs sein Verpflichtungsgeschäft erfüllt, während E seiner Vertragsverpflichtung (Zahlung des vereinbarten Kaufpreises) bis zum Bilanzstichtag noch nicht nachgekommen war.

Infolgedessen ist diese Verpflichtung buchführungsmäßig zu erfassen und in der Bilanz zum 31.12.02 aufzunehmen. Bewertungsmaßstab ist gemäß § 6 Abs. 1 Nr. 3 EStG der Wert, zu dem die Verbindlichkeit vereinbarungsgemäß entstanden ist = 52.817 Euro (sinngemäß = Anschaffungskosten bzw. Nennbetrag der Schuld); handelsrechtlich entspricht dies dem Erfüllungsbetrag i. S. von § 253 Abs. 1 Satz 2 HGB.

Die einzelnen Bilanzpositionen ändern sich wie folgt:

€

Fuhrpark:

31.12.02 (bisher)	48.300,00
+ Zugang	44.400,00
	92.700,00
∕ AfA	617,00
31.12.02 (neu)	92.083,00

USt-Schuld:

31.12.02 (bisher)	7.423,00
∕ abziehbare Vorsteuer	8.417,00
31.12.02 (neu) – jetzt Guthaben	994,00

Sonstige Verbindlichkeiten:

31.12.02 (bisher)	4.320,00
+ Zugang	52.817,00
31.12.02 (neu)	57.137,00

4 b. Unbebautes Grundstück

Das unbebaute Grundstück gehört zum notwendigen Betriebsvermögen, da es ausschließlich für betriebliche Zwecke genutzt wird (R 6.1 i. V. m. R 4.2 Abs. 7 EStR). Es ist dem nicht abnutzbaren Anlagevermögen zuzurechnen und ist gemäß § 253 HGB und § 6 Abs. 1 Nr. 2 EStG mit den Anschaffungskosten anzusetzen; daher ist eine Absetzung für Abnutzung auch nicht zulässig. Nur wenn der Teilwert voraussichtlich dauerhaft niedriger wäre, könnte das Grundstück mit einem entsprechend niedrigeren Wert in der Steuerbilanz angesetzt werden; handelsrechtlich ist ein dem entsprechender niedrigerer Wertansatz nach § 253 Abs. 3 Satz 3 HGB sogar zwingend vorzunehmen.

Jedoch bietet die im Sachverhalt geschilderte Nutzung keinen Anhaltspunkt für einen gesunkenen Teilwert, sodass auch in der Bilanz zum 31.12.02 der Grund und Boden mit 40.000 Euro zu erfassen ist; durch Zuschreibung wird die – zu Unrecht – vorgenommene AfA wieder rückgängig gemacht.

Unbebautes Grundstück:

€

31.12.02 (bisher)	30.000,00
+ Rücknahme der AfA	
(= Zuschreibung)	10.000,00
31.12.02 (neu)	40.000,00

4 c. Waren-Entnahmen

Bei den für private Zwecke verwendeten Tapeten liegt eine (Waren-)Entnahme i. S. von § 4 Abs. 1 Satz 2 EStG vor; die Erfassung als Entnahme ist zwingend, weil sonst die entsprechenden Aufwendungen den Gewinn mindern würden, aber nach § 4 Abs. 4 EStG nur solche Ausgaben gewinnmindernd erfasst werden dürfen, die durch den Betrieb veranlasst sind.

Gemäß § 6 Abs. 1 Nr. 4 EStG sind Entnahmen mit dem Teilwert anzusetzen; Teilwert entspricht hier den Wiederbeschaffungskosten = 280 Euro; der gegenüber den ursprünglichen Anschaffungskosten sich ergebende Differenzbetrag von 40 Euro stellt einen sonstigen betrieblichen Ertrag dar.

Gleichzeitig erfüllt die – ertragsteuerliche – Entnahme der Tapeten den Tatbestand einer fiktiven Lieferung im umsatzsteuerrechtlichen Sinn; gemäß § 3 Abs. 1b UStG ist die Entnahme eines Gegenstands durch den Unternehmer aus seinem Unternehmen für Zwecke außerhalb seines Unternehmens einer Lieferung gegen Entgelt gleichgestellt.

Nach § 10 Abs. 4 Nr. 1 UStG wird dabei der Umsatz nach dem Einkaufswert zzgl. Nebenkosten für diesen entnommenen Gegenstand bemessen, wobei sich dieser Wert nach den Verhältnissen im Zeitpunkt des Umsatzes – also hier der Entnahme – orientiert; das entspricht hier dem Betrag von 280 Euro (= den aktuellen Wiederbeschaffungskosten).

Der Steuersatz beträgt 19 %, sodass die Umsatzsteuer 53,20 Euro beträgt.

Diese Umsatzsteuer darf nach § 12 Nr. 3 EStG den Gewinn nicht mindern und ist (sofern diese Umsatzsteuer durch den Betrieb des E bezahlt wird), als Entnahme zu erfassen. Der Vorgang hat auf den Warenbestand keine Auswirkung; lediglich der Wareneinsatz (= Aufwand) wird entsprechend gemindert.

	€
Umsatzsteuer-Guthaben:	
31.12.02 (neu – nach 4 a)	994,00
./. zusätzliche USt	53,20
31.12.02 (geändert neu)	940,80

4 d. Kundenforderungen

Eine pauschale Wertberichtigung zum Bilanzstichtag kann nur dann gebildet werden, wenn Gründe vorliegen, die eine Bewertung unter dem Nennwert gerechtfertigt erscheinen lassen, ohne dass die am Bilanzstichtag vorhandenen Forderungen einzeln wertberichtigt werden können; solche Gründe können z. B. in einem bestehenden Ausfallrisiko liegen.

Derartige Gründe sind lt. Sachverhalt nicht erkennbar; die einzige zum Bilanzstichtag bestehende Forderung ist auch bereits am 09.01.03 voll bezahlt worden, sodass davon ausgegangen werden kann, dass dies dem Stpfl. zum Zeitpunkt der Bilanzerstellung bereits bekannt war.

Der in der Bilanz zum 31.12.02 ausgewiesene Forderungsbestand ist wieder auf 3.400 Euro zu erhöhen.

	€
Forderungen: 31.12.02 (bisher)	2.400
+ Auflösung des gebildeten Wertberichtigungspostens durch Rücknahme der vorgenommenen Abschreibung (= Zuschreibung)	1.000
31.12.02 (neu)	3.400

4 e. Kassenbestand

Die Portokasse ist ein Teil der Geschäftskasse des Betriebs. Da der Bestand an Wertzeichen nicht im Kassenbestand mit erfasst worden ist, ist damit der Bilanzansatz „Kasse" falsch. Es ist der tatsächliche Bestand – einschließlich des Bestands an Wertzeichen – in der Bilanz zum 31.12.02 anzusetzen. Die Buchung des Differenzbetrages über das Konto „Sonstige betriebliche Aufwendungen" hätte nicht vorgenommen werden dürfen.

	€
Kasse: 31.12.02 (bisher)	1.876,30
+ Bestand an Wertzeichen (= Zuschreibung)	520,00
31.12.02 (neu)	2.396,30

Fall 93

Korrektur der Bilanz und der GuV-Rechnung

Sachverhalt

Michael Mantel (M) betreibt einen Textilgroßhandel. Die Firma ist im Handelsregister eingetragen. M ermittelt seinen Gewinn durch Betriebsvermögensvergleich nach § 5 EStG; sein Wirtschaftsjahr entspricht dem Kalenderjahr.

M versteuert seine Umsätze nach den allgemeinen Vorschriften des UStG (Regelsteuersatz); er ist im Rahmen seines Unternehmens zum vollen Vorsteuerabzug berechtigt.

M hat seine Steuererklärungen für das Jahr 08 beim Finanzamt eingereicht; die Bilanz (Seite 290) und die GuV-Rechnung sind den Erklärungen beigefügt.

Gewinn-und-Verlust-Rechnung

Textilgroßhandel Michael Mantel
für das Rechnungsjahr 08

I. Erträge	€	€
1. Umsatzerlöse	1.086.234,70	
2. Sonstige betriebliche Erträge (Verkauf PKW)	300,00	
3. Zinserträge	1.116,33	

Jahresabschlussbilanz
Textilgroßhandel Michael Mantel
zum 31.12.08

Aktiva

	31.12.07	Zugänge	Abgänge	AfA	€
A. Anlagevermögen					
Sachanlagen:					
1. Grund und Boden	36.000	–	–	–	36.000,00
2. Gebäude	111.400	–	–	2.400	109.000,00
3. Lagergebäude	50.500	–	–	2.500	48.000,00
4. Kfz LKW	36.000	–	–	24.000	12.000,00
5. Kfz PKW	35.000	20.000	6.000	7.200	41.800,00
6. Geschäftsausstattg.	9.421	–	–	200	9.221,00
Finanzanlagen:					
Wertpapiere	4.000	–	–	–	4.000,00
B. Umlaufvermögen					
Vorräte – Waren					326.400,00
Forderungen:					
1. Kundenforderungen (30.670 ./. 800 pauschale Wertberichtigung)					29.870,00
2. Sonstige Forderungen					468,12
Flüssige Mittel:					
1. Kasse					1.526,36
2. Bankguthaben					16.601,10
C. Rechnungsabgrenzungsposten					2.000,00
					636.886,58

Passiva

	€	€
A. Eigenkapital		
Kapital 01.01.08	92.570,04	
./. Privatentnahmen	22.173,12	
	70.396,92	
+ Privateinlagen	20.000,00	
	90.396,92	
+ Gewinn 08	50.157,41	140.554,33
B. Rückstellungen		2.000,00
C. Verbindlichkeiten		
1. Hypothekenschulden		108.750,00
2. Darlehensschulden		96.000,00
3. Bankschulden		38.776,00
4. Lieferantenschulden		242.373,00
5. Sonstige Verbindlichkeiten		703,25
6. USt		4.060,00
D. Rechnungsabgrenzungsposten		3.670,00
		636.886,58

II. Aufwendungen

	€	€
1. Wareneinsatz		873.191,20
2. Löhne und Gehälter		80.829,50
3. Sozialaufwendungen		7.332,15
4. Abschreibungen		36.300,00
5. Abschreibungen auf Forderungen		1.200,00
6. Sonstige betriebliche Aufwendungen		1.800,00
7. Forderungsverluste		1.376,50
8. Schadensersatz		2.420,00
9. Beiträge, Versicherungen		2.423,15
10. Kosten des Geldverkehrs		3.326,04
11. Kfz-Kosten		12.376,00
12. Energiekosten		7.416,00
13. Büro- und Reinigungskosten		614,39
14. Sonstige allgemeine Kosten		3.238,69
15. Pachtaufwendungen		3.650,00
	1.087.651,03	1.037.493,62
Gewinn 01.01.–31.12.08		50.157,41
	1.087.651,03	1.087.651,03

Bei Überprüfung der Bilanz und der GuV-Rechnung ergibt sich für das Finanzamt eine Reihe von Fragen, um deren Aufklärung der Stpfl. vom Finanzamt schriftlich aufgefordert wurde. Nachfolgend sind die Fragen des Finanzamts und die Antworten des Stpfl. aufgeführt:

1. Frage des Finanzamts:

Der bilanzierte LKW war anhand der vorliegenden Unterlagen in den letzten beiden Jahren jeweils – linear – mit 12.000 Euro (10 % von 120.000 Anschaffungskosten) abgeschrieben worden. In der Bilanz zum 31.12.08 ist der AfA-Betrag für diesen LKW mit 24.000 Euro berechnet. Wie kommt dieser erhöhte AfA-Betrag zustande?

Antwort des Stpfl.:

Es ist zutreffend, dass ich in den vergangenen Jahren die AfA linear berechnet habe. Für das Jahr 08 habe ich allerdings die höhere AfA angesetzt, da die Preise für gebrauchte Lkw stark gefallen sind.

Die dementsprechende AfA wurde wie folgt gebucht:

AfA	24.000 €	
an Fuhrpark		24.000 €

2. Frage des Finanzamts:

In der GuV-Rechnung ist unter der Position „Sonstige betriebliche Aufwendungen" ein Betrag von 1.800 Euro ausgewiesen.

Durch welchen Geschäftsvorfall ist dieser Aufwand verursacht?

Antwort des Stpfl.:

Diesem Aufwand liegen folgende zwei Vorgänge zugrunde:

a) Infolge mangelnder Aufsicht ist aus dem Warenlager ein Posten Herrenanzüge zum Einkaufspreis von 1.200 Euro gestohlen worden.

Wegen der guten Beziehungen zu dem Versicherungsberater sind mir zwar noch im Wirtschaftsjahr 08 = 500 Euro ersetzt worden; da dieser Betrag jedoch mehr der persönlichen Beziehung zu dem Versicherungsberater zu verdanken ist, habe ich die 500 Euro privat vereinnahmt und für private Zwecke ausgegeben, und demzufolge wurde der Vorgang in der Buchführung nicht erfasst.

b) Eine durch den betrieblichen Gewinn veranlasste außergewöhnliche Einkommensteuerzahlung (Einkommensteuerabschlusszahlung) i. H. von 600 Euro wurde ebenfalls als „Sonstige betriebliche Aufwendungen" gebucht; bezahlt wurde dieser Betrag von meinem privaten Sparkonto.

Diese Vorgänge wurden mit folgenden Buchungssätzen erfasst:

a) Sonstige betriebliche Aufwendungen	1.200 €	
an Aufwendungen für bezogene Waren		1.200 €
b) Sonstige betriebliche Aufwendungen	600 €	
an Privateinlage		600 €

3. Frage des Finanzamts:

Der in der Bilanz zum 31.12.08 ausgewiesene Warenbestand hat sich gegenüber dem Vorjahr erheblich vermindert. Wie erklärt sich der geringere Warenwert?

Antwort des Stpfl.:

Die Warenvorräte wurden im Rahmen der Inventur körperlich aufgenommen; die Bewertung erfolgte nach § 253 HGB und § 6 Abs. 1 Nr. 2 EStG mit den Anschaffungskosten.

Nicht erfasst ist dabei ein Warenposten, der am 27.12.08 geliefert wurde. Die der Warenlieferung beigefügte Rechnung über 12.400 Euro + 2.356 Euro Umsatzsteuer wurde erst beim Öffnen der Warenpakete am 10.01.09 gefunden; da der Betrag auch erst am 31.01.09 durch Banküberweisung bezahlt wurde, konnte die Ware logischerweise auch nicht in der Bilanz zum 31.12.08 ausgewiesen werden. Der Vorgang wurde auch erst am 10.01.09 gebucht. Diese Ware wurde erst im März 09 weiterverkauft.

4. Frage des Finanzamts:

In der Bilanz zum 31.12.08 ist erstmals eine Rückstellung von 2.000 Euro ausgewiesen, ohne dass erkennbar ist, für welchen Zweck diese Rückstellung gebildet wurde.

Antwort des Stpfl.:

Im Dezember 08 hat ein Einzelhändler gegen mich eine Schadensersatzforderung geltend gemacht, da ein Fahrer von mir beim Abladen dessen Schaufensterscheibe beschädigt hat. Meine Versicherung hat die Übernahme des Schadens allerdings abgelehnt. Demzufolge habe ich eine Rückstellung in die Bilanz i. H. von 2.000 Euro eingestellt. Zur richtigen periodengerechten Abgrenzung habe ich die erforderliche Soll-Buchung auf dem Konto „Aktive Rechnungsabgrenzung" vorgenommen, sodass wie folgt gebucht wurde:

Aktive Rechnungsabgrenzung   2.000 €

an Rückstellung   2.000 €

Anmerkung: Der Betrag ist der Höhe und dem Grunde nach nicht zu beanstanden.

5. Frage des Finanzamts:

Im Gegensatz zu den Vorjahren sind offensichtlich im Jahr 08 keine Warenentnahmen gebucht worden. Wurden im Jahr 08 tatsächlich keine Warenentnahmen getätigt?

Antwort des Stpfl.:

Auch im Jahr 08 habe ich Waren dem Betrieb für private Zwecke entnommen. Ich führe aus diesem Grund auch genaue Aufzeichnungen, wonach die Entnahmen folgende Werte ausweisen:

Waren-Einkaufswert   2.400 €

Waren-Verkaufspreis   3.600 €

Ich stelle in meinen Aufzeichnungen regelmäßig beide Werte gegenüber, damit ich mir ein Bild über den darin liegenden Erfolg verschaffen kann.

Versehentlich sind die gesamten Warenentnahmen nicht gebucht worden.

6. Frage des Finanzamts:

In der GuV-Rechnung ist erstmals Pachtaufwand i. H. von 3.650 Euro ausgewiesen.

Ab wann besteht ein derartiges Pachtverhältnis und wie sind die vertraglichen Vereinbarungen?

Antwort des Stpfl.:

Mit Wirkung ab dem 01.01.08 hatte ich das 100 m² große unbebaute Grundstück gepachtet, das unmittelbar an mein Betriebsgrundstück angrenzt; damit war eine Möglichkeit geschaffen, die betrieblichen Fahrzeuge abzustellen. Entsprechend der Vereinbarung betrug der Pachtzins pro Monat 150 Euro. Zwischenzeitlich habe ich mit dem Verpächter einen Kaufvertrag über dieses Grundstück abgeschlossen, wonach das Grundstück ab 01.12.08 in mein Eigentum übergegangen ist; die Eintragung im Grundbuch ist Anfang 09 erfolgt. Den Kaufpreis von 8.000 Euro habe ich wie folgt bezahlt:

| 01.12.08: | 3.650 € | durch Banküberweisung; dieser Betrag beinhaltet die Pachtzahlung für die Zeit 01.01.–30.11.08 und eine erste Anzahlung auf das Grundstück i. H. von 2.000 € |
| 04.02.09: | 6.000 € | durch Banküberweisung |

Am 01.12.08 wurde der Vorgang wie folgt gebucht:

| Pachtaufwand | 3.650 € | |
| an Bank | | 3.650 € |

Frage

Wie ändern sich aufgrund der getroffenen Feststellungen die Bilanz und die GuV-Rechnung?

Zu den einzelnen Sachverhalten ist zunächst Stellung zu nehmen; erforderliche Korrekturen sind dabei darzustellen und Auswirkungen auf Kapital und Erfolg sind anzugeben. Auf die Gewerbesteuer ist aus Vereinfachungsgründen nicht einzugehen.

Anschließend sind die dementsprechend korrigierte Bilanz und Gewinn-und-Verlust-Rechnung zu erstellen.

Antwort und Begründung

1. Der LKW ist dem abnutzbaren, beweglichen Anlagevermögen zuzurechnen, weil sich die Nutzung auf einen Zeitraum von mehr als einem Jahr erstreckt und der LKW dem Betrieb dient. Demzufolge ist nach § 253 Abs. 3 HGB der LKW planmäßig abzuschreiben, sodass die ursprünglichen Anschaffungskosten gem. § 7 Abs. 1 EStG auf die Nutzungsdauer zu verteilen sind. Daneben kann der Stpfl. eine außerplanmäßige Abschreibung vornehmen, wenn sich am Abschlussstichtag ein dauerhaft niedrigerer Teilwert ergeben würde (§ 253 Abs. 3 Satz 3 HGB, § 6 Abs. 1 Nr. 1 Satz 2 EStG). Dieser müsste jedoch von M nachgewiesen werden. Der allgemeine Hinweis, dass die Marktpreise für LKW gesunken seien, genügt dem nicht (vgl. BMF vom 16.07.2014, BStBl 2014 I S. 1162).

Die AfA für 08 ist daher weiterhin nach gleichen Jahresbeträgen gemäß § 7 Abs. 1 EStG zu berechnen, und zwar mit 10 % der ursprünglichen Anschaffungskosten = 12.000 Euro; mithin sind 12.000 Euro zu viel in Anspruch genommene AfA rückgängig zu machen.

| Kapitaländerung: | + 12.000 € |
| Erfolgsänderung: | + 12.000 € |

2. a) Die Erfassung des Diebstahlverlustes ist zutreffend erfolgt, da es sich um einen betrieblich veranlassten Vermögensverlust handelt. (Wäre diese Buchung nicht durchgeführt worden, wäre bei entsprechend „höherem" Wareneinsatz zwar der gleiche Gewinn erzielt worden; da der Wareneinsatz dann aber betragsmäßig um 1.200 Euro zu hoch ausgewiesen sein würde, würden sich kalkulatorische Verzerrungen ergeben.)

Die erhaltene Versicherungsleistung wurde vom Stpfl. jedoch falsch behandelt. Diese Versicherungsleistung stellt für M eine Betriebseinnahme dar, weil ihm Geld im Rahmen der Einkunftsart „Einkünfte aus Gewerbebetrieb" zugeflossen ist.

Damit ist dieser Betrag auch als Ertrag des Jahres 08 zu erfassen. Da M diesen Betrag im Zeitpunkt der Vereinnahmung sofort privat verausgabt hatte, stellt dies eine Entnahme i. S. von § 4 Abs. 1 EStG dar; nach § 6 Abs. 1 Nr. 4 EStG sind Entnahmen dabei mit dem Teilwert zu bewerten – der Teilwert entspricht hier dem Nennbetrag des Geldes.

Kapitaländerung: 0 €
Erfolgsänderung: + 500 €

2. b) Gewinnmindernd dürfen sich nur solche Ausgaben auswirken, die betrieblich veranlasst sind (§ 4 Abs. 4 EStG). Gemäß § 12 Nr. 3 EStG darf die Einkommensteuer als Personensteuer jedoch weder bei der Einkunftsart „Einkünfte aus Gewerbebetrieb" noch vom Gesamtbetrag der Einkünfte abgezogen werden. Danach darf die Einkommensteuerabschlusszahlung nicht als Betriebsausgabe (Aufwand) erfasst werden. Da die Bezahlung aber auch nicht durch den Betrieb des Stpfl. erfolgte, liegt somit kein Wertabfluss und damit auch keine Entnahme vor, denn die Überweisung erfolgte vom privaten Sparkonto; somit sind die gebuchten Einlagen und Aufwendungen zu korrigieren.

Kapitaländerung: 0 €
Erfolgsänderung: + 600 €

3. Der Ansatz der Waren mit den Anschaffungskosten bietet lt. Sachverhalt keinen Anlass zu einer Beanstandung.

Jedoch muss die am 27.12.08 gelieferte Ware für das Jahr 08 noch erfasst werden, denn insoweit besteht wirtschaftliches Eigentum (vgl. § 246 HGB und § 9a EStDV). Andererseits muss aber die dadurch entstandene Schuld als „Lieferantenschuld" ausgewiesen werden; diese ist mit dem Erfüllungsbetrag von 14.756 Euro zu bewerten – § 253 Abs. 1 Satz 2 HGB und § 6 Abs. 1 Nr. 3 EStG. Die gelieferte Ware ist mit den Anschaffungskosten = 12.400 Euro anzusetzen; die Vorsteuer wirkt sich auf die Anschaffungskosten nicht aus, weil M zum vollen Vorsteuerabzug berechtigt ist (§ 9b Abs. 1 UStG). Die anzurechnende Vorsteuer führt aber zu einer Minderung der Umsatzsteuerschuld i. H. von 2.356 Euro.

Kapitaländerung: 0 €
Erfolgsänderung: 0 €

4. Für die Schadensersatzforderung kann eine Rückstellung gebildet werden: Die Voraussetzungen für die Bildung einer Rückstellung liegen lt. Sachverhalt vor. Der geltend gemachte Schaden ist wirtschaftlich im abgelaufenen Wirtschaftsjahr 08 verursacht worden (und damit Aufwand), jedoch besteht noch Unsicherheit über die genaue Höhe und die endgültige Entstehung. Die Rückstellung dient in diesem Fall der richtigen perioden-gerechten Gewinnermittlung. Sie wird gebildet für eine zu erwartende Ausgabe, die wirtschaftlich das abgelaufene Wirtschaftsjahr 08 betrifft. Der richtige periodengerechte Gewinn für das Jahr 08 wird dadurch erreicht, dass die Bildung der Rückstellung durch eine entsprechende Aufwands-buchung erfolgt (vgl. auch § 249 Abs. 1 HGB und R 5.7 EStR).

Die vom Stpfl. vorgenommene Buchung auf dem Konto „Aktive Rechnungs-abgrenzung" ist aber falsch, denn damit bleibt der Betrag erfolgsneutral; richtigerweise ist ein Aufwandskonto (Schadensersatz) anzusprechen.

Kapitaländerung: ./. 2.000 €
Erfolgsänderung: ./. 2.000 €

5. Durch den Verbrauch von Waren für außerbetriebliche Zwecke liegt eine Entnahme i. S. von § 4 Abs. 1 Satz 2 EStG vor. Die Erfassung als Entnahme ist zur richtigen Gewinnermittlung notwendig, da sonst der Gewinn i. H. des Entnahmewerts – über den Wareneinsatz – gemindert würde.

Entnahmen sind nach § 6 Abs. 1 Nr. 4 EStG mit dem Teilwert anzusetzen; als Teilwert kommen hier die Wiederbeschaffungskosten in Betracht, die dem Einkaufswert von 2.400 Euro entsprechen.

Gleichzeitig erfüllt die – ertragsteuerliche – Entnahme der Waren den Tat-bestand einer fiktiven Lieferung im umsatzsteuerrechtlichen Sinn; gemäß § 3 Abs. 1b Satz 1 Nr. 1 UStG ist die Entnahme eines Gegenstands durch den Unternehmer aus seinem Unternehmen für Zwecke außerhalb des Unter-nehmens einer Lieferung gegen Entgelt gleichgestellt.

Nach § 10 Abs. 4 Nr. 1 UStG wird dabei der Umsatz nach dem Einkaufspreis zzgl. eventueller Nebenkosten für diese entnommenen Waren bemessen, wobei sich dieser Wert nach den Verhältnissen zum Zeitpunkt des Umsatzes – also hier der Entnahme – richtet; das entspricht hier dem Betrag von 2.400 Euro (den aktuellen Wiederbeschaffungskosten).

Bei einem Steuersatz von 19 % beträgt die Umsatzsteuer 456 Euro. Gemäß § 12 Nr. 3 EStG darf diese Umsatzsteuer den Gewinn nicht mindern; dies wird dadurch erreicht, dass der Betrag zusätzlich als Privatentnahme erfasst und gleichzeitig die entsprechende Umsatzsteuer als Schuld ausgewiesen wird. Die Entnahmen betragen somit insgesamt 2.856 Euro.

Kapitaländerung: ./. 456 €
Erfolgsänderung: + 2.400 €

6. Die Behandlung der 3.650 Euro stellt für M eine Betriebsausgabe dar, da sie durch den Betrieb veranlasst ist (§ 4 Abs. 4 EStG). Da der Stpfl. seinen Gewinn durch Betriebsvermögensvergleich ermittelt, ist das Aufwands- und Ertragsprinzip anzuwenden; der Betrag von 3.650 Euro darf sich nur inso-weit als Aufwand für das Jahr 08 auswirken, als wirtschaftlich dieses Jahr belastet ist (§ 252 Abs. 1 Nr. 5 HBG).

In Höhe von 1.650 Euro (150 Euro × 11 Monate) liegt Aufwand für 08 vor, denn diese Kosten sind infolge der betrieblichen Nutzung des Grundstücks verursacht. Da M ab 01.12.08 wirtschaftlicher Eigentümer des Grundstücks geworden ist, ist ihm dieses zuzurechnen (§ 246 Abs. 1 HGB und § 39 Abs. 2 Nr. 1 AO). Die Anzahlung von 2.000 Euro stellt daher in 08 keinen Aufwand dar, sondern einen Teil der zu aktivierenden Anschaffungskosten.

Das Grundstück ist notwendiges Betriebsvermögen, weil es dem Betrieb in vollem Umfang unmittelbar dient; innerhalb des Betriebsvermögens ist es dem nicht abnutzbaren Anlagevermögen zuzuordnen (R 6.1 i. V. m. R 4.2 Abs. 7 EStR), weil die Nutzung zeitlich nicht begrenzt ist.

Das Grundstück ist daher gemäß § 6 Abs. 1 Nr. 2 EStG mit den Anschaffungskosten anzusetzen (vgl. auch §§ 246 und 253 HGB). Diese Anschaffungskosten betragen lt. Sachverhalt 8.000 Euro. Auf diese zu aktivierenden Anschaffungskosten werden die angezahlten 2.000 Euro angerechnet; da die Gesamt-Anschaffungskosten bis zum Bilanzstichtag aber noch nicht vollständig bezahlt sind, ist in der Bilanz insoweit eine sonstige Verbindlichkeit i. H. von (den noch offenen) 6.000 Euro auszuweisen.

Kapitaländerung: + 2.000 €
Erfolgsänderung: + 2.000 €

Darstellung der Veränderungen der Positionen der Bilanz und der Gewinn- und-Verlust-Rechnung:

Bilanzkonten	Bisheriger Ansatz €	Vorgang	Veränderung €	Neuer Ansatz €
Grund und Boden	36.000,00	6	+ 8.000	44.000,00
Kfz – LKW	12.000,00	1	+ 12.000	24.000,00
Vorräte – Waren	326.400,00	3	+ 12.400	338.800,00
Privateinlagen	20.000,00	2 b	./. 600	19.400,00
Privatentnahmen (Versich.-Geld)	22.173,12	2 a	+ 500	22.673,12
Privatentnahmen (Waren)	22.673,12	5	+ 2.856	25.529,12
Lieferanten- schulden	242.373,00	3	+ 14.756	257.129,00
USt-Schulden (Warenliefg.)	4.060,00	3	./. 2.356	1.704,00
Sonstige Verbindlichkeiten	703,25	6	+ 6.000	6.703,25
USt (auf Waren- entnahme)	1.704,00	5	+ 456	2.160,00
Aktiver Rechn. abgrenz.posten	2.000,00	4	./. 2.000	0,00

Konten der Gewinn-und-Verlust-Rechnung	Bisheriger Ansatz €	Vorgang	Veränderung €	Neuer Ansatz €
Versicherungs-leistungen (Erträge)	0,00	2 a	+ 500	500,00
Abschreibungen	36.300,00	1	∕ 12.000	24.300,00
Wareneinsatz	873.191,20	5	∕ 2.400	870.791,20
Sonstige betriebliche Aufwendungen	1.800,00	2 b	∕ 600	1.200,00
Schadensersatz-Aufwand	2.420,00	4	+ 2.000	4.420,00
Pachtaufwand	3.650,00	6	∕ 2.000	1.650,00

Berichtigte Gewinn-und-Verlust-Rechnung
Textilgroßhandel Michael Mantel
für das Rechnungsjahr 08

I. Erträge € €
1. Umsatzerlöse 1.086.234,70
2. Sonstige betriebliche Erträge 300,00
3. Zinserträge 1.116,33
4. Versicherungsleistungen 500,00

II. Aufwendungen
1. Wareneinsatz 870.791,20
2. Löhne und Gehälter 80.829,50
3. Sozialaufwendungen 7.332,15
4. Abschreibungen 24.300,00
5. Abschreibungen auf Forderungen 1.200,00
6. Sonstige betriebliche Aufwendungen 1.200,00
7. Forderungsverluste 1.376,50
8. Schadenersatz 4.420,00
9. Beiträge und Versicherungen 2.423,15
10. Kosten des Geldverkehrs 3.326,04
11. Kfz-Kosten 12.376,00
12. Energiekosten 7.416,00
13. Büro- und Reinigungskosten 614,39
14. Sonstige allgemeine Kosten 3.238,69
15. Pachtaufwendungen 1.650,00

	1.088.151,03	1.022.493,62
Gewinn 01.01.–31.12.08		65.657,41
	1.088.151,03	1.088.151,03

Berichtigte Jahresabschlussbilanz
Textilgroßhandel Michael Mantel
zum 31.12.08

Aktiva

	31.12.07	Zugänge	Abgänge	AfA	€
A. Anlagevermögen					
Sachanlagen:					
1. Grund und Boden	36.000	8.000	–	–	44.000,00
2. Gebäude	111.400	–	–	2.400	109.000,00
3. Lagergebäude	50.500	–	–	2.500	48.000,00
4. Kfz LKW	36.000	–	–	12.000	24.000,00
5. Kfz PKW	35.000	20.000	6.000	7.200	41.800,00
6. Geschäftsausstattg.	9.421	–	–	200	9.221,00
Finanzanlagen:					
Wertpapiere	4.000	–	–	–	4.000,00
B. Umlaufvermögen					
Vorräte – Waren					338.800,00
Forderungen:					
1. Kundenforderungen					
(30.670 ∕ 800 pauschale Wertberichtigung)					29.870,00
2. Sonstige Forderungen					468,12
Flüssige Mittel:					
1. Kasse					1.526,36
2. Bankguthaben					16.601,10
C. Rechnungsabgrenzungsposten					–
					667.286,58

Passiva

		€
A. Eigenkapital		
Kapital 31.12.07	92.570,04	
∕ Privatentnahmen	25.529,12	
	67.040,92	
+ Privateinlagen	19.400,00	
	86.440,92	
+ Gewinn 08 laut GuV-Rechnung	65.657,41	152.098,33
B. Rückstellungen		2.000,00
C. Verbindlichkeiten		
1. Hypothekenschulden		108.750,00
2. Darlehensschulden		96.000,00
3. Bankschulden		38.776,00
4. Lieferantenschulden		257.129,00
5. Sonstige Verbindlichkeiten		6.703,25
6. USt (Schulden)		2.160,00
D. Rechnungsabgrenzungsposten		3.670,00
		667.286,58

Fall 94

Kontrolle von durchgeführten Änderungen bei einer Bilanz bzw. GuV-Rechnung durch eine Mehr-und-Weniger-Rechnung

Sachverhalt

Vergleiche hierzu den Sachverhalt vom vorhergehenden Fall 93.

Frage

1. Welche Bedeutung hat die Mehr-und-Weniger-Rechnung?
2. Nach welchen unterschiedlichen Methoden kann eine Mehr-und-Weniger-Rechnung aufgestellt werden?
3. Wie stellt sich die Mehr-und-Weniger-Rechnung für die im Sachverhalt vorgenommenen Korrekturen dar (Berechnung nach beiden Methoden)?

Antwort und Begründung

1. Die Mehr-und-Weniger-Rechnung ist eine Art Kontrollberechnung in Form einer zusammengefassten Übersicht über die Gewinnauswirkungen, wenn Positionen der Bilanz oder Posten der GuV-Rechnung nachträglich geändert werden. Sie wird in aller Regel bei Betriebsprüfungen angewandt, um die Gewinnkorrekturen übersichtlich darzustellen; dadurch erübrigt sich die Aufstellung einer vollständig berichtigten GuV-Rechnung.

2. Beim System der doppelten Buchführung ergibt sich der Jahresgewinn auf zweifache Weise:

a) durch **Bestandsvergleich** – d. h., hier wird der Gewinn bilanzmäßig dargestellt. Dies soll an der berichtigten Bilanz von Fall 93 nochmals dargestellt werden; dabei darf der (durch die GuV-Rechnung ermittelte) Gewinn aber nicht bereits vorher auf das Kapital-Konto übertragen werden.

In diesem Fall würde die Passivseite dieser Bilanz folgendes Bild zeigen:

	€	€
A. Eigenkapital		
a) Kapital 01.01.08	92.570,04	
∕ Privatentnahmen	25.529,12	
	67.040,92	
+ Privateinlagen	19.400,00 ──▶	86.440,92
b) Gewinn (als Differenz zwischen der Summe aller Aktivwerte = 667.286,58 € und der Werte der Passivseite (einschl. des oben errechneten Kapitals)		65.657,41
B. Rückstellungen		2.000,00
C. Verbindlichkeiten (zusammengefasst)		509.518,25
D. Pass. Rechnungsabgrenzungsposten		3.670,00
		667.286,58

b) durch die **GuV-Rechnung**

Eine Mehr-und-Weniger-Rechnung kann demzufolge auch auf diese beiden Arten aufgestellt werden; man unterscheidet deshalb eine Mehr-und-Weniger-Rechnung nach der Bilanzmethode und eine Mehr-und-Weniger-Rechnung nach der GuV-Methode.

Die Mehr-und-Weniger-Rechnung nach der **Bilanzmethode** (besser: Bilanzpostenmethode) geht davon aus, dass die Korrektur der einzelnen Bilanzposten hinsichtlich ihrer Auswirkung – und damit Änderung – des Gewinns zu beurteilen ist; dabei werden die Auswirkungen der vorgenommenen Änderungen bei den Bilanzposten auf das Eigenkapital erfasst, wobei nach den Regeln des Betriebsvermögensvergleichs vorzugehen ist. Dabei muss aber außerdem beachtet werden, dass die Änderungen bei Privatentnahmen und Privateinlagen mit zu berücksichtigen sind, weil insoweit diese beiden Konten – ausnahmsweise – wie Bilanzposten (= Unterkonten des Kapitalkontos) zu behandeln sind.

Zur korrekten Beurteilung ist von folgender Fragestellung auszugehen:

> Welche Bilanzposten verändern sich und wie wirkt sich die Veränderung auf das Eigenkapital aus?

Bei der Mehr-und-Weniger-Rechnung nach der **GuV-Methode** geht man von den gedanklichen Änderungen der einzelnen Erfolgskonten aus; dabei wird bei jeder vorgenommenen Korrektur die Auswirkung auf den jeweiligen Ertrags- oder Aufwandsposten der GuV-Rechnung dargestellt.

Mit dieser Methode erreicht man einen leichteren Einblick in das Zustandekommen des durch die erfolgte Korrektur geänderten Gewinns. Auch hier ist für die Beurteilung von folgender Fragestellung auszugehen:

> Welche einzelnen Aufwands- oder Ertrags-Positionen verändern sich und wie wirkt sich die Veränderung auf den Gewinn aus?

Ferner ist zu beachten, dass infolge des Grundsatzes des Bilanzzusammenhangs bei einer Änderung einer Bilanzposition des laufenden Jahres sich nicht nur das Kapital dieser Schlussbilanz verändert, sondern logischerweise damit gleichzeitig auch das Anfangskapital des Folgejahres – was zur Folge hat, dass damit auch der Gewinn des nächsten Jahres mit beeinflusst wird.

Gerade bei steuerlichen Außenprüfungen (Betriebsprüfungen) wird in aller Regel die Möglichkeit einer Mehr-und-Weniger-Rechnung genutzt.

Erfahrungsgemäß führt eine Betriebsprüfung zu einer Mehrzahl von Wertänderungen bei den einzelnen Bilanzpositionen und den Entnahmen und Einlagen.

Zur Darstellung entsprechender Korrekturen wird vom Außenprüfer regelmäßig eine Prüferbilanz aufgestellt und als Kontrollrechnung dazu ergänzend stets eine Mehr-und-Weniger-Rechnung.

Diese Mehr-und-Weniger-Rechnung erfüllt damit zum einen eine Kontroll-funktion, gibt andererseits aber gleichzeitig Aufschluss über die einzelnen geänderten Positionen.

3. a) Mehr-und-Weniger-Rechnung nach der Bilanz-Methode

Bilanzposten	Vorgang	Auswirkungen auf das Kapital Jahr 08	
		+ €	∕. €
Grund und Boden	6	8.000,00	
Kfz – LKW	1	12.000,00	
Waren – Vorräte	3	12.400,00	
Aktive Rechn.-Abgr.	4		2.000
Lieferantenschulden	3		14.756
Sonstige Verbindlichkeiten	6		6.000
USt	3	2.356,00	
	5		456
Privatentnahmen (Kapital)	2 a	500,00	
	5	2.856,00	
Privateinlagen (Kapital)	2 b	600,00	
Summen der Änderungen		38.712,00	23.212
		23.212,00 ◄⎯⎯⎯⏌	
Saldierte Änderungen		+ 15.500,00	
+ Kapital bisher		+ 140.554,33	
		156.054,33	
∕. (Erhöhung der) Privatentnahmen		∕. 500,00	
		∕. 2.856,00	
		152.698,33	
∕. (Minderung der) Privateinlagen		∕. 600,00	
Berichtigtes Kapital – 31.12.08		152.098,33	

Gewinnermittlung durch Betriebsvermögensvergleich:

Kapital – 01.01.08	92.570,04
Berichtigtes Kapital – 31.12.08	152.098,33
	59.528,29
+ Summe der Entnahmen nach Korrektur	25.529,12
	85.057,41
∕. Summe der Einlagen nach Korrektur	19.400,00
Gewinn – neu –	65.657,41

3. b) Mehr-und-Weniger-Rechnung nach der GuV-Methode

GuV-Posten	Vorgang	Auswirkungen auf den Gewinn Jahr 08	
		+ €	./. €
Versicherungsleistungen	2 a	500,00	
Wareneinsatz	5	2.400,00	
Abschreibungen	1	12.000,00	
Sonstige betriebliche Aufwendungen	2 b	600,00	
Schadensersatz	4		2.000
Pachtaufwendungen	6	2.000,00	
Summe der Änderungen		17.500,00	2.000
		↓	
		17.500,00 2.000,00 ⟵	
Saldierte Änderungen (höhere Summe abzgl. niedrigere Summe [+ oder ./.]) = Gewinn bisher		+ 15.500,00 + 50.157,41	
Gewinn neu		65.657,41	

Fall 95

Gewinnkorrektur infolge nicht erfasster Warenentnahmen

Sachverhalt

Ewald Erbse (E) betreibt einen Einzelhandel mit Obst, Gemüse und Süd-früchten. Er ermittelt seinen Gewinn nach § 5 EStG; umsatzsteuerlich ist er zum vollen Vorsteuerabzug berechtigt. Für das Kalenderjahr 01 hat E seine Einkommensteuererklärung bereits abgegeben. Aus dieser Erklärung und den beigefügten Unterlagen (Bilanz und GuV-Rechnung) geht hervor, dass der Gewinn aus Gewerbebetrieb 21.320 Euro beträgt.

Bei Überprüfung der Unterlagen durch das zuständige Finanzamt wird fest-gestellt, dass E im Rahmen seiner Gewinnermittlung keine Warenentnah-men für private Zwecke gebucht hat. E. Erbse ist verheiratet – das Ehepaar hat keine Kinder.

Fragen

1. Hat die Nichtbuchung der Warenentnahmen Auswirkungen auf den betrieblichen Rohgewinn?
2. Wie errechnet sich der zutreffende einkommensteuerrechtlich anzusetzende Gewinn für das Geschäftsjahr 01?

Es ist davon auszugehen, dass bezüglich der Warenentnahmen die von der Finanzverwaltung aufgestellten Pauschbeträge für Sachentnahmen angesetzt werden sollen.

Pauschbeträge für unentgeltliche Wertabgaben (Sachentnahmen) für das Kalenderjahr 2015 (Auszug)

Gewerbezweig	Jahreswert für eine Person ohne USt		
	ermäßigter Steuersatz	voller Steuersatz	insgesamt
	€	€	€
Obst, Gemüse, Südfrüchte und Kartoffeln (Eh.)	295	215	510

Der in der Bilanz zum 31.12.01 ausgewiesene Warenbestand ist im Rahmen der Inventur ermittelt worden und nicht zu beanstanden.

Antwort und Begründung

1. Durch die Nichterfassung von Warenentnahmen sind Auswirkungen auf den Rohgewinn festzustellen.

Dadurch, dass die anteiligen Anschaffungskosten der entnommenen Waren im Wareneinsatz enthalten sind, werden sie insoweit wie betriebliche Aufwendungen behandelt, obwohl sie privat veranlasst sind. Folglich wird der Rohgewinn um diese Beträge zu niedrig ausgewiesen, wie sich aus folgendem Beispiel ablesen lässt.

	Beispielhafte Berechnung des Rohgewinns	
	zutreffend	falsch
	€	€
Waren-Anfangsbestand	10.000	10.000
+ Zugänge (Wareneinkäufe)	40.000	40.000
	50.000	50.000
⁒ Warenentnahmen – z. B.	768	0
	49.232	50.000
⁒ Warenbestand lt. Inventur	10.000	10.000
= Wareneinsatz	39.232	40.000
Umsatzerlöse	65.000	65.000
Ergebnis = Rohgewinn	25.768	25.000

2. Der einkommensteuerrechtlich anzusetzende Gewinn beträgt = 22.340 Euro.

Die Tatsache, dass der Stpfl. die Warenentnahmen nicht gebucht hat, führt dazu, dass der in der Bilanz und in der GuV-Rechnung ausgewiesene Gewinn zu niedrig ist. Die entsprechenden Aufwendungen haben über den Wareneinsatz den Gewinn gemindert. Nach § 12 Nr. 1 EStG dürfen aber derartige – privat veranlasste – Aufwendungen nicht abgezogen werden, sodass sie mit den noch zu errechnenden bzw. zu ermittelnden Werten dem Gewinn wieder hinzuzurechnen sind.

Es ist dabei von den Pauschbeträgen für den Gewerbezweig „Obst, Gemüse, Südfrüchte und Kartoffeln (Eh.)" auszugehen. Die Pauschbeträge beziehen sich auch auf die für Umsatzsteuerzwecke anzusetzenden Werte.

Umsatzsteuerrechtlich unterliegen die Warenentnahmen nach § 3 Abs. 1b Nr. 1 UStG als fiktive Lieferungen der Umsatzsteuer, sodass für diese Entnahmevorgänge noch die Umsatzsteuer zu berechnen ist. Die Umsatzsteuer wird dabei nach § 10 Abs. 4 Nr. 1 UStG vom Einkaufspreis zzgl. eventueller Nebenkosten bemessen.

Da es sich einkommensteuerrechtlich um einen pauschalen Wertansatz handelt, kann dieser auch für Umsatzsteuerzwecke übernommen werden:

	Jahreswerte für eine Person ohne USt		
	Ermäßigter Steuersatz zu 7 % €	Voller Steuersatz zu 19 % €	Insgesamt
Stpfl.	295,00	215,00	510,00
Ehefrau	295,00	215,00	510,00
	590,00	430,00	1.020,00
+ USt	41,30	81,70	123,00
Gesamtsumme =	631,30	511,70	1.143,00

Der vom Stpfl. erklärte Gewinn erhöht sich um 1.020 Euro und beträgt nach entsprechender Änderung insgesamt 22.340 Euro für das Jahr 01; das entspricht einer Erhöhung um den Nettowert der entnommenen Waren.

Zu beachten ist aber auch, dass die errechnete Umsatzsteuer von 123 Euro nach § 12 Nr. 3 EStG den Gewinn nicht mindern darf.

Da sich die Umsatzsteuerzahllast in der Bilanz erhöht, ist die Privatentnahme zum Ausgleich i. H. des Bruttobetrags von 1.143 Euro anzusetzen.

Fall 96

Buchführungspflicht bzw. Aufzeichnungspflicht eines Freiberuflers

Sachverhalt

Dr. Gerhard Gesund (G) ist Arzt für Allgemeinmedizin; zum 01.01.05 hat er seine eigene Praxis eröffnet. Bedingt durch die Anfangsschwierigkeiten (am Ort befinden sich bereits mehrere Arztpraxen) waren die Ergebnisse der ersten Jahre noch nicht zufriedenstellend.

Aus den eingereichten Steuererklärungen ergeben sich folgende Werte:

	Jahr 05 €	Jahr 06 €
Gesamtumsatz = Erlöse	108.000	190.000
Gewinn	57.000	95.000

Im Kalenderjahr 07 ist der Umsatz erfreulicherweise auf über 300.000 Euro gestiegen.

Frage

1. Worin unterscheiden sich die Begriffe „Buchführung" und „Aufzeichnungen"?
2. Ist der Arzt Dr. Gesund zur Buchführung verpflichtet?

Antwort und Begründung

1. Der Unterschied zwischen Buchführung und Aufzeichnungen besteht darin, dass im Rahmen einer Buchführung alle Geschäftsvorfälle erfasst werden müssen, bei den Aufzeichnungen dagegen nur ganz bestimmte Vorgänge festzuhalten sind. Deshalb ergeben sich Aufzeichnungspflichten nur aus Einzelsteuergesetzen und Verordnungen – abgestellt auf konkret festgelegte Sachverhalte.

Die Hauptaufgaben der Buchführung in einem Unternehmen umfassen kurz gefasst folgende Teilbereiche:

- die **Dokumentation** – die Erfassung aller Geschäftsvorfälle anhand von Belegen;
- die **Information** – die Abstimmung jeglicher Form von Zusammenarbeit mit anderen Unternehmen, mit Geschäftspartnern, Behörden und Geldinstituten usw.;
- die **Kontrolle** – zur Überwachung, mit dem Ziel der Beurteilung der Wirtschaftlichkeit des unternehmerischen Handelns.

Dabei gilt der Grundsatz, dass die genannten Teilaufgaben umso genauer sein müssen, je größer ein Unternehmen ist.

Deshalb lässt der Gesetzgeber auch unterschiedliche Formen der Gewinnermittlung zu, die sich wie folgt unterscheiden:

Gewinnermittlung durch Betriebsvermögensvergleich gemäß § 4 Abs. 1 EStG (= Bilanzierung)	Gewinnermittlung durch Einnahmenüberschussrechnung gemäß § 4 Abs. 3 EStG
↓	↓
dies entspricht der eigentlichen Buchführung	diese Form ist den Aufzeichnungen zuzuordnen

2. Der Arzt Dr. Gesund ist nicht zur Buchführung verpflichtet.

Als selbständiger Arzt erzielt Dr. Gesund Einkünfte aus freiberuflicher Tätigkeit i. S. von § 18 Abs. 1 Nr. 1 EStG. Mit dieser Zuordnung ist gleichzeitig festgelegt, dass insoweit für G keine eigene spezielle Buchführungspflicht besteht. Es lässt sich auch keine Buchführungsverpflichtung aus anderen (insbesondere handelsrechtlichen) Regelungen ableiten, die über § 140 AO steuerrechtlich zu beachten wären.

Auch nach § 141 AO besteht ebenfalls keine Buchführungsverpflichtung, denn diese Vorschrift gilt ausschließlich für gewerbliche Unternehmer und Land- und Forstwirte.

Da G als Freiberufler somit nicht verpflichtet ist, Bücher zu führen, kann er – aus steuerlicher Sicht – als Gewinn den Überschuss seiner Betriebseinnahmen über die Betriebsausgaben gemäß § 4 Abs. 3 EStG (= Überschussrechnung) ansetzen. Die dafür notwendigen Aufzeichnungen müssen dabei bestimmten Mindestanforderungen entsprechen.

Unbeschadet dieser grundsätzlichen Gewinnermittlungsregelungen muss G aber unter bestimmten Voraussetzungen weiter gehende Aufzeichnungen führen – so z. B.:

- nach § 4 Abs. 4a Satz 6 EStG = Aufzeichnung der Entnahmen und Einlagen
- nach § 4 Abs. 3 Satz 5 EStG = Verzeichnis für nicht abnutzbares Anlagevermögen
- nach § 4 Abs. 7 EStG = besondere Aufzeichnungen für bestimmte Aufwendungen i. S. von § 4 Abs. 5 EStG
- nach § 41 EStG = Aufzeichnungspflichten zum Lohnsteuerabzug für die im Betrieb beschäftigten Arbeitnehmer

Für all diese Aufzeichnungen sind darüber hinaus die allgemein geltenden Grundsätze über zu führende Aufzeichnungen zu beachten:

- nach § 145 Abs. 2 AO, wonach die Aufzeichnungen so vorzunehmen sind, dass der Zweck erreicht werden kann, den sie für die Besteuerung erfüllen sollen;
- nach § 146 AO, wonach bestimmte Grundregeln zeitlicher und sachlicher Art festgelegt sind;
- nach § 147 AO, womit die Regeln für die Aufbewahrung von Buchführungs- und Aufzeichnungsunterlagen konkret geregelt sind.

Fall 97

Buchführungspflicht bzw. Aufzeichnungspflicht eines Handels-betriebs

Sachverhalt

Hubert Hefter (H) hat zum 01.01.07 den Schreibwarenhandel seines Onkels übernommen. Sein 70-jähriger Onkel hatte im Vorjahr 06 noch einen Umsatz von 580.000 Euro erzielt, wollte aber aus gesundheitlichen Gründen das Großhandelsgeschäft nicht weiterführen. Der Gewinn für 06 war noch mit 58.270 Euro errechnet worden.

Sein Onkel hatte den Betrieb im Handelsregister nicht eintragen lassen; dies will Hefter aber schleunigst nachholen und die Eintragung vornehmen lassen, zumal er den übernommenen Betrieb weiter ausbauen möchte.

Frage

1. Welchen Sinn haben die unterschiedlichen handelsrechtlichen und steuerrechtlichen Buchführungs- und Aufzeichnungsvorschriften?
2. Wie unterscheiden sich die verschiedenen Kaufmannsarten nach dem Handelsrecht?
3. Ist Hubert Hefter zur Buchführung verpflichtet?

Antwort und Begründung

1. Vorrangig dient die Buchführung allgemein der Ermittlung des Gewinns eines Unternehmens. Ausgangsgrundlage dazu sind die Handelsbilanz einerseits und die Steuerbilanz andererseits. Die Handelsbilanz ist danach der nach handelsrechtlichen Vorschriften aufzustellende Jahresabschluss, während die Steuerbilanz die den besonderen steuerlichen Vorschriften entsprechende Vermögensübersicht ist; hier ist insbesondere das sog. Maßgeblichkeitsprinzip zu beachten (vgl. hierzu ergänzend § 60 EStDV).

Zielvorstellung für die steuerlichen Buchführungsvorschriften ist im Ergebnis die zutreffende Ermittlung des Gewinns, sodass der möglichst richtige Gewinn als Grundlage für die Besteuerung dienen kann.

Bei der Handelsbilanz dagegen steht im Vordergrund der sog. Gläubigerschutz. Damit soll (weitestgehend) sichergestellt werden, dass sich der Kaufmann nicht reicher darstellt, als er tatsächlich ist. Dieses Ziel wiederum soll erreicht werden durch Anwendung des sog. Niederstwertprinzips – also bei mehreren möglichen Wertansätzen eines Vermögensgegenstandes soll stets der jeweils niedrigste angesetzt werden. Damit werden die Rechte der Gläubiger eines Unternehmens geschützt, indem der Geschäftsverlauf in – jederzeit – nachweisbarer Art und Weise dokumentiert wird (vgl. auch R 5.2 EStR).

2. Nach den Vorschriften des Handelsgesetzbuches über die Kaufleute werden handelsrechtlich folgende Unterscheidungen getroffen:

Istkaufmann	Kannkaufmann	Formkaufmann
§ 1 HGB	§ 2 HGB	§ 6 HGB
= jedes Handelsgewerbe, dessen Unternehmen einen in kaufm. Weise eingerichteten Geschäftsbetrieb erfordert	= Kleingewerbetreibende, deren Unternehmen einen in kaufm. Weise eingerichteten Geschäftsbetrieb nicht erfordert – die aber im Handelsregister eingetragen worden sind (also als Kaufmann optiert haben)	= Kaufmannseigenschaft der Handelsgesellschaften

Sonderform des Kannkaufmanns	Kaufmann kraft Eintragung
§ 3 HGB	§ 5 HGB
= land- und forstwirtschaftliche Unternehmen, die nach Art und Umfang einen in kaufm. Weise eingerichteten Geschäftsbetrieb erfordern, mit der Maßgabe des § 2 HGB – Optionsmöglichkeit zur Eintragung im Handelsregister	= ist eine Firma im Handelsregister eingetragen, so kann gegenüber demjenigen, welcher sich auf die Eintragung beruft, nicht geltend gemacht werden, dass das unter der Firma eingetragene Gewerbe kein Handelsgewerbe wäre

3. Hubert Hefter ist zur Buchführung verpflichtet.

Mit dem Großhandel mit Schreibwaren ist Hefter Handelsgewerbetreibender und somit Kaufmann i. S. von § 1 HGB. Nach im Sachverhalt angegebenen Werten kann davon ausgegangen werden, dass ein nach Art und Umfang in kaufmännischer Weise eingerichteter Geschäftsbetrieb erforderlich ist (§ 1 Abs. 2 HGB).

Anhaltspunkte dafür, ob ein in kaufmännischer Weise eingerichteter Geschäftsbetrieb vorliegt, können z. B. sein:

- Höhe des Umsatzes
- Anzahl der Mitarbeiter
- Anzahl von Geschäftsverbindungen usw.

Ein Betrieb wird – ausnahmsweise – keinen in kaufmännischer Weise eingerichteten Geschäftsbetrieb erfordern, wenn z. B. folgende Merkmale festgestellt werden:

- ausschließlich Barzahlungsgeschäfte in kleinem Umfang
- Wareneinkäufe und Warenverkäufe in einfachster Form
- regelmäßig kein Fremdpersonal beschäftigt

Die im Sachverhalt angegebenen Umsatz- und Gewinnzahlen beziehen sich zwar auf den Rechtsvorgänger, können aber für die Beurteilung der Frage, ob der Betrieb des H nach Art und Umfang einen in kaufmännischer Weise eingerichteten Geschäftsbetrieb erfordert, hilfsweise herangezogen werden. Dass die Firma des Vorgängers bislang nicht im Handelsregister eingetragen war, ist dabei nicht von Bedeutung.

Mit der Erlangung der Kaufmannseigenschaft sind von H somit die Vorschriften über das Führen von Handelsbüchern zu beachten, sodass er nach §§ 238 ff. HGB entsprechende Bücher und Aufzeichnungen zu führen hat und in diesen seine Handelsgeschäfte und die Lage seines Vermögens nach den Grundsätzen ordnungsmäßiger Buchführung ersichtlich machen muss. Die Ausnahme, dass ein Einzelkaufmann nach § 241a HGB keine Bücher zu führen braucht, trifft bei H nicht zu, da sowohl die Umsatz- wie auch die Gewinngrenze (500.000 Euro bzw. 50.000 Euro) aller Voraussicht nach überschritten wird.

Gemäß § 140 AO hat H die nach Handelsrecht bestehende Buchführungspflicht auch im Interesse der Besteuerung zu erfüllen. Eine Überprüfung der Abgrenzungsmerkmale nach § 141 AO erübrigt sich damit.

Fall 98

Buchführungspflicht bei Handelsgesellschaften

Sachverhalt

Holger Hopfen und Mario Malz betreiben als Gastwirte (Einzelkaufleute) je eine kleine Apfelwein-Trinkhalle in Frankfurt/M.-Sachsenhausen. Als Gegenstück zu den vielen Apfelwein-Wirtschaften haben sie anstelle der bisher zwei getrennten Lokale eine gemeinsame Bier-Schankwirtschaft (mit einem kleinen Speisenangebot) zum Beginn des Jahres 05 eröffnet; sie gehen davon aus und hoffen, dass es auch genügend Bierdurstige in diesem Apfelwein-Umfeld geben wird. Dazu haben sie sich zur Form einer offenen Handelsgesellschaft (OHG) entschieden. Vertraglich wurde dabei im Einzelnen festgelegt, was jeder in die neu gegründete Firma einbringen muss; beide sind danach am Vermögen und am Gewinn mit je 50 % beteiligt. Um die rechtlichen Verhältnisse zusätzlich abzusichern, haben sie die neu gegründete Gesellschaft unter der Bezeichnung „Hopfen und Malz OHG" im Handelsregister eintragen lassen.

Als Einzelunternehmer hatten die beiden Gastwirte mit ihren Trinkhallen bisher Umsätze in einer Größenordnung von jeweils ca. 160.000 Euro jährlich.

Frage

1. Besteht für Handelsgesellschaften generell eine Buchführungsverpflichtung?

2. Nach welcher Gewinnermittlungsart kann oder muss die „Hopfen und Malz OHG" ihren Gewinn ermitteln?

Antwort und Begründung

1. Hinsichtlich einer Buchführungsverpflichtung sind grundsätzlich zu unterscheiden:

- die abgeleitete Buchführungspflicht nach § 140 AO:
  Hiernach werden vor allem die handelsrechtlichen Bestimmungen vom Steuerrecht übernommen, wonach derjenige Kaufmann, der nach anderen als den Steuergesetzen verpflichtet ist, Bücher und Aufzeichnungen zu führen, diese nach anderen Gesetzen obliegenden Pflichten auch für Zwecke der Besteuerung zu erfüllen hat.
- die originäre steuerliche Buchführungspflicht nach § 141 AO:
  Mit dieser Regelung will der Gesetzgeber erreichen, dass beim Überschreiten bestimmter Merkmalgrenzen der Kreis der buchführungspflichtigen Gewerbetreibenden erweitert wird.

Zielvorstellung bleibt stets das Bemühen, die Besteuerung möglichst richtig und gerecht durchzuführen.

Nach § 6 HGB finden die Vorschriften, die für Kaufleute gelten, auch auf Handelsgesellschaften Anwendung. Handelsgesellschaften sind Formkaufleute, weil sie kraft Rechtsform die Kaufmannseigenschaft erhalten.

Als Handelsgesellschaften in diesem Sinn unterscheidet man zwischen:

Personengesellschaften	Kapitalgesellschaften
– Offene Handelsgesellschaft (OHG)	– Aktiengesellschaft (AG)
– Kommanditgesellschaft (KG)	– Kommanditgesellschaft (KGaA)
– Gesellschaft bürgerlichen Rechts (GbR = auch sog. BGB-Gesellschaft), sofern diese ein Handelsgewerbe betreibt	– Gesellschaft mit beschränkter Haftung (GmbH)

Die Hopfen und Malz OHG ist als Personengesellschaft nur dann eine Handelsgesellschaft (und damit Formkaufmann), wenn sie einen in kaufmännischer Weise eingerichteten Geschäftsbetrieb erfordert oder in das Handelsregister eingetragen worden ist. Betreiben solche Gesellschaften ein Kleingewerbe oder verwalten sie nur eigenes Vermögen, so erlangen sie erst mit einer Eintragung ins Handelsregister den Status einer Handelsgesellschaft (§ 105 Abs. 2 und § 161 Abs. 2 HGB); die Eintragung entfaltet rechtsbegründende Wirkung.

Soweit eine solche Personengesellschaft folglich einen nach Art und Umfang in kaufmännischer Weise eingerichteten Geschäftsbetrieb aber nicht erfordert, besteht keine Buchführungsverpflichtung (vgl. §§ 6 und 238 HGB).

Bei Kapitalgesellschaften ist dagegen zu beachten, dass diese als sog. Form-kaufleute bereits allein kraft Rechtsform (§ 6 HGB) die Kaufmannseigenschaft erlangen; sie sind stets Kaufmann und Handelsgesellschaft i. S. des Handelsrechts.

Eingetragene Genossenschaften gelten handelsrechtlich nach § 17 Abs. 2 Genossenschaftsgesetz ebenfalls als Kaufleute.

2. Da die Gesellschafter der Hopfen und Malz OHG die Eintragung der Gesellschaft ins Handelsregister beantragt haben, hat gleichzeitig mit dieser konstituierenden Eintragung – ab diesem Zeitpunkt – die Buchführungsverpflichtung eingesetzt.

Dadurch erübrigt sich auch die weitere Überprüfung, ob ein in kaufmännischer Weise eingerichteter Geschäftsbetrieb erforderlich ist, denn mit der Eintragung im Handelsregister ist die Kaufmannseigenschaft erfüllt – mit der Folge, dass die Hopfen und Malz OHG handelsrechtlich – und damit auch steuerrechtlich – zur Buchführung verpflichtet ist.

Fall 99

Buchführungspflicht bzw. Aufzeichnungspflicht bei einem Handwerksbetrieb

Sachverhalt

Als Folge einer Produktionsverlagerung ins Ausland hat Franco Francesco (F) seine Arbeitsstelle verloren. In einem Ladengeschäft, das direkt in einer Fußgängerzone liegt, hat er am 01.04.04 eine Änderungsschneiderei eröffnet. Die Ehefrau von F unterstützt ihn dabei als Angestellte. Für das Jahr 04 (Zeitraum 01.04.–31.12.) hat sein Steuerberater folgende Besteuerungsmerkmale ermittelt:

Umsatz	43.000 €
Gewinn	17.500 €

In den nachfolgenden Kalenderjahren werden vom Finanzamt folgende Besteuerungsmerkmale festgestellt:

	Jahr 05 €	Jahr 06 €	Jahr 07 €
Umsatz	84.000	197.000	254.000
Gewinn	21.000	36.000	57.000

Diese Besteuerungsmerkmale wurden festgestellt im Rahmen der Steuerfestsetzungen, und zwar:

am 15.02.07 für das Jahr 05,
am 17.12.07 für das Jahr 06 und
am 14.08.08 für das Jahr 07.

Um nach außen noch stärker in Erscheinung treten zu können, hat F im Januar 08 seine Änderungsschneiderei als Einzelunternehmen ins Handelsregister eintragen lassen.

Frage

1. Warum werden nach § 141 AO bestimmte Steuerpflichtige selbständig zur Buchführung verpflichtet?

2. Kann F weiterhin seinen Gewinn nach § 4 Abs. 3 EStG (Überschussrechnung) ermitteln oder ist er für steuerliche Zwecke zur Buchführung verpflichtet?

Antwort und Begründung

1. Nach § 140 AO hat ein Stpfl., der nach handelsrechtlichen Vorschriften zur Buchführung verpflichtet ist, die ihm nach anderen Gesetzen obliegenden Pflichten auch für die Besteuerung zu erfüllen. Diese Vorschrift trifft aber nur dann zu, wenn eine solche Buchführungsverpflichtung nach anderen Gesetzen besteht.

Dies wiederum ist nur dann gegeben, wenn es sich bei dem Stpfl. um einen Kaufmann i. S. der handelsrechtlichen Regelungen handelt.

Insbesondere bei Kleingewerbetreibenden, deren Unternehmen nach Art und Umfang einen in kaufmännischer Weise eingerichteten Geschäftsbetrieb nicht erfordert, liegen eben diese Kaufmannseigenschaften nicht vor; sie unterliegen damit nicht den verschärften Pflichten des Handelsrechts, die nur für Kaufleute gelten.

(Ausnahmen gelten jedoch für bestimmte Gewerbetreibende, bei denen aus Gründen der Rechtssicherheit stets die Kaufmannseigenschaft unterstellt wird – z. B. bei Handelsvertretern, Kommissionären, Spediteuren, Frachtführern und Lagerhaltern.)

Bei Kleingewerbetreibenden dagegen, die nicht als Kaufmann i. S. des Handelsgesetzbuchs anzusehen sind, trifft somit § 140 AO nicht zu. Hier greift § 141 AO ein, der ab bestimmten Größenordnungen gewerbliche Unternehmer und Land- und Forstwirte verpflichtet, Bücher zu führen, um somit eine zutreffende Besteuerung sicherzustellen.

Eine Buchführungspflicht für Angehörige der freien Berufe (vgl. § 18 EStG) besteht weder nach Handelsrecht noch nach Steuerrecht.

2. F ist ab 01.01.08 zur Buchführung verpflichtet.

Bei der Änderungsschneiderei handelt es sich um ein sog. Kleingewerbe, ein Gewerbe, bei dem die Bearbeitung von Waren für andere übernommen wird – also ein handwerksmäßig betriebenes Gewerbe.

Das Unternehmen erfordert nach Art und Umfang in der Anfangsphase sicherlich keinen in kaufmännischer Weise eingerichteten Geschäftsbetrieb, denn als Lohnhandwerker dürften sich seine Geschäfte regelmäßig als Barzahlungsgeschäfte einordnen lassen.

Somit ist F kein Kaufmann i. S. des Handelsgesetzbuchs, sodass bei ihm die Vorschriften des 3. Buchs des Handelsgesetzbuchs über die Handelsbücher nicht gelten; demnach findet auch § 140 AO keine Anwendung.

Zu prüfen bleibt, ob sich aus § 141 AO eine Buchführungspflicht ergibt. Eine Buchführungspflicht hiernach entsteht nur dann, wenn mindestens eine der dort genannten Grenzwerte überschritten ist.

Die Grenzwerte liegen bei folgenden Beträgen:

- Umsätze von mehr als 500.000 Euro im Kalenderjahr,

- selbst bewirtschaftete land- und forstwirtschaftliche Flächen mit einem Wirtschaftswert von mehr als 25.000 Euro,

- Gewinn aus Gewerbebetrieb von mehr als 50.000 Euro im Wirtschaftsjahr,

- Gewinn aus Land- und Forstwirtschaft von mehr als 50.000 Euro im Kalenderjahr.

Die Umsatzgrenze von 500.000 Euro (steuerbare Umsätze i. S. des Umsatzsteuergesetzes abzgl. der steuerfreien Umsätze nach § 4 Nr. 8 – 10 UStG) wird hier in allen Jahren nicht überschritten.

Nach den im Sachverhalt angegebenen Besteuerungsmerkmalen ist jedoch die Gewinngrenze von 50.000 Euro erstmals im Jahr 07 überschritten.

Eine Buchführungsverpflichtung ist in solchen Fällen aber erst vom Beginn des Wirtschaftsjahres an zu erfüllen, das auf die Bekanntgabe der Mitteilung folgt, durch die die Finanzbehörde auf den Beginn dieser Verpflichtung hingewiesen hat. Wenn die Veranlagung des Jahres 07 noch in 08 erfolgt, würde die Buchführungspflicht ab dem 01.01.09 beginnen (§ 141 Abs. 2 Satz 1 AO). Diese Mitteilung soll dem Stpfl. spätestens einen Monat vor Beginn des Wirtschaftsjahres bekanntgegeben werden.

Unabhängig von einer Überprüfung dieser Größenmerkmale ist allerdings zu beachten, dass mit der Eintragung der Änderungsschneiderei in das Handelsregister der Unternehmer ab diesem Zeitpunkt als Kaufmann i. S. von § 2 HGB (= Kannkaufmann) der handelsrechtlichen Buchführungsverpflichtung zwangsläufig unterliegt. Ab der Eintragung beginnt die handelsrechtliche Buchführungsverpflichtung – d. h. praktisch mit Beginn des Kalenderjahres 08 – mit der notwendigen Erstellung einer Eröffnungsbilanz; folglich obliegt dem F diese Verpflichtung über § 140 AO gleichzeitig auch i. S. der Besteuerung.

Fall 100

Umfang und Ordnungsmäßigkeit der Buchführung bei einem gewerblichen Betrieb

Sachverhalt

Ulrich Umbau (U) ist Bauunternehmer; er hat seinen Betrieb am 01.01.01 eröffnet. Bereits nach kurzer Zeit beschäftigt er 15 Arbeitnehmer. Da er Zweifel hat, ob seine Buchführung den gesetzlichen Anforderungen entspricht, möchte er die entsprechenden Fragen beantwortet wissen.

Frage

1. Wann kann eine Buchführung als ordnungsmäßig bezeichnet werden?
2. Welches sind die wichtigsten Grundsätze einer ordnungsmäßigen Buchführung?
3. Was sind die Folgen einer fehlenden Ordnungsmäßigkeit der Buchführung?
4. Ist Umbau zur Buchführung verpflichtet?

Antwort und Begründung

1. Eine Buchführung kann als ordnungsmäßig bezeichnet werden, wenn sie den handelsgesetzlichen und steuergesetzlichen Vorschriften entspricht. Sie muss so beschaffen sein, dass sie einem sachverständigen Dritten innerhalb angemessener Zeit einen Überblick über die Geschäftsvorfälle und über die Vermögenslage des Unternehmens vermitteln kann (vgl. § 238 Abs. 1 HGB und § 145 Abs. 1 AO).

2. Allgemeine Grundsätze hinsichtlich der Anforderungen an eine Buchführung enthalten zunächst die Vorschriften §§ 238–263 HGB; ergänzend hierzu enthalten die §§ 140 ff. AO ebenfalls Regeln zu den allgemeinen Anforderungen. Allgemeine Regeln zur Frage der Ordnungsmäßigkeit der Buchführung enthält auch die Verwaltungsanweisung R 5.2 EStR. Die wichtigsten Grundsätze sind nachfolgend aufgeführt:

a) Verpflichtung zur Führung von Handelsbüchern; die Buchführung muss also kaufmännisch ausgestaltet sein – jedoch ist ein bestimmtes Buchführungssystem nicht vorgeschrieben (§§ 238, 239 HGB). Allerdings muss bei Kaufleuten die Buchführung den Grundsätzen der doppelten Buchführung entsprechen – § 242 Abs. 3 HGB und R 5.2 EStR und H 5.2 – Grundsätze ordnungsmäßiger Buchführung (GoB) – EStH;

b) am Beginn seines Betriebs und danach am Schluss eines jeden Geschäftsjahres hat der Kaufmann ein Inventar, eine Bilanz sowie eine GuV-Rechnung aufzustellen (§§ 240, 242 HGB und § 141 Abs. 1 AO);

c) der Jahresabschluss ist innerhalb der einem ordnungsgemäßen Geschäftsgang entsprechenden Zeit aufzustellen (§ 243 Abs. 3 HGB);

d) die Eintragungen in den Büchern und die sonstigen Aufzeichnungen sind vollständig, richtig, zeitgerecht und geordnet vorzunehmen; Kasseneinnahmen und Kassenausgaben sollen täglich festgehalten werden (§§ 238, 239 Abs. 2 HGB und § 146 Abs. 1 AO);

e) Forderungen und Schulden durch Verkäufe und Käufe auf Kredit sind fortlaufend im Kontokorrentbuch (= Geschäftsfreundebuch) auf entsprechenden Personenkonten – getrennt nach Lieferanten und Kunden – festzuhalten (R 5.2 Abs. 1 EStR);

f) buchungsmäßige Erfassung aller Privatentnahmen und Privateinlagen (Hinweis auf R 4.3 EStR);

g) die Geschäftsvorfälle müssen sich in ihrer Entstehung und Abwicklung verfolgen lassen; für jede Buchung muss demzufolge ein schriftlicher Beleg vorliegen (Grundsatz: keine Buchung ohne Beleg) – vgl. § 238 Abs. 1 Satz 3 HGB;

h) sowohl handelsrechtlich wie auch steuerrechtlich sind folgende Unterlagen geordnet aufzubewahren (§ 257 HGB und § 147 AO – vgl. auch H 5.2 – Aufbewahrungspflichten – EStH):

	Aufbewahrungsfrist*
1. Bücher und Aufzeichnungen, Inventare, Eröffnungsbilanzen, Jahresabschlüsse, Lageberichte, Konzernabschlüsse, Konzernlageberichte sowie die zu ihrem Verständnis erforderlichen Arbeitsanweisungen und sonstigen Organisationsunterlagen	10 Jahre
2. die empfangenen Handels- oder Geschäftsbriefe	6 Jahre
3. Wiedergaben der abgesandten Handels- oder der Geschäftsbriefe	6 Jahre
4. Belege für Buchungen (Buchungsbelege)	10 Jahre
5. sonstige Unterlagen, soweit sie für die Besteuerung von Bedeutung sind	6 Jahre

Für diese allgemeinen Grundsätze sind zusätzlich noch folgende Regeln zu beachten:

- Bei Führung der Handelsbücher und der sonstigen Aufzeichnungen hat sich der Kaufmann einer lebenden Sprache zu bedienen (§ 239 Abs. 1 HGB und § 146 Abs. 3 AO).

- Der Jahresabschluss ist in deutscher Sprache und in Euro aufzustellen (§ 244 HGB).

---

* Die Aufbewahrungsfrist läuft nicht ab, soweit und solange die Unterlagen für Steuern von Bedeutung sind, für die die Festsetzungsfrist noch nicht abgelaufen ist (siehe § 147 Abs. 3 Satz 3 AO).

- Bei Verwendung von Zeichen, Symbolen, Abkürzungen und sonstigen Kennzeichnungen sind diese genau festzulegen (§ 239 Abs. 1 HGB).
- Eintragungen oder Aufzeichnungen dürfen nicht in einer Weise verändert werden, dass der ursprüngliche Inhalt nicht mehr feststellbar ist (§ 239 Abs. 3 HGB und § 146 Abs. 4 AO); bei Falschbuchungen sind Storno- bzw. Rückbuchungen vorzunehmen.

Abschließend sei noch darauf hingewiesen, dass die Bücher und Aufzeichnungen in den Unternehmen zunehmend in elektronischer Form geführt und die Unterlagen zunehmend in elektronischer Form aufbewahrt werden. Hierbei sind von den Unternehmen die „Grundsätze zur ordnungsmäßigen Führung und Aufbewahrung von Büchern, Aufzeichnungen und Unterlagen in elektronischer Form sowie zum Datenzugriff (GoBD)" zu beachten (vgl. BMF-Schreiben vom 14.11.2014, BStBl 2014 I S. 1450).

Die gesetzlichen Grundlagen hierfür ergeben sich aus § 239 Abs. 4 HGB und aus §§ 146, 147 AO.

3. Eine Buchführung ist handelsrechtlich und steuerrechtlich nur dann beweiskräftig, wenn sie ordnungsmäßig ist. Werden erhebliche Mängel in der Ordnungsmäßigkeit festgestellt, so besteht z. B. für das Finanzamt die Möglichkeit, die Besteuerungsgrundlagen (abweichend von der Erklärung des Steuerpflichtigen) zu schätzen – Schätzung von Besteuerungsgrundlagen (§§ 158, 162 AO und R 5.2 Abs. 2 i. V. m. R 4.1 Abs. 2 Satz 3 EStR).

Verstößt der Unternehmer gegen die gesetzlichen Ordnungsvorschriften, so kann das daneben auch noch weiter gehende Folgen haben. So sind z. B. Subventionsbetrug und Bankrott nach §§ 264 und 283 Strafgesetzbuch strafbare Tatbestände; Tatbestandsmerkmale sind hierbei u. a. eine Reihe von Verstößen gegen die Grundsätze der geforderten Ordnungsmäßigkeit der Buchführung.

4. Ja. U. Umbau ist ab 01.01.01 zur Buchführung verpflichtet.

Ein Bauunternehmer ist danach regelmäßig Istkaufmann i. S. von § 1 HGB, da das Unternehmen nach Art und Umfang einen in kaufmännischer Weise eingerichteten Geschäftsbetrieb erfordert.

Damit unterliegt er als Kaufmann der Buchführungspflicht gemäß § 238 HGB, und zwar bereits ab Beginn seiner gewerblichen Tätigkeit. Eine Befreiung von dieser Pflicht nach § 241a HGB dürfte bei dem Umfang des Betriebs ausgeschlossen sein.

Diese nach Handelsrecht bestehende Verpflichtung obliegt ihm somit gleichzeitig nach § 140 AO für Zwecke der Besteuerung.

Abkürzungen

A	Aktiva	i. d. R.	in der Regel
AB	Anfangsbestand	i. H.	in Höhe
Abs.	Absatz	i. S.	im Sinne
abzgl.	abzüglich	i. V. m.	in Verbindung mit
AfA	Absetzung für Abnutzung	Kfz	Kraftfahrzeug
AfaA	Absetzung für außergewöhn-	KG	Kommanditgesellschaft
	liche (technische oder wirt-		
	schaftliche) Abnutzung	lfd.	laufend
AG	Aktiengesellschaft	Lifo	Last in – first out
AK	Anschaffungskosten	LStDV	Lohnsteuer-Durchführungs-
AktG	Aktiengesetz		verordnung
AO	Abgabenordnung	lt.	laut
BewG	Bewertungsgesetz	Nr.	Nummer
BGB	Bürgerliches Gesetzbuch		
BMF	Bundesministerium der	OHG	offene Handelsgesellschaft
	Finanzen		
BStBl	Bundessteuerblatt	P	Passiva
BV	Betriebsvermögen	PKW	Personenkraftwagen
bzw.	beziehungsweise	PublG	Publizitätsgesetz
d. h.	das heißt	R	Richtlinie
		RAP	Rechnungsabgrenzungsposten
EB	Endbestand		
einschl.	einschließlich	S	Soll
EKP	Einkaufspreis	S.	Seite
ESt	Einkommensteuer	S-Bilanz (S-B)	Schlussbilanz
EStDV	Einkommensteuer-Durch-	Stpfl.	Steuerpflichtiger
	führungsverordnung		
EStG	Einkommensteuergesetz	Tz.	Textziffer
EStH	Einkommensteuer-Hinweise		
EStR	Einkommensteuer-Richtlinien	u. a.	unter anderem
evtl.	eventuell	USt	Umsatzsteuer
		UStAE	Umsatzsteuer-Anwendungs-
ff.	folgende		erlass
Fifo	First in – first out	UStDV	Umsatzsteuer-Durchführungs-
			verordnung
GbR	Gesellschaft bürgerlichen	UStG	Umsatzsteuergesetz
	Rechts	usw.	und so weiter
GmbH	Gesellschaft mit beschränkter		
	Haftung	vgl.	vergleiche
GewSt	Gewerbesteuer	Vorg.	Vorgang
GewStG	Gewerbesteuergesetz	VoSt	Vorsteuer
GuV	Gewinn und Verlust		
GWG	geringwertige Wirtschafts-	WG	Wirtschaftsgut
	güter	Wj.	Wirtschaftsjahr
H	Haben	z. B.	zum Beispiel
HB/StB	Handels- und Steuerbilanz	Ziff.	Ziffer
HGB	Handelsgesetzbuch	z. T.	zum Teil
HK	Herstellungskosten	zzgl.	zuzüglich

Stichwortverzeichnis